国际绿色金融
发展与案例研究

主　编　马　骏

副主编　周月秋　殷　红

中国金融出版社

责任编辑：肖　炜
责任校对：孙　蕊
责任印制：丁淮宾

图书在版编目（CIP）数据

国际绿色金融发展与案例研究（Guoji Lüse Jinrong Fazhan yu Anli Yanjiu)/马骏主编 . —北京：中国金融出版社，2017.3
ISBN 978 - 7 - 5049 - 8943 - 7

Ⅰ.①国…　　Ⅱ.①马…　　Ⅲ.①金融业—经济发展—研究—世界
Ⅳ.①F831

中国版本图书馆 CIP 数据核字（2017）第 055793 号

出版
发行　中国金融出版社

社址　北京市丰台区益泽路 2 号
市场开发部　（010)63266347，63805472，63439533（传真）
网上书店　http：//www.chinafph.com
　　　　　　（010)63286832，63365686（传真）
读者服务部　（010)66070833，62568380
邮编　100071
经销　新华书店
印刷　保利达印务有限公司
尺寸　169 毫米×239 毫米
印张　28.75
字数　368 千
版次　2017 年 3 月第 1 版
印次　2017 年 3 月第 1 次印刷
定价　68.00 元
ISBN 978 - 7 - 5049 - 8943 - 7
如出现印装错误本社负责调换　联系电话（010)63263947

《绿色金融丛书》编委会

国际绿色金融发展与案例研究
编委会

主编

马　骏　中国人民银行研究局首席经济学家、中国金融学会绿色金融专业
委员会主任

副主编

周月秋　中国工商银行城市金融研究所所长、中国金融学会绿色金融专业
委员会副主任

殷　红　中国工商银行城市金融研究所副所长、中国金融学会绿色金融专
业委员会副秘书长

编委会秘书

马素红　中国工商银行城市金融研究所处长

刘嘉龙　中国金融学会绿色金融专业委员会秘书处研究员

鲁晓琳　中国工商银行城市金融研究所博士后

张静文　中国工商银行城市金融研究所分析师

作者（按姓氏拼音排序）

安国俊　中国社会科学院金融研究所副研究员、中国金融学会绿色金融专业委员会副秘书长

曹　畅　中央财经大学金融学院硕士研究生

曹　超　中国人民大学财政金融学院博士研究生

程　琳　中国人民银行研究人员

丛海涛　中央财经大学绿色金融国际研究院研究员

戴　鑫　瑞士再保险股份有限公司北京分公司

邓靖芳　安联保险集团北京代表处

丁　岩　中国银行风险管理总部助理总经理

冯　乾　中国工商银行城市金融研究所博士后

傅诚刚　CFA 协会中国金融机构合作总监

冈丰树　瑞穗银行（中国）有限公司行长

龚俊松　北京环境交易所副总裁

郭　昊　国际金融公司气候变化融资与咨询业务项目官员

郭沛源　商道融绿董事长、商道纵横共同创办人兼总经理、中国金融学会绿色金融专业委员会理事

何懿伦　国际金融公司金融机构局－气候变化融资及咨询业务中国区负责人与银行业专家

胡婷婷　美国北美洲保险公司北京代表处（隶属安达集团）

华　兵　兴业银行法律与合规部总经理

黄超妮　Trucost 亚洲业务总监、环境成本估值专家

黄媛媛　中国社会科学院上海研究院

李　娜　绿色金融与可持续发展研究中心研究助理

李建涛　北京环境交易所战略合作部高级经理

李晓真　中节能投资咨询公司低碳发展研究中心副主任

李振华　蚂蚁金服集团研究院副院长、战略部总监

刘嘉龙　中国金融学会绿色金融专业委员会秘书处研究员

刘　伟　北京环境交易所战略合作部主任

刘玉俊　商道融绿高级分析师

路璧瑛　兴业银行法律合规部副处长

马　骏　中国人民银行研究局首席经济学家、G20绿色金融研究小组共同主席

马素红　中国工商银行城市金融研究所处长

马险峰　中国证监会中证金融研究院副院长、中国金融学会绿色金融专业委员会副主任

梅德文　北京环境交易所总裁、中国金融学会绿色金融专业委员会副秘书长

綦久竑　北京环境交易所研究发展部主任

秦二娃　中证金融研究院高级研究助理

邱牧远　中国工商银行城市金融研究所博士后

饶淑玲　北京环境交易所会员部主任

邵　欢　中国人民银行上海总部研究人员

苏　亭　国际可持续发展研究院研究员

孙轶颋　世界自然基金会（瑞士）北京代表处

王　旻　日本瑞穗银行东京总行中国业务促进部调查役

王骏娴　中证金融研究院助理研究员

王钦方　中国社会科学院上海研究院硕士研究生

王晓东　世界银行高级能源专家

王　遥　中央财经大学绿色金融国际研究院院长、中国金融学会绿色金融专业委员会副秘书长

吴艳静　商道融绿项目经理

《绿色金融丛书》

序　言

　　2016 年冬季，我国北方和东部大部分省市又陷入重度雾霾，红色预警持续发布，学校停课、汽车限行、企业停产、工地停工，严重影响了正常的生产生活秩序，也给当地的经济造成了冲击。一些经济学家们在猜测，雾霾是否已经构成了我国经济发展的硬性约束条件，经济增长潜力还有多少？百姓对雾霾的抱怨、对碧水蓝天的期盼，经济面临的环境制约再次成为政府焦虑的中心，中央和各级政府纷纷开展调研，征求各界意见，以寻求更有效的措施来解决困扰百姓生活、健康和经济可持续发展的最大痛点：环境问题。

　　近年来，要求环保部门法治生威的呼吁日益高涨，强化执法力度、依法治理环境问题的诉求给各级环保部门带来了空前压力。同时，我国环保法律和标准也确实在不断提高。2015 年 1 月 1 日，新的《环境保护法》开始实施，环保部密集发布了按日计罚、查封扣押、限产停产、企业信息公开和突发环境事件调查等管理办法，环境执法力度也在不断趋严。

绿色金融是推动绿色发展的重要动力

　　然而，我们目前面临的严重的环境挑战不仅仅是一个环境的末端治理问题，从根本上来讲是一个经济问题。长期以来，我国经济高速增长，但是其所付出的环境代价是难以估量的。世界银行的研究显示，污染所造成的环境成本占我国年度 GDP 的比重高达 9% , 而我国 2016 年 GDP 增速为 6.7% , 若将环境成本考虑在内, "绿色 GDP" 实际上是负增长。在经济的高速发展过程中, 各级政府采取了许多不可持续的"激励"措施, 包括税收优惠、廉价土地、低廉的资源（能源、水等）价格等, 吸引了大量低端、污染性的制造业, 使高污染的煤炭产业占能源产业的 2/3 , 让高排放的汽车产业以每年 20% 的速度成长。即使末端治理能够将单位 GDP 的排放降低 60% ~ 70% , 由于高污染的经济活动在成倍增长, 总的污染水平也在继续恶化。

我国政府已经清晰地意识到, 过去的污染型的发展模式是不可持续的, 并将绿色发展提升至国家发展战略的最高层面。2015 年 4 月, 中共中央、国务院审议通过了《关于加快推进生态文明建设的意见》, 指出"协同推进新型工业化、城镇化、信息化、农业现代化和绿色化", 首次提出了"绿色化"概念。党的十八届五中全会提出贯彻"创新、协调、绿色、开放、共享"五大发展理念, 把绿色发展提升到一个新的高度。加强生态文明建设被写入"十三五"规划, 绿色发展和环境保护将成为我国经济发展中首要考虑的重要国策。

要从根本上治理环境, 需要建立一套新的激励和约束机制, 使经济资源（包括资金、技术、人力等资源）更多地投入到清洁、绿色的产业, 抑制资源向污染性产业投入。而绿色投资在整个资源配置过程中起着关键的作用。只要资金流向了绿色产业, 其他资源就会跟着流向绿色产业。根据环保部、中国环境与发展国际合作委员会（国合会）等机构的研究报告, 未来五年, 我国绿色投资需求为每年 3 万 ~ 4 万亿元人民币。我们估计, 财政资金最多满足 15% 的绿色投资需求, 85% 以上的绿色投资需求必须依靠市场化的融资方式来解决。因此, 建立一个绿色金融体系, 让金融机构和金融市场能够引导大量社会资本投入到绿色产业, 就是当务之急。

绿色金融是指为支持环境改善、应对气候变化和资源节约高效利用的经济活动，即对环保、节能、清洁能源、绿色交通、绿色建筑等领域的项目投融资、项目运营、风险管理等所提供的金融服务。近年来，我国绿色金融取得了快速发展。2015 年 9 月，中共中央、国务院发布了《生态文明体制改革总体方案》，其中首次明确提出"要建立我国的绿色金融体系"。经国务院批准，2016 年 8 月 31 日，中国人民银行等七部委联合发布了《关于构建绿色金融体系的指导意见》（以下简称《指导意见》），标志着构建绿色金融体系在金融市场和各级地方政府的全面落实和正式启动。《指导意见》明确提出要通过再贷款、贴息、专业化担保机制等措施支持发展绿色信贷和绿色债券市场，设立各类绿色发展基金，在环境高风险领域实行强制性的环境责任保险制度，建立上市公司和发债企业强制性环境信息披露制度，支持金融机构开展环境压力测试，建立碳金融市场，建立绿色评级制度，推动对外投资绿色化等三十五条具体措施。《指导意见》的发布标志着我国成为全球第一个具有明确政府政策支持的、全面构建绿色金融体系的国家。

2016 年是绿色金融元年

很多国内外专家说，2016 年是绿色金融的元年。我很认同这个看法，这个观点适用于中国，也适用于全球。除了政策层面的创新之外，2016 年我国在绿色金融产品、工具、方法等领域中，取得了许多重要的进展。如绿色债券，2015 年我国还没有绿色债券市场，2016 年我国在境内和境外发行的绿色债券已经达到了 2300 亿元人民币，占到全球同期绿色债券发行量的 40%，成为全球最大的绿色债券市场。此外，我国的机构还推出了绿色资产支持证券（green ABS）和绿色资产担保债券（green covered bond），各个地方设立了不少绿色产业基金支持绿色股权融资，我国四家评级公司推出了绿色债券的评级方法（全球只有六家），我国出现了多家有能力提供绿色债券第三方认证的机构，中央国债登记结算公司和中国节能环保集团公司推出了四只绿色债券指数，中国金融学会绿色金融专业委员会推出了公益性的绿色项目环境效益评估方法，工商银行率先在全球推出了银行业的环境压力测试方法，最近北京环境交易所和上海清算所一起推出了中国第一个碳掉期产品。2016 年以来，几乎每个星期，都可以看到各种绿色金融产品发行和创新的新闻，令人十分鼓舞。中国在绿色环境压力测试方法、环境效益评估工具、绿色债券指数、气候债券指数等方面的创新在全球都是领先的。广东、浙江、贵州、新疆、江西、内蒙古等地纷纷制定了或正在制定构建本地绿色金融体系的实施方案。

2015 年 4 月，中国人民银行批准成立了中国金融学会绿色金融专业委员会（以下简称绿金委）。尽管成立的时间只有两年，绿金委在国内外组织了几十场推广和研讨活动，组织开展了四十多个研究课题，编制了《绿色债券支持项目目录》，支持了包括许多绿色金融产品和分析工具在内的开发工作。目前，绿金委会员单位数量比两年前增长了约一倍，至150 多家，包括所有的大中型银行和很多大型券商、保险公司、基金公司、绿色企业等，这些机构所持有的金融资产占全国金融资产的 67%。众多金融机构积极参与绿金委的活动，表明中国金融体系已经开始真正关注绿色金融和责任投资。农业银行、国家开发银行、工商银行、中国银行等一些大的金融机构都已经在集团内部建立了全面推动绿色金融发展的规划。

从国际上看，2016 年绿色金融领域的最大亮点是在二十国集团（G20）框架下正式讨论了绿色金融议题，并在 G20 领导人杭州峰会公报中明确提出了要扩大全球的绿色投融资，要从七个方面克服绿色金融发展面临的挑战。两年前，绿色金融在全球还是一个被边缘化的题目，主要国家央行行长和财政部部长几乎没有讨论过这个话题。一些国家对绿色金融的理念存有疑虑。2016 年，在中国的倡议下，G20 财金渠道设立了绿色金融研究小组，由中国人民银行和英格兰银行共同主持。在研究小组的推动下，绿色金融成为主流议题，而且通过 G20 领导人杭州峰会公报成为全球共识。这个"政策信号"的作用非常大。2016 年 10 月，我在美国华盛顿参加世界银行和国际货币基金组织年会期间的四天之内，就有 8 个由金融界主办的关于绿色金融的研讨会；11 月在摩洛哥参加第 22 届气候变化大会（COP22）的两天半时间，也参加了 4 场关于绿色金融的讨论会。现在业界对绿色金融的关注程度之高，在几年之前是不可想象的。

除了中国和 G20 的推动之外，2016 年以来，全球其他一些机构和国家也在努力推动绿色金融的主流化。比如，金融稳定理事会（FSB）设立了一个气候相关金融信息披露工作组（TCFD），2017 年 3 月要向 G20 提交关于强化环境信息披露的自愿准则。法国发布了《能源转型法》，其中第 173 条专门提到，要求法国的机构投资者披露在投资过程当中如何考虑环境、社会和治理（ESG）的因素。IFC 旗下的可持续银行网络（sustainable banking network）和联合国责任投资倡议（PRI），在 G20 绿色金融研究小组的支持下，迅速扩大其能力建设的网络。印度、日本、印度尼西亚等国正在准备推出自己的绿色债券市场。香港联交所启动了半强制性的环境信息披露制度。从这几个例子来看，全球正在形成一个强劲的、共同推动绿色金融发展的势头。

虽然绿色金融在 2016 年取得了长足的进展，但其规模与绿色投资的巨大需求相比，仍然是杯水车薪。比如，根据 OECD 专家的预测，全球绿色债券发行量只占全球债券发行量的 0.2%（中国绿色债券占全部债券发行量的 2%），但未来会有几十倍的成长空间。我预计在今后几年乃至十几年内，绿色金融在全球仍将保持高速增长，而要保持好的发展势头，关键在于准确识别和有效克服绿色金融面临的挑战。

绿色金融面临的挑战和克服挑战的选项

由我本人和英格兰银行高级顾问 Michael Sheren 担任共同主席的 G20 绿色金融小组在《2016 年 G20 绿色金融综合报告》（*G20 Green Finance Synthesis Report*）中指出，全球绿色金融的发展面临以下五大障碍，并提出了克服这些障碍的一系列政策选项：

（一）外部性。这种外部性可以是绿色项目带来环境改善的正外部性，也可以是污染项目带来环境损害的负外部性。内化环境外部性的困难会导致"绿色"投资不足和"棕色"投资过度。比如，一些清洁能源项目比传统能源项目的建设成本更高，但无法就其环境效益正外部性（降低排放、提升居民健康水平）收费，因此项目回报过低，无法吸引私人投资。一些国家用补贴、税收抵免、电价补贴、碳交易和环境保护政策等来应对这些外部性，而在绿色金融领域则可以采用增信和担保、优惠贷款、利率补贴和项目补贴等，以改善这些项目经风险调整后的回报率。再如，有些制造业企业会污染环境，但是它们的负面外部性没有被充分内部化。比如，如果区域内居民健康状况受到损害，却由于种种原因不能向污染企业索赔，就会纵容污染企业的过度投资和生产。这种情况在那些环境权益尚未被有效界定和环保政策执行能力较弱的国家尤其常见。近年来，通过金融措施来应对类似负面外部性的案例越来越多。比如银行业的"赤道原则"和许多证券交易所对上市公司提出的环境信息披露要求等，都在一定程度上抑制了污染性投资，从而达到了将部分环境外部性内生化的目的。

（二）期限错配。在不少国家，由于资本市场不发达，许多长期基础设施项目融资主要依靠银行贷款。而银行由于需要避免过度期限错配，因此难以提供足够的长期贷款。这就导致了长期资金供给不足，使得长期项目，包括长期绿色项目（如污水和固体废物处理、清洁能源、地铁和轻轨）面临融资难、融资贵的问题。金融部门创新可以帮助缓解由于期限错配带来的问题。这些方法包括发行绿色债券、通过设立绿色基础设施投资收益信托（Yield-co）进行融资，以及用未来绿色项目收入作为抵押取得贷款等。

（三）绿色定义的缺失。如果缺乏对绿色金融活动和产品的清晰定义，投资者、企业和银行就难以识别绿色投资的机会或标的。此外，缺少绿色定义还可能阻碍环境风险管理、企业沟通和政策设计。因此对绿色金融和产品的适当定义是发展绿色金融的前提条件之一。由于各国的国情和政策重点不同，目前难以对绿色金融活动达成统一的定义。但是，若定义太多，比如每家金融机构推出一个自己的定义，交易对手之间没有"共同语言"，也会大大增加绿色投资的交易成本。

中国、孟加拉国和巴西，已经在国家层面推出了对绿色信贷的定义和指标；国际资本市场协会（ICMA）和中国绿金委也分别推出了对绿色债券的"国际定义"和"中国定义"。但是不少国家还没有采纳任何一种对绿色金融或对主要绿色资产类别的定义。

（四）信息不对称。许多投资者对投资绿色项目和资产有兴趣，但由于企业没有公布环境信息，从而增加了投资者对绿色资产的"搜索成本"，因此降低了绿色投资的吸引力。此外，即使可以获取企业或项目层面的环境信息，若没有持续的、可以信赖的绿色资产"贴标"，也会构成绿色投资发展的障碍。在一些国家，由于不同政府部门的数据管理较为分散（比如，环境保护部门收集的数据不与金融监管机构和投资者共享），也加剧了信息不对称。不过，解决信息不对称问题的努力已经取得了一定进展。比如，全球超过二十家证券交易所发布了上市公司环境信息披露要求，若干国家或证券交易所已经开始强制要求上市企业披露环境信息。中国也在《指导意见》中明确提出要对上市公司和发债企业建立强制性的环境信息披露制度。

（五）缺乏对环境风险的分析能力。一些金融机构已经开始关注环境因素可能导致的金融风险（包括对机构投资者所持有资产的估值风险和对银行贷款的信用风险），但其理解仍然处于初级阶段。许多银行和机构投资者由于分析能力不足，无法识别和量化环境因素可能产生的信用和市场风险，因而低估"棕色"资产的风险，同时高估绿色投资的风险。结果，污染性和温室气体排放较多的项目仍然获得了过多的投资，而绿色项目则面临投资不足的问题。对环境风险进行更加深入的分析，有助于更好地应对风险，更有效地将环境外部性进行内部化，进而有利于动员私人资本加大绿色投资。近年来，部分金融机构和第三方机构已经开发了一些环境风险分析方法。典型的案例包括中国工商银行开发的环境因素对信贷风险的评估模型、《自然资本宣言》（*Natural Capital Declaration*）对干旱如何影响债券违约率的分析、英格兰银行对气候因素如何影响保险业的评估，以及评级公司将环境因素纳入信用评级的做法等。

绿金委推出的《绿色金融丛书》

在推动我国绿色金融发展和形成 G20 绿色金融共识的过程中，绿金委的专家们发挥了关键的作用。绿金委的主要骨干曾经都是 2014 年由中国人民银行发起的绿色金融工作小组的成员，该小组于 2015 年初提出了发展我国绿色金融体系的 14 条建议，其中大部分都被写入了中共中央、国务院发布的《生态文明体制改革总体方案》，此后也被写入了七部委的《关于构建我国绿色金融体系的指导意见》。绿金委的成员单位也是中国绿色信贷、绿色债券、绿色保险、绿色指数、碳金融、责任投资、环境信息披露、环境压力测试的工具和方法的主要倡导者和实践者。

绿金委的专家们充分认识到，党中央、国务院提出构建绿色体系的国家战略，七部委出台绿色金融的《指导意见》，只是构建我国绿色金融的一个起点。未来大量的工作需要相关部委、金融机构、第三方机构、地方政府来落实。落实过程中将要面临的一个最大挑战是能力建设问题。许多金融机构的从业人员，虽然有很高的实践绿色金融的积极性，但缺乏对绿色金融产品和分析工具的了解；许多希望参与绿色金融的第三方机构，缺乏进行绿色评估、评级、认证的专业知识和经验；许多绿色企业，希望获得更低成本的绿色融资，但苦于不了解绿色金融各种产品的特点和提供此类金融服务的机构；许多地方政府官员，有推动当地发展绿色金融的积极性，但不知道用哪些政策工具可以最有效地调动社会资本。

为了进一步推广绿色金融理念，强化能力建设，有效传播绿色金融产品、工具和方法，绿金委的部分骨干成员成立了《绿色金融丛书》编委会。编委会组织了绿金委的一大批专家，计划以丛书的形式推出一系列与绿色金融发展相关的案例和研究成果。目前已经出版和即将出版的第一批研究成果包括：构建中国绿色金融体系、中国绿色金融发展与案例研究、国际绿色金融发展与案例研究、绿色金融与"一带一路"、G20 绿色金融倡议和背景报告、绿色债券市场研究、绿色基金研究、金融机构的环境压力测试、低碳城市融资模式、面向金融业的环境信息披露、碳市场与碳金融研究、绿色保险案例与研究、可持续投资研究等。这些研究成果以中国作者为主，包含大量中国元素，不但有理论创新，也有极强的实践性，是国际上绿色金融前沿领域中最为系统的一套丛书。我相信，这套丛书的出版，将成为我国绿色金融发展过程中一个积极的推动力量，也会为我国绿色金融教育和人才培养提供重要的参考教材。

马骏

中国人民银行研究局首席经济学家

中国金融学会绿色金融专业委员会主任

G20 绿色金融研究小组共同主席

2017 年 3 月

序　一

　　为应对气候变化，保护生态环境，世界各国从 20 世纪 70 年代起开展了一系列研究与合作，从早期的《人类环境宣言》《京都议定书》《哥本哈根协议》，到 2000 年推出的《千年发展目标》和 2015 年推出的《可持续发展目标》及《2030 年议程》，彰显了全球各国在改善环境、实现可持续发展问题上的决心。

　　金融是现代经济的血脉，有着庞大的产业基础、强大的资金供给、灵活的配置能力，在经济行为和资源利用、环境保护之间搭建了一条重要桥梁。在保护生态安全、促进可持续发展已经成为全球共识的背景下，绿色金融作为引导社会资本进行绿色投资的桥梁，不仅是促进经济绿色转型、培育新增长点的源泉，也是金融业发展的重要方向。在环境保护和生态建设各个领域，处处可见金融的身影。

　　1992 年联合国环境与发展大会通过《环境与发展宣言》和《21 世纪议程》，确定了可持续发展和金融结合的重要性。同年，联合国环境规划署（UNEP）联合世界主要银行和保险公司宣布成立金融倡议（UNEP FI），以促进金融机构支持可持续发展。并先后推出《银行界关于环境可持续发展的声明》、《保险业环境举措》等。2005 年，联合国社会责任投资原则（UN PRI）成立，该原则认为"长期的价值创造需要一个具有经济效率的可持续的全球金融体系，这样的金融体系可以回馈长期责任投资、并有益于环境和社会的整体发展"。2003 年，10 家主要银行宣布实行

"赤道原则"，以防范银行业社会环境风险，促进可持续发展。

中国是世界上最早将绿色发展上升为国家战略的国家。党的十八大报告把生态文明建设纳入建设中国社会主义"五位一体"总体布局；十八届五中全会提出贯彻"创新、协调、绿色、开放、共享的发展理念"，"十三五"规划将加强生态文明建设首度写入五年规划。绿色金融作为引导社会资本进行绿色投资的桥梁，不仅是促进经济绿色转型、培育新增长点的源泉，也是金融业发展的重要方向。当前，我国正处于经济结构调整和发展方式转变的关键时期，构建绿色金融体系，增加绿色金融供给，是贯彻落实"五大发展理念"和发挥金融服务供给侧结构性改革作用的重要举措。2016 年 8 月，中国人民银行、财政部等七部委联合发布《关于构建绿色金融体系的指导意见》，构筑了新形势下中国绿色金融发展的顶层设计，为各级政府部门、金融机构以及投资者参与绿色金融建设提供了明确指引。

2016 年，在 G20 轮值主席国中国的倡议和推动下，G20 首次将绿色金融列为核心议题，并成立了由中国人民银行和英格兰央行共同发起的绿色金融研究小组，以鼓励各方深入研究讨论如何通过绿色金融调动更多资源用于绿色投资。二十国集团工商界活动（B20）是 G20 框架下以工商界为主体的工作机制，受中国国际贸易促进委员会邀请，本人担任 2016 年 B20 金融促增长工作组联合主席，积极推动绿色金融议题的讨论。从 2016 年初达沃斯论坛开始宣介，到 B20 华盛顿 IMF 会议和巴黎 OECD 会议，我们代表中国工商界提出的绿色金融议题得到了 G20 所有成员国的积极响应和热烈欢迎，提出的绿色金融相关的四项政策建议，已被写入 B20 提交给 G20 领导的报告。绿色金融成为 2016 年中国作为 G20 东道国的最大亮点之一。

工商银行不仅积极推动绿色金融实践，也十分注重前瞻性地开展绿色金融研究创新。在中国金融学会绿色金融专业委员会的指导下，工商银行开展的商业银行环境风险压力测试研究取得了积极的成果，2016 年在"G20 绿色金融国际会议"上发布了"环境因素对商业银行信用风险的影响"研究报告英文版，填补了中国商业银行环境风险量化和传导机制研究的空白，对全球商业银行绿色金融发展及环境风险量化具有重要意义，引起了国内外绿色金融业界的高度关注和广泛赞誉，日益成为相关机构学习借鉴并研发环境风险量化的重要基础。

发展绿色金融需要各国共同努力，从政府角度而言，应当在加大环境保护执法力度、改善环境质量的同时，出台对绿色金融的财政税收支持政策，努力推动本国绿色金融体系构建，完善相关法律法规及政策体系，引导更多金融资源向绿色投资领域配置。从金融机构角度而言，应该以绿色金融为重点，推动转变经营方式和盈利模式，增强可持续竞争力，同时，在推动绿色发展、解决环境和社会风险问题中发挥引领、促进和监督作用。

发展绿色金融、推动全球经济转型之路既长且远，还需要各界同仁共同努力，如何加强绿色金融能力建设是其中的重要方面。本书是第一本收录了全球绿色金融案例的书籍，不仅全面总结了绿色金融的定义、发展、历史脉络和最新进展，而且跟踪研究了全球金融机构、国际组织和第三方机构在绿色信贷、绿色债券、绿色基金、绿色保险、绿色证券、碳金融等领域的优秀实践，为我国及各国的政策制定部门、金融机构、企业、学术界等提供了重要参考和宝贵借鉴。

绿色蕴含着经济与生态的良性循环，绿色发展是全球治理千秋万代之功，是我们留给子孙后代最为宝贵的财富。作为全球经济可持续发展的重要推动力量，绿色金融未来发展的舞台空间极其广阔，是全世界打造责任共同体、利益共同体、命运共同体的关键抓手。我充满信心地期待着，包括工商银行在内的国际金融机构将不断深化合作，持续加强绿色能力建设，在参与环境治理、促进结构转型和可持续发展中发挥更加重要的作用。

张红力

中国工商银行党委委员、执行董事、副行长

序　二

　　发展绿色金融的目的是使全球金融体系满足经济向绿色化转型的需求。各种绿色金融创新都是该转型过程中成果的具体内容。而促成这些金融产品和成果的背后，是对市场体制及其能力、商业模式、激励机制、法规、财政干预政策等领域的一系列改革。

　　国际绿色金融的发展是由市场领导者（金融机构）、政府层面的积极行动，以及国际合作共同推动而成。早期的绿色金融，以银行开展环境风险评估和提供绿色贷款为标志，但近年来则出现了百花齐放的态势，绿色债券、绿色指数、绿色评级、绿色保险、环境信息披露、环境压力测试等产品、方法和工具得到了迅猛发展，金融机构的绿色融资能力也得到了明显的提升。在国家层面，政策制定者和监管者通过补贴、担保和税收减免等激励机制来推动私人资本参与绿色金融，并通过催生金融市场标准如信息披露要求、明确投资者的责任和义务等手段来强化市场向绿色行业配置金融资源的能力。

　　越来越多的国家通过制定绿色或可持续金融的政策框架，将环境因素融入金融体系发展的核心。中国的绿色金融体系顶层设计和印度尼西亚的可持续金融路线图就是国际上榜样性的案例。此外，国际主要金融中心，包括伦敦金融城、香港等，都发布了绿色金融相关倡议，意在抓住绿色金融带来的商业机遇，增强国际竞争力并实现超越。

　　绿色金融的国际合作也在飞速发展，尤其是中国在 2016 年担任 G20 主席国期间，开拓了多边国际合作的典范。由中国人民银行和英格兰银行主持的 G20 绿色金融研究小组首次提出了全球发展绿色金融的七项倡议，并写入了 G20 峰会公报成为国际共识。目前七国集团（G7）也在寻求绿色金融合作。一些承担国际金融治理角色的重要国际机构，包括金融稳定理事会，都开始积极参与。此外还有覆盖银行、保险、机构投资者、证券交易所的各种金融行业协会和监管者网络纷纷开始探索推动绿色金融的举措，而绿色金融科技等新兴话题也不断涌现。

尽管绿色金融发展的势头蔚为可观，但全球的绿色融资的供给仍严重匮乏。相对于巨大的环境挑战和绿色融资需求而言，投资于绿色产业的金融资源还只是杯水车薪。统计数据显示，仅不到 10% 的银行贷款被明确界定为绿色贷款，贴标的绿色债券在全球债券市场中的占比不到 1%，全球机构投资者持有资产中的绿色基础设施资产占比也低于 1%。从现在到 2030 年，无论发达国家还是发展中国家，都需要大力推动绿色金融来满足全球数十万亿美元的绿色融资需求，以实现环境改善和保证可持续增长的目标。

要实现这一目标，要求我们重塑金融体系的体制和机制，并在实体经济各部门推进所需的政策、技术和商业模式改革。国家的政策制定者，包括央行和金融监管者，可以通过将可持续发展纳入政策目标、制定绿色标准、提供激励机制、强化企业和金融机构的环境信息披露、培育绿色投资者等措施来塑造绿色金融体系。金融机构内部也需要改变激励机制，强化环境风险分析和管理的能力，不断开发符合市场需要的绿色金融产品。

为了实现绿色或可持续的金融体系，合作必不可少。新型的公共机构与私营部门合作关系日益涌现，并与政策、法规和市场创新相结合。许多国家的国内政府与社会资本合作带动了绿色金融发展，各种国际合作也在推动绿色资本的跨境流动，绿色金融能力建设和知识共享等方面发挥着积极作用。

我们有理由对成功充满希望，但并非有绝对把握，我们需要更多的金融从业者支持和参与绿色金融，进一步将其主流化。中国在绿色金融领域展现的全球领导力毋庸置疑，世界需要中国提供并分享经验。同时，中国也需要更深入而广泛地了解其他国家、国际组织、金融机构、第三方机构在各领域的实践与经验。由马骏、周月秋、殷红主编，中国金融学会绿色金融专业委员会成员共同撰写的《国际绿色金融发展与案例研究》就是传播绿色金融理念、经验和方法的一个重要努力。我向所有关心绿色发展和绿色金融的读者推荐此书。

Simon Zadek（谢孟哲）
联合国环境规划署可持续金融项目联席主任

【目　录】

第一篇　总　论

第二篇　绿色信贷篇

第三篇　绿色股权与基金篇

第四篇　绿色保险篇

第五篇　碳金融市场篇

INTERNATIONAL CASE STUDIES
OF GREEN FINANCE DEVELOPMENT

第一篇
总 论

第一章 绿色金融概念及源起①

第一节 绿色金融概念的源起

关于绿色金融的概念和定义可谓林林总总，但直到 2016 年 G20 绿色金融研究小组给出了较为权威的定义之前，国际上并没有形成统一的意见。纵观西方现有文献，早期使用"绿色金融"一词者不多，而"环境金融"一词则频频出现。在《美国传统词典》（第四版，2000）里，环境金融、可持续金融和绿色金融被收录为一个词条，反映出三者的密切联系。该词典对环境金融的定义为"使用多样化的金融工具来保护环境"。由于"环境金融"在国外文献中得到普遍使用，因此，研究绿色金融，要先从环境金融说起。

金融的根本作用是支持和服务实体经济，环境金融也来自环境经济。工业革命以来，随着科技进步和生产力提高，人类社会发展迅速，但是人口、资源与环境问题却日渐突出，成为困扰人类可持续发展的主要问题之一。为了应对人类活动与自然环境之间的失衡问题，经济学家们开始关注环境与经济之间的关系。一些经济学家提出，传统经济体系与绿色发展之间存在不匹配，其中的核心原因是经济体系无法解决环境外部性问题。由于排污权、碳排放权等负外部性的公共品的产权无法有效界定，难以进行定价和交易；而节能减排、污染防治等具有环境正外部性的行为带来的收

---

① 本章执笔：苏亭，国际可持续发展研究院研究员；周李焕，世界资源研究所金融中心研究分析员；朱寿庆，世界资源研究所中国金融中心主任、高级研究员。

益是非排他性的社会收益，难以内生化，造成具有正外部性的经济活动得不到有效的资源分配，即市场失灵。为了解决市场失灵问题，环境经济学由此应运而生。

许多人认为，环境经济是研究环境与经济之间的关系，比如环境政策对经济的影响（美国全球经济研究所，2007）、如何用经济手段解决环境问题，或者如何在发展经济的过程中不以损害环境为代价（Pavithran，2008）。

而环境金融作为经济资源配置的核心，逐渐成为环境经济学的分支。这一概念最早由美国的经济学家和企业家 Richard L. Sandor 于 1992 年在哥伦比亚大学的环境经济学课程上提出：与金融相关的经济和市场分析正在用于支持环境保护行动，可以在不损害盈利能力的同时改善投资等商业活动对环境的影响（Sandor，1992）。除此之外，学者们对环境金融的定义有宽有窄，但是大多集中在与环境相关的投融资领域。

在西方文献中，第一次出现"绿色金融"的说法是在 1994 年英国的环境律师 Hugh Devas 撰写的一篇名为《绿色金融》的期刊文章中。该文从法律角度出发，指出环境对金融部门造成的几种影响，包括：借款人承担的环境损害责任、环境法规升级造成金融部门的损失、污染罚款导致公司股价下跌等。Devas 进而指出当时国际上的几种绿色金融实践，如绿色评级、养老基金投资绿色产业等。尽管该文并没有对绿色金融给出系统性的完整定义，却指出了绿色金融和环境风险、法律责任之间的联系，为绿色金融概念提供了一些重要的内容。

第二节　绿色金融概念的演进

近年来，国际上对绿色金融的理解可以大致分为两类：**第一类把绿色金融看做改善环境的投融资活动，即绿色投资**（Höhne ／ Khosla ／ Fekete ／

Gilbert，2012）。这种理解的出发点来自"弥补投资缺口"。根据联合国政府间可持续发展融资专家委员会的报告，为实现 2030 年联合国可持续发展目标，全球每年需要 5 万亿~7 万亿美元的投资，发展中国家在基础设施、清洁能源、水资源利用、公共卫生以及农业领域则面临每年 2.5 万亿美元的投资缺口①。尽管全球对绿色领域的投资在持续扩大，但是仍远不能满足应对全球气候变化的需要。尽管公共部门的资金有重要作用，但是其规模有限，发挥主要作用的应该是私人部门资金对绿色产业的投资。因此，绿色金融应聚焦在能够吸引私人部门资金投向绿色产业的机制，特别是一系列能发挥财政资金杠杆作用的工具。

另一类理解则侧重在金融投资中纳入环境因素，包括环境成本、风险和回报。Mark A. White 1996 年在分析金融和环境的相互制约关系的基础上，提出了发展绿色金融的重要性，将"绿色金融"定义为运用多样化金融工具来促进环境保护，并将环境风险作为决策评价因素之一的金融系统。如普华永道认为绿色金融包括在金融服务中纳入环境因素，如银行的投资或借贷决策、贷后监测、风险管理过程中参考环境风险评估（PWC，2013）。德国发展政策研究所对绿色金融的定义作出三个层面的诠释：（1）对绿色产业的投融资；（2）对绿色政策的资金支持；（3）绿色金融系统的其他组成部分，包括金融体系中针对绿色投资的部分：如绿色气候基金，或针对绿色投资的金融工具，以及相关的法律、经济和体制框架（Lindenberg，2014）。

以上两类理解既有区别又有联系。绿色投资缺口的存在，原因之一是金融部门忽视环境回报和风险，或者缺乏对绿色项目的风险和回报进行量化的能力，因此对高污染高环境风险的行业投资过多，而对具有良好环境效益、财务回报周期较长的项目投资不足。因此，只有解决金融决策中的

---

① UN（2015）. Report of the Intergovernmental Committee of Experts on Sustainable Development Financing. http：// www. un. org/esa/ffd/publications/report－icesdf. html.

环境信息不对称问题，在决策过程中充分考虑环境因素，才能引导私人部门资金充分流入绿色行业。

近年来，绿色金融逐渐进入决策层的视野。在中国的倡议下，2016年的 C20 将绿色金融纳入 G20 议题，并成立了由中国人民银行和英格兰银行为共同主席的 G20 绿色金融研究小组。该小组提出的在全球发展绿色金融的倡议得到了 G20 领导人的支持，写入了 G20 杭州峰会公报。该小组在 2016 年 9 月发布的《G20 绿色金融综合报告》中，提出了迄今为止国际上最为权威的对绿色金融的定义：

"绿色金融指能产生环境效益以支持可持续发展的投融资活动。这些环境效益包括减少空气、水和土壤污染，降低温室气体排放，提高资源使用效率，减缓和适应气候变化并体现其协同效应等。发展绿色金融要求将环境外部性内部化，并强化金融机构对环境风险的认知，以提升环境友好型的投资和抑制污染型的投资。"

与国外文献情况不同，在我国，"绿色金融"这一术语在研究中被广泛使用。然而，在学术界关于绿色金融（Green Finance）的定义有很多，并没有形成统一的意见。1998 年，高建良首次使用了绿色金融的概念，即通过金融业务的运作来体现"可持续发展"战略，从而促进环境资源保护和经济协调发展。李心印（2006）认为绿色金融是指"通过投融资行为对社会资源的引导作用，促进经济可持续发展和生态协调"。李小燕等（2007）提出绿色金融的核心是对环境价值进行测算，并运用于金融资源配置和评价活动。卓贤和张丽平（2015）提出内部化绿色发展的外部性是绿色金融机制的内核，也就是通过量化环境成本和收益，提高金融部门对绿色项目的偏好。绿色金融机制应该既有助于减少对环境有负面影响的实体经济活动或资产的融资，又有助于增加能够节能减排、污染治理等对环境有积极作用的资产或活动的融资。可以看出，随着对绿色金融概念的理论研究不断深化，国内学者对绿色金融的理解与国际上的两种趋势有了越来越多的共同点。这样的趋同性使得国内外的绿色金融语境越来越接近，为绿色金融在实践和研究层面的国际交流合作奠定了基础。

2014 年，中国人民银行研究局首席经济学家马骏首次从政策角度提出了对绿色金融的定义①。该文认为，绿色金融政策是指通过贷款、私募基金、发行债券和股票、保险等金融服务将社会资金引导到环保、节能、清洁能源和交通等绿色产业发展的一系列政策和制度安排。

2016 年 8 月，中国人民银行、财政部等七部委联合发布的《关于构建绿色金融体系的指导意见》首次给出了中国官方对绿色金融的定义：**"绿色金融是指为支持环境改善、应对气候变化和资源节约高效利用的经济活动，即对环保、节能、清洁能源、绿色交通、绿色建筑等领域的项目投融资、项目运营、风险管理等所提供的金融服务。"**

这是国内迄今为止最为权威的关于绿色金融的定义。这个定义至少包括儿层意思：一是绿色金融的目的是支持有环境效益的项目，而环境效益包括支持环境改善（如减少污染排放）、应对气候变化（如降低碳排放）和资源高效利用（如节能和各种资源循环利用）；二是给出了绿色项目的主要类别，这对未来各种绿色金融产品（包括绿色信贷、绿色债券、绿色股票指数等）的界定和分类有重要的指导意义；三是明确了绿色金融包括支持绿色项目投融资、项目运营和风险管理的金融服务，说明绿色金融不仅仅包括贷款和证券发行等融资活动，也包括绿色保险等风险管理活动，还包括有多种功能的碳金融业务。明确界定绿色金融，并在此基础上对绿色金融产品贴标，有助于绿色企业和绿色投资者获得应有的"声誉效应"，并以此激励更多的绿色投资。

---

① 马骏、施娱、姚斌：《绿色金融政策及在中国的运用》，中国人民银行工作论文，2014 年第 7 号。

第三节　绿色金融实践的演进

绿色金融的实践肇始于 20 世纪 80 年代初美国的"超级基金法案"，该法案要求企业必须为其引起的环境污染负责，从而使得信贷银行高度关注和防范由于潜在环境污染所造成的信贷风险。随后，英国、日本、欧盟等各国政府和国际组织进行了多种尝试和探索，积累了一些经验。如 1991 年美国银行基于避免环境债务风险的贷款程序变革；1993 年美国证券管理委员会（SEC）要求上市公司从环境会计的角度对自身的环境表现进行实质性报告；美国进出口银行的环境评估政策；英国金融创新研究中心的环境风险评级等。

可持续发展是全人类共同面对的命题，而金融活动又具有超越国家范围的影响力。因此，在金融行业解决可持续问题上，国际合作是大势所趋。1992 年联合国环境与发展大会通过《环境与发展宣言》和《21 世纪议程》，确定了可持续发展和金融结合的重要性，提出发展中国家在实施可持续发展战略过程中要根据各国情况，实行经济政策改革，提高银行信贷、储蓄机构和金融市场领域实现经济可持续发展能力。同年，联合国环境规划署（UNEP）联合世界主要银行和保险公司在里约的地球峰会上宣布成立金融倡议（UNEP FI），其宗旨立足于可持续发展金融理念的推广和普及，督促金融机构可持续发展，并正式推出《银行界关于环境可持续发展的声明》，100 多个机构和团体在声明上签字。1995 年，这一行动进一步扩展到保险和再保险机构，并先后推出《保险业环境举措》、《联合国环境署保险业环境举措》、《银行业、保险业关于环境可持续发展的声明》等；这些举措与声明标志着国际金融机构开始系统实施环境管理体系，并公开承诺对可持续发展承担责任。2005 年，在金融倡议的支持下，联合国社会责任投资原则（UN PRI）成立，该原则认为"长期的价值创造需要一个具有经济效率的可持续的全球金融体系，这样的金融体系可以回馈长期责任投资、并有益于环境和社会的整体发展"。截至 2016 年 1 月，UN PRI 的签署机构已达 1380 家，在管资产规模 59 万亿美元。2012 年，在金融倡议的支持下，联合国可持续保险原则（UNEP – FI PSI）成立，该原则为保险业应对和解决可持续发展相关的机遇和挑战提供了全球框架。

2003 年，7 个国家的 10 家主要银行宣布实行"赤道原则"。这是一项在国际金融公司的环境和社会标准基础上制定的自愿行为守则，其宗旨在于为国际银行业提供一套通用的框架，以便各家银行自行实施与项目融资活动相关的内部社会和环境政策、程序和标准，使受融资项目影响的生态系统和社区环境尽量免受不利影响。

近年来，发展中经济体在绿色金融实践中的进展也令人瞩目，包括中国的绿色信贷准则的实施和绿色债券市场的快速发展、南非约翰内斯堡证券交易所和巴西证券交易所对可持续信息披露的要求、孟加拉国的绿色信贷政策等。中国作为最大的发展中国家，2015 年在《生态文明体制改革总体方案》中首次提出建立"绿色金融体系"，在 2016 年以七部委的名义发布《关于构建绿色金融体系的指导意见》，第一次系统性地推出了绿色金融的定义、激励机制、披露要求和绿色金融产品发展规划和风险监控措施，引起了全球同行的极大关注。中国自 2015 年底宣布启动绿色债券市场之后，2016 年中国发行绿色债券的总额超过 2200 亿元人民币（300 亿美元），占全球比重约 40% ，一跃成为全球最大的绿色债券市场。2016 年，绿色金融领域的最大亮点是 G20 正式讨论了绿色金融，并在 G20 峰会公报中明确提出了要扩大全球的绿色投融资，要从七个方面克服绿色金融发展面临的挑战。两年前，绿色金融在全球还是一个被边缘化的题目，主要国家的央行行长和财政部部长几乎没有讨论过这个话题，更不用说国家领导人了。一些国家对绿色金融的理念存有疑虑。2016 年，在中国的倡议下，以及中国和英国共同主持的 G20 绿色金融研究小组的推动下，绿色金融成为了主流议题，而且通过 G20 峰会公报成为全球共识。这个"政策信号"的作用非常大。2016 年 10 月在美国华盛顿举办世界银行和国际货币基金组织年会期间的四天之内，就有八个由金融界主办的关于绿色金融的研讨会，2016 年 11 月在摩洛哥参加气候大会期间，也至少有四场关于绿色金融的讨论会。现在全球业界对绿色金融的关注程度之高，在几年之前是不可想象的。

除了中国和 G20 的推动之外，2016 年以来全球其他一些机构和国家也在努力推动绿色金融的主流化。比如，FSB（金融稳定理事会）设立了一个与气候相关的信息披露工作组，2016 年年底要向 G20 提交关于强化环境信息披露的准则。法国最近发布了能源转型法，其中第 173 条专门提到，要求法国的机构投资者披露在投资过程当中如何考虑 ESG（环境、社会和治理）的因素。IFC 旗下的 Sustainable Banking Network（可持续银行网络）和联合国责任投资倡议（PRI），在 G20 绿色金融研究小组的支持下，正在迅速扩大其能力建设的网络。印度、日本、哈萨克斯坦和一些拉美国家正在准备推出自己的绿色金融支持政策。从这几个例子来看，全球正在形成一个强劲的、共同推动绿色金融发展的势头。

近期绿色金融的发展体现了两种趋势：第一，从实践层面来看，包括中国在内的一些发展中经济体开始展现出在绿色金融领域的重要领导力。在发展中经济体内，经济发展和环境之间的矛盾冲突日益凸显，而它们在国际金融事件中的重要性和影响力逐步加强。发达国家近二十年来的相关探索能够提供极好的借鉴，同时成为与新兴经济体对话的窗口。第二，过去由金融机构（包括银行、证券公司和保险公司）自发开展的绿色金融产品创新，正与金融政策、监管规定、法律制度开始融合，绿色金融逐渐纳入政策和监管层面的讨论。政府自下而上地推动绿色金融的作用正在开始体现。

第四节 绿色金融、气候金融和可持续金融的关系

绿色金融、可持续金融、气候金融、环境金融等词都与应对环境问题相关，也常常被混用。上文已经提到，绿色金融和环境金融尽管说法不同，但是并无本质差别。而可持续金融、气候金融和绿色金融相互的范畴虽有交叉，却仍需区别。按照覆盖范围的大小来排序，应该是可持续金融范围最大、绿色金融次之、气候金融较小。下面将对绿色金融与气候金融、可持续金融的区别与联系分别进行阐述。

1. 绿色金融与气候金融

气候金融的概念源自应对气候变化挑战的资金需求，从联合国应对气候变化框架公约关于资金机制的谈判中衍生而来（王遥，2013）。从 2009 年的哥本哈根大会到 2011 年的德班大会，各方基本确定了到 2020 年筹集 1000 亿美元"绿色气候基金"，帮助发展中国家减缓和适应气候变化（UNFCCC，2011）[①]。尽管资金募集既来自公共部门也来自私营部门，但是财政资金的角色更为突出（Figueres，2011），并且资金流向是从发达国家到发展中国家的单向流动。因此，气候金融的定义一开始便被置于联合国气候谈判框架下，以公共部门资金为主要对象，概念相对比较狭窄。然而，来自气候谈判的气候资金有多少被纳入绿色金融范畴，目前都没有清晰的界定。为了避免卷入狭隘的政策对话和对气候金融的辩论中，应将绿色金融与气候金融严格区分开来（Zadek & Flynn）。

近年来，气候金融的定义在联合国语境外得到了扩展。如世界银行认为气候金融是为了"向低碳、具有恢复力的经济体转型融资"，并且强调

---

① 绿色气候基金设计过渡委员会：《联合国气候变化框架公约》（UNFCCC），http://unfcc.int/cooperation_ and_ support/financial_ mechanism/green_ climate_ fund/items/6902. php。

私营部门资金具有关键作用①。气候政策倡议组织（Carbon Policy Initiative）提出了资金流动应是多方向的，并且不仅仅是跨国的，也包括国内的（CPI，2011）。因此，从这个相对广义角度来讲，气候金融应包括应对和减缓气候变化的一切投融资活动，如可再生能源、节能、清洁建筑、生物多样性等项目。按 G20 绿色金融研究小组的定义，绿色金融的概念除了包括所有广义气候金融活动之外，还包括减缓和应对温室气体排放活动之外的许多内容，如治理大气污染、水污染、土壤污染的投资融资活动。

2. 绿色金融与可持续金融

可持续金融来自可持续发展的概念，主要是指帮助经济社会实现可持续发展的金融手段和体系。

在欧洲和美国，可持续金融已经有几十年的发展历史。开始时，只有一些小型的、专门性的金融机构开展可持续金融业务；如今，全球知名的商业银行、投资银行、保险公司以及基金公司都开始关注可持续金融的发展。

国外可持续金融的起源可以追溯至数百年前，一些西方教会为信徒制定一系列严格的投资准则，这些准则涵盖了人权、和平等内容，严格限制信徒滥用资本从事不道德交易。股票交易所出现以后，一些教会还明令禁止教徒投资"罪恶股票"（Sin Stocks），主要涉及酒精、烟草、赌博和色情行业。这种投资理念被称为"社会责任投资"（Socially Responsible Investing，SRI）。发展至今，社会责任投资已经得到越来越多投资者的关注。社会责任投资也从道德层面所划定的边界扩展到更多与可持续发展相关的因素。可持续金融与社会责任投资的理念可谓一脉相承，两者都是通过在传统的投资理念中加入了环境或社会的考量因素，实现经济与社会的

---

① 世界银行：http：//www.worldbank.org/en/topic/climatefinance/overview。

共同繁荣。

金融支持可持续发展，这其中的可持续发展具体指什么？它的范畴在哪里？1987 年，世界环境与发展委员会在《我们共同的未来》报告中提出了可持续发展战略，把可持续发展定义为"可持续发展是在满足当代人需要的同时，不损害人类后代满足其自身需要的能力"。这是可持续发展概念的由来。从那时起，可持续发展的概念经过理论和实践的探索，以及联合国带领下的各国协商，不断得到细化。2015 年，在第 70 届联合国大会上，193 个成员国共同通过了 2030 年可持续发展议程，包含 17 个可持续发展目标，指导未来 15 年发展工作的政策制定和资金使用[①]。可持续发展从一个笼统的概念被具体化到人类经济社会的各个方面，可持续金融所服务的具体领域也更加清晰。

联合国环境规划署在 1992 年里约热内卢的地球峰会上成立了金融倡议（UNEP FI），希望金融机构能把环境、社会和治理（ESG）因素纳入决策过程，发挥力量促进可持续发展[②]。其后，在金融倡议支持下成立的联合国社会责任投资原则（UN PRI）、联合国可持续保险原则（UNEP - FI PSI）和联合国多家机构支持的可持续交易所倡议（SSE）中，都分别提到了投资人、保险机构和交易所应重视 ESG 因素所带来的机遇和挑战[③]。因此，环境、社会和治理（ESG）因素可以被看成是衡量可持续发展的重要指标。

相较于可持续金融，"绿色金融"目前更强调 ESG 因素中的环境部分，涵盖范围比可持续金融小。但是随着国际合作加深与融合，ESG 因素

---

① 2030 年可持续发展议程：http：//www. un. org/sustainabledevelopment/sustainable - development - goals/。

② 联合国环境规划署金融倡议（UNEP FI）：http：//www. unepfi. org/about/。

③ 联合国环境规划署金融倡议 - 可持续保险原则（UNEP FI - PSI）：http：//www. unepfi. org/psi/vision - purpose/；联合国社会责任投资原则（PRI）：http：//www. unpri. org/about - pri/about - pri/；可持续交易所倡议（SSE）：http：//www. sseinitiative. org/about/。

中其他两类，即社会和治理因素，比如公平性、包容性、道德守则等（基于不同国家、地区的自身文化与发展特点），也会逐渐体现在各国的绿色金融议题当中。

2016年9月，中国作为轮值主席国主持召开G20峰会。在这一重大历史机遇背景下，中国政府决定借助G20平台推动绿色金融领域的国际合作。2016年1月，以中国人民银行和英格兰银行共同担任主席的G20绿色金融研究小组正式启动。该小组识别了绿色金融发展所面临的主要障碍，并基于对各国经验和最佳实践的总结，提出了可提升金融系统动员私人部门绿色投资能力的可选措施。这些内容都写入了G20峰会公报，成为主要国家的共识。

2015年9月底的联合国成立70周年大会上，各国领导人签署了《2030年可持续发展议程》，为全球发展设立了新目标。《G20领导人安塔利亚峰会公报》第19条称，"……我们将在2016年制定行动计划，使我们的工作与《2030年可持续发展议程》更好衔接。"可见，G20的未来进程将与《2030年可持续发展议程》紧密结合在一起。在建立这一共识的基础上，我们相信，已经进入G20议程的绿色金融将成为推动可持续发展的重要抓手，中国借助主导G20绿色金融研究小组工作的机遇，将和世界共同引领绿色金融的迅猛发展，推动实现可持续发展目标。

第五节　对"绿色"的定义

发展绿色金融的一个前提条件是对绿色金融活动所支持的"绿色"项目要有比较明确的定义。如果缺乏定义，投资者就无法向这些产业或项目配置资源，也无法评估绿色投资的环境和经济效益。如果缺乏定义，也使得政府无法对绿色投融资提供定向的激励机制。因此，《G20绿色金融综合报告》认为，全球绿色金融发展所面临的五个障碍之一就是"缺乏对绿色的清晰定义"。

一些国家，包括中国、巴西和孟加拉国，已经开始定义绿色信贷。比如，中国银监会于2013年发布了中国的绿色信贷指标体系，将12类项目确定为绿色信贷支持的项目，包括绿色农业，绿色林业，工业节能节水环保，自然保护、生态修复及灾害防控，资源循环利用，垃圾处理及污染防治，可再生能源及清洁能源，农村及城市水项目，建筑节能及绿色建筑，绿色交通运输，节能环保服务，以及采用国际惯例或国际标准的境外项目。国际上的一些金融机构也有对绿色项目的定义，但不同机构的定义差异较大。

在绿色债券领域，国际资本市场协会（ICMA）于2014年提出的绿色债券原则（Green Bond Principles，GBP）成为多数在国际市场上发行绿色债券的发行人所遵循的绿色标准。GBP的定义是原则性的，它规定了七大类产业属于绿色债券支持的领域，但对这些产业中的具体项目是否符合绿色定义没有进一步阐释。GBP提出的七大类别包括：可再生能源、能效、污染防控，可持续的自然资源管理，陆地和海洋生物多样性保护，清洁交通，可持续水处理，气候变化适应，以及具有生态效益的产品、生产技术和流程①。气候债券倡议（Climate Bond Initiatives）则在GBP的基础上提出了更为具体的对气候债券的界定标准。

中国是全球首个由具有官方背景的机构发布绿色债券界定标准的国家。2015年12月22日，由中国人民银行主管的中国金融学会绿色金融专业委员会（以下简称绿金委）发布了《绿色债券项目支持目录》，包括六大类和三十一小类符合条件的绿色项目。这六大类别包括：节能、污染防治、资源节约与循环利用、清洁交通、清洁能源、生态保护和适应气候变化。2016年，绝大多数中国发行的绿色债券遵循了这个绿色债券目的，

---

① 国际资本市场协会：绿色债券原则，http：//www.icmagroup.org/Regulatory－Policy－and－Market－Practice/green－bonds/green－bond－principles/。

也成为了第三方绿色债券认证和评级以及相关环境信息披露的依据。"绿色"的定义在发达国家和发展中国家之间存在一些差别。在发达国家，由于已经完成了工业化进程，工业化早期阶段经常出现的环境污染问题已基本解决，因此在评价一项投资是否"绿色"时，往往较少考虑治污和防污作用，而是侧重在气候变化和碳排放方面。但是在工业化尚未完成的发展中国家，防治大气、水和土壤污染的投资项目则一般会被纳入"绿色"范畴。在对于具体绿色项目的分类和界定方面，国际上对是否包括核电、清洁煤炭利用、小型水电等问题还存在较多争议。

第六节　推动绿色金融的制度安排

气候变化和环境污染对经济可持续发展和人类生存带来了前所未有的风险。为了应对这些挑战，许多国家和地区采取了各种措施推动绿色经济发展，以减缓气候变化和环境污染所带来的负面影响，例如制定绿色增长战略、促进绿色投资、建立循环经济发展计划等（联合国环境规划署，2011）。也有一些国家引入了法律、法规、准则等，来推动金融机构和金融市场减少对污染和高碳产业的资产配置，支持和强化金融体系对绿色产业的投资能力。

这些制度安排中的不少内容是以法律、法规的形式出台，具有强制性和较好的稳定性，可以促成金融机构持续地推动绿色投资和向绿色经济转型；也有一些国家政府出台了倡议性的绿色信贷、绿色金融原则，体现了政府政策的信号作用。本节主要介绍美国、法国、英国、欧盟四个发达国家和地区的制度安排和南非、巴西、印度尼西亚、蒙古国、尼日利亚、孟加拉国六个发展中国家的制度安排。中国人民银行等七部委在 2016 年 8 月发布的《关于构建绿色金融体系的指导意见》也提出了对上市公司和发债企业实行强制性环境信息披露制度、在环境高风险领域建立强制性环境责任保险制度、明确贷款人的环境法律责任等要求，也推出了一系列对绿色金融的激励措施。这些内容因为在国内媒体已有较多报道，在本书中就不赘述了。

（一）美国:《超级基金法》

1980 年，美国国会通过了《美国综合环境处理、赔偿和责任法》，该法案因其中的环保超级基金（Superfund）而闻名，因此通常被称为《超级基金法》。《超级基金法》主要是针对"历史遗留"污染场地，特别是工业危废填埋场和露天化工废物倾倒场地。《超级基金法》旨在确定"潜在责任方"，使其按照"污染者付费原则"承担污染场地修复的费用，减少污染场地对公众健康和环境产生的威胁和危害。

超级基金制度授权美国环境保护局对全国污染场地进行管理，并责令责任者对污染特别严重的场地进行修复；对找不到责任者或责任者没有修复能力的，由超级基金来支付污染场地修复费用；对不愿支付修复费用或当时尚未找到责任者的场地，可由超级基金先支付污染场地修复费用，再由美国环境保护局向责任者追讨。

在《超级基金法》下规定的责任是连带的，即任何的潜在责任方都可能需要支付所有的清理费用，其中包括贷款人。在 1996 年对《超级基金法》进行修订之前，贷款人在《超级基金法》下的责任存在争议。在最初法案通过时，《超级基金法》为贷款人提供了一项安全港条款，即"拥有人或经营人"的定义排除了不参与管理、其所有权主要用于确保担保权益的人。[①] 因此，持有抵押贷款、不参与经营的债权人不被包括在《超级基金法》下的环境污染处理责任。

然而，法院对该条款的保护范围持不同解读，即由于"参与管理"的模糊界定，贷款人在某些情况下被法院认为是"运营商"。在 1990 年

---

① 42 U.S.C. § 9601 (20) (E).

United States 诉 Fleet Factors Corp 一案中，美国第十一巡回法院认为贷款人只要有行使控制权的能力，而不论这种控制是否被行使，贷款人都被认为参与经营，使得贷款人在该案中负有责任。[①] 该案的判决使得贷款人担心仅提供融资，也将对污染的财产负责。法院的裁决理由之一是认为若贷款人负有《超级基金法》下的责任，贷款人将会更密切地监管借款人对有毒物质的处理，而借款人将会更加谨慎地处理危险废物，因为不当处理将对他们的贷款条件产生重大不利影响。

1996 年 10 月 1 日生效的《资产保护、贷款人责任和存款保险保护法》（以下简称《1996 年修正案》）[②] 修正了《超级基金法》，恢复、明确了贷款人责任保护条款。该修正案首先定义了贷款人，即不仅包括特定的受监管的银行机构，还包括担保人、所有权保险人等。其次，明确认定贷款人没有参与管理的条件，包括不再认定有行使控制权的能力为参与管理，从而推翻了 1990 年 United States 诉 Fleet Factors Corp 一案中的裁决。因此，修正后的《超级基金法》下的贷款人责任被极大减小。

在法案修正后，针对贷款人的诉讼较为有限。在 2007 年 New York 诉 HSBC USA, N. A. 的案件中，纽约州称汇丰银行不受贷款人责任保护条款保护，因为汇丰银行扣押了借款人的运营资金，使得借款人没有经济能力遵守环境法规。据称，汇丰银行拒绝了借款人处置有害材料的资金请求，导致了泄漏和污染。[③] 在与纽约州的和解谈判中，汇丰银行同意支付 85 万美元的民事处罚和 11.5 万多美元的费用。[④]

《超级基金法》制定后，这种"法律责任"约束力极大地提升了银行业对项目环境影响评估的重视程度，推动了银行业向绿色化的转型。大型

---

① United States v. Fleet Factors Corp. , 901 F. 2d 1550（11th Cir. 1990）.

② Pub. L. No. 104 – 208, 110 Stat. 3009 – 462.

③ New York v. HSBC USA, N. A. ,（S. D. N. Y. No. 07 – 3160, 2007）.

④ HSBC Bank to Pay ＄966000 to Settle Cleanup of Abandoned Chemical Plant, A – 8, BNA Daily Environment Report（May 31, 2007）.

银行通常将环境因素纳入发放贷款的考虑因素中，并设有环境风险管理部门，致力于管理环境信用风险，以及培训银行的贷款人员、信贷人员和贷款管理人员。这些环境部门在设计上与发起、承销贷款的部门相隔离。环境风险管理部门的主要责任是防止银行因其借款人的环境责任而产生的风险，该环境风险被视为信用风险。具有环境问题的贷款由环境风险管理部门报告和筛选，相当于机构内部的咨询机构。

小型、社区银行通常仅在小范围区域内拥有数家分行，以及有限的客户。这些银行通常采取二元决策过程。如果借贷人没有环境问题并且满足其他借款条件，银行通常会发放贷款。而如果借贷人或抵押物有任何与环境相关的问题，银行通常会拒绝发放贷款。小型、社区银行通常没有内设的专职环境风险管理人员，而依赖于外部咨询。①

超级基金制度由于具有无限期的追溯权力，从而成为非常严厉的制度。此外，超级基金制度还为可能对人体健康和环境造成重大损害的场地建立了"国家优先名录"（National Priorities List），该名录定期更新，每年至少更新一次，目前每年更新两次。为保障超级基金制度的实施，又补充制定了一系列配套行动计划以强化和促进该制度的执行。

（二）法国：《格勒奈尔法案》与《能源转型法》

2001 年，法国通过了《新经济规范法》（New Economic Regulations Act 2001）对上市公司环境、社会和治理在年报中的披露框架进行了规定。自该法律通过后，法国公司，尤其是大型法国公司逐渐在财务报告中披露更多信息。然而，该法律仅对上市公司的信息披露作出了规定，而对非上市公司并没有要求，因此，需要新的法案弥补该缺口。

格勒奈尔环境论坛汇集了来自政府、企业、民间组织等其他利益相关方的多方协商论坛，主要解决法国面临的环境和可持续发展问题。它的工

---

① Stephan J. Russo. (1998). Underwriting environmental risk: An analysis of current practices among lending institutions. Massachusetts Institute of Technology.

作拓宽了法国 2001 年颁布的《新经济规范法》：在 2010 年，法国通过了《法国商业法》的一项法案，拓宽了《新经济规范法》；2012 年，《格勒奈尔法案》得以实施。

《格勒奈尔法案》要求所有超过 500 位雇员的企业公布运营的环境和社会影响。这些信息必须包括在公司的年度管理报告内，并由董事会批准。除此之外，这些信息也必须由第三方独立机构认证（法国认证委员会或其他认证机构）。该法案扩大了企业信息披露的要求：公司可以选择与主营业务最相关的指标，必须披露子公司的行为，还必须在年报中提供前一年的相关数据进行对比。

然而，《格勒奈尔法案》仍然有一些地方有待改进。例如，该法案虽然要求企业披露环境和社会影响信息，但是对不进行披露的企业并没有相应的惩罚措施。企业仅可能面临来自股东要求披露更多信息的诉讼。法案的具体实施仍在探索中，未按该法案进行披露的公司只需解释为什么没有按照法案实行。

2016 年生效的《能源转型法》在环境信息披露的要求上比《格勒奈尔法案》更进一步，其中尤为重要的是第 173 条，该条款不仅强化了上市公司的气候变化风险披露，也要求银行、借贷方在年报中披露气候变化风险，以及要求机构投资者披露在投资过程当中如何考虑环境、社会和治理的因素、气候变化相关的风险。该法案通过后，法国成为首个强制要求机构投资者披露气候变化相关信息的国家，对其他国家具有重要的借鉴意义。根据要求，机构投资者需要披露三个方面的信息：

1. 披露整合环境、社会和治理因素的信息：关于在投资政策和风险管理中考虑环境、社会和治理的一般方法；对于资产管理公司，需披露考虑环境、社会和治理因素的基金及这些基金在总管理资产中的份额；分析环境、社会和治理因素的方法，以及采用该方法的理由；针对分析结果及所采取的行动的信息。

2. 披露整合气候变化相关的风险：包括物理风险（暴露于直接由气候变化引起的物理影响）和转型风险（暴露于由低碳经济转型所引起的变化）；评估对达到限制全球变暖的国际目标和实现法国低碳战略目标的贡献。

3. 披露自愿减排目标与国家、国际目标的一致性的信息：投资者根据对实现国家和全球气候目标的减排目标，以及这些目标如何与欧盟目标和法国国家低碳战略设定的碳预算相一致；实现这些目标的行动，包括投资政策的改变、剥离高排放投资和参与；鼓励机构投资者根据国家和国际目标设定量化部门目标（非强制性）。

该法案也对第 2 条信息披露要求中转型风险的衡量提出建议，认为转型风险的评估可包括：气候变化和极端天气事件的后果；自然资源的可用性和价格的变化；实施国家和国际气候目标有关的政策风险；投资于有助于能源和生态转型的资产规模；投资组合中与排放者直接或间接相关的过去、当前或未来温室气体排放量。

在法案生效时，已有多家法国投资机构率先披露了与气候变化相关的信息。例如，Axa 集团和 Caisse des Dépôts 集团都已发表了关于气候参与报告。Axa 集团 2015 年碳足迹报告描述了集团投资组合的碳足迹，Caisse des Dépôts 集团的气候参与报告总结了该集团在能源转型和减排方面的参与情况。《能源转型法》将推动投资者在投资过程中考虑环境、社会和治理因素，以及气候风险，并在年度报告中予以披露。

《能源转型法》为投资者选择实现目标的最佳方式提供了广泛的灵活性。它没有强加任何具体的方法，让投资者自行选择适合其投资组合的最佳披露方法，例如反映特定的资产类别或子公司的报告方法。然而，投资者必须提供关于使用的方法的信息和理由。该法案鼓励投资者采用目前的最佳做法和实践，并在 2016 年 1 月 1 日至 2017 年 6 月 30 日之内将相关信息披露，披露后每年更新。政府将在该法案实施两年后、2018 年底前对实施情况进行评估，根据评估结果推广最佳方法。

（三）英国：强制性温室气体排放披露

英国 2008 年以前的强制性碳信息披露立法主要由《欧盟排放权交易机制》、《英国气候变化协议》和《碳减排承诺（CRC）能源效率计划》组成，这三个项目都涵盖了英国温室气体排放的部分内容。此后，英国政府又先后颁布了《气候变化法案》、《温室气体排放披露指南》和《碳减排承诺》，明确要求企业披露其与碳排放相关的信息。2013 年，英国修订了《公司法》，要求英国在主要股票交易市场上市的公司（包括伦敦证券交易所、纽约证券交易所、纳斯达克和其他欧洲国家的证券交易所）在年度报告中披露温室气体排放信息。政府也鼓励其他企业自愿披露。

英国政府颁布的《温室气体排放披露指南》为企业测量和报告温室气体排放信息提供了详细指导。根据该指南要求，公司必须量化和报告温室气体排放，但并不需要披露具体的种类，如二氧化碳、一氧化二氮、甲烷等。大约有 1400 家公司需要对温室气体进行披露。

很多英国上市公司在《公司法》修订案生效前已对温室气体排放进行披露。在该法修订案生效前，FTSE 350 指数中的 222 家公司（63.4%）已对温室气体排放进行披露。2015 年有学者对 20 家英国公司温室气体排放披露的调查中，18 家公司认为新的强制披露并没有改变管理层的行为或决定。但有 9 家公司认为新的强制披露规定提升了高级管理层对温室气体排放的认识。

（四）欧盟：环境责任的资金保障和循环经济

1. 环境责任的资金保障

《欧盟环境责任指令》（Directive 2004/35/EC）颁布于 2004 年，在污染者付费原则的基础上，为环境损害的预防和治理建立了一套系统的框架。根据该指令，欧盟成员国应当出台鼓励性措施，推动与环境责任相关的资金保障工具和市场的发展。然而，欧盟成员国采取的措施相对有限，仅限于保险公司、行业协会的内部讨论。大部分国家的环境责任资金保障市场由保险公司牵头开发。

保险是最受欢迎的资金保障工具，其次是银行担保（奥地利、比利时、塞浦路斯、捷克共和国、荷兰、波兰、西班牙和英国）和其他市场化工具，如债券、基金等（奥地利、比利时、保加利亚、塞浦路斯、波兰和西班牙）。以西班牙为例，保险是主要的资金保障工具，银行担保起到次要作用，主要用于采矿或其他易对环境造成污染的活动中。

西班牙、法国和意大利也使用保险池或组建联合保险公司。例如，法国保险业1989年在GIE Garpol的基础上组建了环境责任再保险共保体（Assurpol），其成立的原因在于污染风险和灾难性风险难以估计，单独的保险公司难以承保，因而由多家保险公司和再保险公司成立Assurpol，向成员提供环境责任再保险，转移风险。2016年，Assurpol的成员包括35家保险公司和7家再保险公司，[①] 承保能力高达3270万美元，在抑制污染和保护环境方面发挥了重要作用。

有8个欧盟成员国在2014年前出台了强制性环境责任资金保障要求：保加利亚、葡萄牙、西班牙、希腊、匈牙利、斯洛伐克、捷克和罗马尼亚。虽然这些国家出台了强制性措施，但仍然需要对相关行业和运营商进行风险评估，并根据不同国家的条款确定上限、豁免条款等。葡萄牙、西班牙、希腊的强制性资金保障本应在2010年生效，然而由于基本条款尚未到位，资金保障至2014年仍未生效。其他的欧盟成员国的资金保障要求为自愿性质。

2. 循环经济

2015年，欧盟委员会制定了一系列循环经济政策、修改废弃物处理的法律条文等措施促进欧洲循环经济转型、提升全球竞争力、促进可持续经济发展等。其中，《欧盟循环经济行动计划》建立了具体的行动目标和

---

① 资料来源：Assurpol网站：http：//www. assurpol. fr/fr/presentation/assurpol - en - bref。

宏伟的计划，覆盖从生产消费到废物管理和二手原料市场（European Commission，2015a）。具体的目标包括：

（1）到2030年，回收65%的城市垃圾；

（2）到2030年，回收75%的包装废弃物；

（3）使用经济手段减少垃圾填埋；

（4）为生产绿色产品、支持回收和再循环方案的生产者提供经济激励，例如包装、电池、电子设备和汽车。

发展循环经济离不开公共和社会资金的支持，欧盟将通过多种途径对循环经济发展提供资金。欧盟凝聚基金（Cohesion Fund）对欧盟成员国中人均国民收入低于欧盟平均水平90%的国家给予资金支持，包括对重复使用、维修、改进生产供给、产品设计行业和中小企业，将提供630亿欧元资助（European Commission，2015b）。

社会资本需要流向由循环经济创造出的投资中，对于金融业而言，这些项目可能与传统项目显著不同。欧洲战略投资基金（European Fund for Strategic Investments）是由欧盟成立、可用于投资这些项目的一个机构。欧盟委员会还与欧洲投资银行（European Investment Bank）和欧洲投资咨询中心一起开展宣传活动，鼓励金融机构和公司申请资助用于与循环经济相关的项目，例如塑料回收（European Commission，2015c）。欧盟还制定了"地平线2020"计划，将在2014～2020年投入总计770.28亿欧元资助欧盟研发与创新，其中的59.31亿欧元将用于安全、清洁和高效能源领域，30.81亿欧元将用于气候行动、环境、资源效率和原材料领域。

（五）南非：金委员会关于南非公司治理的报告

约翰内斯堡证券交易所要求公司在"不遵守就解释"原则的基础上披露其履行《国家企业管治报告守则》的合规情况。《金委员会关于南非公司治理的第三号报告》中规定了信息披露的具体细则，所有在约翰内斯堡证券交易所上市的公司都要求遵守这些法规，否则需要解释没有遵守的原因。《金委员会关于南非公司治理的第三号报告》强调环境和社会问题是保证公司长期盈利能力的必要条件，并提出了"综合报告"的概念。上市公司必须在一份综合报告内全面阐述企业的财务、社会及环境情况，南非因此成为全球首个强制要求上市公司使用综合报告进行披露的国家。

南非的公司治理准则强调企业社会责任、可持续性和领导力，旨在帮助企业提高社会、环境和经济表现。这些准则可以应用在公共企业、私人企业和非营利机构上，并鼓励所有实体采纳《金委员会关于南非公司治理的第三号报告》，披露采纳情况。

约翰内斯堡证券交易所认为激励对公司考虑可持续性至关重要。为了避免公司仅局限于报告，而不将可持续性、环境、社会和治理因素纳入商业决策中，约翰内斯堡证券交易所采取了两种方法：首先，它在 2004 年创建了约翰内斯堡证券交易所社会责任投资（JSE SRI）指数，由上市公司牵头，作为吸引投资者的手段。约翰内斯堡证券交易所同意创建此金融产品，以鼓励投资者根据上市公司的环境、社会和治理的绩效投资；其次，自 2011 年起，约翰内斯堡证券交易所组织编写年度环境、社会和治理投资者简报，该简报为上市公司提供向机构投资者展示环境、社会和治理绩效、风险和机会。

（六）巴西：《社会和环境责任政策》

自 2008 年以来，巴西在金融机构社会和环境方面的监管取得了不错的成果。有三方面的目标使得巴西中央银行（Banco Central do Brasil）将社会和环境因素考虑到监管政策中：风险缓解、统一金融体系与公共政策、提高行业效率。表 1-1 总结了巴西中央银行在社会和环境方面颁布的政策。

表 1-1　　　　　　　巴西中央银行与社会和环境相关的政策

决议、通知	受影响业务	简介
决议 3545/2008	农村信贷：亚马逊区域内的环保合规	要求金融机构在向亚马逊区域内的借贷者发放贷款时，获取环保合规的文件

决议、通知	受影响业务	简介
决议 3813/2008	农村信贷：扩张甘蔗种植	禁止金融机构对特定区域的甘蔗扩张项目提供融资
决议 3896/2010	农村信贷：低碳农业	在巴西国家开发银行的框架下，建立减少温室气体排放项目
决议 4008/2011	应对和适应气候变化	针对应对和适应气候变化项目融资的规定
通知 3547/2011	资本充足评估的内部流程	要求金融机构展示如何考虑和计算社会及环境风险的暴露水平
决议 4327/2014	社会和环境责任政策	金融机构环境和社会风险管理

资料来源：Monzoni，Belinky & Vendramini，2014.

2014 年，巴西中央银行颁布了《社会和环境责任政策》，所有由巴西中央银行授权运营的金融机构都必须起草和执行《社会和环境责任政策》。该政策旨在促进金融机构综合、系统考虑经济、社会和环境因素，并执行《社会和环境责任政策》以支持巴西的可持续发展（Oyegunle & Weber，2015）。《社会和环境责任政策》对银行运营中的社会和环境风险进行分类、评估、监测、减缓和控制风险提供了系统性的框架。在该政策规定下，金融机构也必须对新产品和服务的社会和环境风险进行评估（Stampe，2014）。

（七）印度尼西亚：《绿色金融路线图 2015～2019》

印度尼西亚金融服务管理局（Otoritas Jasa Keuangan，OJK）是印度尼西亚监督和管理金融业的政府部门。2014 年，印度尼西亚金融服务管理局颁布了一项新的政策，即《印度尼西亚绿色金融路线图 2015～2019》。该《路线图》对印度尼西亚金融业向绿色转型提供了中期和长期规划，时间跨度至 2024 年，并确定了银行业、资本市场、非银行业的最终目标（OJK，2014）。

印度尼西亚发展绿色金融的最终目标可以分为两部分，即中期目标和长期目标。中期目标集中在基本的监管框架和报告体系的建设，例如对印度尼西亚绿色金融的定义和原则的条例、绿色金融投资组合的政策法规。长期目标集中在综合风险管理、公司治理、银行评级、绿色金融产品和综合绿色金融信息系统的建立，例如发展绿色债券、绿色指数（OJK，2014）。

（八）蒙古国：《绿色金融发展原则》

2014 年 12 月，蒙古国颁布了《绿色金融发展原则》和《行业指南》，为银行在发放贷款和设计新产品时整合环境和社会因素提供给了总体框架。该准则由蒙古国多个政府部门合作制定，包括蒙古国银行业协会、环境与绿色发展和旅游部、蒙古银行。《行业指南》包括四个部分，分别是农业、建筑和基础设施、制造业、采矿业（Mongolian Banking Association，2014）。

《绿色金融发展原则》和《行业指南》于 2015 年 1 月生效，基于以下八项原则：（1）保护自然环境；（2）保护人民和社区；（3）保护文化遗产；（4）促进绿色经济增长；（5）促进金融包容性；（6）促进金融道德和公司治理；（7）促进透明度和问责制；（8）实践自己的主张（Mongolian Banking Association，2014）。

（九）尼日利亚：《绿色银行业原则》

2012 年，尼日利亚中央银行、商业银行、开发性金融机构共同发布了尼日利亚《绿色银行业原则》（*Nigerian Sustainable Banking Principles*）。该原则在 2012 年 9 月成为强制性原则，其目的是为了使金融机构在运营的过程中，在保护社区和环境的同时对社会发展产生正面促进作用。该原则还包括对尼日利亚三个行业的监管准则：电力、农业、石油和天然气（Central Bank of Nigeria，2012）。

尼日利亚《绿色银行业原则》由九项具体的原则组成，涵盖环境和社会风险管理、环境和社会足迹、人权、妇女的经济能力、金融包容性、环境和社会治理、能力建设、合作伙伴关系和报告（Central Bank of Nigeria，2012）。

第二章　G20 绿色金融倡议①

在中国的倡议下，二十国集团（G20）自 2016 年初发起了绿色金融研究小组，由中国人民银行和英格兰银行共同主持，并由联合国环境规划署（UNEP）担任秘书处。该研究小组的参与者包括 80 多位来自所有 G20 成员国、受邀嘉宾国和相关国际组织的官员和专家。研究小组通过深入研究，形成了《G20 绿色金融综合报告》②（以下简称《综合报告》），其主要结论写入了 G20 杭州峰会的公报。这是迄今为止最为权威的关于全球绿色金融发展路径的报告。《综合报告》阐释了为什么要发展绿色金融的理由，分析了绿色金融发展面临的五大挑战，提出了七项克服这些障碍的具体措施。

《综合报告》认为，未来十年中全球绿色融资的需求可达几十万亿美元，但目前的银行体系、资本市场和机构投资者对绿色投资的参与还远远不足。造成这种情况的五大原因（或挑战）是：

（1）环境外部性。绿色投资可以改善环境，即能给第三方带来好处，或"正"外部性。污染性投资则损害第三方利益，体现为环境的"负"外部性。由于将外部性风险内部化存在困难，导致"绿色"投资不足，而"棕色"（即污染性）投资过度。比如，可再生能源项目可能比传统能源项目的建设成本更高，若没有将减排效益（正外部性）内部化的措施，

---

① 本章执笔：马骏，中国人民银行研究局首席经济学家、G20 绿色金融研究小组共同主席；程琳，人民银行研究人员；邵欢，人民银行研究人员。

② 《G20 绿色金融综合报告》的英文全文见：http：//unepinquiry. org/g20greenfinancerepositoryeng，中文全文见：http：//unepinquiry. org/g20greenfinancerepositorych。

项目回报可能过低，因而难以吸引私人资本投资。再如，某些制造业企业会污染环境，但受害居民由于种种原因无法向污染企业索赔，就会导致污染企业的过度投资和过度生产。

（2）期限错配。在不少国家，如水污染处理、固废处理、新能源、地铁等长期绿色项目严重依赖银行贷款，而银行由于负债端期限较短，难以提供足够的长期贷款。

（3）缺乏对"绿色"的明确定义。在许多国家和市场，由于缺乏对绿色金融活动和产品的明确定义，使得投资者、企业和银行难以识别和向绿色项目投资配置资源。

（4）信息不对称。许多投资者对投资绿色项目/资产有兴趣，但由于企业没有公布其环境信息，增加了投资者对绿色资产的"搜索成本"，因此降低了其投资吸引力。此外，还有一种信息不对称，即金融机构不充分了解某些绿色技术是否在商业上可行，以及绿色投资面临太大的政策不确定性。这些问题导致了一些投资者在可再生能源、新能源汽车和节能科技领域过度的避险倾向。

（5）对环境风险的分析能力不足。由于缺乏对环境风险的分析能力，许多金融机构通常会低估"棕色"资产的风险，而高估绿色投资的风险。结果导致了对污染型和高排放项目的过度投资，以及对绿色项目投资的不足。

为了克服上述障碍，《综合报告》提出了七条具体建议：提供清晰的战略性政策信号、推动实施绿色金融的自愿原则、强化绿色金融能力建设、支持本地绿色债券市场发展、推动跨境绿色债券投资、开发和推广环境风险分析方法、完善对绿色金融的定义和指标体系。在发展绿色金融成为全球共识的背景下，这七条建议代表了绿色金融未来在全球发展的重点和方向。本章将对这七条建议做比较详尽的解读。

第一节　提供清晰的战略性政策信号

与传统项目相比，许多绿色投资项目存在投资周期长、环境外部效应难以内部化、期限错配和信息不对称等众多发展障碍，因此绿色投资的增长比一般项目更需要政策的支持。如果缺乏支持性的政策，或者政策不确定，往往会造成风险溢价增加、融资成本高企，从而抑制绿色投资。因此，越来越多的投资者关注长期政策信号。一些国际专家认为，中国政府明确提出"构建绿色金融体系"就是一个十分积极的引导绿色投资的政策信号的范例。从国际上来看，《巴黎协议》和联合国"可持续发展目标"的表述也是积极政策信号的例子。

G20 领导人在杭州峰会公报中支持"提供清晰的战略性政策信号与框架"，旨在引导相关国家政府在绿色发展领域向投资者提供更加清晰的环境政策和经济政策，包括如何实施联合国"可持续发展目标"（Sustainable Development Goals，SDG）和《巴黎协议》的设想与框架。对具体国家来说，这些设想和框架需要转化为具体的计划和战略，从而提升投资者对这些项目的预期回报率和稳定性，以达到鼓励绿色投资的目的。

可持续发展目标于 2015 年 9 月获得通过，是在"千年发展目标"于 2015 年到期后联合国继续指导全球发展工作的一系列新的发展目标。可持续发展目标旨在从 2015 年到 2030 年以多种方式彻底解决社会、经济和环境三个维度的发展问题。具体包括消除贫困、清洁饮水与卫生设施、廉价和清洁能源、可持续城市和社区、负责任的消费和生产，以及气候行动等 17 项内容。其中多个发展目标涉及可持续和绿色发展，如"清洁能源""可持续城市和社区"以及"气候行动"等。要在 2030 年前实现这些发展目标，需要在未来十年内进行数十万亿美元的绿色投资，仅依靠公共资金是不够的，各国需要果断采取措施，制定具体的政策和实施计划，通过公共资金引导和动员私人资本开展绿色投资。

《巴黎协议》是《联合国气候变化框架公约》（UNFCCC）缔约方于2015年12月12日在巴黎签署的全球气候变化的新协议，它将为2020年后全球应对气候变化行动作出安排。具体包括目标、减缓、适应、损失损害、资金、技术、能力建设、透明度、全球盘点等29条内容，其签署展现了各国推动全球绿色低碳发展的决心和意志。《巴黎协议》的核心内容是，各国将加强应对气候变化的措施，把全球平均气温较工业化前水平升幅控制在2摄氏度之内，并为将升幅控制在1.5摄氏度之内而努力。全球将尽快实现温室气体排放达峰，21世纪下半叶实现温室气体净零排放。根据协议，各国将以"自主贡献"的方式参与全球应对气候变化行动。发达国家将继续带头减排，并加强对发展中国家的资金、技术和能力建设支持，帮助后者减缓和适应气候变化。

《巴黎协议》的成功签署展现了各缔约国推动全球绿色低碳发展的决心和意志。但要实现协议要求的具体减排目标，各国一方面要减少污染物排放、提高自然资源使用效率、加大治理环境污染（包括水、大气和土壤污染）的力度，另一方面要转变发展方式，推动经济向绿色化转型。越来越多的国家已经完成了《巴黎协议》的国内批准程序，并进入具体实施环节。

在制定《巴黎协议》实施框架的过程中，一些国家的政府开始意识到，实现减排承诺需要大量绿色投资，不能仅仅依靠有限的财政投资，因此需要金融体系来动员私人部门开展绿色投资，而政府明确支持绿色金融的发展对私人部门来说会起到重要的引导作用。一些国家的监管部门和金融机构也开始认识到，若气候变化不能得到有效控制，将影响金融机构持有的资产估值，甚至对金融稳定产生影响。比如，英格兰银行对英国保险业的评估显示，气候变化对被保险人持有的部分资产估值可能产生影响。这些评估将对保险业的资产配置产生影响。在瑞典政府环境政策和近年来全球绿色金融快速发展的影响下，瑞典第四大养老基金 AP4 近期决定，不再投资石油资产，并重点关注绿色与可持续发展的投资机会。总之，各国政府提供清晰的政策信号，将有助于通过引导预期来扩大绿色投融资。

第二节 推动实施绿色金融的自愿原则

G20 杭州峰会领导人倡议"推动绿色金融的自愿原则"，旨在引导各国政府、国际组织和私人部门来共同推动、完善和推广可持续银行业（绿色信贷）原则、责任投资原则和其他绿色金融领域的自愿原则。

目前国际上比较流行的绿色金融自愿原则主要包括赤道原则、责任投资原则等体现环境可持续发展理念的原则。这些原则的目的是指导金融机构在决策过程中有效地识别、度量、监测、控制投融资活动中的环境和社会风险，以促进有助于改善环境和有积极社会效益的投资活动，抑制对环境和社会有害的投资活动。通过把环境因素整合到决策过程，金融机构还可以更有效地管理环境等因素带来的商业和法律风险，有助于提升金融机构的稳健性。

赤道原则（Equator Principles，EPs）是金融机构在识别、评估和管理项目融资中的社会和环境风险时可自愿遵守的一套标准，被许多金融机构视为指导可持续项目融资的"黄金标准"。该原则的基础是世界银行集团的《关于环境、健康和安全的标准》和国际金融公司的《环境和社会可持续性绩效标准》，目的是提供一个帮助金融机构管理与项目融资有关的环境和社会风险的基准和框架。该原则由荷兰银行、巴克莱银行、西德意志州立银行和花旗银行于 2002 年发起。目前，已得到来自 35 个国家和地区的 84 家金融机构采纳，中国的兴业银行于 2008 年加入了赤道原则。目前加入赤道原则的银行已经覆盖了 70% 以上的新兴市场国际项目融资交易额。

赤道原则为金融机构的环境风险管理提供了一个重要的基准，但其内容还仅仅限于项目融资。目前包括共同基金、保险公司、养老基金和主权财富基金在内的机构投资者在全球管理的资产超过 100 万亿美元。越来越多的投资者，其中不乏大型和颇有影响力的机构，正在努力通过管理环境、社会和公司治理（ESG）等相关问题制定长期的责任投资策略。

责任投资原则（Principles for Responsible Investment，PRI）要求投资者清晰地认识到环境、社会和公司治理（ESG）问题，倡导在投资决策过程中应充分考虑环境、社会和公司治理因素。绿色金融中的"绿色"，即环境因素，是责任投资需考虑的三大因素之一。责任投资原则包括六条内容：将环境、社会和企业治理问题纳入到投资分析和投资决策过程中；作为股东，推动被持股企业在决策中考虑环境、社会和治理因素；要求被投资企业（如机构投资者持有的上市公司）披露环境、社会和企业治理方面的信息；提升投资者对责任投资原则的共识和强化实施；共同努力提高实施责任投资原则的有效性；公开执行责任投资原则的具体活动。

责任投资原则发起于 2006 年，并在此基础上成立了名为联合国责任投资原则机构（UN PRI）。其自提出以来，受到了来自国际上许多机构投资者的积极支持。2006 年，全球责任投资原则的签署机构仅为 100 家，管理的资产为 6.5 万亿美元；而截至 2016 年 8 月，签署机构数上升到 1555 家，管理资产超过 65 万亿美元。在二十国集团范围内，截至 2016 年 3 月，共有 1330 家机构成为责任投资原则的签署机构。签署机构最多的地区是美国和欧洲，分别为 256 家和 696 家，新兴市场国家和地区的数量上升得也很快，例如巴西有 57 家、南非有 52 家、中国有 17 家。

展望未来，随着绿色金融理念的逐步推广，各种绿色金融的自愿责任有望得到更多国家和金融机构的支持。在借鉴国际经验的基础上，各国政府和私人部门也可根据本国的情况建立和推广适合本地的绿色信贷与责任投资的原则。在我国，中国金融学会绿色金融专业委员会于 2016 年 7 月与联合国责任投资原则机构合作开展了对国内机构投资者的首次关于责任投资的培训活动，受到了 60 多家机构投资者的欢迎。

第三节　强化绿色金融能力建设

G20 绿色金融研究小组提出的这条措施是指推动扩大和强化绿色金融领域的能力建设平台的作用，以使这些能力建设平台覆盖更多的国家和金融机构。

研究小组认识到，缺乏绿色信贷和绿色投资方面的分析和管理能力是许多国家绿色金融发展所面临的重要障碍之一。比如，银行在开展绿色信贷的过程中，需要有一系列方法和能力来度量、评估绿色信贷的业绩，估算项目的环境成本和效益，评价资金使用的效果，对绿色信贷和"棕色"信贷进行合理的定价，开发适合于绿色项目的融资工具等。对有兴趣建立本国绿色债券市场的国家，需要对绿色债券的范围进行界定，并提出相关的环境信息披露要求，第三方机构需要对绿色债券项目的环境效益进行评估、贴标和估算。在绿色投资方面，机构投资者需要能够识别和评估各类资产的绿色程度。对上市公司来说，需要有披露企业环境信息的能力，其中包括对相关环境数据的采集和计算。

过去十多年来，一些国际组织逐步建立了若干绿色金融领域的能力建设平台，其中包括国际金融公司（IFC）旗下的可持续银行网络（Sustainable Banking Network）、责任投资原则、联合国环境规划署金融倡议（UN-EP FI）以及可持续证券交易所倡议（Sustainable Stock Exchanges Initiatives）等。这些机构致力于推广可持续（绿色）贷款、绿色投资、绿色保险和环境信息披露等方法、原则和开展相关的能力建设工作。

G20 对绿色金融的推动，将提升各国对能力建设的需求。可持续银行网络就是一个案例。该网络成立于 2012 年 9 月，过去三年中该网络已覆盖20多个国家，主要对金融监管机构、银行业协会管理人员进行绿色信贷和环境风险管理方面的培训。在二十国集团绿色金融研究小组的推动下，可持续银行网络开始计划将能力建设工作覆盖更多的国家，并超越银行业监管机构和银行业协会，与主要国家合作，对银行首席执行官、风险官和相关环境金融部门主管提供绿色信贷和环境风险管理的培训。

再比如，责任投资原则机构致力于推广可持续投资的理念和方法，目前其成员单位包括全球一千多家机构投资者，但在新兴市场的覆盖面还相当有限。未来，该机构将在包括中国、印度、印度尼西亚以及拉丁美洲新兴市场国家强化绿色金融能力建设。2016年7月，中国金融学会绿色金融专业委员会和中国证监会证券期货研究院已经与联合国责任投资原则机构在北京共同组织了第一次责任投资培训活动，受到了我国50多家基金公司、保险公司等机构投资者的欢迎。

种种迹象表明，从英国伦敦、瑞典、新加坡、中国香港等发达的资本市场，到中国、印度尼西亚、巴西、墨西哥等主要二十国集团中的发展中国家，乃至越南、孟加拉国、加纳等中小规模的发展中国家，都在不同的水平上开始对绿色金融的探索。未来几年，绿色金融领域的国际交流和能力建设需求将持续提升。

第四节 支持本地绿色债券市场发展

二十国集团提出的这条措施旨在支持相关国家发展本币绿色债券市场。比如，对有兴趣发展本币绿色债券市场的国家，国际组织、开发银行和专业市场机构可在数据收集、知识共享与能力建设等方面给予支持。这些支持可包括与私人部门共同制定绿色债券指引和信息披露要求，以及培育绿色债券认证的能力等。开发银行也可考虑通过担任基础投资者和进行示范发行来支持本币绿色债券市场的发展。

绿色债券是为中长期绿色项目提供融资的一种债务融资工具。通过绿色债券筹集的资金只能用于绿色项目，发行人需要对投资者持续披露资金使用的信息，以维护市场声誉。

最早的几只绿色债券是于 2007～2008 年由欧洲投资银行和世界银行发行的。2007～2012 年，国际绿色债券市场的主要发行人包括世界银行、IFC、欧洲投资银行（EIB）、一些国家政府、市政府和国家发展银行。近年来，在日益增长的市场需求推动下，更多类型的发行人和投资者加入了绿色债券市场。贴标的"绿色债券"年发行量从 2012 年的 30 亿美元猛增到 2015 年的 420 亿美元，覆盖了 G20 中 14 个市场。2016 年前 11 个月，贴标绿色债券的发行额进一步上升至 748 亿美元，同比增长 70% 以上。在中东、北非（MENA）和印度尼西亚，还出现了投资于可再生能源和其他绿色资产的绿色 Sukuk 债券（伊斯兰绿色债券）。不过，虽然绿色债券市场发展很快，其总量仍十分有限。目前，绿色债券的发行量还不到全球债券发行量的 1%。

各国的经验表明，绿色债券市场可以为绿色项目和投资者提供几个重要的好处：为绿色项目提供除银行贷款和股权融资之外的一种新的融资渠道；为绿色项目提供更多长期融资，尤其是在绿色基础设施投资需求较大而长期信贷供给有限的国家；通过"声誉效益"激励发行人将债券收益投向绿色项目；通过发行人承诺"绿色"披露，激励其强化环境风险管理流程；为长期和负责任的投资者提供新的类别的绿色资产。

对绿色债券进行界定和要求发行人披露资金用途，是避免"洗绿"（green wash）、保持绿色债券市场信誉的基础。在全球范围内，已被广泛接受的标准是"绿色债券原则"（GBP）和"气候债券倡议"（CBI）组织制定的标准，其中 GBP 是在国际资本市场协会（ICMA）协调下由主要市场参与者制定的一套自愿准则。2015 年 12 月，中国人民银行发布了绿色金融债券发行准则，中国金融学会绿色金融专业委员会发布了本国的绿色债券定义（《绿色债券项目支持目录》）。2016 年 1 月，印度证券交易委员会（SEBI）通过了绿色债券发行和上市的披露要求。这些努力标志着全球最大的两个发展中国家推出了本币绿色债券市场。2016 年 3 月，墨西哥证券交易所推出"绿色债券"板块，以支持绿色债券在本地的发行和上市。印度尼西亚、巴西、中国香港、新加坡、摩洛哥、瑞士和其他一些国家和地区也正在研究发展绿色债券市场的计划。

虽然多数 OECD 国家的发行人都在国际市场上按照 GBP 原则发行绿色债券，但是也有不少新兴市场国家有兴趣发展本国的本币绿色债券市场。发展本币市场的原因有多种。比如，一些国家的资本项目尚未完全开放，市场的需求方主要是本地投资者。也有一些国家的资源禀赋和环境政策重点与 OECD 国家有较大不同，其对绿色项目的界定标准就会有所不同。还有一些国家考虑采用激励机制来支持本国的绿色债券发行，因此在界定标准上就需要比 GBP 更加明晰和强调可操作性。但是，这些国家在发展绿色债券市场的过程中还面临着对国际绿色债券标准缺乏了解、缺乏对本币绿色债券的定义和披露标准、缺乏第三方认证能力等问题。包括国际组织、开发性机构和专业市场协会在内的机构可以通过提供技术援助和进行示范发行等方式来推动帮助这些国家发展本币绿色债券市场。

第五节　推动跨境绿色债券投资

本条措施的含义是，通过支持跨境绿色债券投资，可以让有较多"绿色投资者"的国家向有较多"绿色项目"的国家进行投资，从而提升全球的绿色投资水平。具体来说，不同国家的政府可以加强金融机构合作，通过各种双边合作共同推动绿色债券跨境投资。在双边合作中，市场参与方可研究设计共同认可的绿色债券投资协议模板和创新适合国际投资者的绿色债券产品，以降低交易成本。

目前债券市场在全球企业融资总量中约占 1/3，其中仅有约 0.2% 为贴标的"绿色债券"。如果制约绿色债券发展的市场和机制性障碍能够解决，绿色债券市场将有巨大的发展潜力。例如，在全球气温升幅限制在 2 摄氏度的情境下，OECD 的定量分析显示，到 2030 年，投资于可再生能源、节能和低排放汽车（"绿色债券"的子集）等低碳项目的绿色债券在四个市场（中国、日本、欧盟和美国）的潜在年度发行规模可达 7000 亿美元。

虽然潜力巨大，但绿色债券发展仍然面临多种制约因素，一方面，许多国家缺乏国内绿色投资者，这就造成在许多国家的本地市场，对绿色资产的需求不充足。另一方面，全球包括共同基金、保险公司、养老基金和主权财富基金在内的机构投资者在管理的资产超过 100 万亿美元。越来越多的国际投资者，正在努力通过管理环境、社会责任和治理等相关问题来制定长期的负责任的投资策略，这些投资者有兴趣也有能力投资于绿色债券市场。因此发展绿色债券市场需要开展国际合作，引导需求和供给双方进行跨境绿色债券投资。

但国际投资者进入许多国家本币绿色债券市场面临许多困难。困难之一是不同市场的绿色债券定义和披露要求存在差异。这些差异增加了交易成本：在一个市场被认可的绿色债券，在另一个市场可能不会被认可为"绿色"。此外，其他问题（如资本管制、缺乏外汇对冲工具、交易时间的差异等）也制约了对多种资产类别的跨境投资，包括绿色债券。

综上所述，G20 杭州峰会领导人提出，要鼓励通过国际合作来推动绿色债券跨境投资。中英和中美正探讨有关双边合作模式，希望为更多国家之间开展绿色跨境投资提供经验。

第六节　鼓励开发和推广环境风险分析方法

环境和气候因素可能会演变成为金融机构所面临的市场和信用风险。

比如，一个保险公司如果为海滩边上的别墅提供了财产保险，那么由于气候变化导致的海平面上升就可能淹没这个物业而导致保险公司的损失。再如，一家资产管理公司持有大量的石油和煤炭公司的股票，而由于《巴黎协议》的实施可能会导致未来石油和煤炭需求的大幅下降和这些公司股票的贬值。又再如，在银行业，由于未来环境政策和执法力度的变化，对污染性行业贷款未来可能会面临比现在更高的不良率。一旦理解了并量化分析了这些环境因素与金融机构风险之间的关系，就可能促使金融机构减少对高污染、高排放产业的投资和贷款，增加对绿色产业的资源配置。

总体上，环境风险对于多数金融机构而言仍然是一个较新且复杂的领域，并处于不断变化之中。相对来说，保险业在分析环境风险方面具有相对较多的经验，而银行和信用评级机构等其他机构投资者对于环境风险的理解和分析相对较弱，金融监管机构对环境因素可能产生的金融风险的分析就更少了。

不过令人欣慰的是，越来越多的机构投资者开始认识到环境风险对金融业的影响，并正在开发新的工具来分析和理解环境风险。在保险行业，已经有不少企业针对自然灾害（如飓风、暴风雨和洪水等）对可能产生的金融影响开展了压力测试。再保险行业也建立了针对气候变化对自然灾害发生频率影响的分析方法。在欧洲，慕尼黑再保险和瑞士再保险等公司早在几十年前就已经开展了针对气候和环境的研究。最近，劳埃德保险市场则对全球食品价格冲击如何长期打压股市进行了分析。在银行体系，已有银行对环境污染、自然资源的消耗和水资源压力等风险进行分析。中国工商银行开发了一套"压力测试"方法，用于评估环保政策变化对污染行业借款人的违约率的影响。在债券市场，许多信用评级机构和第三方机构研究了水资源压力和气候变化对企业和主权评级的影响。此外，在研究能源结构变化以及相关政策可能产生的金融影响方面，机构投资者已经积累了一些经验。德盛安联资产管理公司在剑桥大学投资领导集团的协助下设计了一个模型，用于估算温室气体排放和能源政策对高排放企业盈利的影响。

但在分析环境因素可能产生的金融风险过程中，金融系统还面临挑战。2016 年 5 月，在瑞士伯尔尼召开的"环境风险建模与分析"研讨会上，许多金融机构表示在开发和运用风险分析工具来评估环境风险方面存在困难。比如公共政策的不确定性，是金融机构所无法掌控的。另外，也没有一家机构具备分析复杂的环境问题所导致的金融风险所需要的全部专业知识。

要完善环境风险的分析方法，需要金融、环境和政策专家开展合作，以及国际经验的共享。这种经验交流既可以是同一行业内的，也可以是跨行业的国际交流，比如保险业和银行业，以及其他机构投资者之间的知识共享和经验交流。此外，G20 绿色金融研究小组可以联合金融机构和研究机构，支持就环境和金融风险开展进一步对话，加强金融部门开展环境风险分析方法与风险管理方法的交流。这种对话有助于鼓励各种金融机构（如银行、保险和再保险、机构投资者）共同参与改善数据的获得性，开发和完善前瞻性风险分析方法，提高主流金融业对环境风险的认知度。

第七节　完善对绿色金融的定义和指标体系

缺乏对绿色金融的明确定义是绿色金融发展的一个重要障碍。如果没有定义，或每个机构都自己对绿色金融活动使用一个不同的定义，其结果是绿色投资者和绿色项目之间缺乏可交流的"共同语言"，从而导致过高的交易成本。

由于不同国家的发展阶段和环保政策重点有所不同，目前在国际上还没有对绿色金融活动的完全一致的定义。不过，对绿色金融，尤其是具体的绿色资产（如绿色信贷、绿色债券、绿色股票等）进行适当的界定并改善其清晰度与可比性，会对投资者、企业、政府及公众有益。较为清晰的定义有助于投资者和金融机构识别绿色投资或资产、改善风险管理、分析经济与社会影响、开展企业公关，也有助于政策与监管制度设计。

在概念层面上，G20绿色金融研究小组认为，"绿色金融"可被定义为能够产生环境效益以支持可持续发展的投融资活动。这些环境效益包括减少空气、水和土壤污染，降低温室气体排放，改善资源使用效率，应对和适应气候变化及其协同效应。这个概念层面的定义允许不同国家和市场进行不同的技术性解释。

受绿色金融研究小组委托，国际金融公司（IFC）开展了一项"绿色金融定义和进展度量"的问卷调查。结果显示，多数国家和市场对绿色金融的界定已经有了一定的共识，即它们都将一些核心行业包含到绿色金融之中，比如可再生能源、可持续建筑、能效管理、垃圾处理等。也有不少机构将环境治理和污染防范（如污水和固废处理、空气污染治理、土壤修复）等纳入绿色的范畴。对核电、清洁煤炭、水电等项目的争议较大，不少发达国家不认为这些项目属于"绿色"，而许多发展中国家倾向于将其列为"绿色"范畴。

绿色金融研究小组的分析显示，一些国家和机构已开始从以下三个层面探索建立度量绿色金融活动的指标体系。

绿色金融的流量与存量：IFC所做的问卷调查显示，目前只有少数国家和机构对部分绿色金融的流量（如贷款、发债量）和存量（如绿色信贷存量、绿色债券余额等）给出了定义，但还没有任何国家建立系统的指标体系。中国、巴西和孟加拉国发布了对绿色信贷的界定标准。ICMA、气候债券倡议（CBI）和中国金融学会绿色金融专业委员会发布了对绿色债券的界定和分类方法。有几家指数公司开发了绿色股票指数，明确了绿色企业的典型分类，如能效、清洁能源、可再生能源发电、自然资源保护、污染治理等。

绿色金融的实施情况：这些指标反映金融机构及资本市场的参与者是否和在多大程度上将环境因素纳入决策过程、采用环境风险管理工具、披露相关信息等。这些指标可用于度量和评价金融机构的"绿色"绩效。在这些方面，目前已有若干具体的方法和指标。比如，联合国贸发会议等多家机构发起的"可持续证券交易倡议"，通过年度报告，对全球各证券交易所要求上市公司披露可持续发展（包括环保）信息的进展情况进行了分析和评估。再比如，法国最近通过立法要求机构投资者（如养老基金）披露其是如何将 ESG 因素纳入投资决策之中的，以便资产所有者和公众评估这些机构的"绿色"表现。

绿色金融的影响和效果：绿色金融的发展，可能会对金融机构的资产负债表结构和稳健性产生影响，也可能对整个经济的投资结构、金融体系的稳健性和宏观经济指标（如就业）产生影响。最近，IMF 撰写了一篇开题报告，计划对上述问题开展研究。

绿色金融研究小组的初步分析显示，可以通过以下步骤来改进绿色金融的定义和分类，并开发可用于度量和报告绿色金融活动及其影响的指标：一是根据 G20 各国及其他经验（如 FSB 工作组的成果），G20 和各国政府可以与私人部门一起推动研究绿色金融指标及相关定义，并改善相关数据的可获得性。部分国际组织可以参与协助这些工作。二是评估绿色金融的影响。G20 可以研究探索对绿色金融所产生的经济和其他影响进行分析的各种方法。

第三章 绿色金融主要参与机构[①]

国际绿色金融的主要参与机构包括国际组织、各国政府、政策性金融机构、商业银行以及其他中介机构。国际组织通过提出全球性倡议、推动标准制定、提供资金支持、加强国际合作等方式推动绿色金融发展；各国政府为本国绿色金融的发展提供了法律和政策环境，引导金融机构开展绿色金融实践；金融机构是国际绿色金融发展的重要实践者，发挥着动员民间资本参与投资绿色产业的重要作用；中介机构为绿色金融市场主体提供咨询、服务、工具等方面的支持。本章简要介绍各类机构在推动绿色金融发展过程中的作用和具体案例。

第一节 国际组织

国际组织在绿色金融的全球发展中扮演着重要角色，联合国环境规划署（UNEP）、世界银行（WB）及其下属的国际金融公司（IFC）、其他多边开发性机构，都是国际绿色金融实践的重要推动者。国际机构在绿色金融发展方面主要起到以下作用：**一是倡议绿色金融理念、推动环境领域的国际合作**。如联合国环境规划署作为联合国系统内负责环境事务的牵头部门和权威机构，在促进绿色金融的国际合作、制定政策建议方面发挥着关键作用。**二是牵头制定绿色金融的原则和标准**。例如，IFC 制定了一整套的环境评估制度，以确保投资项目和企业符合环境保护与可持续发展的要

[①] 本章执笔：张静文，中国工商银行城市金融研究所分析师；冯乾，中国工商银行城市金融研究所博士后；余晓文，国际可持续发展研究院高级顾问；周嵘，国际金融公司环境社会与公司治理局顾问。

求。联合国责任投资原则（UNPRI）是一个由在联合国支持下发起的，并与1500多个国际投资机构签署的国际框架，推出了责任投资原则，强调投资者在投资过程中需要考虑 ESG 方面的因素。尽管不同国际组织提出的标准和原则在形式上有所不同，但最终目标都是为了应对环境和社会问题。**三是为国际绿色项目提供援助融资，推动可持续发展。**例如，世界银行着重于向发展中国家提供低息贷款，而其下属的国际金融公司则在商业原则基础上运作，利用自有资金和在国际市场上筹集的资金，为发展中国家的可持续项目提供融资。**四是帮助发展中国家开展能力建设。**例如，世界银行、国际金融公司等国际机构，通过与发展中国家开展政策交流、能力建设及知识合作，使其能够动员国内资源、发展金融市场并引入私人投资，支持可持续金融的发展。主要国际组织包括：

1. 联合国环境规划署（UNEP）及其 UNEP – FI、UNEP – Inquiry

联合国环境规划署（United Nations Environment Programme，UNEP）成立于1972年，总部设在肯尼亚首都内罗毕，是全球仅有的两个将总部设在发展中国家的联合国机构之一。所有联合国成员国、专门机构成员和国际原子能机构成员均可加入环境规划署。1992年成立的环境署"金融行动机构（UNEP – FI）"致力于为政策制定者和金融中介机构建立合作关系，目前世界上共有包括银行、保险、基金管理机构、投资顾问公司等在内的230多家金融机构加入了该组织。

联合国环境规划署在1995年与1997年分别出台了《联合国环境规划署保险业环境举措》以及《银行业和保险业对于环境可持续发展的声明》。在国际社会和各国政府对全球环境状况及世界可持续发展前景愈加深切关注的21世纪，联合国环境规划署受到越来越多的重视。

（1）联合国环境规划署金融行动机构（United Nations Environment Programme Financial Initiative，UNEP – FI）。

UNEP – FI 隶属于联合国环境规划署，该机构设立的宗旨是促进绿色金融理念的推广和普及。通过理念传导,增进共识,通过行业守则和原则条款,督促金融机构投身可持续金融的实践。两年一度的"联合国环境规划署全球圆桌会议"是全球环境保护与可持续金融最高级别的国际盛事。2007 年 10 月,以"从认知到行动:当今全球市场的可持续金融"为主题的联合国环境规划署全球圆桌会议在澳大利亚墨尔本举行。2015 年 10 月,在巴黎举行的年度峰会上,UNEP FI 同十家国际知名的金融机构(如荷兰的 ING 银行,南非标准银行等)共同发布了"正向影响力宣言",并制定了从发布宣言、到项目试点、到市场推广的为期三年的行动路线图,如图 3 – 1 所示:

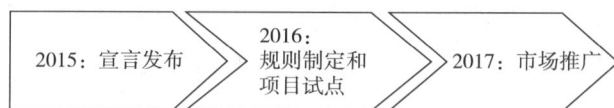

图 3 – 1 正向影响力金融行动路线图

在这期间,各家金融机构将在 UNEP FI 提供的平台上进行沟通和交流,共同为可持续金融发展提供正向影响力。

(2)联合国环境规划署"可持续金融体系的探寻与规划"(UNEP – Inquiry into the Design of a Sustainable Financial System)。

为了充分动员金融体系对实体经济可持续发展的支持,从而加快实现向绿色经济转型,联合国环境规划署于 2014 年 1 月发起"可持续金融体系的探寻与规划"(UNEP – Inquiry),旨在推动各国金融政策制定者和监管者的国际合作,提供政策选择,使金融体系为绿色包容的经济发展有效调动资金,实现可持续发展。

2016 年 1 月,由 UNEP – Inquiry 担任秘书处、中英两国央行联合主持的 G20 绿色金融研究小组正式成立,这也是第一次在 G20 平台上正式开展绿色金融研究与国际合作。众所周知,在 2016 年 9 月的 G20 杭州峰会上,绿色金融首次列入 G20 峰会议题,研究小组提交的《绿色金融综合报告》明确了绿色金融的定义、目的和范围，以及面临的挑战，并为各国发展绿色金融献计献策，支持全球经济向绿色低碳转型。

UNEP – Inquiry 为很多全球性举措作出了贡献，比如促进证券交易所、机构投资者、保险公司、银行和监管机构在可持续发展方面的合作；与二十多个国家就绿色金融体系构建开展合作，并积极支持不同国家在绿色金融各方面发挥和展示领导力。UNEP – Inquiry 连续两年在国际货币基金组织年会上发布有关整合金融体系与可持续发展的报告，提出衡量绿色金融进展的框架草案，同时重点突出金融科技对此的作用。

自 2014 年初成立至今，UNEP – Inquiry 已成为全球领先的国际合作平台，在各种层面积极推动国际金融体系转型以适应可持续发展需求，尤其发掘了不少发展中国家在该领域的政策创新与实践。大量绿色金融相关的研究报告和活动介绍，可通过其网站获取详细信息：http：//unepinquiry. org/。

2. 国际金融公司与赤道原则

国际金融公司（International Finance Corporation，IFC）成立于 1956 年 7 月，总部设在华盛顿，是世界银行集团下的政府间国际组织，也是全球性投资机构和咨询机构，旨在配合世界银行的业务活动，向成员国，特别是其中的发展中国家的重点私人企业提供无需用途担保的贷款或投资，鼓励国际私人资本流向发展中国家，以推动这些国家的私人企业的成长，促进其经济发展。近年来，国际金融公司越来越注重可持续发展的投资方向，本着促进发展中成员国的可持续性项目，使其在经济上具有效益性，在财务和商业上具有稳健性，在环境和社会方面具有可持续性的目标，投资了大量的绿色项目，为发展中国家的绿色转型提供了支持和帮助。

国际金融公司是通过其下属的专门机构——可持续金融市场机构（Sustainable Financial Market Facility，SFMF）来开展"可持续发展和减轻气候变化领域的金融服务"。IFC 认为：气候变化对全球的影响巨大，特别是对发展中国家未来的经济发展与环境都造成了巨大的风险，而国际金融公司有义务为发展中国家确定环境融资方案以应对此风险、减轻气候变化对这些国家的影响。IFC 为可再生能源的开发确定相关的金融和信贷额度，将大量资金用于清洁生产技术的研发与运用，把"可持续性标准"纳入到环境产品供应链中。IFC 还专设了碳金融机构，直接为合格的买家和卖家提供碳融资服务，该机构的碳融资产品和服务主要包括：销售碳信用额度现金流的货币安排、碳交付保险、富碳产品与营业的债权及资产安排、与气候中介机构和政府合作以各种资本运营手段促进碳信用的实现。该机构还指导并支持一些私营部门参与到碳市场，帮助中小型企业提高能源利用效率、加强公司治理的标准化，促使小型排放者也能在环境金融市场上发挥作用，既实现减排又为其解决融资问题。为推动减少全球温室气体排放，国际金融公司通过碳融资项目的碳信用额度为创建环境金融新兴市场贡献了尝试性的成果。

3. 可持续银行网络（SBN）：新兴市场国家监管部门的对话与合作

可持续银行网络（Sustainable Banking Network，SBN）是一个由新兴市场的金融业监管机构和银行业协会组成的创新机构，致力于按照国际良好规范来推进发展中国家可持续金融发展。SBN 于 2012 年 9 月正式成立，现有包括中国、巴西、印度尼西亚等国在内的 26 个成员机构。

SBN 是一个完全自愿性的倡议，它向所有就职于银行业监管机构的官员和专家开放。目前，SBN 由既是代理秘书处又是技术顾问的国际金融公司主持，其开展的活动包括：

（1）年会，为对话、社交联谊和知识创造提供空间。此类会议为SBN 成员国提供了一个经验分享、沟通合作的独特平台。

（2）研究和知识产品，反映和分享可持续金融领域的最新发展趋势、创新和挑战。

（3）工作组，专注于政策制定和实施、能力建设、监测和评价等特定主题。

（4）同业审查和磋商进程，用以支持特定国家的政策制定，并确保地方政策与国际良好规范保持一致性。

（5）学习和知识共享计划，如培训、研讨班、学习考察、同业交流和合作。

目前，SBN 有意将其网络范围扩大至金融业生态系统的其他领域，包括资本市场、保险和养老金。该项计划包括一项将可持续银行网络（SBN）的名称更改为可持续金融网络（SFN）的建议。除了环境和社会风险管理政策之外，SBN 还日益关注可持续金融的其他方面，如绿色金融、绿色资本分配、碳足迹管理、碳定价和气候风险评估。

4. 联合国责任投资原则（United Nations Principles for Responsible Investment，UNPRI）

UNPRI 是一个在联合国支持下发起，并由多个国际投资机构共同签署的国际框架。UNPRI 揭示了环境、社会和治理（ESG）议题对投资的影响，并为将这些议题融入投资和所有权决策提供了一个框架，有利于推动更加稳定可持续金融体系的建设。在当前可持续发展议题对投资者和金融市场的影响尚未引起足够重视的背景下，UNPRI 能够促进更多的机构投资者将 ESG 因素纳入投资决策和所有权实践，以期降低风险、提高财务收益并满足受益人和客户的期望，这将为环境乃至整个社会带来实实在在的利益。

UNPRI 共有六大原则，这些原则均由投资者制定并得到联合国的支持，它们包括：（1）将 ESG 议题纳入投资分析和决策过程；（2）成为积极的所有者，将 ESG 议题整合至所有权政策与实践；（3）要求投资机构适当披露 ESG 咨询；（4）促进投资行业接受并实施 UNPRI 原则；（5）建立合作机制，提升 UNPRI 原则实施的效能；（6）汇报 UNPRI 原则实施的活动与进程。在每一条自愿性和鼓励性原则之下还有一系列具体可行的方案，例如在将 ESG 议题纳入投资分析和决策原则之下，企业还应当考虑在投资政策声明中提及 ESG 议题，支持开发相关工具、指标和方法，评估内部投资经理将 ESG 纳入考量的能力，要求投资服务商将 ESG 纳入研究和分析，鼓励相关的学术研究和培训等。

截至 2017 年 1 月，共有 1650 家机构签署了 UNPRI 协议，承诺在投资及业务运营过程中采用并实施 UNPRI 原则，它们所管理的资产达到 63 万亿美元。在 UNPRI 理念的影响下，多家机构已经开始投资绿色资产，并正在开发先进的工具以确保绿色因素被系统地纳入投资决策。例如，Standard Life Investment 在传统的投资模型中加入 ESG 的方法，用于评估日益严格的法律法规对汽车行业的收益影响，发现了 LG 化学在电动车领域拥有较大潜力；摩根士丹利运用 ESG 方法分析了水资源的缺乏对矿业企业现金流和运营成本的影响，并对其所投资的安托法加斯塔的 Los Pelambres 铜矿项目进行了分析，修正了传统信用评级将得出的结论等。

5. 其他国际组织

世界银行和全球环境基金等国际机构的绿色金融实践起步较早，是绿色金融发展的重要推动者。

世界银行成立了专门的碳金融部门，在京都议定书清洁发展机制（CDM）或联合履行机制的框架内，使用 OECD（经济合作与发展组织）成员国政府与企业的资金向发展中国家和经济转型国家购买以项目为基础的温室气体排放减少量。

全球环境基金（Global Environment Facility，GEF）是一个由 183 个国家和地区组成的国际合作机构，本着与国际机构、社会团体及私营部门合作，协力解决环境问题的原则，GEF 自 1991 年成立以来，已经为 160 多个发展中国家的 3000 余个项目提供了 125 亿美元的捐款，并撬动了 580 亿美元的联合融资，主要支持生物多样性、臭氧层及持久性有机物、气候变化、土地退化、国际水域综合治理等领域的各类项目。此外，由 GEF

管理的气候变化特别基金（SCCF）也是国际绿色金融的重要参与者，它是对 UNFCCC 和《京都议定书》之外的其他融资机制的补充，是全球环境基金用以充当 UNFCCC 过渡期的融资机制。气候变化特别基金（SC-CF）是发达国家在里约峰会期间通过马拉喀什协定建立的基金计划，旨在促成发达国家履行其在各种国际环境条约下的义务，资助发展中国家的气候适应、技术转让、能力建设及经济多元化项目。

除了上述国际组织之外，亚洲开发银行、欧洲开发银行、美洲开发银行、绿色气候基金（Green Climate Fund）、OECD 等机构也在为全球绿色项目提供融资、提升成员国绿色金融能力建设等方面做出了许多积极的努力。

第二节　各国政府和立法机构

国际上，还很少有政府专门针对鼓励绿色金融而设计的政策体系。中国于 2016 年发布的《关于构建绿色金融体系的指导意见》是全球第一个比较完整的支持绿色金融发展的政策框架。但是，其他不少国家也采取了各种法律和政策措施，在某些具体领域事实上起到了鼓励绿色投资、约束污染性和高碳投资的作用。

比如，一些国家建立了制约和惩罚污染性活动的法律制度和执法体系，也对新能源、节能环保的技术设备实施财政补贴、税收减免、利率优惠（政府贴息）等激励性措施。约束性的法律责任与激励性的经济措施一起形成市场导向机制，同时重视公众参与、投诉机制和独立审查，使金融机构有压力和动力去实施可持续金融，并进行绿色金融产品的创新。以下简述几个国家的具体做法。

1. **法律制度体系**。良好的法律支撑是推动可持续金融发展的有力保障，发达国家政府非常重视环境保护以及劳工权益方面的法律建设，使金融机构重视环境保护、劳工权益，促进绿色金融的发展。

美国国会自 20 世纪 70 年代以来通过了 26 部涉及水环境、大气污染、废物管理、污染场地清除等有关环境保护的法律，重点规范政府、企业和银行的行为并调节三方面的关系。最具代表意义的如美国联邦政府于 1980 年颁布的 CERCLA《超级基金法》。该法规定银行必须对其客户造成的环境污染负责并支付相应的环境修复费用，这个责任是严格的、连带的和溯及既往的。

英国的环境立法主要遵循可持续发展、污染者付费、污染预防三个基本原则。现行的《环境保护法》、《污染预防法》、《废弃物管理法》和《水资源法》等均涉及可持续金融的相关规定。其中《污染预防法》规定了 9000 个工艺过程，凡是采用的企业都需要向环保部门申请，通过制定严格系统的技术标准和发放许可证的形式控制污染。2005 年 4 月英国政府通过了《运营和财务审核法案》（*Operating Financial Review*），要求上市公司披露有关企业环境、社会和治理的信息。

加拿大有关环保的法律政策始于 20 世纪 60 年代，1970 年成立了污染防治办公室，标志着该国治理环境污染、保护环境进入实质性的工作阶段。加拿大 1988 年出台的《环境保护法》经过 1999 年修订后，更强调从源头治理污染，这部法律使得加拿大的工商业有了统一的标准来实施清洁生产，尽量不排废物，降低成本、增加利润、减少污染。1995 年加拿大制定的《污染预防行动计划》要求企业必须做污染预防计划，提交计划书，并且该计划书是企业贷款评估的重要依据。政府则通过媒体、网站等宣传渠道来向社会公告企业的污染预防计划书摘要，接受公众监督。

完善的法律、高昂的违法成本，迫使企业必须严格遵守规定，约束自身行为，从源头上有效遏制了高污染、高耗能项目的发展，也使金融机构必须警惕对此类项目发放信贷的金融风险，保证了可持续金融的顺利实施。

2. 激励机制体系。有效的激励机制和配套法规可以提高银行和企业执行可持续金融的积极性。为调动企业和金融机构的积极性，促进绿色产业和可持续金融的发展，各国实施了多种不同的激励政策。

美国对于节能环保类项目采取了关于税收、财政专项基金等一系列优惠政策。美国联邦政府1978年出台的《能源税收法》，对购买太阳能和风能能源设备所付的部分金额，以及开发利用太阳能、风能、地热和潮汐能的发电技术投资总额的25%可以从当年缴纳的所得税中抵扣。在环境经济政策中，美国对环境保护项目的发债融资采取低利率，一般为3.3% ~ 3.7%。在美国还有很多其他金融机构设立了环保基金和优惠贷款来支持和鼓励环境保护事业的发展和运作，并对中小企业从事环保产业或环境友好型产业提供贷款优惠或担保。

英国政府出台了一系列为可持续金融配套的激励政策。如《贷款担保计划》中规定小企业可向金融机构借贷最高可达7.5万英镑的款项，政府担保80%。但在担保的过程中，政府会要求企业对自身的环境影响等进行评估，并根据评估结果对环境友好的企业进行担保。这项政策刺激了英国的中小企业融资，对中小型污染企业发挥了明显的制约作用。

日本在多个领域采取了激励和帮助企业环保投资的措施，包括中央政府下属的公共金融机构的优惠贷款、税收优惠政策和政府的直接补贴等。例如，从事3R[①]研究开发、设备投资、工艺改进等活动的各民间企业，分别享受优惠贷款利率；对企业设置资源回收系统，由非营利性的金融机构提供中长期优惠利率贷款；对实施循环经济的企业、项目，给予各种税收优惠。

政府的推动、法律的约束，加之公民社会和NGO的压力，使环境和社会问题对银行信贷业务的影响越来越大。许多银行开始建立内部的旨在

---

① 3R 即减量化（Reduce）、再利用（Reuse）、再循环（Recycle）。

规避环境社会问题造成的金融风险的信贷管理和审核制度，通过环境社会风险识别和预评估，筛选出合乎环境社会要求的贷款项目，同时在贷款过程中严格执行环境社会风险测评，以规避借款企业突发性环境社会风险或相关法律风险。

第三节　政府背景的金融机构

政府背景的金融机构是推动绿色金融发展的重要力量。因环境保护、可持续发展等问题具有一定的公共属性，一些国家和地区通过成立政府背景的金融机构来推动绿色金融发展。政府背景的金融机构是一国政府全资或控股的金融机构，这些机构通过财政与金融的融合，在政府和市场之间发挥作用，在可持续发展道路中扮演着重要角色。从国际上来看，英国的绿色投资银行和德国复兴信贷银行在政府背景金融机构中较为典型。

德国复兴信贷银行（以下简称复兴银行）成立于1948年，总部位于法兰克福，成立之初是一家致力于为德国战后恢复重建提供资金支持的国有银行。目前，复兴银行资产总额达到2610亿欧元，已成为德国最大的银行之一。复兴银行在自身发展和绿色金融实践方面的成功经验主要包括六个方面（见表3－1）。相比之下，英国绿色投资银行（GIB）成立时间较晚（成立于2012年），但它是世界上第一家专门致力于通过解决融资问题来发展绿色经济的投资银行。主要是解决限制英国绿色基础设施项目融资的市场失灵问题。英国绿色投资银行的政策体系如表3－2所示。

表3－1　　　　　　　　德国复兴信贷银行在绿色金融方面的经验

性质和使命	复兴银行是国有银行，以促进德国企业发展和经济发展为己任。
项目的授信权	复兴银行的所有权属于国家，且由政府委派的监事会负责对复兴银行的业务进行监督，但能够不受政府干预，项目的授信权为董事会所掌控和决定。

续表

融资成本	复兴银行不依靠政府补贴开展业务。政府为复兴银行在国际资本市场上的融资提供担保，融资成本较低为复兴银行的发展提供了保障。
法律地位和影响	在复兴银行成立时，专门制定了《德国复兴信贷银行促进法》，确立了其法律地位和影响。
与商业银行的关系	复兴银行与商业银行不是竞争而是合作的关系。前者通过"批发"资金的方式通过商业银行进行"零售"，即复兴银行的信贷资金不是直接给贷款人，而是通过商业银行转贷给借款人。
贷款及发放依据	复兴银行在发放贷款时，首先考虑方案与项目的经济性，按商业银行的风险控制模式来发放贷款。

表 3 – 2   **英国绿色投资银行（GIB）的政策体系**

绿色投资原则	①项目必须具有积极的绿色效益；②明确的投资标准；③持久的绿色影响；④减少全球的温室气体排放；⑤有效的合同、监督、参与；⑥健全的绿色影响评估体系；⑦透明的信息披露。
绿色投资政策	在七大投资原则的基础上，制定出有关绿色投资政策，阐述如何实施该项政策。
绿色影响报告准则	该准则给出计算绿色影响的综合公式，并详细阐述了量化绿色影响的具体程序。
负责任投资原则	将环境、社会和公司治理（ESG）问题纳入投资分析和决策过程中。
企业环境政策	通过公司内部运营来降低自身对环境的影响，通过员工培训提高环保意识，遵守环境法律法规及准则，保证业务合法合规。
内部组织结构	董事会专门设立有绿色委员会。该委员会身兼多种职责，包括审查 GIB 制定的政策和所开展投资活动是否符合 GIB 的绿色使命，并且积极建立有效的评估机制，完善评价指标体系，采用量化的方式衡量 GIB 的投资表现。团队具有金融与环保的多方面专业知识，更加提高 GIB 的专业性。

（1）产品和服务。最近二十多年，复兴银行向包括环保、节能、新

能源等领域提供的绿色贷款不断增长。比如，复兴银行对节约型能源转换项目提供利率为1%的低息贷款，为符合标准的节能新建建筑和现有建筑的节能改造项目提供贷款等。2015年，英国绿色投资银行优先关注的五个领域为：海上风电、商业及工业垃圾、转废为能、企业节能，以及"绿色方案"。在此期间，绿色投资银行所投放的资金中，至少80%将投资于这些优先领域，余下的20%可以投资于其他绿色产业，例如海洋能源及碳捕获和封存等。

（2）参与机制。复兴银行的节能环保金融产品从最初的融资到后期金融产品的销售都没有政府的干预，各项活动都通过公开透明的招标形式开展，保证了过程中的公正、透明，政府的主要作用就是提供贴息及制定相关的管理办法，这样就保障了资金高效公平的使用。英国政府期待绿色投资银行通过调动民间资本，加快英国向绿色经济的转型。

（3）影响和效果。复兴银行在减少二氧化碳排放量、提高能源效率以及节能环保等贷款项目上，为绿色经济发展作出了突出贡献。英国绿色投资银行在2012~2015年借助政府投资的30亿英镑，在解决影响绿色基础设施项目的市场失灵上起到关键性作用，进一步刺激了私人投资。

第四节　商业性金融机构

国际上一些主要商业性金融机构已经将绿色金融作为风险防控、提升竞争力、促进可持续发展的重要策略。这些金融机构在绿色金融方面的实践有如下特点：（1）具有较为先进的可持续金融理念。这些银行的总部通常在发达国家，对本国较高的环境标准有充分的了解。（2）不断完善可持续融资政策标准。这些金融机构随着业务全球化和责任投资的需要，不断优化绿色融资标准。首先要达到项目所在国的环境与社会管理标准，当项目在欠发达国家，如果当地法律法规不健全，缺乏相应的标准和规定，他们通常会采纳赤道原则、IFC 绩效标准或联合国责任投资原则等。目前这些标准已成为全球金融机构为防范环境与社会风险自愿采纳和参考的标准。（3）根据自身业务结构和风险偏好，不断细化相关行业、领域的政策和标准。在总体政策的指引下，这些金融机构针对能源、水资源、林业等环境敏感行业制定了可持续发展信贷政策，行业准入标准详细，行业覆盖面广。（4）不断加强信息披露和提升风险管理能力。总体政策与行业政策的公开增加了政策的透明度，有利于政策的执行和加强外部监督与约束。各机构在提升自身业务水平的同时，帮助客户改善其在环境和社会问题方面的表现。本节将介绍对部分全球性金融机构的绿色实践。

1. 巴克莱银行

巴克莱银行于 2003 年宣布实行赤道原则，是最早的 10 家赤道银行之一。巴克莱银行设立了包含贷款部门、内部评级部门、环境及社会风险评估部门以及声誉委员会的专门环境和社会风险评估系统：（1）对于一般贷款，银行内部信贷部门和内部评级部门合作，对项目环境风险进行评估；（2）对潜在环境风险大的项目（涉及冶炼、化工、垃圾处理等行业），由专门环境及社会风险部门进行特别评估；（3）如有重大风险可能影响银行声誉，声誉委员会作为最高意见介入；（4）项目的启动、建造和运行等阶段进行全程跟踪。

巴克莱银行在绿色产品创新方面的表现也较为突出：（1）巴克莱银行发行了名为呼吸卡（Breathe Card）的信用卡，持卡人可在购买天然气、清洁能源等绿色产品时获得优惠，巴克莱银行还承诺将信用卡利润的 50% 和消费金额的 0.5% 捐给碳减排项目；（2）巴克莱银行还推出英国首个碳中和借记卡，所有用来补偿借记卡生产的碳信用来自于英国本土环保项目；（3）巴克莱银行还推出了全球碳指数基金，这是第一个跟踪全球主要温室气体减排交易系统中碳信用交易情况的基金。

2. 花旗银行

同巴克莱银行一样，花旗银行也是最早的 10 家赤道银行之一，除此之外花旗银行还执行 IFC 环境和社会风险标准。花旗银行设立了物业服务机构（Corporate Realty Services），管理运营中产生的碳足迹，减少自身运营中温室气体排放和能源消耗。还设立了专门指导可持续事务的环境和社会政策审查委员会。花旗银行建立了由专家组成的环境与社会风险团队，他们的主要职能是就环境与社会风险问题向一线信贷员提供初步建议，并决定是否需要环境与社会风险管理团队提供进一步的指导。在花旗银行，可持续发展绩效与高管业绩考核挂钩，银行还会对所有员工为银行的环境和社会业绩作出贡献的行为进行激励。

在环境与社会风险管理的运作流程方面，花旗银行采用 ERSM 评审体系，主要包括三个重要环节：第一，参考赤道原则的风险分类，按照 IFC 准则将交易分成 A、B、C 三类；第二，全面审查，包括提出要求以使交易符合 ERSM 准备、聘请独立财务顾问、制定环境和社会行动计划；第三，资产组合经理对所有交易进行年度信用审查、内部审计组对尽职调查和合规性进行审计。

3. 汇丰银行

汇丰银行除了践行赤道原则外，还遵循环境信贷和道德投资指导方针，并制定了内部的部门准则，发布了 5 项针对环境敏感行业的贷款指引，强化了对赤道原则的承诺。在部门设置方面，汇丰银行在董事会专设了可持续发展委员会，负责全球范围内可持续发展战略，在集团总部设企业可持续发展部，专人负责实施可持续发展战略，在各大区域设立可持续发展部，在国家和地区层面，专人专职统筹可持续发展事务。在内部管理流程方面，汇丰银行规定，对贷款项目中资本成本大于 5000 万美元的项目，要求债务人必须证明其融资项目符合 IFC 的"预防与减轻污染指南"，符合项目所在国的法律条文。汇丰银行还专门制定了信贷与投资管理"部门指导方针"。对新兴市场经济体中的融资项目，债务人必须提供环境评估证明，这些证明涉及 IFC 的保障方针，也就是必须符合 IFC 为处理林业和文化财产、非自愿移民、自然栖息地等问题的指南。此外，汇丰银行还推出了气候变化指数系列产品，包括汇丰环球气候变化基准指数基金，以及同时推出的 4 项可供投资的环球气候变化指数。

4. 瑞穗银行

瑞穗银行同时遵循赤道原则和日本 21 世纪金融行动原则，在信贷管理过程中，融合了相关环境与社会风险管理办法。为了加强外部管理和推动政策的有效执行，瑞穗银行对总体政策和行业政策进行公开，不断增加政策透明度，同时，还帮助其客户改善在环境和社会风险领域的行为，对于那些可能对环境和社会问题存在潜在高风险的项目，一般积极与客户开展合作和沟通，与客户一起管理环境和社会风险问题。瑞穗银行曾与日本国际合作银行、亚洲开发银行等国际金融机构合作共同为多个环保项目融资。

此外，保险公司作为全球金融业的重要组成部分，也通过发展环境责任保险和践行绿色投资来积极推动经济的可持续转型。早在 20 世纪 70 ~ 80 年代，欧美国家就推出了环境污染责任保险等绿色保险产品。环境责任保险作为一种能够加强环境风险管理、有效降低环境污染造成的公共影响的金融工具，正在全球范围内逐步发展并成熟起来。例如安达公司，作为全球最大、最先进的环境责任与污染风险承保商之一，在北美、欧洲、亚洲、拉美都设有环境风险部门。其主要的产品和服务包括环境污染责任险、可再生能源险和多项"绿色"计划，几乎覆盖全球环境风险保障的所有方面。安联公司不仅推出了多项环境保险产品，其下辖的资产管理公司还在全球范围内投资了大量的"绿色项目"，包括节能环保的不动产、基础设施、可再生能源及碳减排项目等。这些项目不仅对减少温室气体排放及环境污染，提高能源效率作出了贡献，也有助于形成更广泛、更多样化的投资组合，分散投资风险，并提供健康稳定的、不受金融市场波动影响的长期收益。

第五节　第三方机构

开发绿色金融产品的一个难点在于，需要量化市场主体的绿色表现作为定价和奖惩的基础。但由于环境、资源等因素的公共品性质，传统的评级难以对涉及产业、企业和产品生产消费活动的外部性进行评估，使得市场缺乏对主体绿色行为定价的合理依据。因此绿色金融产品的开发和交易，需要包括绿色评级在内的配套工具和制度提供有效的支持。这些配套工具是绿色金融市场中的重要环节，对于绿色金融产品的发展起到有效的支持作用。目前国际上的绿色第三方机构至少包括以下几类：（1）绿色评级机构，以 S&P、MOODYS 为代表，对企业及其发行的绿色产品进行评级和认证；（2）绿色指数机构，以 MSCI 为代表，编制及发布绿色指数，为投资者提供投资标的；（3）数据服务商，以 Bloomberg、CDP 为代表，收集、加工并对外提供绿色信息，促进全球环境信息披露；（4）环境咨询公司，如 Trucost 等，开发了一些定量评估环境成本与效益的工具。本书的后续章节将对各第三方机构及其产品进行详细介绍。

第四章 国际开发性金融机构的绿色金融政策与案例[①]

本章主要讨论多边开发性金融机构在绿色金融方面的最佳实践及对中国开展相关业务的启示。其中第一节阐述国际开发性机构绿色金融政策制定的原因背景、基本情况和主要特点；第二节至第四节介绍主要的多边开发性金融机构，如世界银行集团下属的国际金融公司、亚洲开发银行、泛美开发银行的绿色金融政策与典型案例；第五节展望国际开发性金融机构的绿色金融政策和实践对中国金融机构的启示。

第一节 国际开发性金融机构的绿色金融政策概述

绿色金融政策，按政策制定者可分为：（1）国际机构制定的自愿准则，如联合国环境规划署金融行动机构（United Nations Environment Programme Finance Initiative，UNEP FI）的相关承诺等；（2）由国际或地区性开发金融机构制定的标准，如世界银行的《环境、健康与安全指南》、世界银行集团下属的国际金融公司（International Finance Corporation，IFC）的《环境、社会和治理绩效标准》等；（3）由行业组织或金融机构发起制定的标准，如项目融资的环境国际规范《赤道原则》（*Equator Principles*）等；（4）由各国政府如中国、巴西、尼日利亚、肯尼亚、越南、蒙

---

① 本章执笔：孙轶颋，世界自然基金会（瑞士）北京代表处。

古国等或其监管部门制定的并具有一定强制力的绿色金融国家标准，鼓励绿色投资。本章主要介绍国际或地区性开发性金融机构的绿色金融政策和相关案例。

国际开发性金融机构，如世界银行及下属的国际金融公司、亚洲开发银行、非洲开发银行、泛美开发银行等，均制定和实施较为完善的环境和社会保障政策，其层次分明并有综合体系，一般有政策声明、治理原则、运营保障要求、综合环境与社会评估程序以及相应的导则文件组成。

国际开发性金融机构之所以拥有高标准的绿色金融政策，是与其机构性质、宗旨和战略分不开的。以世界银行为例，世界银行以帮助发展中国家经济增长和消除贫困为主要目的，向发展中国家提供低息贷款、无息贷款和赠款并提供相应的技术援助，用于支持对教育、卫生、公共管理、基础设施、金融和私营部门发展、农业以及环境和自然资源管理等诸多领域的投资。而亚洲开发银行的《2008～2020 年长期战略框架》明确了亚洲开发银行的远景目标是建设一个没有贫困的亚太地区，其使命是帮助发展中成员体提高人民的居住环境和生活质量，并强调要帮助发展中成员体实现环境的可持续性和经济的共享式增长。同时，这也受益于国际开发性金融机构强调信息公开透明和利益相关方的多方参与。如世界银行在对其环境和社会标准进行修订的过程中，召开了分国别分类别的利益相关方征询会，而亚洲开发银行也通过定期召开 ADB NGO Forum 等形式听取各方的意见。而国际开发性金融机构的绿色金融政策和实践又对其成员国或项目所在地国家的政府和商业性金融机构的绿色金融政策产生积极的影响。比如国际商业银行所制定并自愿执行的项目融资环境和社会标准——《赤道原则》就是在世界银行集团下属的国际金融公司（IFC）的推动和支持下形成并不断完善的。在中国，IFC 又支持中国银监会实施"绿色信贷"政策，为中国银行业协会组织"绿色信贷"培训，为兴业银行等金融机构提供《赤道原则》的技术支持。

以下我们着重介绍亚洲开发银行、泛美开发银行和国际金融公司的绿色金融政策及案例。

第二节　亚洲开发银行的绿色金融政策及案例

亚洲开发银行目前的绿色金融政策主要体现在 2009 年发布的《保障政策声明》(*Safeguard Policy Statement*)。声明中提出了一系列旨在避免亚洲开发银行项目在设计、实施、管理过程中产生环境和社会方面的潜在影响。亚洲开发银行《保障政策声明》的基本模式详见图 4 – 1。

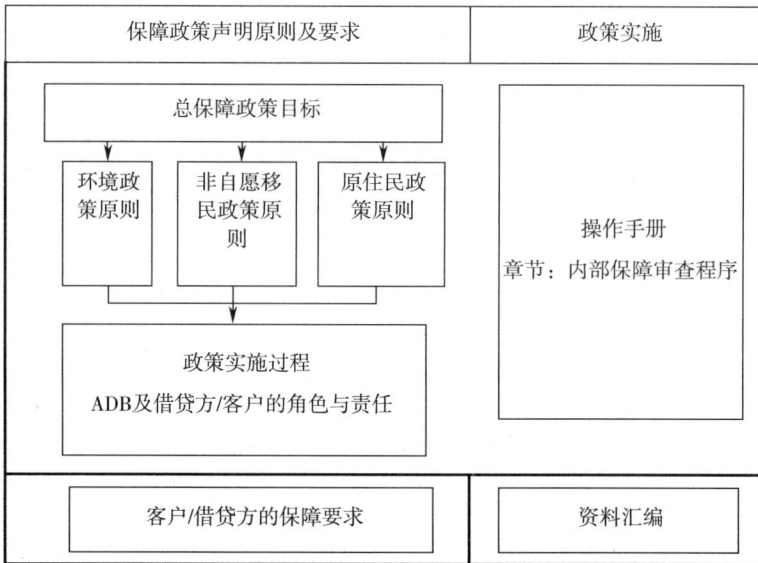

```
┌────────────────────────────────┬──────────────────────────┐
│      保障政策声明原则及要求          │        政策实施            │
│  ┌──────────────────────────┐   │  ┌──────────────────────┐ │
│  │        总保障政策目标         │   │  │                      │ │
│  └──────────────────────────┘   │  │                      │ │
│  ┌──────┐ ┌──────┐ ┌──────┐     │  │                      │ │
│  │环境政 │ │非自愿移│ │原住民政│    │  │      操作手册          │ │
│  │策原则 │ │民政策原│ │策原则 │    │  │                      │ │
│  │      │ │则    │ │      │    │  │ 章节：内部保障审查程序    │ │
│  └──────┘ └──────┘ └──────┘     │  │                      │ │
│  ┌──────────────────────────┐   │  │                      │ │
│  │       政策实施过程           │   │  │                      │ │
│  │  ADB及借贷方/客户的角色与责任  │   │  │                      │ │
│  └──────────────────────────┘   │  └──────────────────────┘ │
│  ┌──────────────────────────┐   │  ┌──────────────────────┐ │
│  │     客户/借贷方的保障要求      │   │  │      资料汇编          │ │
│  └──────────────────────────┘   │  └──────────────────────┘ │
└────────────────────────────────┴──────────────────────────┘
```

图 4 – 1　亚洲开发银行保障政策声明

一、政策的目标及原则

亚洲开发银行环境保障政策的目标是保证环境安全和项目的可持续性，并支持在项目决策过程中综合考虑环境因素。其政策的基本原则有：

（1）环境评价嵌入项目的投资审批决策：所有拟定项目都要进行梳理，决定恰当的环境评价的范围和类型，并对潜在的环境影响和风险进行深入的分析。

（2）环境评价是项目投资审批的重要依据：对每个拟定项目都要进行环境评价，以识别项目对于环境、生态、社会、经济等方面直接的、间接的及累积的影响。如果必要，应启动战略性环境评价。

（3）项目应准备合理的替代方案：针对项目的地点、设计、技术、结构及其对环境和社会可能造成的影响，制定替代方法，包括选择取消项目。

（4）项目应有环境风险减缓和补偿措施：采取环境规划和管理措施以避免项目的不利影响，如果无法避免，则应采取措施尽量减轻、缓解或弥补。

（5）项目应做到信息公开和透明：建立利益相关方的知情、磋商和申诉机制，充分保障与项目有关人群的权益。特别是在项目审批前，及时向利益相关方公布环境评价的内容和结论。

（6）项目应制订和实施环境管理计划：项目应根据环评结论制订相应的环境管理计划，并定期记录和公布监测结果。

（7）项目应避免在生态高保护价值地区进行：项目应尽可以避免在高保护价值生态区域和重要栖息地开展。

（8）项目应参照国际上的最佳实践：项目应参照国际公认的行业标准和成功实践，实施环境污染防治措施。

（9）项目应有对劳工和社区的安全保障措施：项目应为工人提供安全和健康的工作条件，预防事故、伤害和疾病。建立预防和应急措施，以避免或减缓（如果无法避免）在卫生和安全方面对项目所在社区的不利影响和风险。

（10）保护物质文化资源：在开展环境评价时，雇佣有相应资质及工作经验的专家进行现场调查。

二、保障政策声明

亚洲开发银行的《保障政策声明》明确了三项保障政策的政策目标、范围和启动条件：环境保障、非自愿移民保障和原住民保障。通过保障政策的实施，亚洲开发银行预期达到如下目标：（1）尽可能避免项目对环境和受影响人群产生不利影响；（2）如果负面影响不可避免，则尽量减轻和缓解项目对环境和受影响人群的不利影响，并/或给予补偿；（3）帮助借款人/客户强化他们的保障制度，以及发展应对环境和社会风险的能力。

表 4 - 1 　　　　　　　　　　　保障政策分类及保障措施①

	环境	非自愿移民	原住民
分类	根据拟建项目按类型、地点、规模和敏感性，他们的潜在环境影响的大小（包括直接、间接、诱发和累积的影响）筛选	如果不少于200人将离开住所或失去10%以上的生产或创收资产，移民的影响将被认为是很严重。 A类：很可能有显著非自愿移民影响。必须提供移民安置计划（包括社会影响评估） B类：包括不被视为显著的非自愿移民影响。必须提供移民安置计划（包括社会影响评估）。 C类：没有非自愿移民影响。无需采取进一步行动。	将通过对社会经济地位、文化和社区的完整性等的影响程度和受影响原住民社区的脆弱程度的评估来决定对原住民的影响。 A类：可能会对土著人民有显著影响。必须提供包含社会影响评估的土著居民计划（IPP）。 B类：可能会对土著人影响有限。必须提供包含社会影响评估的土著居民计划（IPP）。 C类：对土著人民预计无影响。无需采取进一步行动。

---

① http：//www.adb.org/site/safeguards/main.

续表

	环境	非自愿移民	原住民
保障措施	初始环境检查（IEE） 环境评估审查框架（EARF） 环境影响评估（EIA） 含环评及环评概要 社会与环境合规审计报告 含社会合规审计报告和环境合规审计报告 环境与社会化管理体系框架（ESMS） 其他文件 初始贫困与社会分析（IPSA）	重新安置规划 含重新安置计划和重新安置框架 其他文件 初始贫困与社会分析（IPSA）	原住民规划文件 含原住民规划框架和原住民规划 其他文件 初始贫困与社会分析（IPSA）

其中，环境保障政策的目标是保证环境安全和项目的可持续性，并支持在项目决策过程中综合考虑环境因素，强调了对环境评价流程的要求。这些要求包括评估环境影响，规划和实施减缓影响的措施，编制环境评价报告，发布信息和进行协商，建立投诉机制，并进行检测和报告。政策还包括与保持生物多样性、对自然资源可持续发展的管理、污染防治、职业和社区卫生与安全、保护物质文化资源等相关的特殊环境保障要求，包含环境评价、环境规划和管理、保护生物多样性和自然资源可持续管理等内容。

三、环境政策实施

为了解项目可能产生的影响和风险的重要性，确定评估级别和保障措施所需的组织资源，确定发布信息的要求，在项目准备的最初阶段对项目进行梳理和分类。项目对环境最敏感的部分决定其所属的分类。对每个计划的项目，根据其类型、地点、规模和对环境可能产生影响的大小，可以分为：

A 类。如果待议的项目可能对环境产生重大的、不可逆转的、多种形式或没有先例的不利影响，将被归入 A 类。这些影响的范围可能会超出项目所在地或所使用的工具的范围。对这类项目需要开展环境影响评价。

B 类。如果计划的项目对环境的潜在负面影响小于 A 级，将被归入 B 类。这类项目的环境影响局限于项目所在地，而且很少产生不可逆转的环境影响；与 A 类项目相比，在多数情况下都可以很快制定和采取减缓措施。对这类项目需要开展初始环境审查。

C 类。如果计划的项目只会对环境产生轻微的负面影响，或根本不会产生负面影响，将被归入 C 类。尽管对这类项目不需要开展环境评价，但仍需评价其环境影响。

金融中介类。如果待议项目涉及亚洲开发银行向金融中介或通过金融中介进行投资，将被归入金融中介类。

政策介绍了关于非自愿移民和原住民、信息披露、协商和参与、尽职调查和审查、监测和报告、申诉机制、问责机制等问题进行了介绍。

四、国家保障系统

除此保障政策外，亚洲开发银行在实践中还积极帮助发展中成员国加强保障体系和开发其在发展项目中解决环境和社会问题的能力，即国家保障系统（Country Safeguard System，CSS）。国家保障系统是指在环境、非自愿移民和原住民的政策保障等领域的法律法规和程序及其执行机构。自保障政策声明（SPS）和国家保障系统 2009 年批准后，亚洲开发银行一直提供技术援助以帮助加强法律和制度框架，以有效地运用保障系统。截至 2016 年 8 月底，亚洲开发银行已提供了近 3818.5 万美元①来对加强和有效执行 CSS 和 SPS。

五、项目周期中的环境考虑

从国别规划到项目完成与评估所经历的各个阶段，被统称为亚洲开发银行项目周期。环境保障政策涉及在整个项目周期中评估影响、作出规划和减少负面影响的标准程序。根据保障政策的要求：（1）在项目周期初期确认并评估可能产生的负面影响；（2）制定和实施计划，以避免、减少、减缓或补偿可能产生的负面影响；（3）在项目准备阶段和实施过程中，要及时向受影响人群发布信息，征求他们的意见。相关政策适用于项目的各个组成部分。

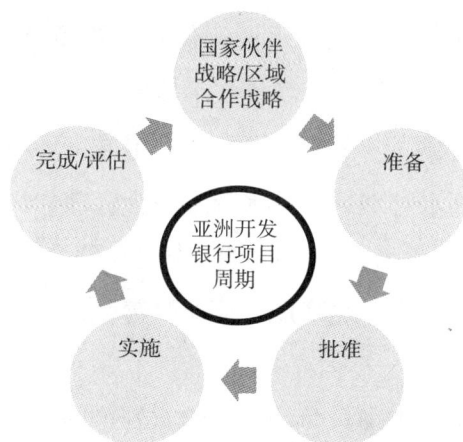

图 4-2　亚洲开发银行项目周期

六、案例：城市污水与雨水管理项目

项目概况

武汉是湖北省政治、经济、贸易、信息和文化中心，也是历史和文化

---

① 　资料来源：http：//www. adb. org/site/safeguards/country - safeguard - systems。

名城，由 7 个主城区和 6 个郊区组成，总面积 8494 平方公里，2015 年末常住人口约 1060.77 万人[①]。

项目区位于长江流域，尽管所在位置目前已高度城市化，但主城区内仍分布着大量的湖泊、池塘和水体，约占市区面积的 25%。长江、汉江等地表水体是生活、商业、工业、农业和渔业用水的主要来源。经济发展造成了该市水环境质量下降。2004 年，城市每天产生约 200 万立方米污水，但现有的 4 个污水处理厂只能处理其中的 27%。由于未处理的污水不断排入使这些水体的水质不断恶化。该市最大的饮用水源——汉江，曾发生了多次严重的污染事故（1992 年、1998 年和 2000 年）。另一个重要的饮用水源——长江，也在近岸区形成了污染带，对净水厂的取水造成了不利影响。

为了实现可持续污水治理和水资源保护，2005 年亚洲开发银行启动了该市污水和雨水管理项目前期筹备技术援助，其目的是通过拟建项目的实施，帮助该市政府建立一套实际可行的改善城市环境服务的办法，并通过增强污水处理和雨水管理，引进水资源综合管理和污染控制的思想。该项目将使该市 2010 年污水收集和处理能力提高到 80%，同时洪涝现象发生的频率和严重程度也会随之降低，从而改善城市环境，减少对商业和社会活动的影响。

该市污水和雨水管理项目包括 5 个污水管理子项目和 4 个雨水管理子项目，地理位置和主要项目组成见图 4 - 3。

在该项目的前期筹备工作中，按照亚洲开发银行的要求在执行机构内部设置了常务管理部门，即项目管理办公室（以下简称项目办），代表执行机构，与亚洲开发银行聘用的技术援助咨询机构密切协作，完成了包括开展环境影响评价、制定环境管理计划在内的各项筹备工作。

---

① http：//www.wuhan.gov.cn/whszfwz/zjwh/.

项目环境影响评价

该项目的九个子项目都按照中国有关规定编制了相应的环境影响评价文件（包括环境影响报告书和环境影响报告表）。同时，根据亚洲开发银行的环境分类原则，该项目被亚洲开发银行列为环境 A 类项目，因此要求编制完整的环境影响评价报告（EIA）和环境影响评价摘要（SEIA）。项目技术援助小组协助国内环境影响评价机构，按照亚洲开发银行对环境 A 类项目的环评要求，完善了国内环评文件，其中包括对环境管理计划的补充和加强，并按照要求制定了摘要性质的《环境影响评价摘要》（SE-IA）和《环境管理计划》（EMP）。

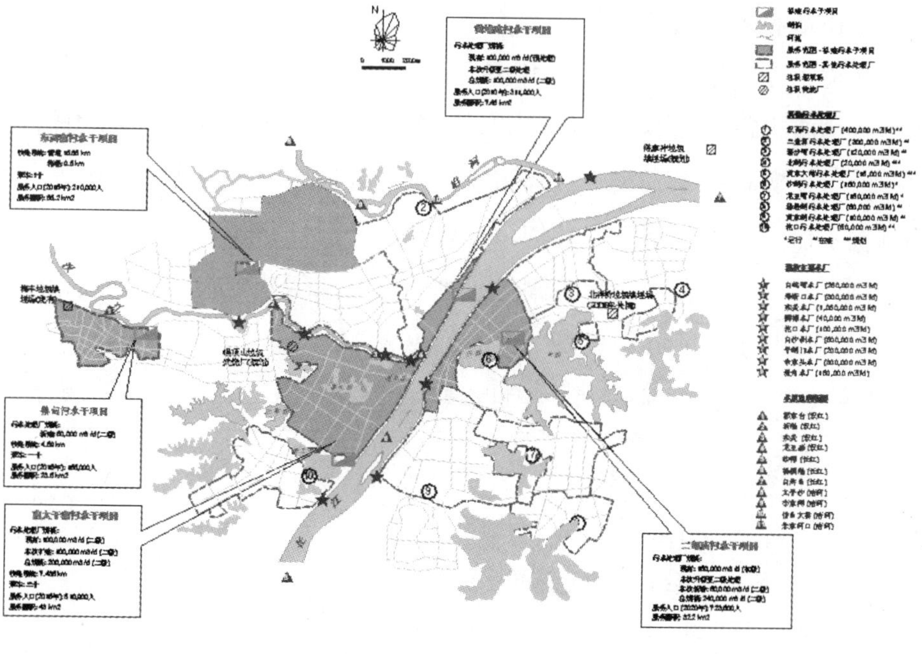

图 4-3 武汉市污水和雨水管理项目位置图

项目环境管理计划

该项目在产生污水处理和雨水管理的巨大社会、经济和环境效益的同时，也将产生诸如臭味、污泥、噪声以及施工期等不利影响。所有这些影响都已经通过环境影响评价得到了识别和分析，并制定了相应的削减措施和监测计划。在开展项目环境影响评价期间，根据亚洲开发银行的环境要求以及项目设计的深度和精度，编制了该项目的环境管理计划，是项目筹备阶段环境影响评价的一个重要成果，也是环境影响评价报告的一个重要附件。但其作用并不仅限于此，环境管理计划最重要的作用是在项目后续阶段，作为独立于环境影响评价报告而存在的一个具体指导环境保护与管理工作的可操作性文件，其主要规定将被纳入贷款协议和施工合同中，通过法律效力要求项目建设单位和施工单位在实际施工和运行过程中加以实施。

潜在影响和削减措施汇总

环境管理计划对项目施工和运行过程中潜在的不利环境影响及所采取的削减措施进行了归纳和总结。并针对每项项目措施都提出了费用估算、实施地点、实施频率、实施机构和监督机构，从技术、经济和机构等方面均制定了保障制度。下面以蔡甸污水处理厂子项目和罗家路泵站雨水子项目为例，其中施工期以污水和固体废物的影响及削减措施为例，运行期以污水、臭气与废气、固体废物为例。详见表4-2。

表4-2 潜在环境影响和削减措施汇总（部分） 单位：万元

污染因子	潜在影响	削减措施	费用		实施地点	责任部门	
			蔡甸	罗家路		实施方	监督方
施工期							
污水	施工活动产生的污水和含泥径流	在施工区设立临时围挡，修建临时排水沟和沉砂槽	10	10	所有施工区	施工单位监理公司	实施机构项目办
	排水渠修缮过程中水中污染物短期增加	采取分段施工	0	10	排水渠施工区	施工单位监理公司	实施机构项目办

续表

污染因子	潜在影响	削减措施	费用		实施地点	责任部门	
			蔡甸	罗家路		实施方	监督方
运行期							
污水	污水处理厂排出的污水	选择符合国家标准的合理位置，对排水进行监测，在污水排放出口放置标示牌	5	—	污水处理厂	实施机构	市城建局市环保局
	污水旁溢	在抽水泵站安装备用设备，采用双电源供电系统，实施维护计划，加强运行监测和应急措施	20	—	污水泵站	实施机构	市城建局市环保局
…							
固体废物	污水处理厂的污泥污染	如检测结果显示污泥不适合再利用，则对污泥进行掩埋处理（进行沥出物收集和处理）	—	0	污水处理厂	实施机构	市城建局市环保局
	污水泵站和排水系统污泥污染	及时清理，使用遮盖的容器运输至垃圾掩埋场	10	10	污水泵站和排水系统	实施机构	市城建局市城管局市环保局
	工人产生的垃圾	提供垃圾桶，及时清理，使用遮盖的容器运输至垃圾掩埋场	2	2	污水处理厂、污水和雨水泵站	实施机构	市城建局市城管局市环保局

注：运行期费用指一次性设施与技术投入，不含运行维护费用。

环境监测计划

在环境管理计划中制定整个项目周期内环境监测活动的安排，并侧重于项目施工和运行阶段，目的在于发现项目实施所引发的关键性的环境质量变化。环境监测的结果将用来评价：（1）和预测的影响相对比，得出当前环境影响的范围和严重性；（2）环境影响削减措施的效果，以及削减措施是否符合相关的规章制度；（3）影响的趋势；（4）项目环境管理计划的总体效果。

项目设计和监测框架

在项目实施的开始阶段，项目办、实施机构和环境管理咨询专家还要制定一个综合的项目设计和监测框架，以系统化地生成项目各部分的输入输出数据，并建立详细的环境、社会和经济指标，用于测定项目对环境、社会和经济所产生的影响。项目设计和监测框架指标包括服务水平、处理后的污水质量、其他运行绩效的测定、污水收集处理的比例、用户对城市环境的满意度以及相关的经济社会指标如收入和卫生水平。在项目设计和监测框架下，基准数据和进度数据能够在很多方面反映项目实施产生的环境影响和效益。

监测管理

除了外部独立监测报告，在每次监测和报告编制完成后，还应有详细的内部自我监测月报由施工单位和实施机构提交给该市环保局和项目办。监测报告提出的所有问题，都要得到适当的处理；对于出现的重大问题，该市环保局和项目办会据此要求采取相应的纠正措施。同时在接到公众投诉时，该市环保局的监测人员还将另外组织直接检验。

公众咨询计划

在贷款实施阶段，环境管理计划也随即投入实施，对环境管理计划的执行情况也要开展监测和监督，因此来自公众的反馈意见非常重要，需要建立有效的处理机制，包括：妥善处理相关投诉，对出现的任何不利的环境影响和社会影响都要采取减缓和改善措施，并对环境管理计划进行修正，以使那些无意的或未预见到的不利环境影响和社会影响最小化。因此，施工期和运行期的公众咨询计划是环境管理计划所关注的重点之一。

报告制度

项目相关机构应保持良好有序的环境管理报告制度，以确保及时了解工作进度和削减效果并及时处理遇到的问题。施工单位、监测机构、项目办和实施机构在项目实施过程中应将项目进展情况、环境管理计划的实施情况、环境质量监测的结果等加以记录并及时向有关部门报告。主要包括：（1）实施机构、监测机构及施工单位对环境管理计划的执行情况作详细记录，并及时向执行机构汇报；（2）执行机构准备的项目进度报告中必须包括环境管理计划实施进度及实施效果等内容；（3）环境管理计划实施情况的报告要每半年一次（或按具体要求）提交亚洲开发银行。

反馈和调整机制

在武汉污水和雨水管理项目中，该市环境保护局和项目办在反馈调整机制中担任着关键的角色，如图4-4所示。反馈调整可以分为两个方面。

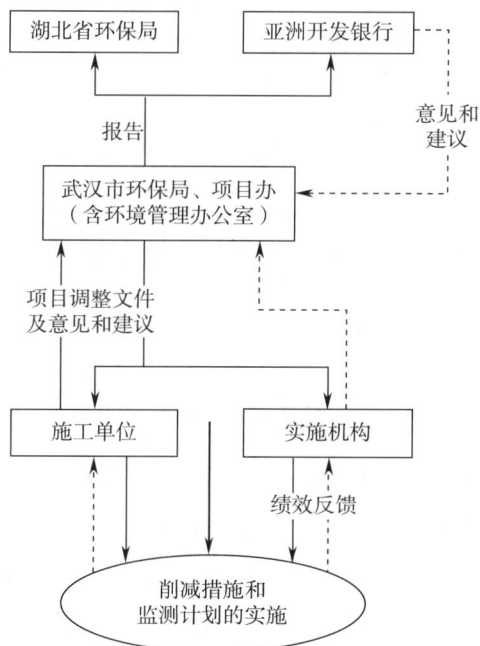

图 4 - 4 环境管理计划反馈与调整机制

一方面，如果环境管理计划调整的要求由施工单位或实施机构提出，该市环境保护局将对调整方案进行详细评估，如果原则上通过，则将由施工单位和实施机构提交具体修改方案并由该市环境保护局作进一步评估和确认；另一方面，该市环保局也会考虑湖北省环保局和亚洲开发银行的意见和建议，必要时对环境管理计划提出修改要求，由施工单位和实施机构负责对该计划进行修改。

第三节　泛美开发银行绿色金融的政策和案例

一、环境政策概况

泛美开发银行（以下简称泛美银行，IDB）是以发展中国家为主发起的跨国开发银行，较早关注经济增长以外的社会发展、社会公平、环境保护、气候变化等可持续性议题，是第一个引入环境条款的多边发展银行。早在 1979 年，泛美银行就发布了环境保护政策（OP703），从 20 世纪 80 年代末期到 20 世纪 90 年代早期，又积极支持和接受了可持续发展原则，将其融入自身的环境条款，并加入了 1992 年的里约宣言。在 1994 年的 8 项环境补充条款中，将环境、减贫和社会平等作为银行的优先资助领域。

IDB 的环境条款的宗旨包括以下几点：第一，通过在所有银行资助的项目和活动中强调环境管理的重要性，并提高借款国的环境管理能力，提高其成员国的长期发展收益；第二，保障所有银行的项目和活动都是环境可持续的；第三，在银行的框架下鼓励企业履行环境责任。为了实现上述目标，银行在所有相关活动中强调环境的重要性，并促进环境意识的主流化。

在内容方面，IDB 的环境条款主要分为两大类，即环境保护主流化条款和环境保障条款。其中环境保护主流化条款适用于涉及公共部门的相关项目和活动，致力于提高公共政策的激励水平，从而催生环境保护的市场机遇。而环境保障条款同时适用于公共部门和私人部门，旨在保障银行相关项目和活动的环境质量。IDB 的所有资助项目都要满足环境保障条款的要求。

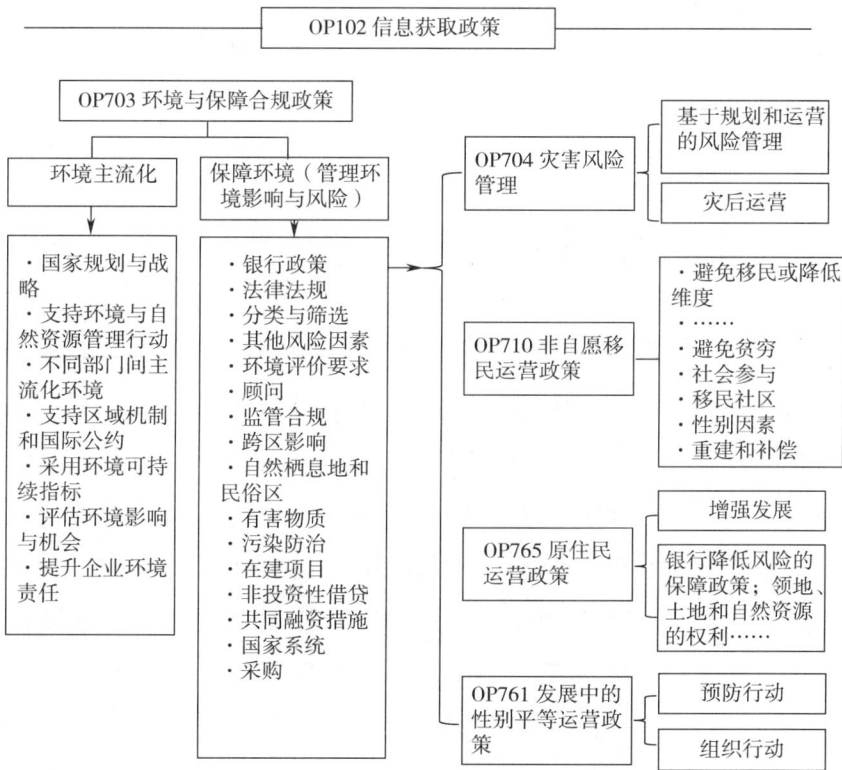

图 4-5　IDB 保障体系

环境条款的运行机制

IDB 为保障其环境条款的顺利运行设有内部评估机制、执行管理机制和决策机制。由评估与监督办公室（Office of Evaluation and Oversight，OVE）来完成项目的环境影响预评和分类、过程评估和事后评估。

IDB 的环境条款运行可分为以下几个阶段，第一，项目正式获批前的预评；第二，项目进行中的报告、监测和核查；第三，项目完成后的评估和补偿。在 IDB 内部，所有项目的环境影响预评和项目运营中环境条款执行情况的评价均由 OVE 来负责①。详细的运行和反馈流程如图 4－6 所示。

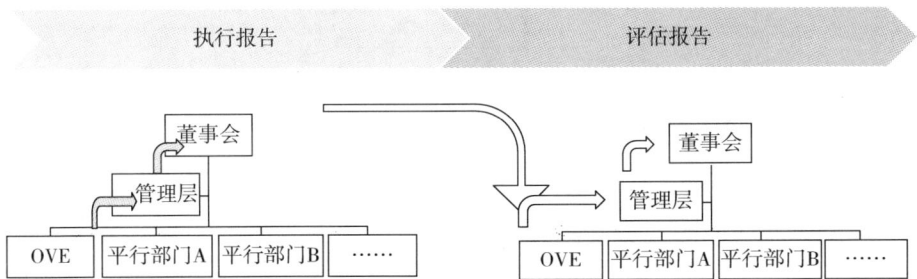

图4－6　IDB 内部环境评价报告的运行机制

所有的评估项目都从执行报告（Approach Paper）开始，在这份最初的执行报告中会对所涉问题和评估方法进行阐述，这份执行报告会由 OVE 递交给 IDB 的管理层，经过修改定稿后，提交给董事会供讨论和再次修改，最后公开发布。最终的评估结果也先由 IDB 管理层评审和讨论，如果涉及对东道国国家政策的评估，还要会同东道国的相关官方代表进行探讨。经过修改后，评估报告会由 OVE 递交给董事会，并最终公开发布。如果 OVE 提供的报告中涉及相关的对策建议，董事会负责决定是否将建议纳入最终公开发布的版本中。经过董事会认可的对策建议将被 IDB 管理层接受并执行。在任何一个项目得到了 IDB 的预评和分类之后，会进入不同的运行反馈流程，具体如图 4－7 所示：

---

① IDB，2015.

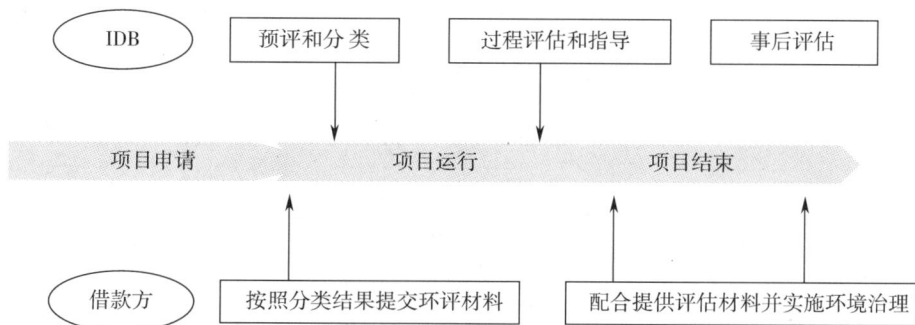

图 4 - 7　IDB 与借款方在环境条款的运行反馈过程中的互动

二、IDB 贷款和投资的内部评估体系

事前评估

在项目获批和执行前，IDB 资助的所有项目都会按照其潜在的环境影响进行预评和分类。环境影响预评在项目的准备阶段就要开始，评价内容涉及该项目及其关联设施可能造成的直接的、间接的、区域的、长期累积的自然环境影响，同时还包括环境问题等导致的社会和文化影响。根据环境影响预评，IDB 会对该项目进行分类，从而对其所需提交的环境影响评估报告的类型加以分类分级。整体而言项目会被分为三大类：

A 类项目指具有重大负面环境和社会影响，且对自然资源产生深远影响的项目。借款方通常会被要求建立一个咨询专家委员会来对其环境影响评价的过程进行监督和指导，大型基础设施项目往往被划归此类。

B 类项目指那些具有局域和短期负面环境影响和相关社会影响的项目，这些项目往往已经受到有效的当地环境政策监管。

C 类项目指那些具有很小或者完全没有负面环境和社会影响的项目。这类项目不需要提交环境社会分析报告，但如果需要，这些项目需要按照要求提供环境保护和监管的信息。环境治理项目和生态补偿项目往往属于此类。

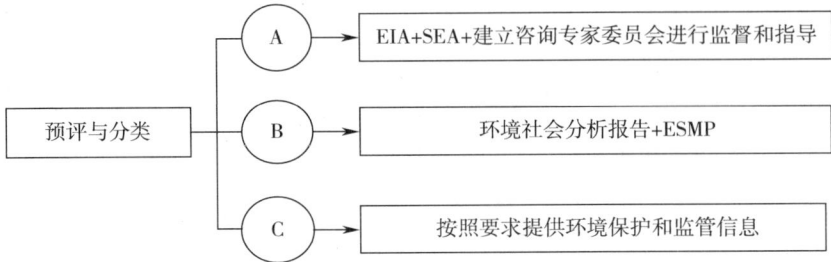

注：EIA：环境影响评价；SEA：战略环境影响评价；ESMP：环境和社会管理计划。

图 4 - 8　IDB 资助项目事前环境评估预评与分类流程

只有 A 类项目需要提交完整的环境影响评价报告。此外，分类为 A 和 B 的项目需要经过环境影响治理咨询的过程，咨询的对象包括潜在的受影响者和利益相关方。A 类项目在其申请过程中至少要经过两次咨询，而 B 类项目也至少要经过一次咨询。

过程监管

IDB 会对项目运行中的环境条款执行情况进行监督和监控。借款方所提供的 ESMP 必须被包含在项目合同内，具有同等的法律效力。相关的环境指标必须加以明确的定义，并在项目的过程报告书中按时上报，在项目中期检查和结项时，环境指标也必须按照要求上报。这些数据将受到 IDB 的分析、审阅和核查。A 类项目每年至少要接受一次环境数据核查。所有的数据都会在项目结束后的事后评估中加以进一步分析和核算。

事后评估

项目结束后，IDB 还会对项目进行事后评估。IDB 早在 2010 年就开始探索事后评估的方法建设和相关评价指标体系的完善问题。事后评估能够为实现大规模基础设施建设的环境管理计划目标提供量化的环境影响评价方法，对项目的长期延续和维护、项目长期环境影响的削减至关重要，对当地的可持续发展也具有正向的推动作用。IDB 经研究发现，事前评估和过程评估在执行过程中往往能够得到妥善的贯彻，而事后评估往往是相对薄弱的环节。

事后评估由评估和监督办公室（OVE）来完成。主要的数据来源于事前环境评估提供的资料（环境影响评价，EIA；环境影响声明，EIS；环境和社会管理计划，ESMP），东道国国家环保机构和国际多边机构的相关要求，在项目期内通过环境管理计划完成的相关活动，EPM（Empresas Públicas de Medellín，Public Utility）提供的环境检测和控制计划中提供的信息（项目进展报告、年度环境管理报告和环境履约报告），以及 EPM 的负责人提供的相关信息。从事后评估所需要的最基本的数据来看，至少有三个环节的数据是必需的，第一是项目实施前的环境本底值，第二是项目实施过程中采取环境治理手段之前的参照值，第三是采取环境治理手段后的效果值。在不同项目中，相关的环境影响评价领域和指标的选取存在差异，需要根据不同的项目有区别地进行筛选和设计。

IDB 环境条款的适用性和灵活性

除了要遵守 IDB 的环境保障条款外，所有受资项目的执行都要遵守项目实施所在国的环境法律法规，包括该国国内法和该国签署的多边环境协议（MEAs）。这就保障了相关 IDB 支持的项目在东道国不受当地政策的掣肘。这项规定被明确写进 IDB 的环境保障条款导则里。

考虑到拉丁美洲的很多国家仍是发展中国家，IDB 为了保障其支持的项目保有一定水平的环境标准，IDB 帮助东道国进行环境管理的能力建设，并在适当的渠道向东道国的政府提供环境管理改进的政策建议。IDB 还会不定期发布专题报告，向东道国的利益相关方阐述当地环境管理存在的问题和未来的改革方向。以基础设施和拉美生态栖息地保护的关系为例（IDB，2012），IDB 通过两年的追踪观测，总结了拉美多个国家多个基础设施建设项目对当地生态栖息地的影响，通过分析总结了存在的问题，并最终提供了政策改革的建议。IDB 指出，在大多数的项目实践中，环境影响评价更多地关注直接的和近期的环境影响，相应的减缓和补偿措施也仅仅针对这些影响，对长期的项目环境影响关注较少。由项目衍生的间接的、累计的环境影响，如水电站建设对上下游水域生物多样性的影响，又如大型基础设施建设对周围生态环境的连带性破坏和动物迁徙廊道的破坏等较少受到关注。为了减少这些长期的、潜在的环境影响，IDB 建议在未来的大型基础设施建设项目的招投标准备过程中，要强制要求同时提交项目环评和战略环评的报告。

典型案例：查格亚水电站

随着经济的发展，秘鲁对电力的需求在不断地增长。2011 年，美洲开发银行批准了一笔项目贷款，用于支持 456 兆瓦的水力发电厂建设。该工厂将成为全国第二大水电设施，有助于重新平衡该国的能源结构。

该项目在项目设计和选址方案方面为可持续的水电提供了一个范例，减少了通常水电项目产生的一些严重环境影响，包括相对较小的整体尺寸（即被洪水淹没的面积和河流长度的影响）；快速周转时间的水流，使下游的水质不会受到大幅影响；并给当地社区所造成的负面影响降到最低。

尽管做了相当多的工作，但大坝的建造对水生环境的负面影响仍然存在。新建的水坝将一个自由流动的河流变成了 17 公里长的湖泊，并会减少一定流域的河水流量，对河流健康至关重要的水生群落栖息地有非常大的影响。该项目的位置和对水生栖息地的影响提出了另外一个挑战：安第斯山脉的快速流动和高度湍流山前河流有一些非常特殊的鱼，其中有一些是科学家新发现的。

认识到这些挑战后，IDB 资助了基准研究。据此，该项目制订了一个创新的方法来减轻在瓦利加亚河的负面影响。该方法包含五个部分：鱼的详细种类的生态研究；利用这一信息来设计下行流量，以保持连接这些支流的鱼类；保护支流，以确保其长期的保护；鱼类的救援和安置；并且在项目区外划定一定的保护区，确保鱼类和它们依赖的栖息地被长期保护。

第四节　国际金融公司的绿色金融政策和案例

一、绿色金融政策概况

IFC 的《可持续性框架》明确表达了其可持续性战略承诺，并将可持续性作为一种重要的风险管理办法，《可持续性框架》由以下内容构成：

《环境和社会可持续性政策》，其中界定了 IFC 在环境和社会可持续性方面的承诺、角色和责任。

《绩效标准》，主要针对客户，界定了客户在管理其环境和社会风险方面的责任，为其提供如何识别风险和影响的指导，旨在帮助客户避免、减缓和管理风险和影响，实现可持续经营，包括利益相关者参与和客户项目活动相关的披露义务。对于直接投资（包括通过金融中介机构提供的项目和企业融资），IFC 要求其客户采用《绩效标准》来管理环境、社会风险和影响，以促进他们的可持续发展。

《信息获取政策》，其中明确了 IFC 的透明度承诺，体现了其在业务运营透明度和良好治理方面的承诺，列出了公司在投资和咨询服务方面的机构披露义务。

二、国际金融公司的企业可持续性政策和工具

1. IFC《环境和社会可持续性政策》下的项目分类

作为对拟议投资项目环境、社会风险和影响进行审查的一部分，IFC 通过环境和社会分类过程来体现风险和影响水平。相应的类别也指明了按照 IFC《信息获取政策》进行披露的 IFC 制度要求。这些类别分别为：

A 类：可能产生重大不良的环境或社会风险和/或影响（且这些风险

和影响是多元化的、不可逆的或前所未有）的企业活动；

B 类：可能产生有限的不良环境或社会风险和/或影响（这些风险和影响数量较少、随地点而异，大多不可逆，且有望通过减缓措施得以解决）的企业活动；

C 类：可能产生少量，甚至不会产生不良的环境或社会风险和/或影响的企业活动。

2. 《环境和社会绩效标准》

IFC 的可持续性原则和标准——IFC《环境和社会绩效标准》业已成为其投资活动的独特"DNA"。这些标准界定了 IFC 客户在管理其环境和社会风险方面的责任。《绩效标准》主要针对客户，为其提供如何识别风险和影响的指导，旨在帮助客户避免、减缓和管理风险和影响，实现可持续经营，包括利益相关者参与和客户项目活动相关的披露义务。对于直接投资（包括通过金融中介机构提供的项目和企业融资），IFC 要求其客户采用《绩效标准》来管理环境、社会风险和影响，以加强发展机会。

3. IFC《环境、健康和安全指南》

《环境、健康和安全指南》（以下简称《EHS 指南》）是技术参考文件，其中给出了良好国际行业实践（GIIP）的一般和行业范例，如 IFC《绩效标准 3：资源效率和污染预防》所定义。IFC 将《EHS 指南》用作项目评估活动期间的技术信息来源，如 IFC《环境和社会审查程序手册》所描述。

《EHS 指南》中包含了一般为 IFC 所接受的、新设施通过现有技术可以适当成本实现的执行水平和措施。对于 IFC 资助项目，《EHS 指南》在现有设施中的应用可能涉及在适当时期内建立场址目标。环境评估过程可能推荐其他（更高或更低的）执行水平或措施，而这些如果为 IFC 所接受，则将成为项目或场址要求。当东道国的相关法规不同于《EHS 指南》

中提出的执行水平和措施时，则要求项目实现两者当中更严格的执行水平和措施。如果鉴于具体项目情况适合实施较之《EHS 指南》规定严格程度更低的执行水平或措施，则要求通过环境、社会风险和影响识别和评估过程，为拟议替代方案提供完整、详实的说明，其中必须证明，选择其他执行水平符合《绩效标准 3》的目标。

4. IFC《信息获取政策》

IFC 的《信息获取政策》于 2012 年 1 月 1 日开始生效，整体取代 IFC《信息披露政策》（2006 年 4 月）。

透明度和问责制是完成 IFC 发展使命的基础，同时也是加强良好管理、问责和开发效果的关键。开放性有助于促进利益相关方的参与，而其反过来又有助于改善 IFC 项目、政策的设计和实施，加强开发成果。这一政策重申和体现了 IFC 加强其活动透明度、改善开发效果和促进良好管理的承诺。

IFC 鼓励客户提高其经营活动的透明度，以帮助提高对其具体项目及整体私营部门发展的认识。此外，IFC 尝试帮助客户做出透明度和问责承诺，因为这有助于促进 IFC 投资的长期盈利能力。

对于每项拟议投资，IFC 将公开相关项目、环境和社会及开发影响的相关信息。作为 IFC 的一般企业报告和信息披露政策，《信息获取政策》要求在审批前和审批后阶段披露投资和咨询服务相关方信息。

5. IFC《排除清单》

IFC《排除清单》中界定了 IFC 拒绝资助的项目类型，其中，相关的环境和社会项目如下：

放射性物质的生产或贸易。这不适用于医疗器材、质量控制（测量）设备及任何 IFC 认为放射源微乎其微和/或得到充分隔离的设备的采购。

非粘合石棉纤维的生产或贸易。这不适用于石棉含量低于 20% 的粘合石棉水泥护板的采购和使用。

使用渔网长度超过 2.5 千米的海洋环境流网捕捞作业。

IFC 在早期使用该《排除清单》来筛选符合条件的项目，以考虑是否与客户进行进一步磋商。

IFC 环境和社会尽职调查一般包括以下主要内容：

1. 审查所有与商业活动的环境、社会风险和影响相关的可用信息、记录和文件；

2. 开展现场调查，视情况访问客户人员和利益相关方；

3. 按照《绩效标准》要求、世界银行集团《EHS 指南》规定或其他国际公认准则，分析商业活动的环境和社会效益；

4. 识别相关差距及超出客户现有管理实践所确定的相应额外措施和行动。为了确保商业活动满足《绩效标准》要求，IFC 将这些补充行动（《环境和社会行动计划》）作为 IFC 投资的必要条件。

三、典型案例：印度风电项目

该 IFC 投资项目涉及与 Green Infra Limited（以下简称"GIL"，或赞助商）建立的多层次互动和合作伙伴关系。GIL 是 IFC 目前在印度的一家客户，其致力于开发、运营和建造可再生能源发电资产。

IFC 正考虑为 GIL 提供 5900 万美元的整体债务融资，以供其未来一年用于正在开发的各项项目。预计第一批资金将提供给 GIL 的全资子公司——Green Infra Corporate Solar Limited（以下简称"GICSL"，或公司）。该公司致力于开发印度的 5 家风电场（即 Dangri、Nipanya、Parner、Rajgarh 和 Rojmal），总发电容量达 242.4MW。这些风电场的承购商分别为各邦配电公司。根据 IFC 的项目《环境和社会审查程序》，该项目被归为 B 类项目，因为其可带来有限的特定环境和社会影响，通过遵守公认绩效标准、指南或设计标准可避免或减缓这些影响。

预期开发影响

能源获取：通过部署发电项目（到 2015 财年将增加 182.4MW 发电量），项目将帮助满足印度日益增长的用电需求。

气候变化减缓：IFC 投资将促进清洁发电，自 2015 年起，每年将帮助避免 287703 吨的温室气体排放。

创造就业：在建设和运营期间，项目将创造大量的就业机会。

适用的绩效标准

PS 1—环境、社会风险和影响评估及管理

PS 2—劳务和工作条件

PS 3—资源效率和污染预防

PS 4—社区健康、安全和安保

PS 5—生物多样性保护和生物自然资源可持续管理

利益相关方参与

公司将确保每个项目区的项目开发商从当地村务委员会获得无异议证明（NOC）。作为影响评估过程的一部分，ESIA 顾问将与所有项目区的当地村民进行项目磋商，了解其对安装风力发电机相关的预期和问题。这些磋商活动包括与受影响村的村代表、少数土地业主、女性群体和意见领袖之间展开讨论。此外，还将访问受影响村的广大居民。IFC 的评估过程还包括与村代表、社区成员及一些受影响家庭进行会谈。这些磋商活动表明，土地采购（Parner 项目区的私有土地）以买卖双方自愿原则完成，且提供的补偿超过项目区土地市场价格。此外，这还表明，土地采购采取了透明性的、参与式的过程。

各项目 ESIAs 包含利益相关方参与计划及社区申诉机制。利益相关方参与计划描述了公司促进受影响社区和项目利益相关方参与的方法，以及申诉机制的实施。利益相关方参与计划要求所有项目向社区披露 ESIA 结果，征求并考虑其意见。此外，还建立了社区申诉机制。申诉矫正机制建

议创建申诉矫正委员会（GRC），由承包商和公司代表构成。将向社区通报这一机制，并鼓励利益相关方利用申诉机制来提出其问题和建议。所有申诉、调查和处理结果及 GRC 会议记录都将归档，并与利益相关方共享。

第五节　总结和启示

尽管国际开发性金融机构的绿色金融政策各具特色、各有侧重，但具有许多共性，主要有：

1. 多边开发银行保障体系结构完善

多边开发银行保障框架反映了多边开发银行不同的管理制度、框架结构。大多数多边开发银行的保障政策层次分明并有综合体系，一般都有政策声明、治理原则、运营保障要求、综合环境与社会评估程序以及相应的导则文件。总的来说，多边银行保障体系包含以下要素：

政策声明。规定多边开发银行应对其行为活动设置评估环境和社会影响与风险的关键目标、政策、原则、范畴以及管理框架。政策声明一般使用于多边开发银行内部，强调自身所要坚持的关键原则。政策声明的内容可以是自愿性质的，强制的或是两者结合的。

环境与社会审查程序。该程序是多边开发银行在尽职过程中必须要遵循的，项目的准备、批准、监测和监管均须按照文件要求和披露原则进行审查。该程序也是针对多边开发银行管理的强制性要求。

信息公开政策。信息披露政策要求多边开发银行公开但不限于环境与社会保障相关的议题，信息披露属于对机构的强制性要求。

指南、原始资料、手册或其他。旨在告知借款方/客户实施保障要求"最佳方案"的相关材料。该规定一般不具有强制性，除非多边开发银行与借款方之间有特定协议。

表 4 - 3　　　　　　　　多边开发银行保障体系比较

多边开发银行	顶层设计政策声明	运营要求（对客户）	环境与社会评估	信息披露	指南、手册等最佳实践参考材料
亚洲开发银行（ADB，2009 年发布）	保障政策声明	保障要求	运营手册：内部保障评估步骤	公共交流政策（2011）	原始材料
泛美开发银行（IDB，2006 年发布）	部分包含在 OP703	运营政策	环境与保障合规政策及其他保障政策实施指南	信息获取政策	工具和指南
国际金融公司（IFC，2012 年发布）	可持续政策	绩效标准	环境与社会评估步骤	信息获取政策	指南：环境、健康与安全指南；解释文件；良好实践案例
非洲开发银行（AfDB，2013 年发布）	综合保障政策声明	运营保障	环境与社会评估步骤	信息披露和公开政策	指南（建议稿）
欧洲复兴银行（EBRD，2014 年发布）	环境与社会政策	绩效要求	环境与社会（暂缓更新）	公共信息政策	客户指南
欧洲投资银行（EIB，2013 年发布）	环境与社会原则和标准声明	环境与社会手册	环境与社会实践和步骤	透明化政策	环境法律材料，指南

2. 保障体系的范畴和应用限定完整

公私部门借款。多边开发银行对公共和私营部门采用相同的运行保障政策和运行要求，但是在项目层面有程序上的差别。

多种借贷工具。对于多边开发银行来说，总体声明应用于其所有的资助行为。所有多边银行都调整了自己的保障体系以适应于各种借贷工具（如各种基于政策、纲领和项目的借款）在保障结构和程序上的要求。

表4 - 4　　　　　不同借款工具、项目结构和情境下保障体系的应用

多边开发银行	期望、强制和指导政策与流程的区别是否清晰	不同金融工具是否应用不同要件	不同投资信贷工具和情境是否应用不同要件	公私部门保障要求是否相同	银行与借贷方的责任区别是否清晰
ADB	是	是	是	是	是
IDB	是	是	是	是	是
IFC	是	（不适用）	是	（不适用）	是
AfDB	是	是	是	是	是
EBRD	是	（不适用）	是	是	是
EIB	是	（不适用）	是	是	是

3. 保障体系涵盖范围广泛

目前，多边开发银行保障体系日趋完善，其体系涵盖范围也较为宽泛与趋同。一般多边开发银行保障体系涵盖范围均会包含性别平等、气候变化、生态系统服务、社区健康和安全、劳工等核心议题。其中：

性别平等。多边开发银行或是发布了应用于项目层面的性别政策，或是把系统性的综合性别考虑纳入到它们的运行保障要求之中，推动性别平等与性别扶贫政策是该议题的核心。

气候变化。随着气候变化问题的国际影响力发展，多边银行保障政策中一般都要求评估温室气体排放和项目气候变化影响，并在项目可行性方面对银行和借款方都做了更加具体、详细的运行要求。

劳工权利。多边开发银行都会将劳工权利议题作为保障体系的重要组成部分，特别是那些专门或是首要服务于私营行业的银行（如国际金融公司，欧洲复兴银行），都通过系统性运行要求提出了核心和其他劳工权利，一般会包括：工会自由、集体谈判权、反就业歧视、工资和工作条件、解聘与合同、移民等内容。

社区健康和安全（CHSS）。根据区域特点，ADB 和 IDB 在多边开发银行保障体系中明确提出了 CHSS 要求，如通用基础设施设计与安全（不包括水电站）、危险材料管理、应急准备和响应，以及项目安全人员带来

的潜在风险等。

生态系统服务。多边开发银行一般会从环境和社会影响两个方面把生态系统服务（比如"环境流"）作为关键的可测量要素。

国家体系的使用。尽管 ADB 和 IDB 都有使用国家或借款方系统的特殊授权，但都未在投资放贷中实现此授权。与之相对应的，ADB 系统设计与参与了亚洲国家的技术援助，在国家和行业层面上支持强化国家体系。

排除列表。一般多边开发银行均发布了禁止清单（如赌博、烟草和国际法禁止的活动与产品等）作为其环境与社会保障政策的一部分。银行将不会对列表中的项目、活动和产品进行直接投资或通过金融中介进行投资。

跨领域的人权问题。除了 EIB 外，其他多边银行没有对"人权"承诺提出要求。大多数其他多边开发银行都是在其自助手册条文中提到"人权"，认同客户有责任尊重人权。

表 4－5　　　　　　　　　国际金融机构保障措施比较

领域	WBG	IFC	EBRD	EIB	IDB	ADB	AfDB	MFIWGE[1]
环境与社会评估（ESA）	有	有	有	有	有	有	有	有
非自愿移民	有	有	有	有	有	有	有	有
污染预防	有	有	有	有	（ESA）[2]	有	有	有
生物多样性	有	有	有	有	（ESA）	有	有	有
社区影响	无	有	有	有	无	（ESA）	（ESA）	有
劳动力工作环境	无	有	有	有	无	（ESA）	有	有
原住民	有	有	有	有	有	有	（ESA）	有
文化遗产	有	有	有	有	有	（ESA）	（ESA）	无
环境流分析[3]	有	无	无	无	无	无	生物多样性	有

注：1. MFIWGE 为多边金融机构金融工作组；

2. （ESA）指该项工作纳入 ESA 体系；

3. 环境流指生态环境健康和生态服务价值评估。

资料来源：根据世界银行、国际金融公司和亚洲开发银行资料整理，2015。

第五章　绿色金融产品和服务①

　　近年来，各国金融机构陆续提供了一系列绿色金融产品和服务，同时加大绿色金融新产品和新服务的市场供给。在联合国环境规划署发布的《绿色金融产品与服务》报告中，列举了近年来市场上超过百项的相关产品和服务。这些产品大致可分为三类：第一类是直接支持绿色产业的金融产品，包括涉及环保和节能减排的项目融资、绿色信贷、绿色债券、绿色基金、环保科技风险投资等；第二类是商业银行开发的与个人节约能源和保护环境相关的金融产品，如环保汽车贷款、绿色信用卡及节能项目融资的优惠利率贷款等；第三类是碳排放交易相关项目，包括碳排放中介、咨询、评估、投融资、信用担保、委托、交易等。本章接下来逐一阐述了绿色信贷、绿色证券、绿色保险、环境基金、碳金融、绿色指数等主要绿色金融产品和服务。

第一节　绿色信贷

　　绿色信贷是指银行业金融机构对具备环境正效应或能够降低环境负效应的项目提供优惠利率和贷款支持。绿色信贷的本质在于把环境与社会责任融入到商业银行的贷款和管理流程之中，甚至提升到商业银行绿

---

　　① 本章执笔：傅诚刚，CFA 协会中国金融机构合作总监；马素红，中国工商银行城市金融研究所处长；冯乾，中国工商银行城市金融研究所博士后；饶淑玲，北京环境交易所会员部主任；徐楠，中央财经大学气候与能源金融研究中心高级政策分析师；邢鹏，瑞士再保险股份有限公司北京分公司高级经济分析师；黄超妮，Trucost 亚洲业务总监、环境成本估值专家。

色治理和绿色贷款文化的层次。绿色信贷通常有三种表现形式:一是通过信贷工具,包括贷款品种、期限、利率和额度等,支持节能环保项目,促进绿色发展;二是银行在贷款业务管理流程中增加环境风险评价,对违反节能环保相关法律法规的项目和企业采取停贷、缓贷或提前收回贷款的措施,促进环保节能和绿色发展;三是通过信贷手段引导和督促借款企业在生产过程中防范环境风险,履行环境和社会责任,降低环境风险和经营风险。[①]

国外金融市场中提供的绿色信贷产品和服务主要有两大类:一类是面向个人、家庭和中小企业设计的零售市场业务,主要包括住房抵押贷款、商业建筑贷款、房屋净值贷款、汽车贷款、绿色信用卡等;另一类是面向大型企业和公司提供的批发市场业务,主要形式是项目融资。

赤道原则首次将项目融资中的环境和社会标准数量化、明确化和具体化。[②] 目前全球36个国家有81家国际性金融机构正式宣布接受赤道原则,囊括新兴市场70%以上的国际融资项目贷款[③]。现有赤道银行成员超过四分之一来自发展中国家。以遵循"赤道原则"的巴克莱银行为例,经过10多年时间已经建立了较为完善的环境和社会评估体系,包括:贷款和内部评级部门须评估投资项目的环境影响,设置专门部门特别评估潜在环境及社会风险较大的项目,以及全程跟踪项目的环境及社会影响等。[④] 赤道原则是一套国际化的原则和标准,实行多年之后,代表性的绿色信贷项目不断在全球范围内成功实施。例如,清洁技术和能源节约项目专用贷款,美国富国银行2009年成立"全国清洁技术小组"(NCG),向太阳能、风能、电动汽车、智能电网及绿色建筑等行业提供融资服务。2011

---

① 李晓西、夏光等:《中国绿色金融报告》,中国金融出版社,2014。
② 马骏、李治国等:《PM2.5减排的经济政策》,中国经济出版社,2014。
③ 参见"赤道原则"网址:http://www.equator‐principles.com/index.php/about‐ep/about‐ep。
④ 马骏、李治国等:《PM2.5减排的经济政策》,中国经济出版社,2014。

年向环境行业贷款 28 亿美元，2012 年达到 64 亿美元，且计划 2020 年总共提供 300 亿美元贷款。设有类似绿色信贷部门的银行还包括法国巴黎银行、渣打银行、荷兰合作银行等。再比如商业建筑贷款，美国新资源银行、富国银行等机构专门为绿色建筑的开发商提供抵押贷款、保费减免的优惠，而美国在推行"领先能源环境设计"（Leadership in Energy and Environmental Design，LEED）绿色建筑标准的过程中，商业银行提供的绿色贷款事实上发挥了重大作用。[1]

具体如表 5-1 所示，绿色信贷业务包含：第一，住房抵押贷款。加拿大帝国商业银行和蒙特利尔银行对抵押贷款保险费提供 10% 溢价退款及最长 35 年的延期分期付款（根据出借人的供应情况），以购买节能型住房或进行节能改造。退款方式为一次性付款。荷兰银行则实行政府主导的绿色抵押贷款计划，为积极采取环保低碳措施的借款人提供优惠贷款利率，减息幅度可达 1%。[2] 第二，商业建筑贷款。新能源银行为商业建筑或多单位住宅领域内的绿色领先项目提供贷款优惠。第三，房屋净值贷款。花旗集团为客户提供便捷融资方案来购买和安装住房太阳能技术。第四，汽车贷款。美国、加拿大等国家的银行为购买低排量车型、节油技术升级的消费者提供较低贷款利率。澳大利亚的 MECU 银行推出"Go Green"汽车贷款，严格按排放量设定区别贷款利率，并替每位贷款人种植树木，以抵消购车产生的温室气体排放。[3] 第五，绿色信用卡。2004 年荷兰银行推出世界上第一张和减排计划挂钩的信用卡：The Visa Greencard，发卡公司每月为持卡人计算碳排放量，并投资于相应减排计划。美

---

① 马骏、李治国等：《PM2.5 减排的经济政策》，中国经济出版社，2014。原报告见 Wells Fargo Environmental Finance Report。参见：https://wellsfargo.com/downloads/pdf/about/csr/reports/environmental_finance_report.pdf.

② 马骏、李治国等：《PM2.5 的经济分析：减排的经济政策》，中国经济出版社，2014 年 10 月，第 164 页。http://abnamro.com/en/sustainability/retail-and-business-solutions/our-retial-solutions/Sustainable-living/index.html。

③ http://bankmecu.com.au/borrowing/home-loans/gogreen-home-loan.html.

国银行的持卡人可将 Visa World Points 的奖金捐给投资温室气体减排的组织，或用来兑换"绿色"商品。英国巴克莱银行曾推出英国第一张绿色信用卡"呼吸卡"（Breathe Card），旨在"遏制气候变化，推动绿色消费"。[①] 第六，项目融资。爱尔兰银行为废弃物再生能源项目进行融资，包括一项 25 年期的贷款，该贷款是以与地方政府和支持非契约废弃物的企业签订的废弃物合同为基础的。

表 5 - 1　　　　　　　　　　　国外金融市场中的绿色信贷产品

绿色信贷产品	银行	内容
住房抵押贷款	加拿大帝国商业银行、加拿大蒙特利尔银行	加拿大国家住房抵押贷款公司（CMHC）对抵押贷款保险费提供 10% 溢价退款及最长 35 年的延期分期付款（根据出借人的供应情况），以购买节能型住房或进行节能改造。退款方式为一次性付款。
	荷兰银行	政府主导的绿色抵押贷款计划，为符合环保标准的贷款减息 1%。
商业建筑贷款	新能源银行	为商业建筑或多单位住宅领域内的绿色领先项目提供贷款优惠。
房屋净值贷款	花旗集团	为客户提供便捷融资方案来购买和安装住房太阳能技术。
汽车贷款	温哥华城市商业银行	清洁空气汽车贷款为混合动力汽车提供优惠利率。最近对产品进行重新设计，以覆盖所有低排放的汽车类型。
	加拿大 Van City 银行	发放清洁空气汽车贷款，向所有低排放车型提供优惠利率。
	澳大利亚 MECU 银行	开放汽车贷款产品，要求贷款者种树吸收私家车排放。自推出以来，银行的汽车贷款数量已增加 45%。

---

① http：//www. barclaycard. co. uk/personal/credit - cards.

绿色信贷产品	银行	内容
绿色信用卡	荷兰合作银行	发行气候信用卡。银行将向世界自然基金会提供捐款。捐款数目取决于使用此卡购买的产品或服务的节能强度。
	英国巴克莱银行	"Breathe Card"为用户在购买"绿色"产品和服务时提供优惠和较低的借款利率。信用卡利润的50%将用于资助全球减排项目。
	美国银行	持卡人可将 Visa World Points 的奖金捐给投资温室气体减排的组织，或用来兑换"绿色"商品。
项目融资	爱尔兰银行	废弃物再生能源项目融资的总协调银行，项目融资包括一项 25 年期的贷款，该贷款是以与地方政府和支持非契约废弃物的企业签订的废弃物合同为基础的。
	法国巴黎银行、荷兰合作银行、巴克莱银行、富通银行、渣打银行、西德意志银行	专项服务部门致力于清洁能源项目的长期投资。有些银行还专门面向一种（或多种）可再生能源技术，及与建有清洁能源监管体系，同时政府政策也鼓励尽早与采用清洁技术的国家进行合作。

资料来源：根据联合国环境规划署金融行动机构相关调查报告整理。

第二节 绿色债券

绿色债券，是指募集资金最终投向符合规定条件的绿色项目的债权债务凭证。绿色债券区别于其他债券的核心特征，是其募集资金集中于推动和实现绿色效益。

绿色债券在国际市场上起源于 2007 年。由此到 2012 年的 6 年间，全球累计发行约 100 亿美元，发行主体集中于欧洲投资银行（EIB）、世界银行（World Bank）、国际金融公司（IFC）等多边发展性金融组织和政策性金融机构。2013～2014 年，绿色债券市场增长迅速，包括政府开发银行、公用事业和企业在内的发行人新发行了大约 310 亿美元的绿色债券。2014 年全球绿色债券发行量达到 365.93 亿美元，2015 年为 422 亿美元，2016 年达到 860 亿美元。

全球范围内环境资源问题带来的投资风险凸显，责任投资理念的影响日渐广泛，国际投资者对气候变化和环境问题持续关注，是推动绿色债券市场兴起的背景。以责任投资者群体为首的投资者，对于相关资金流向和绿色效益的信息披露，产生了越来越清晰和自觉的意识。此外，绿色债券的发行机构一般信用级别较高，或享受免税政策。严格筛选项目、并具备清晰、详实、透明的信息披露和第三方认证的"贴标"绿色债券，具有风险较低、回报相对稳健的特点，由此在国际市场上成为一个成熟的金融产品，吸引了养老基金、大型资产管理机构、知名企业和各国央行为主的责任投资者。随着市场的迅猛扩大，发行主体、投资者、期限、评级和发行币种都开始呈现多元化分布趋势，绿色债券标准体系、操作规范等基本共识，正在形成、发展和完善之中。2016 年 6 月，国际资本市场协会（ICMA）更新了《绿色债券原则》。

新兴市场在绿色债券市场的增长中表现显著，韩国进出口银行（KEXIM）是第一家发行绿色债券的亚洲银行。之后印度的 Yes Bank 和进出口银行、亚洲开发银行（ADB）也开始发行绿色债券。中国监管机构于 2015 年 12 月起陆续出台政策明确了相关监管要求和项目范围，绿色债券市场启动。2016 年，中国境内市场及中资机构在离岸市场发行"贴标"绿色债券累计达到 2300 亿元人民币，在全球发行总额中约占 40%。2016 年初，穆迪推出绿色债券评估框架（GBA），并将其应用于该公司的绿色债券评级和评估实践。2016 年下半年，中国的多家评级机构也陆续发布了绿色债券评估框架或绿色债券的项目评价标准等。截至 2016 年底，中国已有 4 只绿色债券指数。表 5-2 列举了一些国际市场上的绿色债券产品。本书第十三章对绿色债券有专章论述。

表 5 – 2   国际金融市场中的部分绿色债券产品

绿色债券产品	募集资金用途及发行特征
欧洲投资银行气候意识债券①	该项债券的投资者包括来自法国、比荷卢经济联盟、英国、德国和北欧等欧洲国家的银行、资产管理公司、中央银行/官方机构及保险公司。欧洲投资银行通过定期报告披露了该项债券募集资金的用途：投向符合条件的可再生能源和能效项目，尤其是其中的风能，水电，太阳能和地热发电等可再生能源项目以及小区供热，热电联产，建筑保温，节能减排和配电设备更换等能源效率项目。
森林债券	森林债券（Forest Bond）是为巴拿马的大面积森林恢复所需融资而设计的产品。再保险人对 25 年期债券承保，投资者和频繁使用巴拿马运河的用户将购买这些债券。
加拿大安大略省绿色市政债	债券收益将用于生态建筑项目的建设和维护，拥有可持续发展目标的公共交通设施建设，可再生能源和能效发展，保护生物多样性，用于弱势群体和老年人的专用住房建设，以及用于社会性住房建设，经济发展以及社会包容性发展。该项债券获得 4 倍超额认购。
阿本戈绿地②高收益企业债券	发行所得款项净额将纳入阿本戈财务部的流动性资产组合中进行统一管理，并以现金或其他流动性工具，将资金分配给符合条件的绿色项目。若该绿色项目发生撤资，发行人将使用所得款项净额资助其他符合条件的绿色项目。具体的绿色项目如下：开发可再生能源；能源的运输和分配；能源效率改进；水资源的运输和分配；水资源管理；生物质能源开发；垃圾发电。
中国银行绿色资产担保债券	中国银行伦敦分行在伦敦证交所发行，规模为 5 亿美元。全球首单具有"双重绿色属性"的绿色资产担保债券，发行人声明募集资金将用于投资可再生能源（风能）和污染预防和控制（污水处理）。
吉利绿色债券③	该项债券通过中国浙江吉利控股集团的全资子公司 LTC GB Limited 发行，总额 4 亿美元，为期五年。发行实现超额认购近 6 倍。发行人声称本次绿色债券发行所得的资金用途将用于伦敦出租车公司设计、开发及生产具有零排放能力车辆所需的融资或再融资。

资料来源：根据联合国环境规划署金融行动机构相关调查报告整理。

———————————

① 资料来源：根据联合国环境规划署金融行动机构相关调查报告整理。
② 阿本戈（Abengoa）是一家从事可再生能源（太阳能和生物燃料），电力输送，能源 IT 系统开发，海水淡化和废水处理的高新技术股份有限公司。Abengoa Greenfield 是阿本戈（Abengoa）公司的子公司。2014 年 9 月，Abengoa Greenfield 发行了欧洲首只高收益绿色企业债券。
③ 浙江吉利控股集团。

第三节　绿色基金

绿色基金包括绿色投资私募基金和绿色风险投资基金，是将资金注入能够开展绿色项目但不具备公开上市资格的中小企业的金融工具。这类企业一般为资源节约型企业或能源环境技术企业。绿色基金一般以入股的形式参与项目投融资，提供企业所需要的财务和运营指导，最后通过证券市场转让股权获得收入退出。

目前全球大规模绿色直接投资的主导方依然是少数国际知名金融集团。1999 年世界资源研究所（World Resources Institute）在花旗银行资助下成立"新风险投资基金"，专注巴西、中国、哥伦比亚、印度、印度尼西亚和墨西哥等新兴市场经济体的中小企业。1999 ~ 2012 年十余年间，该项目"共帮助 367 个'产生明显环境效益'的中小企业获得风险融资总共 3.7 亿美元，累计减排二氧化碳 330 万吨，保护耕地 450 万公顷，节水净水 57 亿升"[1]。美国富国银行累计投资清洁能源行业超过 300 个项目，价值 30 亿美元，主要集中在风电和太阳能，这些项目 2012 年累计发电 16Twh。"气候变化资本集团"（Climate Change Capital）也从事全方位绿色产业投融资，私募股权部门只投资 500 万 ~ 2000 万欧元规模的企业，行业限制在清洁能源、绿色交通、能源效率、垃圾处理和税务等。[2]

如表 5-3 所示，在绿色基金领域，荷兰几家银行在政府支持下推出 4 只财政绿色基金，用于向环保项目提供低成本绿色信贷。基金的投资报酬率偏低，但购买这些基金的投资者可免除资本利得税、减少收入所得税，因此受到市场青睐。瑞士联合银行（卢森堡）公司于 1997 年发起生态绩效股票投资基金，运作 4 年后资产总额接近 2.5 亿美元，成为当时全

---

① http://www.wri.org/project/new-ventures.

② 马骏、李治国等：《PM2.5 的经济分析：减排的经济政策》，中国经济出版社，2014。

球规模最大的绿色基金之一，基金 80% 的资金用于投资生态和社会领域的优秀企业，20% 的资金用于投资生态领域创新型企业。在为减排项目提供资金的碳基金方面，据估计 2007 年有 95 亿美元投资于 58 只公募和私募基金。2007 年 JP 摩根推出"JP 摩根环境指数 – 碳 β"基金，巴克莱银行则推出第一只跟踪全球主要温室气体减排交易系统中碳信用交易情况的基金——全球碳指数基金。汇丰则推出汇丰全球气候变化基准指数基金，UBS 推出 UBS 股权基金，主要投资可再生能源、水利、营养和健康项目。此外国际上还包括标准普尔全球清洁能源指数[1]、纳斯达克美国清洁指数[2]、FTSE 日本绿色 35 指数[3]等。每个指数背后都有对应的绿色基金的存在，如第一信托纳斯达克清洁边缘绿色股票基金、NIKKO – FTSRE 日本绿色蓝筹指数基金等。

花旗集团下另类投资中的一个私募股权投资基金部门——花旗创投（CVCI），其重点投资对象是全球替代能源发展市场，同时负责银行的可持续发展投资计划（SDIP）。可持续发展投资计划的私募股本投资领域包括可再生能源、可持续林业、水资源管理、废弃物管理、清洁技术、能源效率及碳市场。美国银行侧重于森林保护和生态多样性保护的私募股权。向非营利性组织提供贷款利率优惠 100% 的融资，用于购买生物敏感性土地以及实施可持续森林保护实践与管理（见表 5 – 3）。

表 5 – 3　　　　　　　　　国外金融市场中的绿色基金产品

绿色基金产品	金融机构	内容
财政绿色基金（Fiscal Green-Funds）	荷兰银行、荷兰邮政储蓄银行、ASN 银行、Triodos 银行	荷兰的几家银行在政府支持下推出了财政绿色基金，投资者可以免缴资本收益税并享受所得税优惠，获得较低的投资利率。这样银行能以较低的成本为环保项目提供绿色贷款。

---

① S&P Global Clean Energy Index，涵盖全球 30 个主要清洁能源公司股票。
② Nasdaq Clean Edge US Index，跟踪 50 多家美国上市的清洁能源公司的业绩。
③ FTSE Japan Green Clip 35 Index，包含开展环保业务的日本企业。

续表

绿色基金产品	金融机构	内容
股票型基金	瑞士联合银行	瑞士联合银行（卢森堡）生态绩效股票型基金是全球最大的"绿色"基金。80%的资产流向生态及社会领导者，20%的资产流向"生态创新者"。瑞士银行（卢森堡）未来能源股票型基金重点关注的是对四个清洁能源相关业务部门的清洁能源市场投资。
巨灾债券基金	瑞士瑞信银行	Leu Prima Cat Bond Fund，是全球首只巨灾债券的公共基金，其中一部分的对象是与气候相关的自然灾难（或气候适应）。对在传统保险市场很难承保的气候风险进行对冲的工具。
私募股权投资	花旗集团、花旗创投（CVCI）	通过另类投资的可持续发展投资计划，在风能、太阳能和生物燃料等方面的私募股权投资。
	美国银行	侧重于森林保护和生态多样性保护的私募股权。向非营利性组织提供贷款利率100%优惠融资，用于购买生物敏感性土地以及实施可持续森林保护实践与管理。

资料来源：根据联合国环境规划署金融行动机构相关调查报告整理。

第四节　绿色保险

　　绿色保险通常是指与环境风险管理有关的各种保险安排，其实质是将保险作为一种保障经济可持续发展的金融工具，以应对与环境有关的一系列问题。[①] 绿色保险的种类非常广泛，从起源最早的环境污染责任保险，到能够促进可再生能源发展的天气指数保险，支持绿色建筑标准的绿色物业保险，帮助农户管理自然风险对农业生产影响的农业保险，以及倡导环保健康出行方式的绿色车险等，不一而足。

　　由于欧美国家工业化起步较早，各国在工业化发展中面临的环境污染问题日益严峻，民众环保意识也随之逐步增强，到20世纪70年代，欧美

---

　　① 田辉：《中国绿色保险的现状、问题与未来的发展》，国务院发展研究中心金融研究所"中国绿色金融发展研究"课题组。

各国相继立法，加强了企业的环境风险管理，并在此后的数十年，不断完善各项法律法规。从 20 世纪 60 年代起，美国就针对有毒物资和废弃物处理可能引起的损害责任推行强制责任保险，[①] 并且于 1966 年，根据投保人的需求，采用了基于实际发生损失的标准环责险保单。[②] 20 世纪 70 ~ 80 年代，英国出现了首单基于环境损害责任的环境污染责任保险保单。1988 年，美国成立了首家专业环境保险公司，并于同年开出了第一张环境污染责任保险保单。由于企业面临的环境责任不断上升，作为一种能够加强环境风险管理、有效降低环境污染造成不良影响的金融工具，环境污染责任保险在欧美各国陆续推出，并在此后的几十年间逐步发展成熟起来。

从发达国家环境污染责任保险的发展历程可以看出，严格的环境立法是环境污染责任保险发展的前提和基础。环境污染责任保险在美国和欧洲的发展存在共性，主要是法律对环境责任的严格规范和操作细则，以及严厉的惩罚机制，使企业面临难以独立承担的环境责任风险，而相关法律法规的不断完善、环境责任范畴的扩大推升了企业对环境污染责任保险的需求，从而促进了环境污染责任保险的发展。然而，环境污染责任保险在美国和欧洲的演变和发展也存在一些显著差异：如美国的《超级基金法》要求可能导致环境污染的企业具有承担环境责任风险的财务能力，即法律对相关企业环境责任的偿付能力具有强制性要求；而《欧盟环境责任指令（ELD）》对于欧盟各国来说更类似于纲领性指引，各国可以根据本国的实际情况，决定是否采取强制性方式保障环境风险。

另外，强制性或具有强制性特征的保险机制对环境污染责任保险的发展极为重要。美国在法律中要求特定行业的企业须采取金融保障方式，以

---

① 林芳惠、苏祖鹏：《美国环境责任保险制度及对中国的启示》，载《水土保持科技情报》，2005（5）。

② John C. Sullivan, Rick Perdian, US environmental law and its impact on the insurance industry, 16 Oct. 2014, http：//cgd. swissre. com/features/US_ environmental_ law_ and_ its_ impact_ on_ the_ insurance_ industry. html.

满足保护环境、自然资源和生态所需的资金需求，环境污染责任保险成为企业的重要选择，环境污染责任保险得以快速发展起来。尽管德国企业普遍采取自愿的形式投保环境污染责任保险，但根源防治的原则要求企业只有满足了监管对其环境治理能力的评估后，才可取得经营许可。这一机制使得企业往往通过投保环境污染责任保险的方式以增强其抗风险能力，间接地推动了德国环境污染责任保险的发展。

此外，多方合作也是环境污染责任保险发展的积极促进因素。除了监管机构外，保险协会或相关机构所设定的行业标准也功不可没。例如，德国保险业协会和德国工业联合会对推动环责险的发展起到了重要作用。德国保险业协会代表德国保险业的利益，为成员公司提供服务和消费者信息，同时向联邦金融监管局（BaFin）反映行业的观点和需求，立足保险业风险管理优势，使保险公司得以最大化发挥风险保障的作用。由于环境污染责任保险合同比一般责任险合同更加复杂，行业内历史经验数据较少，保险业协会和工业协会等行业协会加强合作，对于构建具体环境污染责任保险合同更具有专业性优势和成本优势。

近年来，随着绿色经济的发展，在促进可再生能源项目、服务科技创新、鼓励绿色出行、保护生态系统、促进绿色建筑发展等方面，保险业也开发和提供了越来越多的保险产品：

1. **可再生能源项目保险**：通过天气指数保险、开工延误保险、公众或雇主责任险，以及提供防范业务中断、场所污染的保障等，可以为生物质/生物燃料、沼气、转废为能、燃料电池，以及太阳能、风能和水力等可持续能源的开发和生产提供保险保障。例如，太阳能是一种清洁环保能源，是推动经济可持续增长的重要新能源之一。然而，太阳能电站的发电量受制于自然因素，太阳辐射会直接影响太阳能电站的发电量，进而影响到发电厂的现金流，及其偿还贷款和实现预期投资回报的能力。因此，未来现金流的不确定性可能会妨碍投资者对开发太阳能源的热情，而这又可能会影响投资于相关太阳能技术的兴趣。基于此情况，瑞士再保险为太阳能源领域量身定制了相关产品，以便确保将风险控制在投资者可承受的范围内。通过太阳能辐射指数保险，将因天气原因产生的发电量风险转移给（再）保险行业，这样就可以帮助太阳能电站获取相应投资和贷款，并促进该行业发展。

2. 绿色出行车险：保险公司将车险保费与汽车行驶里程相挂钩，通过保费折扣鼓励减少汽车使用、绿色出行，如美国通用汽车金融保险公司的 Pay As You Drive 绿色车险，英国英杰华（Aviva Group）的混合动力车优惠车险。①

3. 海运保险：海洋运输一般也会带来各种各样的环境影响，如二氧化硫、微粒物质、氮氧化物和二氧化碳排放、臭氧层消耗物质、含油污水以及各种货物残留物等。全球海运每年会消耗约 3.7 亿吨硫和重金属含量高的低质残余燃油。全球航运是第五大温室气体排放体。② 保险公司开发的可再生能源建设保险、环境污染责任险等海运保险产品和服务，有助于直接或间接减少温室气体排放。例如，安达保险推出了可再生能源建设险、能源和海运保险等计划服务航运中清洁、有效的可替代能源的发展。

4. 农业保险：旨在帮助客户治理因为气候变化所导致的自然风险对农业生产的影响。保险公司通过提供全球天气保险指数产品，以帮助客户保障无法预测的天气情况和气候变化，保护其在世界各地的资产不会因不利天气状况而遭受损害或损失。例如，雨雹保险（Rain and Hail Insurance Service）、印度的农作物气候指数保险、孟加拉国推出的洪水指数保险、

---

① 联合国环境规划署金融行动机构（UNEP FI），北美工作组（NATF）调查报告，《绿色金融产品和服务：北美市场目前趋势和未来机遇》，http://www.unepfi.org/fileadmin/documents/greenprods_cn.pdf.

② 第五届亚洲区域环境可持续交通论坛：可持续交通新十年，2010 年 8 月 23 日至 25 日，曼谷，会议摘要，http://sustainabledevelopment.un.org/content/dsd/csd/csd_pdfs/csd-19/sg-reports/ecn18_chinese.pdf。

印度和墨西哥的干旱指数保险、加勒比群岛推出飓风指数保险等。

5. 其他创新型的绿色保险项目：主要是指以创新方式应对与绿色项目有关的各种风险。例如，绿色物业保险，是在现有建筑物发生损失的情况下，为希望按照"更加绿色"标准重新建设的工商企业提供保障。包括：节能电器、电子设备、供暖和冷却系统、内部排水系统和照明设施；低挥发性有机化合物（VOC）油漆、底漆、溶剂、面漆和粘结剂；低排放地毯、地板；以及获得森林管理委员会（FSC）认证的木材。与此同时，在个人险种方面，2006 年，美国国际集团（AIG）和达信保险经纪公司合作推出了碳减排信贷保证险，支持商业机构参与温室气体减排项目。

第五节 碳金融产品和服务

碳金融市场指金融化的碳市场，由于欧美金融市场高度发达，金融化的碳市场是不言自明的前提，在其语境中很少出现"碳金融"等提法。国内学者对碳金融概念的界定则分为两个层次：狭义的碳金融，指企业间就政府分配的温室气体排放权进行市场交易所导致的金融活动；广义的碳金融，泛指服务于限制碳排放的所有金融活动，既包括碳排放权配额及其金融衍生品交易，也包括基于碳减排的直接投融资活动以及相关金融中介等服务。

根据碳排放权交易体系（ETS）覆盖的地理管辖范围，碳市场可以分为区域市场、全国市场及国际市场，形成不同层次的碳定价区。中国七省市碳交易试点、覆盖美国东北十二个州的美国区域温室气体减排行动（RGGI），都属于典型的区域碳市场；韩国、哈萨克斯坦、新西兰、挪威、瑞士和 2017 年启动的中国全国碳交易体系，都属于国家层面的碳市场；而京都机制下的碳交易是典型的国际市场，覆盖了全球 100 多个国家和地区，而最重要的是覆盖欧盟 25 国的欧盟碳排放权交易体系（EU ETS），欧盟碳市场也是目前国际上规模最大、发育最规范成熟的碳金融市场。

碳金融产品和服务，是指依托碳配额及项目减排量两种基础碳资产开发出来的各类金融工具，从功能角度包括以下三类。（一）交易工具。除了碳配额及项目减排量等碳资产现货外，主要包括碳远期、碳期货、碳掉期、碳期权，以及碳资产证券化和指数化的碳交易产品等。交易工具可以帮助市场参与者更有效地管理碳资产，为其提供多样化的交易方式、提高市场流动性、对冲未来价格波动风险、实现套期保值。（二）融资工具/服务。主要包括碳债券、碳资产质押、碳资产回购、碳资产租赁、碳资产托管等。融资工具可以为碳资产创造估值和变现的途径，帮助企业拓宽融资渠道。（三）支持工具。主要包括碳指数和碳保险等。支持工具及相关服务可以为各方了解市场趋势提供风向标，同时为管理碳资产提供风险管理工具和市场增信手段。[①] 下面将主要以欧盟碳金融市场为例，对主要的碳金融产品和服务做一个简要介绍。

1. **碳交易工具**。现货（spot）是碳市场的基础交易产品，包括 ETS 机制下的减排指标和项目减排量两种。其中，EU ETS 的减排指标为欧盟碳配额（EUA）及欧盟航空碳配额（EUAA），项目减排量则包括发达国家和发展中国家之间 CDM 机制下的核证减排量（CER），以及发达国家和发达国家之间机制下的减排量（ERU）。金融化的交易工具则是在碳现货基础上开发出来的，从具体产品来看，欧盟主要的四家交易所目前分别推出了每日期货（daily future）、期权（option）、期货（future）、序列期权（serial option）、拍卖（auction）、拍卖期货（auction future）、价差（spread）和互换（swaps）等多样化的碳金融交易产品，如表 5-4 所示。

---

① 绿金委碳金融工作组：《中国碳金融市场研究报告》，2016。

表 5－4　　　　　　　　欧盟主要碳交易平台的碳金融交易产品

		现货	一日期货	期权	期货	序列期权	远期	拍卖	拍卖期货	价差	互换
EUA	ICE		√**	√*	√**			√			
	EEX	√**			√**			√	√		
	Nasdaq		√	√	√**		√			√	√
	CME		√	√	√*	√					
CER	ICE		√**	√*	√**						
	EEX	√**			√						
	Nasdaq	√**	√	√	√					√	√
	CME			√	√	√					
ERU	ICE			√*	√**						
	EEX				√*						
	Nasdaq										
	CME			√	√						
EUAA	ICE				√*			√			
	EEX	√*			√*			√			
	Nasdaq				√						
	CME				√*						

注：√表示产品有无，＊表示只披露价格，＊＊表示披露价格和数量。

资料来源：Europe Economics Analysis of Bloomberg and the Exchange ICE, EEX, Nasdaq, CME. Interplay between EU ETS Registry and Post Trade Infrastructure, p.150, European Commission, 2015.

2. 碳融资工具。欧盟碳市场典型的碳融资工具包括碳债券、碳基金和碳结构化产品。（1）碳债券。通常也被称为绿色债券，是政府、企业为筹措低碳项目资金向投资者发行并承诺在约定时期内支付利息和本金的债务凭证。根据项目类别不同，可以分为气候债券、环境债券、可再生能源债券、CDM 机制下债券等①。欧盟大部分已发行的绿色债券或资金都具有低碳减排用途或与绿色资产相关联。（2）碳基金。碳基金既是一种融

---

① 杨星等：《碳金融概论》，华南理工大学出版社，2014。

资工具，同时也指代依托该工具形成的管理机构。自世界银行 2000 年创设首只碳基金以来，碳基金在欧洲市场得到了快速发展，包括德国复兴信贷银行（KfW）碳基金、意大利碳基金、丹麦碳基金、荷兰清洁发展基金和联合实施基金、西班牙碳基金等，以及在欧盟碳市场下的第一个非政府型碳基金——欧洲碳基金（ECF）[①]。（3）碳结构化产品。欧洲许多银行购买碳信用是为了向银行的交易平台提供可交易的产品，或者满足企业客户的合规要求。包括巴克莱银行、荷兰银行、摩根大通、汇丰银行和富通银行在内的许多银行在碳融资领域都很活跃，这些银行利用各种融资方法来提高投资组合的分散性和多样性，以获得各种投资机会和对冲风险。此外，一些银行还为客户提供保管、托管碳信用、注册账户管理以及与其他各方的结算交易等碳金融服务。

3. 碳支持工具。主要包括碳指数和碳保险等产品。（1）碳指数。与欧盟碳市场相关的碳指数包括巴克莱资本全球碳指数（BC GGI）、瑞银温室气体指数（UBS GHI）、道琼斯－芝加哥气候交易所－CER/欧洲碳指数（DJ－CCX－CER/EC－I）和美林全球二氧化碳排放指数（ML-CX Global CO_2 Emission Index）、EEX 现货市场的 ECarbix 碳指数等。碳指数可以反映碳市场的供求状况和价格信息，为投资者了解市场动态并提供投资参考。EEX 在 2012 年 11 月发布的现货市场 ECarbix 二氧化碳指数，就是依据一级和二级现货市场的加权交易量权重，每日及每月底分别公布交易量和交易价格[②]。（2）碳保险。随着碳市场交易量的快速增长，欧洲碳保险业务也得到了较快发展。苏黎世保险公司（Zurich）

---

① ECF 于 2005 年由法国信托银行和富通银行合作成立，由 Natixis 环境与基础设施公司的碳融资团队管理，致力于在全球范围内投资温室气体减排项目，运作四年间已向多家金融机构募集了约 1.43 亿欧元。https：//firstforsustainability. org/zh－hans/opportunities/environmental－business－opportunities－by－type/carbon－finance/carbon－finance－in－europe/。

② EEX Launches CER Spot Market and Expands Carbix Index, EZ DATE WATCH, http：//www. datawatch. ze. com/environment－and－weather/eex－launches－cer－spot－market－and－expands－carbix－index/.

推出的 CDM 项目保险业务，可以同时为 CER 的买方和卖方提供保险，交易双方通过该保险能够将项目过程中的风险转移给苏黎世保险公司。如果买方在合同到期时未能获得协议规定数量的 CER，苏黎世保险公司将按照约定予以赔偿；如果 CDM 项目未能达到预期收益，苏黎世保险公司也会进行赔偿[①]。

第六节　绿色指数

绿色指数现在已越来越受到各方重视，它有助于绿色环保概念的推广，为投资者提供更多的投资选择，也在一定程度上反映了企业的环境影响、环境表现和社会责任等综合信息。目前国外的绿色指数产品的编纂和发布以第三方专业服务机构和各大交易所为主，银行、券商等大多以合作的方式参与其中。绿色指数产品主要以股权指数为主，但同时也涉及债券、期货等标的。以股权为标的的绿色指数主要覆盖经营业务为气候变化、节能减排、清洁能源等相关领域的企业。而依据所覆盖公司的特征，上述股权绿色指数主要又可以分为绿色发展指数、环保产业指数和社会责任指数三大类（见表5-5）。

表5-5　　　　国际代表性股权类绿色指数产品及其分类

指数类型	代表性指数产品	编制机构
绿色发展指数	S&P Dow Jones ESG 指数系列	标普道琼斯
	S&P 碳效率系列指数	标普道琼斯
	MSCI 全球 ESG 指数	明晟
	上证180碳效率指数	上海证券交易所、中证指数与 Trucost
	中证 ECPI ESG 可持续发展指数	中证指数与 ECPI 公司

① RNK Capital and Swiss Re Structure First Insurance Product for CDM Carbon Credit Transactions, ZURICH，http：//www. swissre. com/media/news_ releases/rnk_ capital_ and_ swiss_ re_ structure_ first_ insurance_ product_ for_ cdm_ carbon_ credit_ transactions. html？ mobile＝iPad.

续表

指数类型	代表性指数产品	编制机构
社会责任指数	S&P 长期价值创造力指数	标普道琼斯
	FTSE 4 Good 指数系列	富时公司
	MSCI KLD 400 社会责任指数	明晟
环保产业指数	S&P 生态指数	标普道琼斯
	MSCI 可持续水资源指数	明晟
	MSCI 污染防治指数	明晟
	FTSE 环境市场指数系列	富时公司

（1）绿色发展指数通常侧重于企业在经济、环境和社会等方面的表现。从长期来看，这些企业的长期盈利能力、公司治理、生态效益等方面均处于领先地位，代表指数有标准普尔公司的标普－道琼斯可持续发展指数（S&P Dow Jones ESGSustainability Indices）系列等；（2）社会责任指数关注企业社会责任的履行，在传统的指标体系中增加了企业环境保护、社会道德以及公共利益等方面的考量。例如富时公司的 FTSE 社会责任指数的编纂过程中，只有在履行环境管理、缓解气候变化、反行贿受贿、维护人权、增加就业等方面表现良好的企业才能入选；（3）环保产业类指数涵盖的主要对象为资源管理、清洁技术及产品、污染控制提供生产设备、技术、特殊材料、服务以及建筑与安装的公司。代表性的指数包括了明晟（MSCI）可持续水资源指数、富时（FTSE）环境市场指数系列。

在绿色债券指数方面，标普道琼斯指数公司早在 2015 年 7 月推出两只指数产品，分别为"S&P 绿色债券指数"和"S&P 绿色项目债券指数"。同年 10 月和 11 月，美国银行－美林证券（Bank of America Merrill Lynch）、明晟和巴克莱也分别发布了相关的绿色债券指数系列。除此之外，国际机构也将广义的可持续发展主题融入到其他债券指数创新上，例如"标普 ESG 泛欧洲发达国家主权债券指数"（S&P ESG Pan－Europe De-veloped Sovereign Bond Index）。

为了反映中国绿色债券市场的发展，向投资者提供绿色债券指数参考基准和标的，中央国债登记结算有限责任公司（以下简称中债）与中节能咨询有限公司（以下简称中节能咨询公司）在 2016 年 4 月联合发布了"中债—中国绿色债券指数"和"中债—中国绿色债券精选指数"。这两只指数的样本券采用境内外绿色债券标准相结合的方式综合评估后确认纳入指数。在 2016 年 9 月，由中债再度牵手中节能，与气候债券倡议组织（CBI）合作编制并发布"中债—中国气候相关债券指数"。这是全球首只气候相关债券指数，引用了 CBI 的绿债标准，旨在符合国际标准方面，向国际投资者靠拢，填补了市场对该类型债券价格走势进行跟踪的空白。

可以预见的是，未来金融市场上的相关产品和服务还会更加丰富和多样化，金融支持经济发展的思路和行动不断沿着绿色可持续的道路前行。同时，金融机构不再单纯地寻求最大化市场回报率，而是寻求更高的可持续性回报率，从而降低因社会环境因素引发的风险。也就是说，金融机构在保持长远的盈利能力的同时，其商业活动与社会可持续发展保持一致。然而，一个不应忽视的现实问题是，目前相关激励制度和政策供给不足，难以充分激励金融机构将环境保护和绿色发展作为其重要经营目标和决策变量。因此，在实现可持续发展目标上，不能片面强调金融机构的责任，政府的责任实际上也不容忽视。只有充分重视政府的先导性作用，做好相关绿色金融支持政策和法律制度"供给"，同时厘清政府与市场之间的有效边界，才能促使更多的金融机构积极加入到绿色金融产品和服务市场中。

第六章 绿色金融的最新发展[①]

通常所说的绿色金融往往以绿色信贷、绿色债券、绿色基金、绿色保险和绿色指数等议题为主。这些议题反映了过去二三十年中，世界各国在绿色金融方面的主要实践。但绿色金融的议题并非一成不变，它们也会因市场环境、监管政策、科技发展等因素而演进。

本章旨在追踪近年来国际绿色金融界开始关注的新议题，包括环境信息披露、环境风险量化分析、绿色基础设施融资及互联网技术的应用。与传统议题相比，这些新议题还在早期发展阶段，有的甚至还在孕育阶段，但当中的一些议题或者议题中某些要点可能会在不久的将来得到快速发展。金融机构应该对这些最新发展及早了解、提前应对。

第一节 环境信息披露

投资人被认为是推动经济绿色转型、社会可持续发展的重要动力。信息是金融市场资源配置的重要基础，环境信息披露则是绿色金融发展的基石。2016 年中国人民银行、财政部、国家发展改革委、环境保护部、银监会、证监会、保监会等七部委联合印发《关于构建绿色金融体系的指导意见》（以下简称《指导意见》）中就指出，绿色金融体系要"解决项目环境外部性问题"，还要"解决绿色投融资所面临信息不对称等问题"。

[①] 本章执笔：郭沛源，商道融绿董事长、商道纵横共同创办人兼总经理、中国金融学会绿色金融专业委员会理事；刘玉俊，商道融绿高级分析师；张静文，中国工商银行城市金融研究所；丛海涛，中央财经大学绿色金融国际研究院研究员；李振华，蚂蚁金服集团研究院副院长、战略部总监。

《G20 绿色金融综合报告》也指出"信息不对称（如投资者与资金接受者之间的信息不对称）"是绿色金融发展面临的挑战之一。充分的企业环境信息可以帮助投资人评估投资标的环境风险，全面评估公司的价值；同时也有助于判断投资标的绿色与否、绿色程度如何，从而有依据地通过绿色信贷、绿色债券、绿色股票指数、绿色保险、绿色基金、碳金融等工具，将更多的资本引向绿色企业、绿色项目，减少对污染企业与项目的投资。

为推动企业环境信息披露，各国政府及第三方机构出台了相关规则，包括在法律法规中纳入强制环境信息披露的要求、制定企业环境信息披露标准和框架，如全球报告倡议组织（Global Reporting Initiative，GRI）制定的框架、国际标准化组织出台的社会责任指南标准 ISO26000 等。2017年 G20 峰会将继续研究绿色金融议题，其中就包括对环境信息披露的讨论。近年来，面向金融机构的环境信息披露显现出三大趋势：综合报告、投资人的信息披露、大数据的应用。

一、综合报告

目前大多数企业的环境信息都是独立于财务信息进行披露。传统的财务报告难以真实客观地反映企业价值，而各类非财务报告（如企业社会责任（Corporate Social Responsibility，CSR）报告、环境报告、可持续发展报告等）又存在信息冗杂、内容重复等问题。国内外均有调查研究[1][2]显示，缺乏环境、社会和公司治理（ESG）信息披露标准与衡量标准使得投资人等利益相关方难以判断这些非财务信息对于企业财务表现的实质性影响；整个报告体系无法真实反映企业价值创造和可持续发展能力并及时预警风险。随着环境和社会风险对企业经营发展的影响越发显著，能够体现二者关联性的综合报告应运而生。

---

[1] 中国责任投资论坛，2014 年中国基金业责任投资调查。
[2] Robert Eccles & George Serafeim，2014. Corporate and IR：A functional Perspective.

2013 年底，国际综合报告委员会（IIRC）发布了《国际综合报告框架》（以下简称《国际〈IR〉框架》）。综合报告即 Integrated Reporting（简写为〈IR〉），亦称为整合报告、价值总览报告，是"对机构的战略、治理、绩效和前景在机构外部环境背景下，在短期、中期和长期如何创造价值进行沟通的简练文件"。综合报告将资本分为财务资本、制造资本、智力资本、人力资本、社会与关系资本以及自然资本六大类，报告中需从全局和更加可持续的角度出发，阐述公司如何与外部环境及这六大类资本相互作用以在短期、中期和长期创造价值。相较传统的财务报告，综合财报披露的信息更为全面，能帮助投资者正确评估企业成长性，更容易地确定公司在未来是否具有产生现金流的能力，从而在投资组合中做出最适当的选择。

GRI 2013 年发布的《G4 可持续发展报告指南》与《国际〈IR〉框架》相辅相成，认为当可持续发展议题影响到公司为股东创造长期价值的能力时，应根据 IIRC 的提议，将该议题相关的绩效/信息纳入综合报告。

统一报告的先行者是丹麦，早在 1995 年丹麦就要求大型公司将非财务信息整合到年度财务报告中。而南非是全球第一个正式发布综合报告制度的国家；南非约翰内斯堡证券交易所在 2010 年要求所有上市公司按照《南非公司治理金章程》第三版（*King Codes on Corporate Governance – King* III）发布综合报告。圣保罗、伊斯坦布尔以及开罗的证券交易所也对上市公司提交综合报告提出了明确的要求。香港交易及结算所有限公司（以下简称"港交所"）在其 2015 年发布的《环境、社会及管治指引》（即 ESG 报告指引）修订咨询文件中也提到"综合报告是环境、社会及管治报告发展的另一显著趋势"。欧洲、非洲以及美洲的许多上市公司已经采用综合报告，如丹麦的诺和诺德、荷兰的飞利浦、德国的巴斯夫、法国的威立雅环境、美国的西南航空公司、美国电力公司、可口可乐 HBC 瓶装公司等，并且从全球看，综合报告发布的数量逐年递增。

综合报告在国际上也得到了投资基金的支持，包括荷兰大型退休基金 APG、加州公务员退休基金 CalPERS、挪威央行投资管理公司（Norges Bank Investment Management）等。根据安永对全球 200 余家机构投资者的调查①显示，受访者中有 70.9% 认为综合报告对投资决策十分重要或不可或缺。综合报告能够反映环境和社会等非财务因素如何帮助公司节省成本或增加收益，帮助投资人更全面地看待公司绩效的价值。

二、投资人的信息披露

通常谈起环境信息披露，披露主体主要指的是实业公司、上市公司或政府部门。近年来，越来越多的声音开始呼吁投资人开展环境信息披露，披露他们如何在投资实践与决策中纳入对 ESG 因素的考量，披露投资政策与国家清洁能源及生态低碳转型战略的匹配程度，披露投资组合的环境风险等。希望通过投资人的环境信息披露倒逼所投资公司披露环境信息，同时也可以提升投资人的环境风险管理能力。

目前有一系列的计划正力图提高金融机构的透明度，包括机构投资者对气候问题的透明度，如资产所有者碳信息披露项目（Asset Owners Disclosure Project）、联合国责任投资原则（UN PRI）引导下的蒙特利尔承诺和联合国环境规划署金融行动计划（UNEP FI）的投资组合脱碳联盟②。

UN PRI、UNEP FI 以及联合国环境规划署可持续金融体系设计之"探寻"项目（UNEP Inquiry）合作发布的研究报告《21 世纪的信托责任》也指出，投资人对财务收益的关注不应以对环境或经济造成不可修复的损害为代价，投资人应对他们所管理的资产的所有者负有信托责任

---

① 　EY, 2015. Tomorrow's Investment Rules 2.0.
② 　联合国环境规划署可持续金融体系设计之"探寻"项目（UNEP Inquiry），2015。我们需要的金融体系：整合金融体系与可持续发展。

（Fiduciary Duty），加入对 ESG 因素的考量。目前，南非和美国等 G20 国家已对信托责任进行了澄清，认为资产管理者作为资产所有者的受托人，应对环境等影响资产价值的因素进行评估①。

绿色金融与责任投资元素正被逐步纳入机构投资人的法定义务范畴与金融业强制监管范畴。2014 年，欧盟通过了非财务信息披露指令（the EU Non - Financial Reporting Directive（2014/95/EU）），要求规模超过 500 人的公共利益组织（Public Interest Entities）必须定期披露与环境、社会议题相关的信息。按照不少欧盟国家的定义，公共利益组织通常包括信贷和保险机构在内，这意味着欧盟内的很多银行、保险及它们旗下的资产管理机构会被要求披露 ESG 信息。法国于 2015 年通过的《推动绿色增长之能源转型法令》（*Energy Transition for Green Growth Act*）就明确要求：（1）银行及信贷机构应在年报中披露过度杠杆（excessive leverage）的风险（不特定针对碳风险）及常规压力测试所暴露的风险（政府将在 2016 年底向议会提交一份关于常规压力测试所暴露的与气候变化相关的风险）；（2）机构投资者应在年报中披露如何在投资决策中纳入对 ESG 因素的考量、机构政策如何与国家能源与生态转型战略保持一致。此外，英国、南非、日本、马来西亚等国家的机构投资者也被半强制（不遵守则解释）要求发布相关报告或披露环境信息。

2016 年 9 月，我国七部委联合印发的《指导意见》中提到了"鼓励投资人发布绿色投资责任报告"，即鼓励投资人通过绿色投资责任报告（可以用不同的报告名称，如企业可持续发展报告、CSR 报告等），披露所投资企业的环境绩效状况，甚至披露投资组合（全部所投资企业）的碳足迹、水足迹等，将信息披露的政策对象从上市公司前移到投资人。这

---

① G20 绿色金融研究小组：《G20 绿色金融综合报告》，2016。

在我国绿色金融领域的正式文件中尚属首次。①②

三、大数据

大数据的使用在信息技术界已是常态，如今也在商业领域获得大规模的应用。信息所用的数据格式在很大程度上决定了公司及其受众利用信息做出决策的速度、精确度和成本效益。最为实用、准确、高效、合算的数据格式是智能、机器可读数据。XBRL③ 就是已被广泛应用的信息机读化技术。XBRL 报告系统可以为每条信息附上独特的识别标记，将纸质报告转换成通用的数字文件，通过标记可以更加快速精确地搜寻到所需信息并进行分析，也更易于与其他信息相关联，显示出信息之间的关系。

XBRL 被广泛用于商业和财务信息的定义和交换，近年来也被越来越多地用于非财务信息领域。GRI 和全球环境信息研究中心 CDP 都开发了非财务信息领域的 XBRL 分类标准。GRI 2011 年开始研究 XBRL 在非财务信息披露中的应用，并于 2014 年启动了"G4 XBRL 报告计划"，推广《G4 可持续发展报告指南》与 XBRL 数字化报告方式的结合，为机构提供用 XBRL 标记的报告案例，鼓励机构披露 XBRL 数字化报告并加入 GRI 数据库。CDP 和气候信息披露标准委员会（Climate Disclosure Standards Board，CDSB）也在 2012 年推出了《XBRL 气候变化报告分类标准》（*XBRL Climate Change Reporting Taxonomy*），并不断更新与 GRI 等报告分类标准相匹配。

一些国家如日本和印度的相关政府部门也开发了 XBRL 非财务信息分类标准以收集和披露相关数据。日本的环境省（Japan Ministry of Environ-

---

① 郭沛源：信息披露与长期资本护航绿色金融，中国金融信息网，2016。
② 郭沛源：盘点《关于构建绿色金融体系的指导意见》的十个创新，中国金融信息网，2016。
③ XBRL：eXtensible Business Reporting Language，即可扩展商业报告语言，一种基于 XML 的标记语言，可方便快捷地用于财务分析等领域。

ment）在其环境信息公开平台中加入了对 XBRL 的应用，并与 GRI 和 CDP 的分类标准相适应，提高非财务信息的可用性与可比性[①]。印度的公司事务部（Ministry of Corporate Affairs）2016 年更新了一版 XBRL 格式的财务数据收集表 AOC－4，纳入了约 50 项需要强制性披露的 CSR 指标[②]。

不少国际大型公司也已开始发布 XBRL 格式的 CSR 报告或综合报告，如荷兰国际集团 ING、中电控股有限公司 CLP、世界最大软件公司 SAP 等，为投资人、审计师、分析师等利益相关方提供更多阅读和评估的便利。

第二节　环境风险量化分析

气候变暖、环境污染、能源危机已成为世界各国面临的共同挑战。在这一背景下，绿色金融作为引导社会资本进行绿色投资的桥梁，为应对气候变化，实现可持续发展，提供了支持和解决方案。发展绿色金融，一个关键的问题就是要为绿色投融资提供环境风险量化的工具，其中，环境风险压力测试作为一种国际通用的、有效的量化分析方法，有潜力成为推动未来绿色金融发展的重要工具。

一、环境风险量化分析的国际最新进展

为了有效管理和防范环境与社会风险，个别国际机构、金融监管、金融中介等开始对环境风险量化方法进行探索。2015 年 9 月，英格兰央行审慎监管局（PRA）发布了环境和气候因素对英国保险业影响的压力测试

---

① XBRL, Case Study in Japan：Ministry of Environment － Environmental Information Disclosure Platform，Link：https：//www. xbrl. or. jp/modules/pico5/index. php？content_ id＝26&ml_ lang＝en.

② IRIS, MCA Brings CSR Reporting Under XBRL Domain，Link：http：//irisbusiness. com/blog/2016/9/mca － brings － csr － reporting － under － xbrl － domain.

报告，在报告中，PRA 将气候变化带来的风险分为三类：极端自然灾害导致的自然风险、产业结构的绿色化导致的转移风险和第三方为寻求规避前两种风险对保险业带来（间接）压力，并按照损失发生的程度设置了不同的情景，利用灾难风险模型（Catastrophe Risk Model）评估了其对保险业的影响。此外，德国 GIZ（德国国际合作机构）与 UNEP FI（联合国环境规划署金融行动组）合作进行了将水资源短缺导致的水价提升对全球 24 家公司的压力测试；苏黎世大学对 2 摄氏度温控目标下欧洲金融机构面临的环境风险进行了测算；瑞士再保险公司对于自然灾害对国家主权评级影响进行了压力测试研究等。

二、环境因素对商业银行信用风险的压力测试——基于工商银行的案例研究与应用

为了探索环境风险向商业银行等金融机构的传导路径，量化测算环境风险对金融机构的影响，工商银行开展了环境风险对商业银行信用风险的压力测试研究。此研究主要考虑国家政策变化、环保标准提高和企业技术改造等因素对高污染行业的企业带来财务成本及利润的变化，从而对企业还款能力和商业银行信用风险的影响开展压力测试。目前，该项研究成果已经在 2016 年 3 月伦敦 G20 绿色金融国际会议上正式发布。

1. 工商银行环境风险压力测试研究的创新之处

第一，重点研究了商业银行作为中介机构和利益相关方，环境风险对其信用风险的传导机制和量化评估，为全球减缓气候变化压力提供了市场化运作机制。即在量化评估环境因素对企业成本和效益影响的基础上，商业银行将环境风险因素纳入企业信用评级体系，从而影响商业银行对企业的金融资源配给和价格，以金融杠杆推动经济绿色发展。

第二，丰富了企业环境成本内部化的理论研究，从环保标准提高和气候变化、银行承担污染连带责任、声誉风险等维度构建了企业环境成本内

部化对商业银行风险影响的理论框架和基本模型。

第三，首次通过"自下而上"的方法，开展火电、水泥两个行业的环境成本压力测试，打通了环境因素对商业银行信用风险影响的传导路径、测算方法，证明了二者的相关性和相关程度。

第四，开创了环境因素对银行信用风险影响这一微观领域中的拓荒性研究，从压力测试这一独特视角解决了环境风险对企业信用评级的影响和量化问题。

2. 工商银行环境风险压力测试的思路和方法

此次压力测试本着"从小到大、先易后难、从单因素到多因素"的思路，先选取一至两个易收集处理的、对商业银行信贷影响较大的单因子，进行压力测试分析。在取得一定成果的基础上，再适时扩大到系统性的、多因素的模型分析和压力测试。

在行业选择上，重点选择火电、水泥、钢铁、有色、化工、造纸等重点污染行业（其污染物排放总量超过全社会排放量的50%）进行分析研究。目前，已经完成火电、水泥两个行业的压力测试工作。首先按轻、中、重三种情景设置压力，将环境变化对企业财务成本的影响内部化；再通过设置施压变量阈值、确定测试模型的类型、抽样及模型参数估计、变量施压等步骤，将企业财务成本影响传导至商业银行信用风险的敏感性分析，测算出环保标准变化对工商银行火电行业、水泥行业企业的信用评级、PD（贷款违约率）和 NPLR（不良贷款率）的影响。

通过以上方法得出测试结论如下：一是环保标准变化对企业经营成本和经营效益有比较明显的影响，尤其是对中小企业。二是由于工商银行客户均为行业优质客户，故对风险的承受能力较强，信用风险总体可控。三是企业对环境因素的不良影响会采取改进技术、压低运营成本等主动调整行为，积极减弱该不良影响。

3. 压力测试研究成果的推广和应用

环境风险压力测试的应用主要包括：一是可以量化测算环境因素对银

行信用风险的影响程度，有效提升环境风险防控能力；二是将环境风险因素纳入客户信用评级体系，为信贷产品定价提供环境风险因素的衡量依据；三是有利于银行合理安排信贷与投资组合，主动推进信贷与投资结构调整；四是可为银行业监管机构考虑环境要素风险时提供参考依据。

下一步，工商银行将从价格、区域等不同维度进行路径和方法的创新，在深入推进压力测试研究工作的基础上，推动环境风险压力测试在金融机构客户评级、客户政策、风险管理等方面的应用，使环境风险以量化和工具的方式真正纳入银行风险管理的流程和体系中，发挥银行作为金融中介促进经济绿色化的作用。

同时，工商银行将为环境风险压力测试在金融机构的推广和应用形成标准的思路和方法。目前已经构建了环境风险对商业银行信用风险影响的理论框架、打通了风险传导路径、构建了压力模型。相关金融机构可在标准方法的基础上，根据监管部门的评级模型或本机构既有的风险评估模型对其资产组合开展环境风险的压力测试。

三、保险和资产管理业的环境压力测试研究——基于中央财经大学绿色金融国际研究院的研究与应用案例

在中国金融学会绿色金融专业委员会的指导下，中国工商银行、中国水风险组织、中央财经大学绿色金融国际研究院等机构成立了环境压力测试研究小组，开展对于金融机构环境风险的研究，并开发和推广环境压力测试。对于保险业和资产管理业来说，环境风险会影响其投资的企业发行的证券进而影响其管理的资产的价值。环境风险不仅会影响股票的报酬率，还可以通过影响债券的信用风险从而影响债券收益率。中央财经大学绿色金融国际研究院作为环境压力测试研究小组的一员，对保险业和资产管理业的环境压力测试进行了方法学及实践应用研究。目前此研究已获得多家国内基金公司的合作支持，完成了国内外文献资料整理、上市公司环

境信息搜集等前期工作，并以沪深 300 成分股作为样本进行了实证分析和环境风险衡量。

1. 保险业和资产管理业环境压力测试研究的创新之处

第一，资产管理业环境压力测试的定义。针对保险业和资产管理业的环境压力测试，在国际上也是一个新的领域。它通过模拟资产管理公司的资产组合中涉及的企业及其重要关联方在遇到假定的小概率环境和气候事件等环境压力情景下可能发生的股票、债券、股权价值变动，测算环境和气候风险对资产管理公司的资产组合的投资收益率的影响，定量分析环境和气候风险给资产管理行业可能带来的损失。

第二，方法学的创新。过去的压力测试研究普遍采用现金流量法，即探讨风险因素如何影响企业的现金流进而影响非预期营业利润。而针对资产管理业追求投资回报率的特点，中央财经大学团队则采用资本市场法，即假设风险因素反映在市场价格中，进而影响资产的非预期回报率。这种方法可以从资本市场的价格反映环境风险可能导致的损失值，从而有利于保险业与资产管理业将投资组合由棕色调整为绿色，降低环境风险。在具体的实证过程中则采用著名的 CAPM（资本资产定价模型）来衡量个股的期望报酬率，并创新性地加入环境风险 Beta 因子。

第三，情景分析（scenario analysis）与敏感度（sensitivity analysis）分析的结合。敏感度分析是指通过数据找出环境风险与收益率之间的关系，亦即环境风险每增加一单位对于收益率的影响幅度。例如，碳价上涨 1% 影响资产收益率下跌的百分比，就是碳风险 Beta 值；而情境分析指模拟未来可能的不同情境（极端情境）下所造成的损失，例如对碳价设定高、中、低三种情景，在计算出投资组合的预期回报率和标准差后，通过计算在险价值（Value at Risk），可以探讨在不同情境下，投资组合的最大损失值，从而衡量环境风险对于投资组合的影响。

第四，综合分析多种环境风险。环境和气候风险具体包括水污染、空气污染、废弃物污染、碳风险和气候适应风险等多种类型。中央财经大学团队在实证过程中并不仅仅局限于某一种特定环境风险，而是对环境风险进行细分，考虑了碳价、水价、排污费、环保罚款四种企业面临的环境风险因素，测算出不同环境风险因素的 Beta 和导致的投资组合损失，适用面更为广泛，并可以帮助企业确定最需要急切应对的环境风险因素以及帮助保险业和资产管理业针对自身投资组合的环境风险暴露进行调整。

第五，采用上市公司公开股价数据，针对每只股票计算出其面临的环境风险 Beta 值，根据资产管理公司所持仓位和权重进行加权组合。例如从沪深 300 成分股作为样本可以了解沪深 300 上市公司的环境风险，从大盘指数可以整体衡量国内上市企业的环境风险，并由资本市场提前了解并防范极端环境风险的产生，维护资本市场的秩序。

2. 保险业和资产管理业环境压力测试研究架构

在环境压力测试中，第一步就是确定具体的环境和气候风险。环境和气候风险分为自然风险（突发污染事件、长期环境污染、极端天气事件）和相关风险（政策/法律/诉讼、技术、市场/经济、声誉）。本研究基于环境风险的重要程度和数据可得性，主要关注碳价、水价、排污费、环保罚款四种类型的环境风险。

而环境风险根据业务的不同分类，在进行压力测试时就会产生不同的传导路径。保险业与其他行业不同，从收入和支出的角度来看，保险业的收入主要为保费收入和投资收益，支出主要是理赔支付；从业务种类来看，保费收入和理赔支出主要为保险业务，而投资收益主要属于保险业中的资管业务。在保险业务板块，环境和气候风险对保费收入和理赔支出的影响主要是通过生命周期表、疾病发生率和自然灾害发生率等一系列因素来实现的。然而，因为生命周期表必须长期大规模追踪数据，本研究目前暂时无法实现，是未来可以研究的方向，故只针对资产管理业务进行说明。

而在资产管理业务板块，在已经确定了环境风险和气候风险的前提下，以这些既定的环境气候风险因素为基础，对资产管理公司所投资持有的股票、债券、股权投资和不动产等进行情景分析和敏感度分析，进而可以确定环境风险对于投资收益的影响。

在具体的实证中，中央财经大学团队首先进行了沪深300的碳排放风险研究。如果碳排放标准变严，那么企业购买碳排放权的成本会上升，造成企业获利减少，这意味着碳风险的上升。碳风险的Beta值越大，碳价愈高的话，碳要求的风险溢价就会越高，从而股价下跌，实际回报率下跌。本研究通过计算各股票的Beta值，获得沪深300组合的Beta值，并进一步求出平均数和变异数，最后得出投资组合的风险值。

3. 保险业和资产管理业环境压力测试研究意义和应用

对于保险业和资产管理业在内的金融业而言，环境风险既带来了挑战，也带来了机会。随着环境风险严重程度的不断增加，保险业和资产管理应具备评估及管理新出现的与不可预见的环境风险方面的意识。

通过环境压力测试，可以了解金融机构面临环境和气候风险的风险值，并采取适当的应对措施，并且引导金融机构减少对污染性和高碳项目（资产）的投资，进而提升绿色投资偏好，动员和激励更多社会资本投入到绿色产业，有效地抑制污染性投资，加快我国经济向绿色化转型。

下一步，中央财经大学绿色金融国际研究院将对沪深大盘的环境风险进行压力测试，评估国内整体上市企业的环境风险。除此之外，还将进一步丰富压力测试的环境风险种类、完善压力测试的实证模型和方法学。

第三节　绿色基础设施融资

绿色基础设施建设为全球进入低碳和可持续发展的增长轨道提供了基础的支撑框架。其中，能源部门的绿色基础设施建设是全球可持续基础设施建设的主要组成部分。

为了达到 21 世纪末全球温升相对于工业化前控制在 2 摄氏度以内的目标，低碳清洁能源在能源结构中的比例必须有大幅度的提升，而全球能源结构的调整又处于两个极为深刻的变革的交叉点上。首先，由于可再生能源资源富集地区和能源需求中心在地理分布上存在不均衡现象，提高全球能源转型效率需要以能源基础设施互联互通为理念构造一个全球能源互联网，这是一项涉及政治、经济、社会、技术等多方面的系统工程，意味着对原有全球能源治理格局和地缘政治关系的重塑。其次，区块链、物联网和共享经济突飞猛进的发展，以及可再生能源在电网系统中日益扩大的接入，要求变革能源部门固有的商业模式并对电网系统进行去碳化、清洁化、绿色化和智能化升级改造。在全球能源互联和能源新技术革命的背景下，作为全球能源转型和能源结构调整的物理支撑条件，全球绿色基础设施建设必将面临着巨量的资金需求。根据世界银行等机构的研究报告，在可持续基础设施发展巨大的融资缺口中，能源部门要占到一多半以上，另外，从国别看，60% 以上的可持续基础设施融资缺口集中在中等收入国家。

正是因为绿色基础设施在全球低碳和可持续发展中的基础性支撑作用，绿色基础设施融资在绿色金融体系中具有极其重要的地位。而如何将绿色基础设施转变为投资者广泛关注的资产类别和弥补绿色基础设施的融资缺口，对全球金融部门来说既意味着巨大的挑战也蕴含着巨大的机会。

绿色基础设施融资首先具有基础设施融资的一般特点，即政治经济敏感性高、建设风险大、前期资金需求大、投资周期长、投资人缺乏相关专业知识等特点。除此之外，绿色基础设施融资还面临着诸多特殊的障碍因素，例如：可再生能源在政策激励、技术经济性、成本等方面存在的不确定性，可再生能源的间歇性和波动性对电网系统可靠性的影响，传统能源金融体系固有的利益机制、路径依赖和沉淀资金利益诉求的约束等，这些障碍因素使得投资者对于绿色基础设施项目有着相对于一般基础设施项目而言更高的风险感知，另外，涉及跨越国界的绿色基础设施项目还将使投资者面临不熟悉的制度、政策法规、环保要求等差异化投资环境，并受到地区经济发展不均衡和地缘政治风险的影响。对于绿色基础设施融资已经形成的一个共识是：只有采取适当的平台、机制和工具缓和及转移这些风险因素，提高绿色基础设施建设和运营的经济性，才能最终弥补绿色基础设施的融资缺口。

当前，缓和天气变化已成为全球共识，全球金融机构和多边开发银行将在绿色基础设施领域加大投资力度和推动更为广泛的国际合作，而各国政府在碳减排的承诺下也将加强绿色基础设施建设。在这个大背景下，随着全球进入了低利率时代，基础设施作为一种资产类别具有长期回报、稳定现金流和非流动性溢价，对于全球长期投资者的吸引力正在上升，而发展中国家和新兴市场国家的基础设施收益较高、增长潜力较大，也将进一步吸引全球投资者的关注和参与。此外，绿色基础设施能够提供差异化的投资机会，具有与天气风险挂钩、而与宏观经济周期相关性较弱的特点，这对于寻求投资组合多元化和对冲投资组合风险的机构投资者来说具有更高的吸引力，有利于引导和培育 ESG 投资者。

概括来说，绿色基础设施融资的发展主要体现在以下几个方面：

一、可持续发展的全球合作框架初步形成

2015 年，联合国第三次发展筹资问题国际会议取得历史性突破。大会成果文件《亚的斯亚贝巴行动议程》（*Addis Ababa Action Agenda*）中包括一系列旨在彻底改革全球金融实践并为解决经济、社会和环境挑战而创造投资的大胆措施。联合国还发布了《可持续发展目标》，声明："发展高质、可靠、可持续和弹性的基础设施（包括区域和跨境基础设施）支持经济发展和社会生活，以为所有人提供可负担的和平等的接入为核心"。

在 2015 年的 COP21 上，近 190 个国家同意共同解决全球气候变化的问题。会议达成的《巴黎协议》将全球气候治理的理念进一步确定为低碳绿色发展，奠定了世界各国广泛参与减排的基本格局。

二、国际金融机构和多边开发银行搭建协作平台、提供增信机制、推动能力建设和经验分享

发展全球绿色基础设施涉及众多的利益相关方，需要考虑到经济发展、社会包容、环境影响和天气响应等多重目标，面临着基础设施投资供求不匹配、政府信用和治理能力有限、多样化的制度条件和环境风险、区域发展不均衡和地缘政治风险等多方面的挑战。为了更有效地调动和吸引私人资本、缓解政府融资约束和风险承担、促进全球包容性增长，区域性国际金融机构和多边开发银行将在全球绿色基础设施建设中承担关键角色和作用。目前，约有 20 家国际金融机构活跃在全球基础设施投资领域。

"一带一路"绿色基础设施建设对于区域内的绿色发展起着基础性作用。中国主导的亚洲基础设施投资银行致力于为"一带一路"沿线基础设施提供资金支持和搭建协作平台，对于满足未来十年亚洲 8 万亿美元的基础设施投资需求有着极为重要的作用。

三、动员私人资本投入绿色基础设施是弥补融资缺口的关键

国际金融危机和欧债危机之后，许多政府的财政预算受到限制，同时，银行业在更加严格的资本监管下去杠杆，总的来说，公共部门和银行的基础设施融资能力有所下降。在这种情况下，面对巨量的基础设施融资缺口，动员社会资本由下而上地投入基础设施，尤其是发展中国家和中等收入国家的基础设施，变得尤其重要。

当前，各类机构投资者成为全球流动性的主要来源。2015 年，全球机构投资者资产管理规模超过 100 万亿美元，对基础设施的平均资金配置

比例从 2011 年资产管理规模的 3.5% 增长到了 2015 年的 4.3%。与此同时，多元化的绿色基础设施投资主体正在出现，例如：挪威主权财富基金通过投资于绿色债券和其他金融工具以支持可持续基础设施，该基金近期将天气相关投资提高到 80 亿美元，其中 20 亿美元投资于绿色技术股票；英国的私募基金 Actis 在非洲搭建风能和太阳能投资平台，取得了可复制的成功经验。

以动员社会资本为目的，PPP 是全球基础设施项目普遍采用的建设、运营和融资模式。对于绿色基础设施项目，PPP 的融资安排不仅需要对各种风险进行最优配置，也要确定恰当的绿色治理框架、绿色标准体系确保项目的绿色特征和可持续性。因此，在绿色基础设施 PPP 中，服务于提高合约执行效率、提供增信机制、执行绿色标准的第三方机构的作用日益重要。

四、通过能源互联互通和能源组合互补性改善风险—收益均衡

绿色基础设施融资是风险与机遇并存的领域。随着绿色基础设施资本市场融资的发展，提升绿色基础设施项目的基础经济性、改善其风险收益特征成为吸引机构投资者积极参与的关键。目前，绿色基础设施项目虽然具有生态和社会效益、长期稳定现金流、自然垄断、多边开发银行及政府直接或间接参与等众多有利条件，但从其基本的经济性上看还比较欠缺，机构投资者对于该类项目的风险感知高于一般基础设施项目。

促进能源互联互通和发挥能源组合互补性是提升绿色基础设施项目经济性和改善投资者风险感知的前提条件。能源互联互通能够取得能源开发利用的规模经济性，实现能源资源优化配置，提高清洁能源、可再生能源的利用效率。而利用不同能源形式存在的技术经济互补性构建能源组合，能够发挥协同作用，提高能源系统整体的可靠性、安全性、经济性。

世界能源格局正发生着重大变化，中国打造绿色"一带一路"和推

动全球能源互联，不仅能够体现大国担当，参与和主导全球能源治理新格局，而且将以此为契机推动国内能源体制机制改革，促进能源行业新的技术和商业模式的诞生。绿色基础设施融资有着长远的经济、社会、环境影响和深刻的政治意义，必将成为绿色金融体系的重要框架和基石。

第四节　互联网企业在绿色金融的作用

近年来，互联网企业正在积极参与绿色经济的发展，其努力包括如下几个层次：（1）用绿色方式发展新金融和新经济；（2）用通过创新金融工具推动绿色经济发展；（3）通过连接数亿用户的能力，调动大量普通用户参与低碳行为，推广绿色生活方式和推动绿色意识普及。

作为一家互联网企业，我国的蚂蚁金服集团积极参与了国家绿色经济和绿色金融的发展。2016 年 5 月，蚂蚁金服制订了绿色金融发展战略。通过 4.5 亿实名用户体系，以及旗下支付、信贷、理财、保险丰富的金融产品和金融场景，及云计算、大数据等方面强大的技术能力，不仅可以通过 B 端参与来推动绿色金融体系建立，更可以调动 C 端众多用户参与，来推动绿色生活方式和绿色意识的普及。

1. 用绿色方式发展新金融

包括蚂蚁金服在内的互联网企业，通过先进的网络技术和内部系统，实现无纸化办公，同时推动电商平台交易的电子发票的普及，节约了纸张。同时通过强大的网络信息系统，实现全球和全国的高质量远程实时会议。根据蚂蚁金服初步测算，蚂蚁金服每年在这方面减碳相当于少砍伐了720000 棵树。蚂蚁金服还不断推广线上金融服务，不需要线下网点，包括水电煤气等便民缴费让全国人民减少了许多奔波，初步测算一年至少减少 80000 吨碳排放。同时蚂蚁金服、阿里集团等抛弃了传统 IOE 架构体系，采用灵活的云计算方式，也大大减少了碳排放。

互联网企业还可以在未来继续推动云计算清洁能源使用、电子单据、电子发票等普及，降低碳排放。

2. 创新金融工具推动绿色经济发展

一些互联网金融企业如蚂蚁金服开发了符合标准的绿色信贷评价方法和相关因子，加入到信贷模型之中去，对绿色企业提供低利率的信贷支持，支持绿色企业的生产经营活动。

蚂蚁金服推出了绿色股票指数基金，鼓励用户投资这些绿色基金，并引入大数据模型提高这些基金的回报。

3. 调动普通民众推动绿色意识普及和参与绿色生活方式

推动绿色经济和绿色消费普及，不仅需要企业参与，更为重要的是需要广大民众的参与。

互联网企业拥有数量众多的在线用户，并实时进行互动，调动这些用户参与到绿色经济和绿色金融活动中来，具有重要的意义。以蚂蚁金服为例，其拥有 4.5 亿实名用户，通过为每一个支付宝用户建立碳账户，用于度量他们消费、出行、生活等领域的碳减排。鼓励用户步行、自行车出行、乘坐公共交通工具、线上缴费等低碳生活方式，同时为增强公众意识和公众参与度，将用户低碳行为与公益活动挂钩。支付宝为此专门开发了"蚂蚁森林"产品，用户可以自己累积低碳行为的碳减排，也可以收集好友的低碳行为碳减排，并兑换成虚拟"树"，鼓励一些公益基金、环保机构将用户的虚拟树在现实世界中按照一一对应关系种植。

蚂蚁金服通过为个人建立通用碳账户，还可以为公共交通、自行车、电动汽车等行业建立用户管理、资金分发的平台，并在未来通过 CCER 机制等进入碳市场，通过碳交易变相功能，激励用户各种低碳行为，调动全民主动选择低碳生活方式。

另外，蚂蚁金服还推出了绿色股票基金产品，鼓励用户进行绿色投资；为小微企业推出绿色信贷产品，鼓励小微企业绿色可持续发展。

　　蚂蚁金服与联合国环境规划署共同发起了"全球绿色数字金融联盟"，得到了众多科技金融公司的响应，目前包括 IFC、Paytm、M－POKA 等成为首批创始成员机构。联盟将开展一系列活动来实现其利用数字技术促进融资，帮助应对全球环境挑战的核心目标，活动包括三个重要方面：

　　1. 规划：对全球的绿色数字金融举措（尤其是那些涉及联盟成员的举措）进行盘点和交流，奖励和鼓励采用先进的实践。

　　2. 互动：动员金融机构、政策制定者和重要的利益相关者展开对话，鼓励在业务和政策创新相融合方面展开协作。

　　3. 创新：尝试发起涉及联盟成员的绿色数字金融创新并扩展规模的活动。

INTERNATIONAL CASE STUDIES
OF GREEN FINANCE DEVELOPMENT

第二篇
绿色信贷篇

第七章　银行业绿色信贷综述^①

第一节　银行业绿色信贷概览

一、绿色信贷基本概念

随着环境污染、资源耗竭、食品安全等全球性问题逐渐凸显，人们普遍认识到了人类过去不可持续的生产和消费方式对于环境以及社会的危害。环保、劳工、人权等公众运动的兴起，使得国外银行不得不面对由于客户的环境社会问题而导致的项目搁浅，或影响自身声誉乃至流失其他客户的风险。20世纪90年代，由于美国超级基金法案扩大了环境污染治理责任主体范围，大多数美资银行为避免成为连带责任人，开始在贷款程序中加入环境尽职调查环节，考虑项目的环境影响之后再做出贷款决策。

国际上很少有通用的术语专门定义银行业金融机构在信贷业务上的可持续或绿色举措。"环境贷款"（environmental loan）、"可持续贷款"（sustainable lending）等词偶有出现，但并未广泛使用，也没有统一定义。使用较多的还是"可持续金融"或"绿色金融"。

---

① 本章执笔：丁岩，中国银行风险管理总部助理总经理；肖军，中国银行风险管理总部高级经理；华兵，兴业银行法律与合规部总经理；路璧瑛，兴业银行法律合规部副处长；郭沛源，商道融绿董事长、商道纵横共同创办人兼总经理、中国金融学会绿色金融专业委员会理事；刘玉俊，商道融绿高级分析师。本章部分内容援引自中国银行业协会东方银行业高级管理人员研修院编著：《绿色信贷》，中国金融出版社，2014。

20 世纪 90 年代，一些商业银行包括德意志银行（DeutscheBank）、汇丰银行（HSBC）、国民西敏寺银行（Natwest）、加拿大皇家银行（Royal Bank of Canada）、西太平洋银行（Westpac）在与联合国环境规划署合作致力于提高银行业环境意识时，提出了银行业环境倡议（Banking Initiative），并在 1992 年里约地球峰会（Rio Earth Summit）上发表了《联合国环境规划署银行业关于环境与可持续发展的声明书》，呼吁金融机构在其运营和服务中纳入对环境的考量，并调动私人资本，加大对环境友好技术与服务的投资。

荷兰合作银行集团（Rabobank Group）的高级经济师 Marcel Jeucken 在其《金融可持续发展与银行业：金融部门与地球的未来》一书中对于可持续银行业（sustainable banking）的定义是内部活动符合可持续发展业务的要求，而可持续发展业务中涉及的外部活动（如贷款和投资）的重点是重视和推动客户和其他社会实体的可持续发展。他提到，银行可以通过其融资政策为可持续商业项目提供贷款机会，并通过收费服务（如为客户提供投资建议）产生社会影响力；银行还可以集中利用各种知识与信息调配贷款手段刺激可持续发展。

目前，国际上银行业实施"可持续金融"或"绿色金融"时主要参考的是赤道原则。赤道原则是一套在融资过程中用以确定、评估和管理项目所涉及的环境和社会风险的金融行业基准。在 2003 年，由花旗集团（Citigroup）、荷兰银行（ABN AMRO）、巴克莱银行（Barclays）与西德意志银行（WestLB AG）等世界主要金融机构在世界银行集团下属的国际金融公司（IFC）环境和社会政策基础上共同制定并发布。

不难发现，国际上对于银行业金融机构开展"可持续金融"或"绿色金融"的定义主要集中于：（1）在传统经营与服务中加入对环境和社会因素的考量，规避和管理相关风险；（2）加大对可持续发展相关（如环保类）项目的投融资支持。

中国绿色信贷的提出借鉴了国外"可持续金融"、"绿色金融"等相关概念和理念。中国银行业监督管理委员会 2012 年印发的《绿色信贷指引》，正式提出"绿色信贷"并对其作出了定义：绿色信贷应包括对绿色经济、低碳经济、循环经济的支持，防范环境和社会风险，提升自身的环境和社会表现等基本内容。

绿色信贷的目的是以信贷等金融资源推动经济和社会的可持续发展，同时优化银行业金融机构信贷结构、降低环境和社会风险、提高服务水平。

二、发展绿色信贷的意义

绿色信贷是银行业金融机构应对环境和社会风险、提升国际竞争力、贯彻落实科学发展观的一项重大举措，是实现资源节约型、环境友好型社会和实现社会可持续发展的有力金融杠杆。绿色信贷是对传统金融观念的改变和发展，是现代金融发展的一个重要趋势。它具有以下几点重要意义：

（一）确保银行信贷资金安全

一些地方在迅速推进工业化和城市化时，在宏观决策和整体规划上较少考虑环境、资源、公共健康安全等因素，使企业因污染被关停、项目因劳工和移民等问题遭到公众反对而终止所带来的信贷风险逐渐加大，如政策风险、法律风险、信誉风险等。这些风险可能致使金融机构资金受损乃至影响经济运行，进而威胁信贷资金的安全。绿色信贷政策是减少银行贷款风险、引导企业发展方向的重要措施。这项政策的执行，将有助于银行调整信贷投向，化解信贷风险，确保信贷资金安全。

（二）促进社会可持续发展

通过金融部门对环境与社会议题的助力，有利于消除"守法成本高，违法成本低"的不公平现象，促进企业环境和劳工权益保护意识觉醒和提高。以环境议题为例，银行可以将环境政策作为信贷投放的前提条件，严格控制对高污染、高能耗行业的信贷投入，防止盲目投资，同时借助宏观调控政策，把一些比较脆弱的、资金链易断的、产业结构优化程度较低的企业淘汰出去。而对于已经介入的"两高企业"，要推动其改善环境绩效，如无实质性改善迹象，银行要毫不犹豫地退出。这样既优化了银行的客户结构，提高了银行的经济效益，同时也极大地促进企业环境保护意识的增强，促进经济结构调整和经济增长方式的转变，实现环境保护与金融安全的双赢，有利于经济可持续发展。国际上暂无统一的绿色信贷环境效益统计。就我国而言，2015 年，我国银行业金融机构"两高一剩"行业贷款余额为 1.8 万亿元，较 2014 年同期减少了 0.48 万亿元；绿色信贷余额 8.08 万亿元，其中 21 家主要银行业金融机构绿色信贷余额 7.01 万亿元，贷款所支持项目预计可节约标准煤 2.21 亿吨，节约水 7.56 亿吨，减排二氧化碳当量 5.5 亿吨、二氧化硫 484.96 万吨。

（三）推动经济结构转型

经济结构转型要求金融必须转型，经济结构转型是金融转型的依据和前提，金融转型是经济结构转型的动力和推手。由于经济结构转型必然全面触及原有经济结构并使社会、经济关系发生深刻变化，因而涉及面广、难度大，需要较长的时间过程。而加快金融转型进程，通过优化金融产品结构、金融组织结构、金融市场结构等，更好地发挥金融支持实体经济的作用，则可加快经济转型步伐。在我国目前金融结构格局下，以银行信贷为主导的间接融资在社会融资结构中占有优势地位，因而加快绿色信贷发展，促进银行适应低碳经济发展的要求，在信贷的行业结构、产品结构、业务结构等方面加快转型，对加快推进金融转型进而推动经济转型至关重要。

第二节　绿色信贷国际标准：赤道原则

一、赤道原则概述

如本章第一节所述，赤道原则是银行业金融机构环境与社会风险管理的广泛采用的基准和框架。赤道原则基于 IFC 的《环境与社会可持续性绩效标准》以及世界银行的《环境、健康和安全指南》制定，共有十条原则声明。

第一条规定了项目分类标准，即基于 IFC 的环境和社会分类操作流程，根据项目潜在的环境社会影响和风险程度将项目分为 A、B、C 三类（即分别具有高、中、低级别的环境或社会风险）。

第二条规定对 A 类和 B 类项目要开展环境和社会评估并提交相关评估文件。

第三条规定了适用的环境和社会标准，首先应符合东道国相关的法律、法规和许可，若项目位于社会和环境治理体系尚不健全的非指定国家，还必须满足 IFC《环境与社会可持续性绩效标准》及世界银行的《环境、健康和安全指南》。

第四条规定了 A 类和 B 类项目需针对评估中发现的问题，开发或维持一套环境和社会管理体系。

第五条规定了 A 类和 B 类项目应建立有效的通报协商和利益相关方参与机制，保证受影响社区和其他利益相关方的参与。

第六条规定了 A 类和 B 类（如适用）项目应建立投诉机制，收集并促进解决对项目的社会和环境绩效的关注和投诉。

第七条规定 A 类和 B 类（如适用）项目有关的环境和社会评估文件应由独立的环境和社会专家进行审查。

第八条规定所有项目都必须在融资文件中加入承诺性条款，包括承诺遵守东道国一切和环境和社会相关的法律法规、在项目建设和运营周期内遵守相关管理计划和行动计划、定期提交项目报告等。

第九条规定了独立监测和报告制度，即贷款期间赤道银行应聘请或要求客户聘请独立环境社会顾问来核实项目监测信息。

第十条规定了赤道银行及其客户的报告制度，赤道银行应至少每年向公众披露交易数量及其实施赤道原则的过程和经验；A 类和 B 类（如适用）项目应确保环境和社会影响评估摘要可在线获取，并视情况披露温室气体排放水平。

值得注意的是，赤道原则在环境和风险管理方面制定了一整套完善的评价要求和工作流程，但是其设立的初衷是为了防范风险，未能有效体现对绿色经济领域的支持，与我国绿色信贷的概念存在一定的差异。

截至 2016 年 6 月，已有来自 35 个国家和地区的 84 家银行采纳了赤道原则。2013 年 6 月，经过修订，赤道原则 III 正式启用。

二、赤道原则III的主要变化

（一）适用范围

赤道原则III扩大了适用范围，从适用于项目融资和项目融资顾问活动，扩大到项目融资、项目融资顾问活动、用于项目的公司贷款和过桥贷款等四类金融产品服务。其中，用于项目的公司贷款应当同时满足以下前提条件：与单个项目相关联，同时客户对该项目有实际控制权（直接或间接）；总贷款金额至少为 1 亿美元；单个机构贷款承诺（在组建或银团或分销前）不少于 5000 万美元；贷款期限至少为 2 年。过桥贷款的前提条件则是贷款期限少于 2 年，并且该贷款将来会以项目融资或符合上述条件的用于项目的公司贷款的形式寻求再融资。

（二）气候变化

与 IFC 新版绩效标准一致，赤道原则III要求根据 IFC 绩效标准对高排放的项目开展替代性分析，即对在技术和财务方面可行以及成本效益好的可替代方案进行评估，以便能减少项目在设计、建设和运营期间与项目相关的温室气体排放。同时，对于年 CO_2 排放量超过 10 万吨的项目，赤道原则Ⅲ要求银行客户在项目运营阶段披露温室气体排放情况，并鼓励客户对 CO_2 年排放超过 2.5 万吨的项目也进行温室气体排放情况的披露。

（三）人权

在赤道原则Ⅱ的基础上，赤道原则Ⅲ进一步强调了对受影响社区和弱势群体开展的知情磋商和利益相关方参与程序，并要求在有限高风险情况下开展适当的人权尽职调查。

（四）透明度和一致性

一方面，赤道原则Ⅲ增加了客户披露相关尽职调查报告的要求；另一方面，进一步规范了赤道原则金融机构年度赤道原则执行情况的最低披露要求，除了原有的披露适用赤道原则的项目个数、行业和区域以外，还增加了适用赤道原则的项目名称信息（在获得客户同意的前提下）、过桥贷款数据、独立审查信息等。

此外，赤道原则Ⅲ还加强了成员之间的信息沟通和共享机制，以促进国际性和地方性的银行在经营上的公平竞争。

三、赤道原则Ⅲ的意义

赤道原则Ⅱ较赤道原则Ⅰ的进步在于将适用赤道原则的门槛从 5000 万美元降低到 1000 万美元；赤道原则Ⅲ的出台则实现了从单一项目融资到覆盖与项目关联公司贷款的扩大、融合了气候变化要求以及执行的透明度和一致性的飞跃，促进了赤道原则所确立的环境与社会风险管理方法和工具框架更广泛并更有效地应用到市场上不同的金融工具当中去，体现了与社会责任及可持续发展更紧密的联系和融合。

对于赤道原则金融机构（即采用赤道原则的金融机构，又称赤道银行），或者说对贷款人而言，赤道原则Ⅲ提出了更高的内部能力要求，需要重新审视并由内而外地开展各项准备工作。首先，赤道原则金融机构，尤其是新兴市场国家的贷款方，需要更新内部政策和制度体系，以实现将更多的产品和业务纳入赤道原则进行管理，并符合赤道原则Ⅲ更为严格的尽职调查、报告与监测要求。其次，对于温室气体的披露要求使得赤道原则金融机构需要更大范围地对项目开展尽职调查，并且需要对利益相关方互动以及对气候变化更为敏感。最后，赤道原则Ⅲ也要求各方对融资项目的过程以及涉及问题的披露更为透明化，并增强了贷款方作为咨询者和引导者角色的要求。

赤道原则Ⅲ的新内容，实质上也是对客户提出了进一步的新要求。对于客户或借款人而言，赤道原则Ⅲ进一步提高了合规成本，全面考虑与社会责任和可持续发展相关因素，有助于帮助客户在全面管理项目环境与社会风险之外，切实提升客户风险管理能力，并实现企业在单个项目以外的长期、可持续发展。

四、赤道原则的未来

回顾赤道原则Ⅲ的修订过程，充满了来自方方面面的争论和考虑。尽管对于赤道原则Ⅲ仍然有不满的声音，如非政府组织银行检查（Bank Track）仍然对赤道原则Ⅲ表示不够满意，希望赤道原则在适用范围、透明度和执行力等方面有更大的进步，但不容否认的是，赤道原则的确是私营部门在全球化和可持续发展过程中最大并最有效率的回应。赤道原则如能与当地国家规则、政策相结合，则会更快速地得到延伸和互补。以中国为例，从政策框架层面看，似乎中国的绿色信贷政策早已突破了这一瓶颈。2012 年中国银监会颁布的《绿色信贷指引》并没有就适用具体产品类别做出明确的规定，更多的是强调了银行如何通过建立内部机制、政策和流程，关注贷款项目以及自身的环境与社会问题。作为一项成熟、系统的环境与社会风险管理方法和工具，赤道原则可以和绿色信贷政策相辅相成，相互补充。

作为中国首家也是目前唯一一家赤道原则金融机构，兴业银行采取了多重措施推进新版赤道原则在中国实施，并发挥自身影响力，努力传递中国声音。2012 年，兴业银行参加了 2012 年亚洲和大洋洲区赤道银行提案，向赤道原则协会提出加强区域信息交流、关注并促进不同市场国家机构公平参与赤道原则事务以及呼吁推动新兴市场国家金融机构采纳赤道原则并发挥其话语权等建议，得到了赤道原则协会年度大会一致表决通过，并重启了赤道原则长期战略讨论。

经过半年的过渡期，赤道原则Ⅲ已于 2014 年 1 月 1 日全面正式实施。目前，赤道原则协会也在循序渐进地开展新版赤道原则实施的指导和安排。新版赤道原则究竟会如何影响和促进金融市场的结构调整？赤道原则的未来究竟如何——项目关联的适用是否会得到进一步突破？如何将国际行业准则与东道国，尤其是新兴市场国家规则相结合，完美实现本地化同时又能促进国际准则的持续发展？应当相信，赤道原则本身就是一场不断革新的长跑。

第三节 国外银行业绿色金融实践

"可持续金融"或"绿色金融"自 20 世纪 70 年代在德国、美国等国家诞生以来，在全球范围内快速发展。目前，国际上绿色金融的成功实践主要集中在美国、英国、加拿大、德国、荷兰等国家，诸多发展中国家也在政府的推动下有序开展。2016 年，绿色金融议题被首次纳入 G20 议程，并成立了绿色金融研究小组，由中国人民银行和英格兰银行共同主持，所有 G20 成员国全部参与，研究范围包括银行体系绿色化等五个议题。《G20 绿色金融综合报告》中提到，要推动包括赤道原则在内的绿色金融自愿原则的履行。近年来瑞典、巴西、肯尼亚和印度尼西亚等许多国家和地区都在规划和开展绿色金融，英国伦敦、中国香港、新加坡和瑞士都争相成为世界的绿色金融中心。可以预见，绿色信贷在全球范围会迎来新一轮的发展。

国际上常见的绿色金融实践路径包括环境与社会风险管理体系建设、政府支持绿色金融发展、细化落实赤道原则、积极创新可持续发展的产品、政府监管部门积极推动等。

一、环境与社会风险管理体系建设

以花旗银行为例，花旗银行在内部建立了严格的环境事务管理机制，包括环境政策和流程培训机制、环境与社会风险管理机制、外部公共和私人事务合作机制以及涉及环保的业务开发机制等。2003 年，花旗银行制定的环境与社会风险管理（Environmental and Social Risk Management，ESRM）体系与赤道原则对项目贷款的划分标准相类似，将全球交易分为 A、B、C 三类，凡是属于 A 类的交易，都需要得到指定高级信贷员和环境与社会风险管理总监的共同评估。

花旗银行将自己的 ESRM 体系嵌入信贷系统中，适用于全球范围的交易，对环境和社会风险评估形成一个严格的流程约束，例如超过 1000 万美元的项目融资，需要经过四个阶段的信贷审批流程。通过严格的约束流程，把风险控制在萌芽状态，同时，即使项目暂时不能交易，被评估的项目也会存储在系统中，一旦将来条件成熟可以考虑再次交易时，可以节约人力、物力、财力，降低将来的调查和评估成本。

二、政府支持绿色金融发展

以德国复兴信贷银行（KfW）为例，该银行是德国政府支持的国家政策性银行，运用资本市场和银行来实施对环境项目的金融补贴政策。德国复兴信贷银行在国际资本市场上进行融资，德国政府负责对其融资资金进行贴息并打捆形成绿色金融产品。德国复兴信贷银行测算出盈利利率和优惠利率，将从资本市场融来的资金开发成长期、低息的金融产品销售给各银行，银行获取低息金融产品后根据微利的原则再适度调整利率，然后以优惠的利息和贷款期限为终端客户提供支持环保、节能和温室气体减排的绿色金融产品和服务。

实践证明，国家利用贴息的形式支持环保节能项目的做法取得了很好的效果，国家利用较少的资金调动起一大批环保节能项目的建设和改造，"杠杆效应"非常显著。

三、细化落实赤道原则

典型案例之一为日本瑞穗实业银行（Mizuho Bank）。2003 年 10 月，瑞穗实业银行成为日本以及亚洲首家赤道银行，其根据 IFC 的《环境、健康和安全指南》（Environment，Health and Safety，简称《EHS 指南》）和《环境和社会可持续性绩效标准》制定出适用于该行的"行业环境影响筛选表"，详尽编写了针对内部 38 个行业的行业指南细则和赤道原则实施手册，于 2004 年开始执行。2006 年 3 月，瑞穗实业银行设立了可持续发展室，并宣布接受当年修订的新版赤道原则。

通过筛选，若融资项目可以纳入赤道原则，瑞穗实业银行则针对项目规模、位置以及对社会环境影响程度等不同因素，确定项目级别、撰写报告，将其送交可持续发展室，再由可持续发展室送交审查部门进行融资贷款审查。日本瑞穗实业银行在 2003 年采纳赤道原则之前，其项目融资业绩在世界排第 18 位，至 2006 年，其项目融资业绩排名上升至第 3 位，业绩大幅度提升。

四、积极创新可持续发展的产品和服务

以荷兰银行为例，该行于 2003 年设立了可持续发展部，并将其可持

续发展战略目标从风险的管理逐步转向商业机会的发掘。2005 年底，荷兰银行相继推出了与水资源、可再生能源、气候变化、环境指数等环保概念相挂钩的理财产品，使银行与客户在获取投资收益的同时，间接履行社会责任。近年来，荷兰银行与可持续发展相关的产品和服务，从最初单一的信贷业务，逐步拓展为涵盖理财产品、贷款融资、投资基金等多种形式的产品服务体系。

在碳交易领域，荷兰银行是世界排名前十的交易商，凭借其广泛的全球客户基础，为碳交易的各方牵线搭桥，提供代理服务，后来逐渐开展自营业务。通过对各类上市公司股价表现的研究，设计了气候指数和水资源指数，并推出收益与上述指数挂钩的可持续理财产品。

五、政府监管机构积极推动

发展中国家的银行对于绿色金融的推动更多依靠政策监管的力量。

2012 年，IFC 和中国银监会在第一届新兴市场绿色信贷论坛上倡导发起了针对银行监管机构和行业协会组织的知识交流平台——绿色信贷跨国工作组（Sustainable Banking Network，SBN）。绿色信贷跨国工作组通过知识和技术资源的分享，帮助银行业监管机构和行业组织制定绿色信贷政策和环境社会风险管理指引。截至 2016 年 8 月，已有中国、孟加拉国、巴西、尼日利亚、哥伦比亚、印度尼西亚、老挝、蒙古国、菲律宾、秘鲁、泰国、越南、尼泊尔、摩洛哥、土耳其、巴拉圭、洪都拉斯、肯尼亚、巴基斯坦、柬埔寨、加纳、约旦、印度、墨西哥等 24 个国家的 32 家相关机构加入了会员，包括中国银监会和秘鲁银行保险和私人养老金监督机构等银行业监管机构，孟加拉国中央银行、尼日利亚中央银行、巴西中央银行等金融机构，中国银行业协会以及哥伦比亚、蒙古国、泰国等国的银行业协会，中国环境保护部、蒙古国环境与绿色发展部、越南自然资源与环保部等环境监管机构。

绿色信贷跨国工作组积极支持新兴市场国家制定可持续银行指引，截至 2016 年 8 月，已经有中国、孟加拉国、巴西、哥伦比亚、尼日利亚、印度尼西亚、肯尼亚、蒙古国、秘鲁、越南、墨西哥、土耳其等 12 个国家制定了相关政策与指引。

巴西绿色金融的监管框架主要是由巴西中央银行及相关经济部门的监管和银行的自我调整构成。该国于 2008 年和 2009 年分别发布了《公共银行绿色协议》和《私人银行绿色协议》，确定了商业金融机构的可持续性标准。公共银行承诺将不会向环保不达标的企业提供资金支持，同时将支持可持续的生产系统，为了达到这个目标，银行调整了分析程序和信贷优惠。自 2008 年以来，巴西发布了一系列涉及金融机构的法规，在绿色金融方面对金融机构提出了各种要求。

《哥伦比亚绿色协议》是由哥伦比亚银行业协会在 2012 年制定的可持续金融框架，在该国的主要商业银行中自愿执行。

此外，韩国提出了一项关于低碳绿色发展的框架法案和一个五年计划来执行该国的绿色发展战略。这些措施允许政府采用税收、罚款和奖励的手段调节市场，同时鼓励银行向有绿色项目的公司提供低息贷款。这些措施也涵盖了绿色金融，促进了碳交易以及绿色金融的基础建设。与此同时，韩国也打算增加政策性银行的绿色贷款规模，放松在其股票交易市场 KOSDAQ 上市的标准，方便绿色初级债务抵押债券的发行从而帮助中小企业融资。

第四节　国际绿色信贷政策案例

一、《孟加拉国环境风险管理指南》

孟加拉国中央银行与该国其他银行和利益相关方于 2011 年合作制定

了国家环境风险管理政策和战略框架——《孟加拉国环境风险管理指南》（以下简称《指南》），并在该国的银行及其他金融机构中强制执行。该政策的实施包含了对合规银行的特惠待遇政策。合规银行将会在开设新的分支机构以及申请许可时得到优先考虑。可持续银行被孟加拉银行视为是一个转变的机会，来发展有效利用资源的工业和低碳的工业，包括绿色工业和更广义的绿色经济。

《指南》详细阐述了该国金融机构所面临的环境风险、环境风险管理的目的方法及其与信贷风险管理的内在关系。在环境风险管理方法上，《指南》要求如下：

（一）政策制度

《指南》要求金融机构必须制定环境风险管理政策与制度，承诺遵循以下三个原则：

1. 将环境风险管理纳入信贷政策制度与流程；

2. 建立和推广环境风险管理意识，持续为员工提供相关能力建设培训；

3. 用附加价值法衡量环境风险管理，引导和帮助借款方解决可能导致风险的环境问题。

各金融机构需在董事会或高管层面通过关于采用《指南》的决议并认同和采纳以上原则。各金融机构的高管层每年还需对本机构的环境风险管理情况进行评估，以判断执行是否有效。

（二）组织管理

《指南》认为环境风险管理是信贷风险管理的一部分，因而负责信贷风险管理的部门即可开展环境风险管理工作，并不要求单独设置部门负责此事。《指南》中明确了在环境风险管理中，不同职能岗位的重要职责。

1. 前台与潜在客户接洽的业务人员应：（1）了解不同行业的环境问题与风险；（2）与潜在客户沟通，告知对方收集与分析其环境信息是为了避免将来相关风险突发，带来损失；（3）利用尽职调查清单，对潜在客户和项目的环境风险进行评级；（4）提供相关环境信息给信贷风险管理部门；

2. 信贷风险管理人员应：（1）了解不同行业的环境问题与风险；（2）核查前台业务人员提交的尽职调查清单与环境风险评级报告；（3）将环境风险纳入信贷风险评价；（4）必要时，设定附加融资条件或条款（如：必须取得环境许可证）；

3. 信贷审批人员应确保必要的融资条件或条款已被纳入信贷合同；

4. 信贷管理人员应确保在贷款发放前，借款方已通过改进，符合信贷合同中附加的融资条件或条款，再批准贷款发放；

5. 信贷监控人员应确保在贷中风险监控中加入对环境风险的监控；

6. 银行行长或其他金融机构的首席执行官应确保将环境风险管理纳入信贷风险管理中，并指定信贷部门经理或其他高管负责具体的落实。

（三）流程管理

《指南》详细阐述了环境风险管理如何渗入信贷流程的各个环节：

1. 企业/项目提出贷款申请时，金融机构必须对该公司/项目进行全面的环境风险评估。倘若有多家金融机构为同一企业/项目提供贷款，那么每一家机构都需共享相关信息及风险评级，确保各方都识别和评估过企业/项目相关的环境风险，并在融资风险水平上达成一致意见。各机构前台业务人员需根据《指南》填写环境尽职调查清单并完成环境风险评级，提供给信贷风险管理部门做进一步核查。

2. 金融机构需将环境风险管理纳入信贷风险管理流程中。针对融资业务，金融机构需核查企业/项目的环境风险评级，如有误，应请前台业务人员重新进行环境尽职调查。一旦评级结果中出现高风险项，信贷风险管理部门应在信贷合同中加入附加融资条件或条款予以约束，督促企业改进，减小风险。针对投资组合管理，金融机构应根据环保部的环境影响分类标准（分红色、橙A、橙B、绿色）以及《指南》中的环境风险评级标准，持续每年对其投资组合进行环境风险评估，并制定相应的风险管理措施。

3. 信贷审批过程中，一旦发现评级结果中存在高风险项，该信贷项目必须交由高管层或董事会进行审批。所有的信贷合同都应包括一条标准条款，就是企业/项目必须符合法律法规和监管要求。评级结果中存在高风险项的，信贷合同中必须加入相应的附加融资条件或条款予以约束。

4. 贷款发放前，必须确保存在高风险项的企业/项目已通过改进，符合信贷合同中附加的融资条件或条款，并能够提供相应的书面证据予以证明。

5. 贷款发放后，金融机构需要对所贷企业/项目进行定期监控，确保借款方有效地开展环境管理。金融机构需留存监控与检查结果，并就结果与借款方沟通，帮助其改进；借款方也需提交所采取改进措施的书面文件。在年审时，孟加拉国中央银行会核查各金融机构是否将环境风险纳入自身信贷风险管理中。

6. 根据《指南》要求，各金融机构应搭建和维护一个"环境风险引发的不良贷款数据库"，帮助自身梳理总结，以便在未来做出更好的融资决策。

7. 各金融机构每年必须在年报中披露相关信息，告知管理层、股东以及其他利益相关方本机构执行《指南》的情况。

（四）环境尽职调查清单和环境风险评级标准

《指南》中附有环境风险尽职调查清单和环境风险评级标准。其中，环境尽职调查清单分为通用调查清单和行业调查清单，包括农业（家禽与乳制品）、水泥行业、化学品行业（化肥、杀虫剂、药物）、工程和碱金属行业、房地产行业、纸浆造纸行业、糖酒行业、皮革行业、纺织品和服装行业、拆船业等。

其中，通用调查清单（见表 7 - 1）适用于所有融资项目。如某融资项目不属于上述任一行业，则只需填写通用调查清单并以此作为环境风险评级的依据。

表 7 -1　　　　　　　　　孟加拉国通用环境尽职调查清单

项目	是/否/不适用
潜在环境风险来源	
1. 环境许可： * 在提交贷款申请时，是否已取得环保部的所有适用许可？例如场地许可证和环境许可证。	
* 在提交行业环境影响类别（红色、橙 A、橙 B、绿色）文件后，是否取得相关许可？	
2. 场地： 项目场地是否不受生态环境脆弱性影响？生态环境脆弱性的影响体现在，例如，场地若选在河岸上会受洪水威胁；场地若选在国家公园或森林则会涉嫌违法违规，等等。	
3. 气候变化： 项目是否采取了相关措施以避免气候变化带来的负面影响？气候变化导致的极端天气包括飓风、风暴潮、洪水、干旱等。	
借款方的环境管理体系	
4. 承诺： 潜在借款方的高管层是否承诺致力于环境保护和管理工作？	
5. 人力： 潜在借款方是否安排了人力来进行环境问题管理？	
6. 技能： 如潜在借款方已安排人力，相关人员是否有足够的能力管理环境问题？	
7. 劳工/社会问题： 潜在借款方是否在职业健康与安全、童工、强迫劳动、工资报酬、歧视、工作时长等方面表现良好？	

调查清单中斜体问题相对更为重要和关键。

环境风险等级可根据调查清单中的情况确定，环境风险评级标准如表 7 -2 所示。若清单中存在不适用的问题，在风险评级时，应剔除该问题再计算白分比。任何剔除理由均应以文字形式单独记录，附在调查清单文件中留存。

表 7-2   孟加拉国通用环境风险评级标准

标准	环境风险等级
任一斜体问题答案为"否"	高
斜体问题答案全部为"是"，但 50% 及以上的非斜体问题答案为"否"	高
斜体问题答案全部为"是"，25%~50% 的非斜体问题答案为"否"	中
斜体问题答案全部为"是"，少于 25% 的非斜体问题答案为"否"	低

各行业的环境尽职调查清单与环境风险评级标准在此不一一介绍。

《指南》至少每三年修订一次；每当有重大环境法律法规变动，《指南》都须更新。2012 年第一版《指南》指出了后续的改进与修订方向，包括加入定量风险评级方法和第三方环境风险管理咨询机构名录等，这也体现了孟加拉国金融机构环境风险管理未来的发展方向。

二、《尼日利亚可持续银行原则》

尼日利亚银行委员会在 2012 年推出了《尼日利亚可持续银行原则》（以下简称《原则》）。目前，该国已有 34 家金融机构承诺遵循该原则。而由于尼日利亚中央银行开始对各金融机构执行该原则的情况进行监督，该原则已经由自愿性原则转变成准强制性原则。

《原则》由九大原则、通用《原则》遵循指南、电力行业《原则》遵循指南、农业《原则》遵循指南、油气行业《原则》遵循指南等五大内容组成。本部分主要介绍九大原则和通用《原则》遵循指南。

（一）尼日利亚可持续银行九大原则

原则 1：业务活动中的环境社会风险管理

我们将在业务活动决策过程中加入对环境和社会因素的考量，以避免、减少或抵消相关负面影响。

原则2：业务运营中的环境社会足迹

我们将尽最大努力避免、减少或抵消业务运营中对环境和当地社区产生的负面影响，同时，促进积极影响。

原则3：人权

我们将在业务活动与运营中尊重人权。

原则4：妇女经济赋权

我们将积极推动妇女经济赋权。在业务运营中，营造工作场所性别包容文化；在业务活动中，提供专为女性设计的产品与服务。

原则5：金融包容性

我们将积极推动包容性金融发展，为传统上无法获得或只能获得有限正规金融服务的个人和社区提供金融服务。

原则6：环境与社会治理

我们将在各自的机构中实行强有力的、高透明度的环境与社会治理，并对我们客户的环境与社会治理状况进行评估。

原则7：能力建设

我们将提高各自机构及整个行业的相关业务能力，以识别、评估和管理与我们业务活动和运营相关的环境社会风险，把握相关机遇。

原则8：合作伙伴关系

我们将通过行业协作并充分利用国际合作伙伴关系，加快整个行业的进步，确保我们的做法和实践与国际标准以及尼日利亚的发展需求相一致。

原则9：信息披露

我们将在机构与行业层面，定期审查和披露我们遵循《原则》的情况。

(二) 通用《原则》遵循指南

通用《原则》遵循指南对每一个原则及其如何在银行业务活动和运

营中实行进行了具体的阐述，针对每一个原则提供了相应的实施目标及方法上的建议，并为银行如何测量、监控和披露《原则》遵循情况提供了建议。

通用《原则》遵循指南建议银行：

1. 董事会公开承诺将《原则》贯穿银行的政策和决策，并为高管层设定与《原则》遵循相关的目标；

2. 设计可持续银行实践方案：（1）制定可持续银行政策，政策中应包括《原则》执行的承诺与方法；（2）开发一套与核心业务及内部决策过程相匹配的环境社会风险与机遇管理流程；（3）搭建可持续银行信息披露框架；

3. 识别并明确与可持续银行建设相关的岗位和职责，开展能力建设培训，调整业绩指标，以确保有足够的资源与能力来实现其可持续银行建设的承诺；

4. 通过开展与国内外同行及合作伙伴的交流，加深对可持续发展问题及实践的认识。

图7-1为九大原则与可持续银行实践方案相结合的模型。

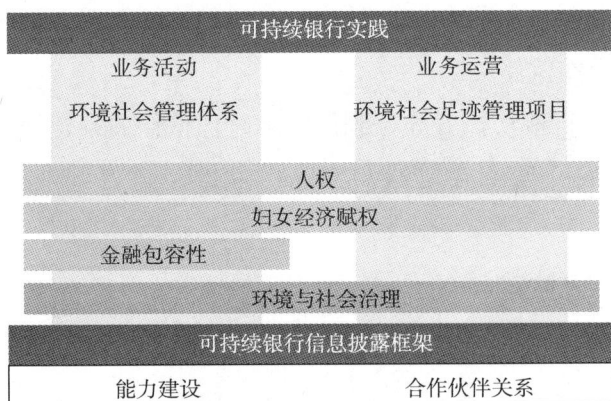

图 7-1　尼日利亚可持续银行实践模型

　　通用《原则》遵循指南中表明，银行承诺遵循《原则》（2012 年 7 月
发布）后，有一年的时间去建立自身的环境社会风险管理体系，该体系
自第二年开始实行。所有承诺遵循《原则》的银行必须在 2013 年年底前
发布初步的可持续银行建设进展报告，对其《原则》遵循的情况进行披
露，2014 年年底前必须发布完整版报告。表 7 - 3 和表 7 - 4 列出了《原
则》实施的时间表、关键阶段及活动。

表 7 - 3　　　　　　　　　尼日利亚《原则》实施时间表

2012 年第三季度	2012 年第四季度	2013 年第一季度	2013 年第二季度	2013 年第三季度	2013 年第四季度	2014 年
阶段一：承诺遵循可持续银行原则						
	阶段二：设计可持续银行实践方案					
		阶段三：搭建可持续银行体系				
				阶段四：能力建设与实施		
						阶段五：可持续银行在行动
参与/遵循国际可持续发展倡议（如 IFC 绩效标准、赤道原则、UNEP FI 等）参与可持续银行实践交流						

表7－4　　　　　　　　尼日利亚《原则》实施的关键阶段及活动

阶段一：承诺遵循可持续银行原则	阶段二：设计可持续银行实践方案	阶段三：搭建可持续银行体系	阶段四：能力建设与实施	阶段五：可持续银行在行动	全程
承诺遵循《原则》 设立可持续银行部门： ● 业务活动 ● 业务运营 开展董事会能力建设 设置可持续银行委员会 开展管理层能力建设	设计可持续银行实践方案 ● 搭建环境社会管理体系 ● 搭建环境社会足迹管理体系 ● 开展横向专题建设（人权、妇女经济赋权、经济包容性） ● 开展机构能力建设 ● 承诺遵循相关环境社会标准 ● 搭建可持续银行信息披露框架 建立行业指南落实办法（包括目标和信息披露）	搭建环境与社会治理框架 开展流程/体系设计（环境社会风险管理体系，环境社会足迹管理） 设定实施目标与时间表（包括五年计划） 搭建信息披露框架	开展机构能力建设 开展并落实相关计划（妇女经济赋权、经济包容性） 开展客户沟通 发布初步的可持续银行建设进展报告（2013年底）	发布第一份完整版可持续银行报告（2014年底）	参与国际可持续发展倡议 参与可持续银行实践交流

第八章　渣打银行绿色信贷案例①

第一节　渣打银行与绿色信贷

渣打银行承诺推动项目所在国经济社会的积极发展。对渣打银行而言，可持续性不仅仅意味着使用更少的能源或为公益事业筹集资金。可持续性这个概念深深植根于渣打银行的品牌理念中，并对渣打银行工作的方方面面都产生了影响，包括决策方式、渣打银行对当地经济所作的贡献以及当渣打银行为有投资及贸易需求的个人及公司提供贷款用于在全亚洲、非洲及中东创造财富时产生的影响。

在过去 15 年里，渣打银行一直努力确保其社区投资项目符合联合国千年发展目标（MDGs）的要求。在环境方面，承诺：（1）重点关注环境战略，以降低运营产生的环境影响并降低从渣打银行获得贷款的客户活动产生的环境与社会风险；（2）推动集团内部与外部利益相关方减少其活动产生的环境影响。渣打银行的可持续发展重点包括促进经济可持续发展和做有责任心的企业。

一、促进经济可持续发展

（一）支持绿色经济发展

很多市场都因为基础设施不可靠而受到束缚，从而妨碍了经济发展。

---

① 本章执笔：刘玉俊，商道融绿高级分析师。作者感谢渣打银行债券资本市场部资本方案团队提供资料支持。

渣打银行为可再生能源及清洁基础产业提供资金支持。2007~2014 年，渣打银行为该产业提供了超过 112 亿美元的资金，其中 2014 年的资金总额为 79860 万美元。

（二）环境与社会风险管理

渣打银行认为要取得长期可持续发展，就必须以负责任的态度管理环境与社会风险。渣打银行制定了完善的立场声明（Position Statements），并在声明中指出渣打银行希望客户与渣打银行本身应该遵守的标准，包括赤道原则的应用问题。

2014 年，渣打银行对其环境与社会风险评估程序及基础模板进行了修订。评估程序用于评估客户是否符合立场声明中的要求，并作为渣打银行为客户及某些交易进行贷款审批过程的一部分。评估过程发现的潜在风险将提交给相关专家，进行进一步深入审查。2014 年，渣打银行总共提交了 350 份客户关系及交易，用于进一步审查。对于所有被发现的风险，渣打银行将采取有效措施，以降低风险。当风险不可避免时，渣打银行将拒绝交易。

（三）绿色信贷产品创新

渣打银行不断深化面向寻找符合伊斯兰教义融资渠道的客户的产品。自 2004 年以来，渣打银行已经通过专业伊斯兰银行品牌——渣打银行 Saadiq 完成超过 730 亿美元伊斯兰融资。

2014 年，渣打银行为伊斯兰项目提供了 160 亿美元的贷款，拓展了面向中小企业的伊斯兰融资解决方案，并为私人银行客户推出了一套综合性伊斯兰融资产品。同年，香港首次发售伊斯兰债券（Sukuk），渣打银行担任此次发售的融资顾问及牵头经理行。这是全球首批获 AAA 评级的政府推出的美元伊斯兰债券。

二、做有责任心的企业

渣打银行的可持续性承诺不仅仅是指其资助的客户的经济活动需要具

有可持续性，还包括其开发客户及管理业务的方式，从而为利益相关方创造长期的价值并遵守渣打银行的品牌承诺，即一心做好，始终如一（Here for good）。

（一）社会角度

在立场声明的指导下，渣打银行在进行融资决策时会将人权问题考虑进去，包括与特定产业风险相关的儿童、工人及社区的权利。

（二）环境角度

渣打银行致力于将其运营产生的环境影响减至最低。2014 年，渣打银行用电量降低了 4% 、用水量降低了 3% 、每位全职员工的办公用纸量降低了 6% 。渣打银行制定了长期目标，并对相关进展进行追踪，以实现这些目标。为了管理集团各物业的用电用水量，渣打银行与能源管理公司合作，加快所有物业的节水节电进程。此外，渣打银行还聘请了第三方审计机构进行温室气体排放量审计。2014 年，渣打银行增加了对范畴三其他间接排放量（Scope 3）的审计，与之前的范畴一直接排放量（Scope 1）和范畴二自用采购电力间接排放量（Scope 2）一并纳入，提高了温室气体排放量报告的可信度。

（三）供应商角度

渣打银行不断推动供应商加入联合国全球契约（UNGC）供应链可持续发展团队（Supply Chain Sustainability Workstream），以满足领先的环境与社会标准的要求。除了要遵守 2012 年的供应商章程外，渣打银行还鼓励供应商在有关人权及劳工等事项上遵循全球契约十项原则。

第二节　渣打银行环境与社会风险管理

一、环境与社会风险管理体系

对渣打银行而言，可持续性意味着通过与客户合作，为利益相关方创造长期的价值，并推动项目所在国经济社会的积极发展。渣打银行认为其产生的最大影响来自其资助的项目。要取得长期可持续发展，就必须以负责任的态度管理环境与社会风险。

渣打银行针对特定行业制定了完善的立场声明，并在声明中明确了渣打银行希望客户与渣打银行本身应该遵守的标准，并通过公司内部政策与流程落实（见图8-1）。这些声明的制定参考了行业内的相关标准，包括IFC绩效标准及赤道原则。渣打银行2009年起公开披露其立场声明，并于2013年进行了更新，以反映行业最佳实践的发展情况，并开发其他行业的立场声明。截至目前，渣打银行已发布20份有关特定行业及主题的立场声明，适用于向所有客户提供贷款、股权及咨询服务。

此外，渣打银行自1997年起制定并实施了一套严格的综合措施，以管理其因为企业及机构客户提供贷款、股权及咨询服务以及零售部门为商业客户提供贷款而产生的环境与社会风险。该管理机制定期更新（最近一次更新时间为2014年），由品牌、价值与操守委员会监管。该委员会由董事会管理，负责审查集团可持续发展相关业务开展的优先级别，监督相关公开承诺的制定与落实，这些公开承诺涉及业务开展及项目支持的选择。

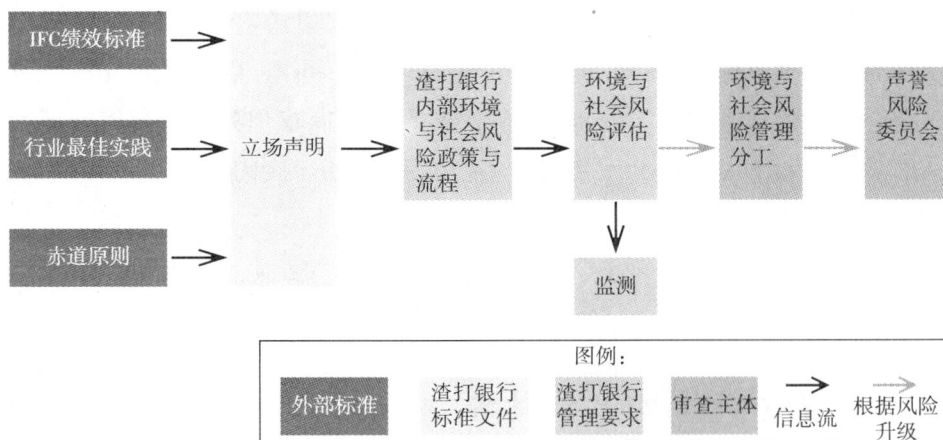

图8-1　渣打银行的政策与流程框架

二、环境与社会风险评估流程

环境与社会风险管理是渣打银行贷款审批过程的一部分。渣打银行贷款审批及环境与社会风险管理过程包括四个阶段：

（一）初始风险评估

渣打银行根据相关立场声明要求的标准，采用公司内部的环境与社会风险评估工具（ESRAs），对符合相关标准的所有客户与交易进行风险评估。该环境与社会风险评估工具适用性强，且简单实用，客户经理及一线员工可利用该工具评估客户的环境与社会风险及商誉风险，包括潜在的人权影响。该工具会帮助明确需要进一步分析和审查的议题，并指导客户经理和一线员工就与运营或项目相关的环境与社会风险与客户沟通。

所有涉及项目的交易都会根据赤道原则进行分类与评估。

（二）详细的尽职调查

必要时，渣打银行在初始风险评估后会通过多种途径收集并审查相关资料，包括：（1）客户取得的环境与社会影响评价、地方及国际相关认证、许可与批准；（2）必要时，委派内部专家到客户现场进行考察与审查；（3）独立第三方尽职调查，以确认某项交易的社会与环境影响，并就相关风险推荐限期整改计划。

如发现存在不符合渣打银行相关标准等特定风险，渣打银行的信贷与客户关系团队会将该交易提交给公司内部的环境与社会风险管理小组。该小组于2006年成立，包括7名成员，每位成员都具有环境与社会风险管理方面的专业知识，并拥有多个行业相关实务经验。

（三）批准

所有客户与交易的环境与社会风险审查都需要渣打银行信贷部门的批准。需要进一步审查的客户或交易将提交给企业责任和声誉风险管理委员会。渣打银行集团执行副总裁担任该委员会的主席，集团关键职能部门的高级管理人员组成该委员会的成员。客户如未能履行承诺采取必要措施来根据赤道原则或公司相关环境与社会标准管理其环境与社会风险时，该委员会有权拒绝交易。

（四）监管

必要时，渣打银行会将环境与社会影响方面的相关规定写入贷款协议中，客户需承诺在规定时间内采取相应措施以达到这些规定的要求。作为渣打银行金融服务规定的一部分，这样做的目的是确保已经发现的环境与社会风险能够得到解决，或促使客户尽快达到相关的环境与社会标准。

三、支持并维护风险管理机制

渣打银行会为所有企业客户、机构客户及商业客户经理提供相关的培训，以帮助他们履行各自的责任。培训内容包括渣打银行环境与社会标准以及这些标准如何应用于风险管理机制中。此外，渣打银行还针对赤道原则等特定主题或修订后的银行环境与社会风险管理方法提供培训。

此外，作为相关行业组织的一员，渣打银行相信有必要与其他机构携手合作，从而确保社会与环境的可持续发展。渣打银行加入的行业组织包括联合国环境规划署金融行动倡议（UNEP FI）、气候组织及银行业环境倡议。另外，渣打银行还与多个公民社会组织展开对话，听取他们的看法、学习他们的经验。

第三节　渣打银行绿色信贷案例[①]

一、转废为能（Waste – to – Energy）项目

山东转废为能项目

以港元标价

---

① 本节由渣打银行提供案例。

中国

2014 年

客户目标：

这是一家在环境保护与替代能源行业内的领军企业在山东开展的项目（以下简称该项目）。该项目规模为 600 吨/天，12MW。该项目已经获得境外股东贷款，并进行了项目融资，以对股东贷款进行补充，并帮助项目获得有力筹码。

该项目位于中国山东省境内。已经与当地市政府签订了一份长达 20 年的 BOT（建设—经营—转让）特许协议，并与中国国家电网公司在当地的一家全资子公司签订了购电协议。

渣打银行解决方案：

渣打银行担任此次项目的牵头行与开户行，并成功为该项目提供一份以港元标价的为期五年的双边项目融资计划（以下简称融资计划）。

关键交易亮点：

中国可再生能源行业在 2013 年及 2014 年期间遭遇了诸多挑战。尽管如此，渣打银行仍然坚定地相信客户并完成了此次交易。2014 年 12 月该项目完成融资并进入商业运营。

此次交易彰显了渣打银行对该实力强劲的客户与可再生能源产业的强力支持与坚定承诺。

二、风力发电项目

（一）风力发电项目——176MW 风力发电项目融资

以美元标价

印度

2012 年至 2014 年

客户目标：

该客户为一家可再生能源私募基金管理公司，主要针对亚洲可再生能源产业进行私募基金融资。此次是希望为位于印度马哈拉施特拉邦的两大风力发电项目融资。两个项目的装机总容量为 176MW。它们需要富有竞争力的解决方案，从而为印度可再生能源融资的最佳实践建立基准。

渣打银行解决方案：

渣打银行作为此次项目支持方之一，负责协调此次项目融资的框架搭建与实施，并为客户、风力涡轮发电机供应商及出借方提供量身定制的富有创新性的解决方案，以满足各方的需求。

2012 年，渣打银行为第一个风力发电项目提供了一份以美元标价的长达 12 年的高级担保定期贷款，款项分期支付，为该项目的绝大部分债务提供了资助。在该项目中，渣打银行还承担对冲银行、信用证开证行、代理银行及开户行等角色。

2012 年第一个风力发电项目成功完成融资之后，渣打银行在 2014 年为位于印度马哈拉施特拉邦的第二个风力发电项目提供了一份以美元标价的长达 13 年的高级长期担保贷款，款项分期支付。

关键交易亮点：

渣打银行向客户承诺，渣打银行会利用自身的网络与资源通过融资与咨询服务为客户进军新市场并发展业务保驾护航。此案例就是一个最好的证明。

（二）风力发电项目——53MW 风力发电项目融资

以欧元标价

中国台湾

2012 年

客户目标：

台湾一家领先的风力发电公司拟在台中市建一个 53MW 的风力发电厂，想通过渣打银行进行融资（以新台币标价）。该项目是该公司在台湾

建的第六个风力发电项目。之前的五个风力发电项目都是在由裕利安怡
（Euler – Hermes）就所有贷款部分提供证券化担保。由于该公司过去七年
内一直采用这种融资方案为项目提供资金，因而未能与台湾当地的大银行
或拥有充分新台币储备的国际银行建立长久的合作关系。

渣打银行解决方案：

渣打银行为该客户53MW的风力发电厂项目提供了一份以欧元标价
的高级贷款以及一份以欧元标价的定期调整利率的长期贷款。此外，渣打
银行还以新台币为该项目提供了一份为期18年的贷款，并担任该项目的
对冲银行。通过这种方式，渣打银行帮助德国英华威风力发电集团降低利
率与货币风险。

此次贷款项目涉及多方，包括担保提供人、出借方、新台币融资银行
及借款人。项目贷款历时四个月获批发放。

关键交易亮点：

渣打银行是首次在台湾地区为一个风力发电项目提供这种类型的融资
服务。该风力发电项目与台湾电力公司（国营电力公司）签订了一份长
达20年的购电协议。该项目遵守台湾地区《可再生能源发展条例》的相
关规定。

三、太阳能发电项目

（一）太阳能发电项目——担任三个装机总容量为19MW的太阳能发
电项目融资牵头行

以马来西亚林吉特（马币）标价

马来西亚

2013年

客户目标：

此次客户是世界顶尖的太阳能开发商之一。该客户将马来西亚定为其

战略市场之一。他们在马来西亚上网电价补贴计划（FiT 计划）下中标了三个装机总容量为 19MW 的太阳能发电项目（以下简称该项目）。

该客户希望获得一份以马币标价的项目贷款，从而为该 19MW 太阳能发电项目提供资金。

渣打银行解决方案：

渣打银行担任该项目的牵头行及对冲银行，为其提供了三份以马币标价的 15 年无追索权高级贷款，以为项目的开发、建设与运营提供资金，项目贷款分期偿还。

双方签订了一份为期 15 年的利率互换协议，以降低贷款项目的利率风险。

关键交易亮点：

该客户将马来西亚视为其主要战略市场之一，此次三个太阳能发电项目是其进军马来西亚市场的第一步。渣打银行有能力为世界顶级公司进军战略新兴市场并发展业务提供支持，这是双方实现合作的第一步。此次三个项目是渣打银行为马来西亚太阳能发电项目提供资金的开端。

（二）太阳能发电项目——担任 25MW 太阳能发电项目融资牵头行

以美元标价

印度

2012 年

客户目标：

此次客户参加了印度国家太阳能计划（NSM）下的国际反向竞拍活动，并中标了两个装机总容量为 25MW 的太阳能光伏发电项目。这两个项目（以下简称该项目）位于印度拉贾斯坦邦境内。客户希望获得一份以美元标价的融资贷款，为该装机总容量为 25MW 的太阳能发电项目提供资金。

渣打银行解决方案：

渣打银行牵头为该客户提供了一份以美元标价的 13 年无追索权高级

长期担保贷款，为项目的开发、建设及运营提供资金，项目贷款分期偿还。渣打银行提供了此次贷款的绝大部分款项，同时担任此次项目的对冲银行与贷款代理银行。

此次贷款包括国际无追索权项目融资中常用的担保抵押（security package）。

通过预先约定包含货币利率交叉互换条款的对冲计划来减小利率风险与货币风险。

此次贷款根据项目融资的特点提供了交叉担保。

关键交易亮点：

此次交易是印度太阳能产业国际项目融资史上的里程碑，为印度太阳能光伏发电项目融资的最佳实践提供了基准，是第一个太阳能光伏发电无追索权融资项目。

经过此次交易，渣打银行成为为印度太阳能光伏发电项目提供无追索权长期贷款的首家国际商业银行。截至当时，印度其他太阳能光伏发电项目要么从当地银行获得贷款，要么从多边机构或出口信贷机构获得贷款。

四、地热项目

地热项目——担任 110MW 地热电站项目融资财务顾问及独家牵头行

以美元标价

印度尼西亚

2007 年至 2010 年

客户目标：

该客户的地热电站位于印度尼西亚，装机容量 220MW，已探明的地热储量 400MW。

该项目拥有印度尼西亚地热资源联合开发运营合同。客户希望渣打银行能为该地热项目的二期扩张工程提供资金支持。

渣打银行解决方案：

2007 年，渣打银行成为该地热项目二期扩建工程（新增装机容量 110MW）美元债券发行财务顾问与独家牵头行。2010 年，渣打银行作为该项目债的联席簿记行，为该项目成功发行了美元高级担保债券。

关键交易亮点：

2007 年的交易不包括政治风险保险或担保方面的要求。当时渣打银行对相关风险及减缓措施进行了详细的调研与分析，审慎考虑后决定不办理此类保费高昂的保险。

渣打银行为一号机组提供了再融资支持，收回一期工程项目债持有人手里的债券，并提前支付了债券票面价值，从而快速回购，为二期工程如期开展做好准备。

渣打银行没有采用按里程碑付款（milestone payments）的方式，而是向项目工程总承包商开立信用证（letter of credit），由工程总承包商为项目建设提供资金支持，其利益与项目建成情况挂钩。

2010 年，尽管市场疲软，发行价略低于指导价，但是客户债券仍吸引到大量认购，达到发行规模上限。

2010 年的债券发行标志着该客户正式进军国际债券资本市场。此次交易是亚洲地区地热能产业内首个高收益交易。

五、水电站项目

（一）水电站项目——担任 250MW 径流式水电站项目融资牵头行

以美元标价

乌干达

2007 年

客户目标：

一乌干达客户拟开发装机容量 250MW 的绿地径流式水电站项目。该项目的开发商为阿迦汗经济发展基金会产业开发部及其合作伙伴赛德全球电力集团（黑石集团旗下公司）。

该项目的融资结构为：70% 的高级债务融资、8% 的次级债务融资以及 22% 的股权融资。

渣打银行解决方案：

渣打银行负责协调拟定各贷款方之间复杂的协议等文本，帮助各方达成一致意见、尽快完成交易。贷款方包括多边机构、开发性金融机构及商业银行。

渣打银行为该项目提供了一份长达 12 年的分期偿还贷款，每半年还款一次。

关键交易亮点：

该项目于 2005 年 12 月与乌输变电有限公司（UETCL）签订了一份长达 30 年的购电合同。乌干达政府为乌输变电有限公司的付款义务提供担保。该项目与 Salini 公司签订了一份固定价格的工程总承包合同。合同约定了一定数额的违约赔偿金，以在工程施工存在任何延误时进行赔偿。

此外，乌干达政府还保证上游设施不会对该项目产生不利影响。

该水电站发电成本约为乌干达现行电价的一半，从而可以降低消费者的用电成本，并减少二氧化碳排放量。

（二）老挝水电站项目——担任联合牵头行及对冲银行

以美元标价

老挝

2005 年

客户目标：

该客户拟在老挝建设一座 1070MW 水电站，希望通过债务融资的方式为该项目筹集三分之二的总工程款。

渣打银行解决方案：

渣打银行担任此次项目的牵头行与对冲银行。

该水电站项目融资结构为：2/3 的债务融资和 1/3 的股权融资。项目同时以泰铢和美元举债，以覆盖项目的预期成本，相关税费由泰国国家电力局承担。

以美元进行的举债包括由九家国际商业银行提供的商业贷款和多个多边及双边开发机构提供的直接贷款。以美元进行的举债都由跨国组织提供泰国与老挝政治风险保险，并得到了出口信贷机构的支持。

此次联合贷款项目复杂且充满各种挑战，历时 14 个月才完成相关手续获得审批；其中，渣打银行充分利用其联合投资网络加快了办理进度。

关键交易亮点：

该项目是老挝境内迄今最大的私营水电融资项目和最大的外国投资项目。该项目从国际商业银行、多边及双边开发性机构获得了大量的高级债务融资支持，是亚洲 1997 年以来国际融资规模最大的独立发电厂项目。

该项目有望通过向泰国出售电力而获得 10 亿～20 亿美元的收入，是迄今为止老挝最大的外汇来源，也是老挝政府财政收入的最大贡献者。

该项目创新性地将开发活动与保护活动及扶贫工作结合在一起，项目很大一部分资金将用于环境保护与社会保障计划。

第九章　日本瑞穗银行绿色信贷案例[①]

第一节　瑞穗与绿色金融

日本瑞穗金融集团认为，对企业的经营和商业活动来说，保持长期可持续发展是必要前提；在获得商业机遇的同时，控制环境和社会风险同样重要。瑞穗金融集团主要通过环境业务、环境减负、环境意识提升、引入赤道原则来应对气候变化相关问题，在建设低碳社会、构建资源循环型社会、保护生态环境方面不断做出努力，履行其环境责任，推动环境可持续发展。

一、瑞穗的环境产业

瑞穗金融集团的环境产业大致分为四个方面。第一，在经济方面，帮助致力于推进环保的企业或减轻环境负荷的企业进行融资；第二，以瑞穗集团的智库——瑞穗情报总研为中心，以丰富的经验以及最前沿的见解为基础，在商业咨询、调查研究方面提供全方位的服务；第三，围绕环境保护开展金融产品的开发和销售；第四，充分利用瑞穗的信息网络及专业知识，致力于制定促进环保的制度并根据实际情况不断更新。

[①]　本章执笔：冈丰树，瑞穗银行（中国）有限公司行长；王旻，日本瑞穗银行东京总行中国业务促进部调查役。

二、瑞穗银行与绿色金融

日本瑞穗金融集团旗下的主要银行——瑞穗银行不仅在日本拥有最多的个人业务网点（约450家分支行），同时通过海外业务、公司业务和项目融资等方面的金融服务，与日本70%以上的日本大企业、跨国企业建有合作伙伴关系，为它们提供跨境跨界的金融服务。瑞穗银行通过绿色信贷、绿色金融产品创新、引入碳排放交易制度以改善生态环境等几方面推动所在国的经济可持续发展。

（一）绿色信贷

日本瑞穗银行为了向致力于推进环保的企业提供金融层面的帮助，不仅推出了传统金融工具，同时还为太阳光发电、太阳热发电、风力发电等与环保相关的项目提供贷款，从各方面推动环境保护。瑞穗银行将其在项目融资中的经验积极运用到对太阳光发电、太阳热发电、风力发电等可再生能源产业的融资中，大型的开发项目需遵循"赤道原则"以确保对环境的保护。

相关案例包括瑞穗银行2008年的西班牙太阳光发电项目、2009年支援保加利亚普及可再生能源项目、2010年韩国秦岐山风力发电站项目、2011年西班牙太阳热发电项目、2013年开始通过项目融资以及基金支持太阳能产业发展、2014年开始致力于在海外建设地热发电站项目等。

（二）绿色金融产品创新

日本瑞穗银行为了向致力于推进环保的企业提供金融层面的帮助，开发了创新金融工具，从各方面推动环境改善。

对"实施环保经营"或者"积极地想要改善环境问题"的企业，在实施"以改善环境为目的的设备投资"时，针对这类企业提出的运转资金和设备资金的需求，瑞穗银行提供低于规定利率的环保融资产品——"瑞穗环保助手"以及环保公司债工具——"瑞穗环保私募债"。

从 2011 年 3 月起，瑞穗银行开始使用瑞穗独立开发的评价体系——"瑞穗环保等级"来评价客户的环境绩效，根据评价结果设定融资、发行的条件，提供"瑞穗环保助手'＋'"及"瑞穗环保私募债'＋'"。

"瑞穗环保等级"是瑞穗信息综合研究所开发的用于评价客户环境绩效的模型。以企业对环境的可持续保护作为评价的基本准则，项目实施后进行 3 年跟踪调查，从"风险"和"机遇"两个方面展开评价。

此外，瑞穗银行为了支持个人客户低碳消费，针对以太阳光发电等绿色住宅改造，或新建、新购绿色住宅，以及购买清洁能源汽车等为对象的贷款调低贷款利率。

（三）通过碳排放交易制度促进生态循环

瑞穗可以提供与日本碳排放信用额度系统（J–Credit Scheme）相关的各类环境产品及服务。"瑞穗生态循环"（见图 9－1）是指瑞穗提供的上述产品和服务不仅仅局限于企业的环境经营以及环保相关产业，还会将产品和服务拓展到注重环境问题的个人客户，将削减 CO_2 排放量的责任扩展到全社会。

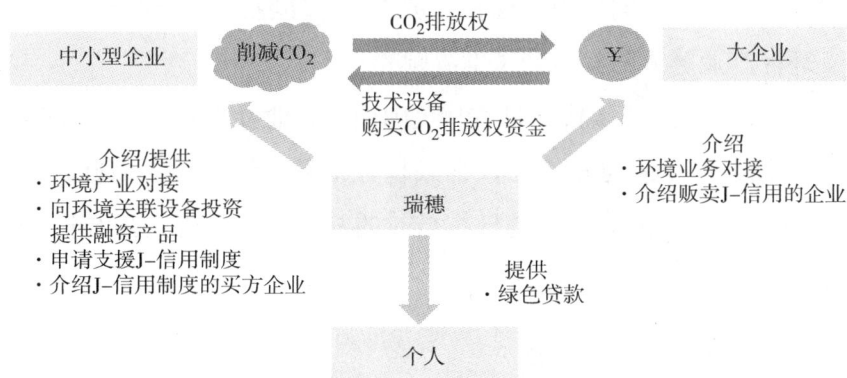

资料来源：日本瑞穗银行可持续发展室。

图 9－1　瑞穗生态循环

第二节　瑞穗银行与赤道原则

瑞穗金融集团主要通过环境业务、环境减负、环境意识提升、引入赤道原则等方面来履行其环境责任，推动环境可持续发展。下面主要介绍瑞穗银行环境金融业务中赤道原则的落实机制。

2003 年赤道原则推出之际，日本媒体便在日本国内积极倡导赤道原则理念。日本瑞穗银行（原日本瑞穗实业银行）切身体会到环境风险所导致的未来市场压力；同时，采纳赤道原则对项目融资业务发展也有益，能够让其与欧美竞争者站在同一起跑线上，并能让其在国际银团贷款竞争中凭借其作为赤道银行的优势担任环境银行角色。瑞穗银行率先于赤道原则推出的当年 10 月便宣布采纳赤道原则，成为日本及亚洲第一家赤道银行。

日本作为世界第二大经济体，曾是世界上污染最严重的国家，其百年工业革命在创造巨大物质财富的同时也造成了严重的环境危害，走过了一条先污染后治理、以牺牲环境换取经济增长的道路。从 20 世纪 60 年代开始，日本进行了不懈的环境治理和保护工作，环境立法、规划建设、循环经济、环保产业等方面都达到了世界领先水平。

此外，20 世纪 70 年代，日本从美国引入企业社会责任理论，20 世纪 90 年代初社会责任活动开始在日本兴起并得到广泛传播。因此，瑞穗银行于 2003 年采纳赤道原则，是日本当时的社会环境和经济发展阶段的必然产物。

一、赤道原则管理体系

日本瑞穗银行赤道原则管理体系的特点是金融产品推动型，更多体现在产品设计层面，这与日本相对发达的经济发展背景、相对普及的环保意识有密切关系。瑞穗银行负责推动和实施赤道原则的可持续发展室设置在全球产品事业板块下的项目融资部（现称全球结构融资部），是全球结构融资产品前台的重要部门，业务审查范围仅限于对符合新巴塞尔协议规定的项目融资的环境与社会风险审查，不涉及其他业务品种的环境与社会风险管理。

瑞穗银行善于通过良好的制度建设和工具开发来开展赤道原则合规审查，编写了《赤道原则内部实施手册》，并制定了覆盖其业务范围的35个行业实施细则。

瑞穗银行将赤道原则合规性审查纳入产品前台的尽职调查环节，强调环境社会风险审查工作应与财务、法律、市场、技术等尽职调查同步进行，对于存在严重影响的项目，奉行环境先行原则，环境社会尽职调查甚至早于其他尽职调查流程优先开始。

二、采纳赤道原则实施评估的中日比较

日本属于高收入的经济合作与发展组织（以下简称经合组织，OECD）成员国（截至2015年9月共32国加入OECD），拥有全球最严格和最完善的环境立法。根据赤道原则规定，高收入经合组织成员国的东道国法律可以等同国际金融公司（IFC）《环境和社会可持续性绩效标准》以及世界银行集团《环境、健康和安全指南》；瑞穗银行在日本国内开展的项目融资满足日本环境法规即可视为遵守赤道原则。采纳赤道原则对瑞穗实业银行的日本国内项目融资没有任何影响，瑞穗银行将赤道原则运用于海外项目融资，相对来说实施过程中不存在本国法律和赤道原则标准差异问题。

对于中国而言，中国尚未加入OECD，国内环境社会标准与《环境和社会可持续性绩效标准》和《EHS指南》存在一定差距。尤其在拆迁、土著居民、社区规划、劳动安全等方面的法律法规较为落后，当兴业银行客户聘请第三方专家开展项目环境社会风险评估时，容易因适用规范或标

准不同而产生歧义。面对环境社会规范的中外差异，中国的银行需要平衡环境和社会规范的中外差异，并向客户做好沟通和解释工作，这在一定程度上增加了工作难度和客户沟通成本。

实施赤道原则要求客户聘请第三方独立评价机构开展环境社会风险评估、建立征询和投诉机制、建立行动计划等，这些都将在某种程度上增加客户的项目成本。

瑞穗银行和兴业银行分别作为日本和中国第一家赤道银行，在说服客户遵守赤道原则方面均需要付出比国内其他非赤道银行更大的努力。但从客户结构而言，瑞穗银行海外项目融资的客户多为优质跨国企业等大型公司，这些客户自身已有完善的环境社会风险管理体系，都能较好地理解和接受实施赤道原则理念和要求。而我国银行的大多数项目融资客户对赤道原则知之甚少，虽然目前已在大力推广和普及可持续发展意识和理念，但是在说服客户增加额外成本采纳赤道原则、开展环境和社会评估工作方面仍需要开展大量的沟通解释工作，甚至需要对客户进行专门的培训和教育，相对来说工作压力及难度也更大。

三、赤道原则落实机制

从瑞穗银行的实践经验来看，采纳赤道原则不但没有限制业务发展，反而凭借积累的环境管理经验增强了业务竞争优势，大大促进了项目融资业务开展，获得了更多的商业机会和效益。瑞穗银行 2008 年度全球项目融资规模达 53.28 亿美元，其担任牵头行的项目融资规模排名全球第 3 位，较 2003 年采纳赤道原则之初上升了 15 位。

瑞穗银行可持续发展室不仅承担项目融资的环境社会风险审查工作，同时也为业务营销团队提供咨询和营销支持。在大型项目融资前期拓展中，业务团队往往邀请可持续发展室向客户介绍赤道原则实践经验和环境风险管理能力，以增强业务竞争优势，争取新的商业机会。

　　此外，瑞穗银行采纳赤道原则后，采用科学的筛选工具选择优质项目，并依靠先进的内部管理流程监督项目的实施，避免不必要的损失。因此，如何在项目融资业务过程中科学地开展环境与社会风险管理，同时通过赤道原则的门槛效应加快融入国际项目融资市场，促进业务发展，应成为新兴赤道银行重点研究和持续完善的一项工作。

　　特别是在项目融资领域，瑞穗银行采取了以下审查程序（见图9-2）。

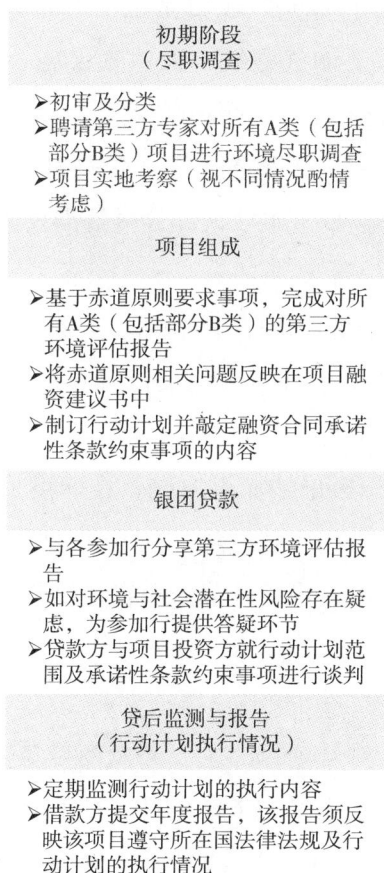

初期阶段
（尽职调查）

➤初审及分类
➤聘请第三方专家对所有A类（包括部分B类）项目进行环境尽职调查
➤项目实地考察（视不同情况酌情考虑）

项目组成

➤基于赤道原则要求事项，完成对所有A类（包括部分B类）的第三方环境评估报告
➤将赤道原则相关问题反映在项目融资建议书中
➤制订行动计划并敲定融资合同承诺性条款约束事项的内容

银团贷款

➤与各参加行分享第三方环境评估报告
➤如对环境与社会潜在性风险存在疑虑，为参加行提供答疑环节
➤贷款方与项目投资方就行动计划范围及承诺性条款约束事项进行谈判

贷后监测与报告
（行动计划执行情况）

➤定期监测行动计划的执行内容
➤借款方提交年度报告，该报告须反映该项目遵守所在国法律法规及行动计划的执行情况

资料来源：日本瑞穗银行可持续发展室。

图9-2　瑞穗银行项目融资审查程序

第三节　瑞穗银行印度尼西亚天然气项目案例[①]

一、案例背景

（一）项目开发地区情况

印度尼西亚唐古（Tangguh）项目是位于巴布亚省海湾地区的海上天然气开发项目，包括海上输气管线、天然气设施、天然气罐终端建设运营，项目总资金约 70 亿美元，探明埋藏储量为 14.4 万亿立方米，年产量 760 万吨天然气。该项目涉及森林采伐（包括红树林）、海洋生态影响，并直接影响当地 8 个村落日常生活，部分村落需要搬迁。

（二）赤道原则采纳情况

《赤道原则》是金融机构用以评估和管理项目融资领域涉及环境和社会的风险管理指南。2003 年日本瑞穗银行（原日本瑞穗实业银行）成为亚洲第一家赤道原则采纳行（全球第 18 家。截至 2016 年 2 月底全球共 83 家采纳行）。瑞穗银行积极采纳赤道原则，在印度尼西亚唐古天然气项目中充分考量该项目的社会和环境风险，在融资合同中规定了相关承诺性条款，要求借款方必须采取适当措施降低潜在性风险。

二、案例内容

印度尼西亚唐古天然气项目的主要开发商是英国石油集团 BP 印度尼西亚法人，多家日本企业也参与了该项目。日本瑞穗银行和国际合作银行（JBIC）、亚洲开发银行（ADB）等国际金融机构分别于 2006 年 8 月和 2007 年 11 月分二期对该项目进行了 35 亿美元银团贷款。2009 年 3 月，

---

① 本节执笔：广濑俊，日本瑞穗银行东京总行中国业务促进部部长；武泽弘贵，日本瑞穗银行东京总行中国业务促进部次长。

该项目天然气管道开始投入运行。在实施融资时，瑞穗银行采纳赤道原则评估标准，对环境保护及降低当地社会影响起到了积极作用，提供了标杆示范。

三、积极成效

（一）发挥赤道原则的项目评估优势，深度保护周边环境

印度尼西亚唐古天然气项目在海上建设钻井平台，不仅对周边海域的海洋生物产生影响，还对湾区沿岸红树林进行采伐。红树林是当地沿海生物食物链组成的重要环节，采伐红树林不仅直接影响生态环境，还对周边村落赖以生存的渔业产生深刻影响。另外，该项目的陆上征用土地计划需要当地居民搬迁，有8个土著村落居民的生活直接受到影响，被称为"神圣的土地"的文化遗产也受到影响。

前期评估阶段，以赤道原则的评估标准对项目所引发的环境及社会影响进行评估。赤道原则在不同国家和地区的项目适用程度不同（见表9－1）。

表9－1　　　　　　　　　赤道原则适用程度

适用标准	项目所在地	
	经合组织（OECD）高收入经济圈国家	非经合组织（OECD）非高收入经济圈国家
1. 项目所在国的社会、环境法律法规及其他许可制度	√必须适用	√必须适用
2. 国际金融公司绩效标准（IFC Performance Standards）	×非绝对标准，但适用于特定情形	√必须适用
3. 世界银行集团环境、健康与安全指南（EHS Guidelines）	×非绝对标准，但适用于特定情形	√必须适用

资料来源：根据赤道原则网页，日本瑞穗银行整理。

根据赤道原则一的要求，金融机构在评估每一个项目融资交易的环境与社会影响时均须按如下标准将项目分为A、B、C三类（见表9－2）。

表9-2　　　　　　　　　　　　赤道原则项目分类标准

分类	分类标准	项目潜在性影响
A 类项目	有可能对社会或环境造成多种多样的、不可逆转的或前所未有的重大负面影响项目	➢ 对物种多样性、自然栖息地和文化遗产产生重大影响 ➢ 对当地居民生活产生重大影响（土地征用、非自愿性迁移、土著居民等） ➢ 综合性重大影响（单一影响不足以分类为 A 类项目，累积各原因后其影响相当于 A 类项目）
B 类项目	有可能对社会或环境造成一定程度的负面影响的项目，对环境造成的影响较小，基本上只覆盖当地地区，多数情况下可以逆转，并且通过缓和措施容易得到改善	➢ 与 A 类项目相比影响相对有限 ➢ 项目影响基本限于项目所在区域，可通过公害防治设备等技术性措施予以改善
C 类项目	对社会及环境造成的影响程度极小或不造成影响的项目。除初审以外，不必对此类项目采取任何其他措施	➢ 环境或社会影响轻微，基本无恶化迹象

资料来源：根据赤道原则网页，日本瑞穗银行整理。

（二）突出"融资管理"特色，探索降低负面影响之路

根据赤道原则的要求对项目进行评估后，制定相应措施和管理计划。应对顺序依次为：设法避免、最大程度降低、补偿或抵消。将项目负面影响降低，并通过绩效标准管理实施监测。赤道原则在项目融资阶段的具体应用见图9-3。

（三）前期评估后充分沟通制定措施，贷后监测提高公平公正性

银团贷款主办银行和企业、当地政府分别委托第三方环境评估机构编制前期评估报告，之后主办银行和企业、当地政府就项目对生态环境、社会等方面的影响充分交换意见，制定相应措施。有力地保障项目的融资和

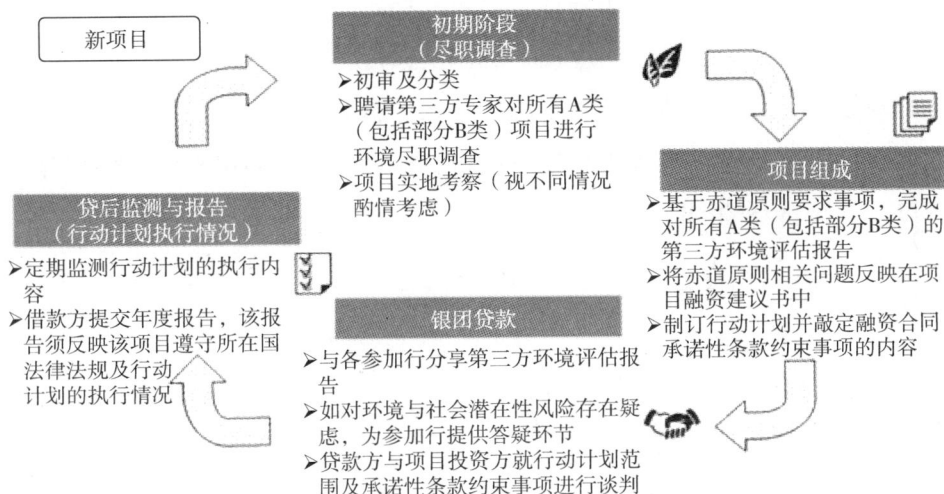

资料来源：日本瑞穗银行。

图9-3　赤道原则的要求在项目融资阶段的应用

后续实施，加深银行与企业、当地政府居民的合作关系。通过措施扶植当地农业、渔业加工，加快电力设施建设，促进了当地经济发展。[①]

四、案例启示

（一）采纳赤道原则标准评估，降低项目对环境和社会的影响

赤道原则确立了项目融资领域环境与社会风险评价机制的框架，逐步成为项目融资领域的国际通用标准。瑞穗银行在印度尼西亚唐古天然气项目融资中采纳赤道原则标准，充分降低了该项目融资的环境和社会风险，并通过采取全球统一标准，提高了国际认可度。

（二）主办银行和企业，当地政府居民，共同协调推进项目进展

为推进项目实施，由主办银行牵头在赤道原则框架下，银行和企业分别指定环境评估机构对项目进行了事前风险评估，并通过公正的第三方指

[①]　殖田亮介，日本瑞穗银行跨国项目融资营业部跨国环境室室长。

标对项目融资进行贷后定期评估，监督管理。

赤道原则在该项目中的应用，加深了银行与客户在对环境风险管理领域的对话，更大程度地保护了生态环境和受影响社区的权益。另外，赤道原则的公平透明性也有利于采纳行将自身在环境领域的声誉风险降到最低程度，提高自身的国际认知度。

第十章　国际金融公司绿色信贷案例[①]

国际金融公司（IFC）是世界银行集团成员组织，其战略重点之一是解决气候变化问题，确保环境和社会可持续性。IFC 的"可持续性框架"（包括《环境和社会可持续性政策》、《环境和社会绩效标准》和《信息获取政策》）以及相关工具在前面章节已有详细阐述。本章主要通过若干案例，介绍 IFC 在环境和社会问题处理上的实践经验、在绿色信贷领域的机制创新，以及在信息披露和环境社会绩效成果测量系统上的探索。

第一节　智利潘戈水电站项目

国际金融公司（IFC）早在 20 世纪 90 年代就开始参与智利潘戈（Pangue）水电站为期十年的建设事务。该项目引起了一系列的争议，大大影响了 IFC 处理环境与社会问题的方式。在 IFC 历史上没有任何一个项目能像潘戈水电站项目一样引起如此多的争议，并对 IFC 公司制度改革产生如此深远的影响。

针对潘戈水电站项目，IFC 的合规顾问办公室（CAO）收到两项正式投诉，之后时任世界银行行长詹姆斯·沃尔芬森针对项目开展独立审查，该项目受到大量非政府组织（NGO）长达十年的密切关注。因为该项目，

[①]　本章执笔：何懿伦，国际金融公司金融机构局—气候变化融资及咨询业务中国区负责人与银行业专家；张殿军，国际金融公司气候变化融资及咨询业务高级技术专家；郭昊，国际金融公司气候变化融资与咨询业务项目官员；郭沛源，商道融绿董事长、商道纵横共同创办人兼总经理、中国金融学会绿色金融专业委员会理事；刘玉俊，商道融绿高级分析师。本章部分内容翻译整理自国际金融公司公开资料。

IFC 在员工时间、公共关系、法律与顾问费用上花费了几百万美元，付出了巨大的代价。对于 IFC 管理层及员工而言，这是一个充满困难的项目，项目中的很多经验教训非常有价值。

正是通过潘戈水电站项目，IFC 从公司制度上加强了其解决环境与社会问题的能力，其中最显著的措施包括成立 IFC 环境与社会发展部、采用安全保障政策、制定严格的环境与社会项目审查程序、成立了合规顾问办公室。这使得环境与社会可持续性成为 IFC 公司业务的支柱。潘戈水电站项目被称为 IFC 的经典案例，让公司内部员工从 IFC 的角度了解潘戈水电站项目的关键点，以确保参与潘戈水电站项目的经验教训能够让更多的员工了解，帮助 IFC 可持续发展。

一、项目实施

IFC 同意向潘戈水电站项目提供项目融资，项目建设时间为 1993 年至 1996 年。潘戈水电站大坝是比奥比奥河上的第一个大型水坝。根据西班牙国家电力公司（ENDESA）在 20 世纪 80 年代末披露的概念规划图显示，该公司计划再额外建设五个水坝，其中一个就是装机容量为 570MW 的拉尔科（Ralco）水力发电储存设施。尽管存在诸多争议，西班牙国家电力公司仍于 1998 年在潘戈水电站上游约 13 英里处修建了拉尔科水电站，该水电站完全由西班牙国家电力公司所有，没有获得 IFC 的任何资金支持。

比奥比奥河流域是当地佩文切人（Pehuenche）的居住区，潘戈坝会导致 450 公顷土地被淹没，53 人被重新安置。相比世界各地 50 个水电站项目产生的直接影响（以每兆瓦泛洪面积与重新安置人员的数量衡量），潘戈水电站项目是世界上产生直接影响最小的水电站项目之一。但是，IFC 在此次项目中的经验表明，参与融资项目的直接影响大小并非是衡量项目复杂程度的标准。围绕潘戈水电站项目产生的争议中，大部分是项目建设的间接影响以及西班牙国家电力公司计划建设的包括拉尔科在内的水电站项目所产生的累积影响。

无论项目工程质量如何，水电站项目都不受欢迎，NGO 多年来一直反对建设大型水坝。一些水电站项目，包括中国长江三峡大坝与印度讷尔默达河（Narmada）大坝项目，引起了世界银行的关注。1992 年，IFC 就潘戈水电站项目提请董事会批准时，受到了关注该项目的智利及国际 NGO 的极力反对，以环境与社会问题为由要求 IFC 不要向该项目提供资金。

二、四大挑战及相关的经验教训

潘戈水电站项目面临了大量的各式各样的挑战，主要可以分为四大类。每一类挑战都显示了 IFC、项目出资人以及其他利益相关方在项目过程中遇到的问题的广泛性与复杂性。IFC 从每一个挑战中都总结出了很多经验教训。

（一）挑战 1：间接影响

有 14 个当地家庭居住在潘戈水电站水库边的 El Avellano，潘戈水电站项目的建设就涉及这些家庭所拥有的土地问题。为了减小该项目的"直接影响"，只有处于水库淹没地区的 8 户人家（53 口人）被迁至其他地方。但是，留在 El Avellano 的家庭受到了"间接"影响：由于土地价格上涨，他们面临被驱除的危险。IFC 当时的评估与监测程序不能很好地解决这些问题，IFC 及项目出资人因此面临了很大的挑战。之后的实践表明，识别并管理间接影响对避免出现类似的风险与声誉损失是多么的重要。

经验教训：

1. 大型开发项目会影响土地价格。这个问题在项目评估阶段就应该得到系统性的解决。当项目所在地土地登记制度不完善和/或当地有土著居民或弱势群体时，尤其需要重视。

2. 间接影响对 IFC 及出资人的声誉损害不亚于直接影响。因此 IFC 与出资人双方应共同预估项目可能存在的所有风险，并积极主动地采取措施应对这些风险，这对双方而言都是有利的。

3. 项目中不可避免地会出现新的、无法预测的风险，因此 IFC 与出资人应提前商定好解决方案。IFC 与其客户从一开始就应达成共识，投资协议中未提及的环境与社会问题一旦出现该如何解决，这一点非常重要。

4. 意外情况发生后，应与受影响群体沟通。直接与受影响的群体磋商沟通是至关重要的，可以帮助找到各方都可接受的有效解决方案。

5. 选择愿意承担环境与社会责任的出资人。如果 IFC 与出资人在环境与社会问题上存在不同的观点、利益主张与解决方式，要处理这些问题就变得特别复杂。因此选择与 IFC 拥有相同的价值观并愿意承担环境与社会责任的出资人，这一点是非常重要的。客户必须清楚，IFC 可能会要求就他们造成的问题提供解决方案。

（二）挑战 2：累积影响

累积影响评价（CEA）被用于解决西班牙国家电力公司未来在比奥比奥河上建设其他水电大坝时会产生的潜在影响。尽管 IFC 没有为西班牙国家电力公司的拉尔科项目提供资金支持，但还是因为参与了潘戈水电站项目而在争议中备受指责。

经验教训：

1. IFC 在项目评估阶段，必须了解其投资影响区域内其他项目及活动产生的潜在影响。必须详细了解出资人的长期计划，并在项目评估时从战略上进行慎重考虑。

2. 当 IFC 在项目中的影响力最大时，必须在项目评估阶段进行累积影响评价。IFC 在决策时必须采用累积影响评价对项目的环境与社会问题作出评估。累积影响评价过程中，应与相关的人员协商，设定项目的时间跨度和空间范围、就对项目展开累计影响评价达成一致、确定项目数据收集与分析方法。

3. 累积影响评价要求可使 IFC 在产业开发研讨会上引起东道国的注意，从而在决策时考虑 IFC。累积影响评价的目的是评估某项投资及未来潜在项目产生的环境与社会影响，而非质疑东道国政府部门未来相关产业投资决定。IFC 参与一个项目时，可能会夹在中间受气。因此在制定累积影响评价指南时应格外谨慎。IFC 编制累积影响评价指南的过程中，应将收集、分析、综合整理后的某些项目经验加进去。

（三）挑战3：社区发展增值项目

佩文基金会（Pehuen Foundation）① 独特的设计特色支撑着其宏大的社区发展目标。这些设计特色包括代表治理机制、出资直接与项目盈利挂钩、参与式设计及独立评估等。这些相对于当时通用的标准与指南而言是非常前沿的。

然而，尽管 IFC 及出资人的出发点是好的，且项目存在诸多创新点，但佩文基金会还是成为了众人指责的对象。问题出在佩文基金会项目的实施上。这个挑战表明社区发展与社会弱势群体需求存在矛盾时，项目会面临诸多挑战。尽管 IFC 试图超越标准要求为项目创造附加值，但还是出现了一些意想不到的问题。

经验教训：

1. 社会发展增值项目要求项目各方信守承诺、持之以恒地监管与监督，这是保证项目取得成功的关键。可持续发展项目的潜在回报是显而易见的，只有 IFC 及项目出资人不断努力、信守承诺，才能最终取得成功。为此，IFC 需配备特定的专业人员定期对社区发展增值项目进行审慎监管与监督。

---

① 佩文基金会由西班牙电力集团智利分公司的子公司——潘戈水电公司于 1992 年设立，致力于比奥比奥河流域潘戈及拉尔科水电站附近的佩文切人的社区发展，提高佩文切人社区生活质量。

2. 社区发展增值项目进行中期开展评估活动是有效评估项目有效性的手段。社区发展项目需要不断摸索，可能经常出现差错、遇到挫折，需要总结教训。在项目过程中开展评估，有利于了解项目进展，并针对性地提出调整措施。评估应纳入项目设计中，且项目受益人应参与到评估过程中。

3. 当地人的价值观与需求可能与项目的良好出发点有所不同。不要想当然地认为"可持续性"与"能力建设"也是贫困地区人民的首要追求。参与式开发过程产生的结果可能与项目预期发展目标以及当地人的期望大相径庭甚至完全相反。应当了解当地土著群体的领导制度，并有相应的机制确保清晰准确地了解他们的期望。

4. 关注弱势群体，确保他们从项目实施中获益。要求项目受益人共同"出资"或以其他形式支持项目，以分享项目所有权和责任，这种做法在某些情况下可能使最弱势的群体被排除在项目之外。因此投资人需要格外关注弱势群体，确保他们从项目中获益。

5. 让受影响群体实质性地参与项目建设过程这件事说起来容易做起来难。在实际项目中，因为距离、交通、沟通机制及识字率等问题，要与当地受影响群体沟通磋商是非常困难的事。因此，在项目规划的最初阶段就应该将这些困难考虑进去，以确保以最小的压力使当地受影响群体有效地参与到项目开发过程中。

6. 强有力的承诺提高当地人的能力是至关重要的。要使当地受影响群体和弱势群体有效地参与到项目开发过程中，IFC 与出资人就应该花费时间和精力培养他们。设计社会发展项目时，不要想当然地认为这些群体有能力或意愿参与到外部强加的决策结构中。因此，投资人需要采取循序渐进的方式，与他们沟通，并在项目过程中为他们提供相关的培训。

（四）挑战 4：信息披露

信息披露是对潘戈水电站项目方方面面都有影响的主要因素。IFC 在参与潘戈水电站项目建设过程中，不断完善其环境与社会审查程序及信息披露政策。每一次改版，IFC 的信息披露标准都会提高，IFC 与出资人在项目环境与社会绩效的研究、评估结果与报告的公共知情权方面面临的挑战也越来越大。需要注意的是，随着潘戈水电站项目的开展，IFC 在处理环境与社会问题的方法上也是"实时"跟进的。

经验教训：

1. 有限的或片面的信息披露经常会造成更多的问题，甚至会模糊项目的优势。因为信息披露不充分，IFC 与出资人错失了向公众展示其在解决环境与社会问题方面所做努力的良机。有限的或片面的信息披露无法满足公众对信息的需求，且会给公众留下这样一种印象：IFC 及项目有事瞒着我们。

2. 信息披露与信息透明度在理论和实践上同样重要。透明度决定信任度。原则上，项目信息的披露比文件内容本身更重要。应与项目出资人商定一种最佳的信息披露方式。

3. 所有与环境和社会问题相关的文档都应该披露。IFC 应与项目出资人提前商定好，在不涉及商业机密的情况下，向公众完全披露与环境和社会问题相关的所有文件，包括评估文件与审计文件。

4. IFC 应该明白，"客户机密"不能成为信息披露的障碍。IFC 应在保护商业机密和披露相关环境与社会问题方面做好平衡。

5. 不要在需要知道时才披露信息，而是应该主动共享信息。如果 IFC 的工作就是为当地创造附加值，IFC 就应该通过让公众知道其在创造附加值方面做了哪些努力，这一点是至关重要的。因此，不能在需要时才披露信息，而是主动共享信息，不论是对内部相关方还是对外部公众。

6. 信息披露本身就是一个开发影响因素。当地社区和其他利益相关方获取相关信息后，才能有能力参与到项目的开发过程，并与其他利益相关方建立合作关系。同时还有利于明确各方的责任。

第二节　节能减排融资项目（CHUEE）

一、CHUEE 项目综述

（一）项目简介

2006 年，为应对全球气候变化，应中国财政部的要求，IFC 设计了中国节能减排融资项目[①]（CHUEE）。自成立至今，CHUEE 项目得到了全球环境基金、芬兰政府、挪威政府和中国财政部的支持。

该项目是一个应对中国能源和环境挑战的新型市场化解决方案。CHUEE 项目的启动实施使中国经济中的主要各方——银行、公用事业公司、政府部门以及能效设备和服务供应商——得以第一次携起手来，开创了一种可持续金融的模式，通过能效和可再生能源项目的实施，这个模式成功地减少了温室气体的排放并促进了经济的可持续发展，成为商业化典范。

CHUEE 项目的主要目标是：

1. 支持国内商业银行对节能减排项目融资，实现可持续发展；

2. 推动国内商业银行采取"风险定价融资"的贷款方式，提高合作银行在项目贷款的开发、审核和后期管理等方面的能力，协助商业银行深入能效融资市场；

3. 改善能效和可再生能源项目的外部融资环境；

4. 实现每年 2000 万吨二氧化碳及其他温室气体的减排；

5. 推动中国"绿色金融"的深入开展；

6. 拓宽私营企业能效和可再生能源项目的融资渠道。

---

① 2016 年更名为气候变化融资及咨询业务。

（二）项目结构

银行业对节能减排所起的作用十分关键。许多能效和可再生能源项目需通过银行获得资金，才能完成项目建设。为推动此类融资，CHUEE 项目为银行的能效和可再生能源项目贷款提供担保，分担部分财务风险。CHUEE 项目还帮助银行评估能效和可再生能源行业的风险和商业机会。IFC 同时也向其他项目合作伙伴提供必要的支持。图 10 - 1 为 IFC CHUEE 项目结构图。

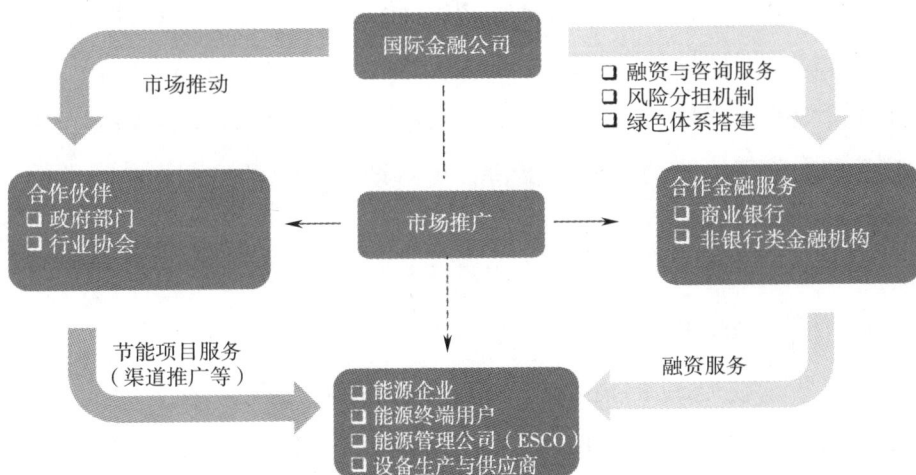

图 10 - 1　IFC CHUEE 项目结构图

（三）项目影响

1. 商业银行

截至 2016 年 8 月，CHUEE 项目下有 8 家国内银行，分别是兴业银行、北京银行、上海浦东发展银行、江苏银行、南京银行、上海银行、日照银行、中国农业银行。IFC 在 2006 ~ 2015 年，为其中的七家商业银行提供了风险分担机制，即对于加入能效和可再生能源融资组合的所有贷款，由 IFC 承担一定比例的损失，减轻银行的信贷风险。在 IFC 的支持下，CHUEE 项目的合作银行建立自己的可持续融资产品，从而扩充其产品线，吸引新客户。CHUEE 项目帮助银行提高销售、实现信贷组合的多样化。此外，CHUEE 项目帮助银行建立绿色金融业务以支持绿色项目发展，更好地履行企业公民的社会责任，从而为中国的节能减废和环境改善作出自己的贡献。

2. 中小企业

企业投资能效和可再生能源项目，不仅可实现温室气体减排，更可以通过提高盈利能力和效率增强竞争力。

鉴于 CHUEE 项目的成功经验，2012 年到 2014 年，IFC 设计了服务于中小企业的节能减排融资项目（CHUEE SME），专注于支持商业银行向中小企业发放能效贷款，并第一次将水效纳入项目范畴。该项目得到了中国财政部和全球环境基金的资金支持，项目期间与包括兴业银行、北京银行、上海银行以及南京银行 4 家商业银行合作，解决中小型企业的融资困难。

3. CHUEE 与省财厅的合作

2013 年，在财政部清洁能源基金及相关省财厅的大力支持下，CHUEE 团队推出了"CHUEE 省项目"（CHUEE Provincial）合作模式。该模式通过 IFC、财政部清洁能源基金、省财政厅和城市商业银行间的合作，充分发挥项目各参与方的优势。省财厅的直接参与大力支持了地方银行的深度参与，运用市场化手段撬动社会资本支持节能减排，创新了财政资金支持节能减排的方式。CHUEE 项目通过该模式成功地推动了江苏省江苏银行和山东省日照银行在绿色金融业务方面的快速发展。

4. 政府部门

IFC 已与财政部建立了伙伴关系，推广能效和可再生能源行业中的商业机会。为推广绿色金融，IFC 计划与国家和省市级的一些政府部门展开合作。IFC 通过提供全球和各地区的经验，帮助政府部门实现节能环保指标。有了政府部门的强有力支持，IFC 还可以制订高效的行动方案，帮助开发更多的能效和可再生能源项目、提高市场的认识程度、深化人们对于能效和可再生能源市场的理解。

5. 行业协会、设备供应商、能源管理公司（EMC 和 ESCO）

能源管理公司为客户提供设计和实施能效项目的咨询服务。IFC 与其合作银行携手能源管理公司促进知识分享和行业经验交流。IFC 已帮助合作银行与数家大型能效和可再生能源设备供应商建立合作关系。利用这种合作关系，银行可以更好地营销能效/可再生能源贷款，分散风险，复制业务模式。此外，CHUEE 项目撰写并发布一系列能效和可再生能源的商业案例研究，帮助这些市场合作伙伴为其客户创造更大价值。

（四）适用的项目类型

CHUEE 项目适用于可再生能源发电、设备升级、节能、能效提高及相关服务。具体包括但不限于以下行业及领域：

1. 余热回收利用；

2. 工业工艺改造；

3. 节电项目；

4. 工业锅炉改造；

5. 以清洁燃料替代煤或油料；

6. 建筑节能与绿色建筑；

7. 可再生能源；

8. 节水与提高水效项目；

9. 循环经济类项目；

10. 其他与气候变化相关的项目。

二、北京德青源沼气发电工程项目

（一）项目概要

项目名称：北京德青源农业科技股份有限公司健康养殖生态园沼气发

电工程项目

项目总投资：该项目总投资 4977.2 万元

能效贷款总额：1600 万元

CO_2 减排：8.3 万吨/年

贷款周期：5 年

贷款银行：兴业银行

项目地址：北京市延庆县

（二）项目实施

北京德青源农业科技股份有限公司（以下简称德青源农业）成立于 2000 年，是一家致力于引领农业产业化、为消费者提供高品质绿色食品的生态农业企业，其投资者包括 IFC 和全球环境基金。

德青源农业的生态养殖场每年产生大量鸡粪，若不能有效处理，将成为危害严重的污染源；而同时，这些废物又是一个蕴含巨大能源和肥料生产潜力的生物质资源。公司于 2006 年开始论证，设计沼气发电项目，这个变废为宝的计划得到了 IFC 和当地政府的大力支持。

2007 年 10 月，兴业银行北京分行批准了德青源农业一笔 1600 万元的五年期能效贷款的申请，用于支持企业在建的沼气发电项目。这是在 IFC 中国节能减排融资项目（CHUEE 项目）框架下发放的第一笔针对农业企业的能效项目贷款。同时，企业将把该沼气发电项目作为一个清洁发展机制项目在联合国进行登记，并将把此项目产生的已核准碳减排量出售给 IFC—荷兰碳基金。

德青源农业养殖场鸡蛋存栏量为 300 万个，其日产 212 吨鸡粪和 318 吨污水将作为生成沼气的原料，通过沼气综合利用工程，每年可产生 700 万立方米沼气。这些沼气通过专用供热电联合机组发电，年发电能力将达 1400 万千瓦时。

1. 良好的经济效益

德青源农业沼气发电项目除能满足养殖场全年用电需求外，富余电量还将销售给国家电网，年可实现售电收入 798 万元。由于该发电机组排烟余热被利用于对沼气发酵罐保温，并向蔬菜大棚及办公楼供暖，企业还将减少供热支出约 273 万元。

2. 节能减排和环保效益不容小觑

沼气发电项目将实现鸡粪无害化处理，每年减少二氧化碳排放达 8.3 万吨。沼气装置每年产生的 15 万吨沼液、6600 吨沼渣，将作为有机肥料，用于周边约 1 万亩果树、蔬菜和 2 万亩玉米种植，并有助于降低农作物的种植成本，提高产品售价。

3. 实现企业与当地社区可持续和谐发展

德青源农业的养殖场每年可消化延庆地区生产的玉米 6 万吨，可确保当地农民获得稳定的玉米销售收入 7000 万元，此外，企业已与当地政府联合开发新型农村住宅，将向集中迁居的农户厨房和生活采暖提供廉价清洁能源。沼气发电项目的实施可望进一步增强企业与当地农村社区的联系，带动开发周边农村有机农业和循环经济，实现企业长期和谐的可持续发展。

（三）德青源从沼气发电项目受益

1. 产生沼气：700 万立方米/年

2. 发电能力：1400 万千瓦时/年

3. 用电成本降低：从上网购电 0.65 元/kWh 降至沼气发电 0.19 元/kWh

4. 增加售电收入：798 万元/年（按售电价格 0.57 元/kWh 计）

5. 节约供热支出：273 万元

三、山东日照新三明化工项目

（一）项目概要

项目名称：山东新三明化工与日照钢铁协作节能技改项目

项目总投资：2500 万元

能效贷款总额：2000 万元

CO_2 减排：22000 吨/年

贷款周期：3 年

贷款银行：日照银行

项目地址：山东省日照市

（二）项目实施

日照新三明化工有限公司（以下简称新三明化工）是一家年生产可发性聚苯乙烯（EPS）12 万吨的化工企业，位于山东省日照市岚山区化工园区内。

新三明化工自投产运行以来，一直将节能降耗、安全环保作为企业生存发展的出发点，并以此为责任。

新三明化工目前的公用系统（蒸汽、纯水、空压制氮、消防、循环水等）均以自产为主，系统包括燃煤蒸汽锅炉、EDI 纯水制备系统以及空压分子筛吸附制氮系统，消耗大量煤炭与电力。在生产运行过程中，能耗高，企业负担重，环保压力明显。

新三明化工所在地有两家重要的企业——日照钢铁以及为日照钢铁配套的盈德气体公司。日照钢铁有高炉煤气余量，目前采用燃烧排放掉，非常可惜；盈德气体公司为日照钢铁提供高压纯氧，而制氧过程产生的近于3 倍纯氧气量的高压氮气被排放。

高炉煤气与高压氮气正是新三明化工生产的必需品，在 IFC 与日照银行的支持下，新三明化工成功与日照钢铁及盈德气体公司协商达成协议，利用两个公司废弃资源，新建以高炉煤气为燃料的燃气蒸汽锅炉取代新三明化工目前的燃煤蒸汽锅炉，直接应用盈德气体提供高压氮气取代新三明自生产高压氮气设施，变两个企业的废气为宝，实现新三明化工的节能减排，实现三方共赢的成果，既消除了废气造成的环境污染，又节约了新三明化工既有燃煤蒸汽锅炉的煤炭消耗与制氮的电力消耗，实现三方企业的成本节约。日照钢铁高炉煤气的回收利用不仅改善了当地的大气质量，还为其带来了可观的效益。

（三）项目内容

该项目包括四个子项：

1. 利用日照钢铁高炉煤气新建以高炉煤气为燃料的蒸汽锅炉，关闭目前的燃煤锅炉；

2. 盈德气体提供高压氮气与仪表气，取代既有高压氮气生产系统；

3. 盈德气体提供纯净水替代新三明化工自产纯净水；

4. 高效变压器的应用。

（四）项目经济效益与节能减排效益

通过四个子项目的实施，项目合作三方企业各自获得了丰厚收益：

1. 新三明化工每年降低生产成本总计达 1200 万元；

2. 日照钢铁向新三明化工提供高炉煤气，年收益达 800 万元；

3. 盈德气体向新三明化工提供高压氮气与纯净水，年收益 226 万元。

日照钢铁的高炉煤气与盈德气体的高压氮气和纯净水原本采用排放处理，但该协作节能技改项目的实施，使这两个公司变废为宝，获得了巨大经济效益与环保效益，三个合作企业各取所需，真正实现了三赢胜局。

除了经济效益，该项目的节能减排效益也是巨大的，该项目年减少煤炭消耗 9500 吨，年节电 160 万度，节水 12 万吨，实现年温室气体减排 22000 吨。

（五）项目意义

1. 该项目是日照银行第一笔节能减排融资，开启了 IFC 支持地方商业银行践行绿色金融、推进地方经济可持续发展、实现节能环保的新篇章。

2. 在 IFC 的引领与支持下，日照银行绿色金融业务发展迅猛，成功落地工业节能、建筑能效、可再生能源等类项目的贷款服务，已将节能减排绿色金融确定为未来发展战略。

3. 该项目开创了工业园区多个企业协作践行节能减排，是具有划时代意义的节能减排案例，它突破了过去一个企业自行实施节能技改的传统，突破单个企业的藩篱，多个企业挖掘自身的资源，变废为宝，协作节能减排，取得了事半功倍的成果。企业间协作节能减排也应该成为中国实现可持续发展、应对气候变化的新途径。

4. 小银行，大发展。日照银行尽管规模较小，但仍能够创造出具有特色的绿色金融产品，助力地方经济可持续发展。

5. 日照银行绿色金融的大力发展充分证明了 IFC 与中国财政部和省级财政厅合作促进各省节能减排绿色发展模式的成功。该模式已经在山东省与江苏省成功实践，应该推广到全国各省。

6. IFC 为日照培养了一批绿色金融人才，IFC 十年来在中国节能减排、绿色金融的实践与丰富经验，是快速提高商业银行等金融机构启动并践行绿色金融能力的推力。

四、CHUEE 新阶段

随着中国政府对绿色发展的高度重视，市场蓬勃发展，技术和商业模式都更加成熟，绿色项目逐渐覆盖更多的传统行业，融资主体更加多元化。同时，银行等金融机构对绿色金融市场的关注也由政策导向逐渐转变成市场导向，差异化竞争的意识逐步增强。监管机构和政策银行不断推出各类指引推动市场发展并引导银行深度参与以形成规模化发展。CHUEE 借鉴过去十年的经验，开始逐步拓宽业务方向，为银行提供服务的范畴从早期的风险分担机制及咨询服务双轨并行以提升银行绿色业务开发能力，逐渐拓宽到绿色金融体系的建立，开辟绿色通道，以帮助客户银行成体系化发展和经营绿色金融业务。

搭建绿色金融体系。今年，CHUEE 携手四大行之一的中国农业银行（以下简称农行），帮助农行建立绿色金融体系，全面提升绿色金融能力，目标在未来的三年中帮助农行成为"服务模式、业务产品、管理体制和市场份额"均达到市场领先水平的国际一流绿色金融机构。IFC 还将协助农行研发绿色信贷资产证券化，设定资产筛选标准，以及提供绿色项目的绩效评估核证。

技术助推金融创新。IFC 一直在积极研究探索新技术与金融的结合，物联网与"互联网＋"的应用，互联网金融的绿色化即是切合点。IFC 联合环保部开创性地研究了物联网在区域能源与公用事业的应用及与之相适应的金融服务模式，将物联网技术与金融服务相结合，创新金融机构的产品。

推出绿色金融学院，培育绿色金融人才。IFC 已帮助 8 家中国金融机构建立了绿色金融的业务能力，在能力建设以及业务开拓等方面积累了丰富的经验。为了能够更好地推动中国绿色金融的发展，培育专业人才，IFC 推出了绿色金融学院项目。该项目设计了一整套结合理论、实践以及创新元素的绿色金融培训认证体系。项目首选与 IFC 已合作十年的北京银行，目标是帮助北京银行培养一批专业的绿色金融从业人员及绿色金融专家。该等级证书培训由三级内容构成，分别为"一级证书"、"二级证书"以及"高级证书"。针对每一级证书，IFC 团队为北京银行的业务人员及管理人员提供可持续能源融资相关的培训，理论与操作实践相结合，内容涵盖行业发展与政策、客户挖掘及筛选、项目评估、风险控制、节能减排效果核定以及案例研究等诸多方面，深度及难度随等级的提高而加大。学员参加由 IFC 设计的等级证书考试，通过考试的学员将会得到由 IFC 与北京银行联合颁发的等级证书，成为获得认证的绿色金融专业人才。

IFC 将利用其积累的绿色金融经验，充分发挥其优势，为中国金融机构培育更多专业化绿色金融人才。

第三节　IFC 的信息披露与成果测量系统
（Results Measurement System）

一、信息披露

IFC 认为信息披露是管理环境与社会风险的一种手段，对自身及其客户来说都非常重要。

就投资项目而言，IFC 对审批前披露和持续披露均有要求。审批前披露除了包括常规的投资信息摘要，还要包括项目的环境和社会信息，如项目分类、环境社会风险和影响、相关减缓措施等。在项目投资周期中，IFC 会对投资信息及环境社会审查信息进行必要的更新。

此外，IFC 承诺公布那些可能受到拟议的经营活动产生的潜在跨境影响的国家，以帮助这些国家确定这些拟议的经营活动是否可能通过空气污染、国际水道污染或剥夺其对国际水道的使用对其造成不利影响。

根据项目的规模和风险与影响的严重程度，IFC 还会要求客户向受影响社区公开披露：（1）项目目的、性质和规模；（2）项目活动的期限；（3）对社区构成的风险或潜在影响以及相关的减缓措施；（4）预想的利益相关方参与过程；（5）投诉机制。

IFC 的主要披露渠道为 IFC 项目数据库及其年报，另外还设有信息索取渠道。IFC 的项目信息披露是为了提高项目透明度、方便公众监督、约束项目规范运营。

二、成果测量系统

IFC 开发了一套体系来量化其投资（及咨询）服务带来的环境与/或社会绩效，体系中的指标与其发展目标密切相关。

　　IFC 成果测量系统包含三大相辅相成的因素，分别为：IFC 发展目标、在交易层面上测量发展目标达成情况并将测量结果纳入投资组合层面的监测系统，以及对 IFC 工作产生的影响进行系统性评估（见图 10 - 2）。评估结果会在年报中进行披露。

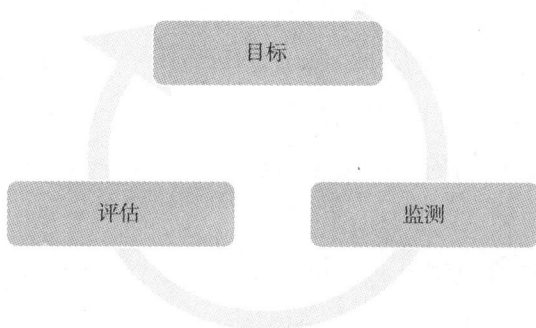

图 10 - 2　IFC 成果测量系统

（一）IFC 发展目标

　　IFC 发展目标是 IFC 公司层面上的发展目标，2011 年开始测试实施。在联合国千年发展目标的基础上，更好地在战略上整合了 IFC 的测量结果。

　　IFC 的发展目标包括若干通过 IFC 的投资与咨询服务可以逐步实现的高层次指标。IFC 希望通过制定发展目标，推动公司各项战略的实施、影响运营决策、大量实现相关指标。

　　IFC 在项目委托或签订协议阶段就会针对 IFC 的出资额制定相应的预期目标，随后通过定期监测与评估系统追踪所述目标在项目实施过程中的完成情况。

　　IFC 的发展目标包括：

　　● 基础设施：增加或改善基础设施服务；

　　● 金融服务：增加针对小微/个人客户的金融服务，并增加针对中小型企业客户的金融服务；

- 减缓气候变化：减少温室气体排放量；

- 健康与教育：改善健康与教育服务；

- 农业经济：增加或改善可持续农业机会。

IFC 不打算为每一个项目制定发展目标，而是将其视为一种战略管理工具。IFC 发展目标覆盖了 IFC 业务的绝大部分。

有人担忧，该目标战略可能对位于小国家境内、商业环境较为险峻的项目不利。为了消除人们的担忧，IFC 正在尝试采用补充性方法，为相对较小或较贫穷国家境内的项目适当增加权重。

（二）发展成果追踪系统（DOTS）

2005 年，IFC 推出了发展成果追踪系统（Development Outcome Tracking System，DOTS），用于测量公司投资及咨询服务的发展成效。

DOTS 可在整个项目周期内对发展成果进行实时追踪。IFC 工作人员会在项目一开始的时候就会针对基准线及目标制定标准化的指标，在随后的项目过程中通过监测追踪目标完成进度，并将成果实时反馈到运营当中，直到项目结束为止。

在投资服务方面，IFC 在标准行业特定指标的基础上从四个绩效类别给出 DOTS 综合绩效分数。项目想获得较好的分数，就必须对项目所在国的发展有所贡献。

在咨询服务方面，IFC 会从战略关联度、效果（按照项目产出、贡献与影响测量）及服务的效率三个方面给出 DOTS 综合绩效分数或发展效果评级。项目结束后，IFC 会将预期目标成果与实际成果进行对比。有些成果在项目完成时还不是很明确，可能需要中长期才能显现其贡献影响，这种情况可以在项目结束后进行审查。

（三）评估

自 2005 年开始，IFC 与外部评估员合作，开展发展成果评估培训并制定公平的评估方法，评估成为 IFC 测量发展成果不可或缺的部分。成果评估能揭示项目成功或失败的影响因素，帮助 IFC 了解应该在哪些方面多努力，以实现其发展目标。

IFC 投资评估活动发展迅速。一般都会有 20 多个项目（包括投资与咨询服务项目）同时进行评估。IFC 会在项目、计划和/或主题层面以及项目资金提供组织、国家与地区层面对项目展开评估。

2011 年，IFC 制定了一个评估战略，其重点是将学习机会最大化。该战略包含四大主要目标：（1）清晰地描述 IFC 的发展影响；（2）学习如何最大限度地使 IFC 干预措施发挥作用；（3）为客户与合作伙伴提供有用的商业智能（business intelligence）；（4）与外部相关方相互交流。

这些战略目标构成了 IFC 评估工作计划的内容。IFC 希望通过各项评估组合解决知识缺口问题、从成功或失败案例中吸取经验教训、评估后再对项目运营做出判断，并为感兴趣的客户提供评估服务。新战略重点强调对 IFC 项目在扶贫与创造就业岗位方面的影响进行评估，而这方面的信息通常很难仅仅通过监测与追踪手段就能获得。

大部分评估工作采用行业内最佳实践，由 IFC 外部评估专家牵头开展，IFC 内部的评估专家负责监督指导。IFC 会开展影响评估（包括随机对照研究与准实验设计）、过程评估、元评估以及其他类型的评估活动。IFC 工作人员在项目初始阶段规划并实施项目评估，并将评估结果整合到项目与计划设计中。

新的评估策略是独立评估小组工作的补充。独立评估小组直接向董事会汇报，负责独立评估并总结以往案例的经验教训。独立评估小组在评估时会综合考虑 IFC 内部监测与评估过程中的发现。IFC 的评估员与独立评估小组密切合作，讨论工作计划、分享相关知识并在任何可能的时候相互支持。

（四）系统价值

IFC 监测与追踪系统一开始是出于报告与责任的目的，后来，该系统的另外一个作用是帮助 IFC 的客户了解他们项目产生的广泛影响，为客户增值。

IFC 不断努力使 IFC 的发展影响评估更加合理，IFC 将继续使用 DOTS 和实施 IFC 发展目标，因为这两项措施在多个方面为 IFC 业务战略的实施提供了支持。

IFC 的发展成果测量系统有助于推动 IFC 战略、运营决策以及员工激励机制的发展，该系统越来越强调对 IFC 工作扶贫效果的明确与测量。

这种全面系统的评估方法可以让 IFC 在整个项目周期内对其进展实施追踪，并将相关经验教训整合到 IFC 的运营中，从而帮助 IFC 优化未来的目标设定及项目设计，是帮助 IFC 更加注重项目成果、增加信息透明度以及对利益相关方更加负责的有效途径。

（五）2015 财年发展项目与成果

1. 不断扩大的金融业务

IFC 与 331 家金融中介机构携手合作，重点为微型及中小型企业提供贷款。这些金融中介机构为 4400 万家微型企业和 400 万家中小型企业提供了总额为 2700 亿美元的贷款。此外，IFC 的客户还提供了 96.5 万份住房融资贷款，总额为 220 亿美元。

IFC 在数字金融服务方面帮助客户完成了 7000 万次非现金零售交易，总额超过 1600 亿美元。

IFC 与抵押登记公司及征信公司合作，促成了总额为 12 亿美元的贷款，增强了金融市场。约有 29.4 万家中小企业及微型企业通过动产抵押的形式获得了贷款。此外，IFC 还帮助客户在牙买加、萨摩亚、乌兹别克斯坦和塔吉克斯坦设立或完善征信公司。

IFC 帮助东道国政府签订了 18 份公私合营（PPP）合同，有望为近 1600 万人提供基础设施与健康服务，调动总额 58 亿美元的私人投资。

IFC 帮助公司采用新的工艺与技术，获得 9.29 亿美元的额外贷款，所有贷款几乎都来自 IFC 以外的资源。此外，IFC 帮助客户改革公司管理制度，吸引额外贷款 5.35 亿美元，清洁能源与资源节约技术的使用又帮助额外获得 3.84 亿美元投资。

2. 提供解决方案与服务

IFC 的客户为 9900 万用户生产并提供电能，用户人数较 2014 年度增长 30%，超过三分之一的用户位于撒哈拉以南非洲地区。

IFC 的客户还为 2.37 亿用户提供电话服务，用户人数较 2014 年度增长 31%，其中绝大部分位于撒哈拉以南非洲地区。

IFC 帮助客户为 2640 万人提供可负担的离网照明方案。

3. 改善商业环境

IFC 帮助 47 个国家的政府制定了 94 个投资环境改革方案，以促进当地的经济及商业发展。其中 78 个改革方案在国际开发协会（IDA）成员国实施，包括 25 个处于动乱的国家。

IFC 帮助东道国中央政府及地方政府实施改革方案并改善投资环境，吸引了约 7.43 亿美元的新增投资。

4. IFC 发展目标

目标	2015 财年 IFC 发展目标定量指标	2014~2016 财年定量指标	2015 财年 IFC 发展目标承诺	2015 财年定量指标完成率	2014~2016 财年定量指标完成率
增加或改善可持续农业机会	148 万人受益	464 万人受益	129 万人受益	87%	54%
改善健康与教育服务	574 万人受益	1480 万人受益	1292 万人受益	225%	143%
增加针对微型客户的金融服务	2775 万人受益	8359 万人受益	5225 万人受益	188%	106%
增加针对中小企业的金融服务	152 万人受益	461 万人受益	146 万人受益	96%	55%
增加或改善基础设施服务	2576 万人受益	7536 万人受益	9354 万人受益	363%	154%
减少温室气体排放量	每年减排当量二氧化碳 608 万吨	每年减排当量二氧化碳 1842 万吨	每年减排当量二氧化碳 969 万吨	159%	83%

第十一章　英国绿色投资银行案例①

第一节　英国绿色投资银行管理体系

英国绿色投资银行是由英国政府成立并支持的全球首家绿色投资银行。英国绿色投资银行通过直接贷款、股权投资、债权投资、与融资伙伴合作等方式为绿色项目提供融资支持。本章讨论的内容不仅包括绿色信贷，还包括其他类别的绿色投资。

英国绿色投资银行有五大绿色目标：减少温室气体排放、提高自然资源使用效率、保护或改善自然环境、保护或提高生物多样性和促进环境可持续发展。这五大绿色目标由英国议会在《企业和监管改革法案2013》中明确列出，并在英国绿色投资银行的章程文件中有所体现。

自成立以来，英国绿色投资银行已与70余家共同投资人合作，推动英国绿色经济投资。截至2017年1月27日，该行已在海上风电、能效、废弃物管理与生物质能、陆上可再生能源等绿色技术领域支持了98个项目和7个项目基金，直接投资达34亿英镑。该行每1英镑直接投资能够撬动3英镑民间资金的投入。其经英国金融市场行为监管局（Financial Conduct Authority，FCA）授权成立的子公司目前已完成了一个新建的海上风电基金的第一轮融资，为英国海上风电行业吸引到了新的投资者。

① 本章执笔：郭沛源，商道融绿董事长、商道纵横共同创办人兼总经理、中国金融学会绿色金融专业委员会理事；吴艳静，商道融绿项目经理；刘玉俊，商道融绿高级分析师。感谢英国绿色投资银行的资料支持。

　　英国绿色投资银行同等重视其投资的环境绩效与财务绩效。因为绿色投资银行的项目涉及很多不同的行业与技术，所以该行制定了一套绿色投资原则、政策与流程，以确保能够始终如一地评估、监测和报告每个项目的绿色绩效。尽管 2016 年 3 月英国政府启动了英国绿色投资银行私有化的进程，英国绿色投资银行仍会采取一系列措施以保证只投资于符合条件的绿色项目。英国绿色投资银行在其官网公开表示会成立一个独立的新公司，作为该行的特殊股东，确保五大绿色目标的落实。

一、《绿色投资政策》和《责任投资政策》

　　《绿色投资政策》的目的是为了确保英国绿色投资银行的活动符合绿色投资原则。该行绿色投资原则如下：

　　原则 1：我们只贷款或投资给我们认为能够（或很有可能）有助于实现一个或多个公认绿色目标的项目。

　　原则 2：我们致力于确保所有贷款和投资的影响从总体上来说将会（或很可能会）有助于英国和全球范围内的温室气体减排。

　　原则 3：我们根据健全的财务原则和责任投资原则调配资金、管理风险，从而积累资本，以成为具备持续绿色影响力的机构。

　　原则 4：绿色标准需清晰且严格。我们会明确每个行业在评估某项投资能否产生积极绿色影响时需要考虑的法律标准及其他相关绿色属性。

　　原则 5：在投资之前，我们会根据完善且透明的评估方法与流程，仔细考量所有未来投资的潜在绿色影响。

　　原则 6：我们将力求落实所有文件中明确规定的要求，确保各项贷款和投资实现预期的绿色影响，并持续监测贷款或投资周期内的影响。

　　原则 7：我们将至少每年报告一次绿色投资原则的落实情况。

　　《绿色投资政策》适用于该行所有形式的投资。该政策适用于整个投资周期，从投资前、收购、所有，到投资退出，以确保英国绿色投资银行所有投资的潜在绿色影响都经过正式评估、监测和报告。

《绿色投资政策》的运行和落实由英国绿色投资银行绿色影响报告标准支持，标准更详细地介绍了该行在量化投资绿色影响时所采取的方法和途径。

2013 年，英国绿色投资银行正式采纳赤道原则，并签署联合国责任投资原则（UN PRI）。《责任投资政策》详述了赤道原则的合规性要求并体现了六大责任投资原则，承诺调配该行的资本和专业知识，把对环境、社会和公司治理（ESG）问题的考量视为整个投资过程中不可分割的组成部分。

二、《绿色投资手册》

英国绿色投资银行成立后的两年时间里，开发了一套用于管理和规范该行评估潜在投资机会的绿色影响，以及监测并披露所投项目的绿色绩效的方法。《绿色投资手册》便列举并介绍了该行所使用的投资环境效益（即"绿色影响"）量化及披露实用工具。该手册主要由三部分内容构成：评估、监测与报告，每一部分都提供了实用工具与最佳实践方法，帮助主流投资者大规模地运用气候金融，同时实现财务回报与绿色收益。

（一）评估

英国绿色投资银行会在尽职调查中评估绿色与责任投资影响力，以及拟议项目的环境与社会风险。

英国绿色投资银行按照其《绿色投资政策》与《责任投资政策》进行环境与社会尽职调查。

该行绿色团队会依照政策对项目进行评估，并将结果记录在尽职调查清单上。这样就可以参照五个绿色目标分别评价项目的绩效，以确定项目是否遵循了英国绿色投资银行的总体绿色原则，即至少在其中一个绿色目标上有积极贡献。

为更好地进行项目评估，英国绿色投资银行研发了一套绿色评级体系，目前正在进行内部试点测试。绿色评级使投资委员会在做出决策的时候能够对项目的绿色情况一目了然，评级结果也会呈现在《投资委员会报告》中。交易评估分级工具图表的应用则形象地显示了评级结果。

当一个新项目进入投资组合时，英国绿色投资银行会监控每个项目的评级，并将结果呈现在《绿色投资与责任投资统计表（GRID）》上。

在项目尽职调查环节，英国绿色投资银行会寻求外部专家顾问的建议与支持。该行已明确了需要委聘外部项目顾问的工作范围，以支持环境与社会（包括健康与安全）的尽职调查。

还有其他一些特定行业的顾问角色，英国绿色投资银行界定了其工作范围：

1. 针对废物处理项目，英国绿色投资银行明确了生命周期评估工作的范围；

2. 针对生物质项目，英国绿色投资银行明确了生物质可持续性顾问的工作范围；

3. 针对能效项目，英国绿色投资银行明确了项目独立担保人的工作范围。

（二）监测

英国绿色投资银行会对其投资组合项目的绿色投资与责任投资绩效及风险（包括尽职调查阶段识别的项目环境与社会风险）进行监测。

每个项目都需要使用尽职调查阶段制定的环境与社会项目风险登记表。为确保一致性，在投资组合管理或并购后期监测中也需要使用同样的方法。

项目一旦通过投资委员会的最终审批并完成签署认证，便由投资组合管理团队接手，接受绿色团队的监测。

具体要求将取决于投资的性质、行业以及规模。英国绿色投资银行的核心要求通常包括对以下几方面的监测：

1. 尽职调查阶段识别出重大环境与社会风险；

2. 绿色评级（试点）的趋势；

3. 项目实际运营绩效和项目相关绿色影响（对比投资前期预测的绿色影响绩效）；

4. 始终符合融资文件中的承诺性条款（也是《绿色投资政策》的要求），包括：

（1）按照英国绿色投资银行认可的格式，报告项目运营参数、绿色影响绩效和其他重大环境问题；

（2）遵守所有相关环境法律法规及许可的实质性要求；

（3）实施并完善环境管理体系和政策，确保项目主要关联方也有类似的制度安排；

（4）如有任何与投资相关的重大环境（或健康安全）问题，应及时告知英国绿色投资银行，并尽可能实施行动计划进行补救；

（5）遵守其他项目或特定行业的承诺性条款，以确保实现项目预期的绿色影响，减少特定负面环境影响。

项目风险分为高、中、低三个等级。评级需考虑项目性质以及所处阶段（建设或运行）、所属行业、选址和尽职调查的结果（尤其是赤道原则审查、外部因素审查和项目风险评估的结果）。参考这些信息，结合专家意见，最终确定项目的基本风险状况。项目基本风险状况决定了相应的常规项目监测与客户沟通的级别。

如果已经上报或识别出某一问题或事件，但未以英国绿色投资银行认可的方式解决，该项目就会被列入行动观察名单。这种情况通常出现在有重大环境或社会（包括健康和安全）事件发生，却并未提供充分的信息或制订行动计划的情况下。根据事件性质的严重程度，可将项目直接列入行动观察名单。

此外，英国绿色投资银行还对项目的绿色评级试点绩效进行监测。投资委员会最终文件中的绿色评级将被视为投资组合监测的第一阶段。绿色评级审查应至少每年开展一次并/或在所提供数据可能改变（升高或降低）具体评级时开展。

（三）报告

英国绿色投资银行会对其投资组合项目在绿色投资与责任投资方面的绩效进行收集、核实与报告。英国绿色投资银行通过以下三个渠道向外部利益相关方报告投资的绿色数据：新闻稿、年报、联合国责任投资原则（2016 年 3 月开始实行）。

1. 新闻稿

每完成一笔新的项目投资，英国绿色投资银行就会发布一篇媒体声明。该行都会在所有关于投资和项目的新闻稿中提供项目绿色资历信息，与其双重底线目标——绿色环保且具盈利性——保持一致。该行的绿色团队会对所有新闻稿进行审查，确定所有说法或数据真实有效，并提供数据来源的说明。

为了让读者更好地理解项目的绿色数据，英国绿色投资银行在表达时会对数据进行转化，比如，将可再生能源发电的吉瓦时转换为可以为多少个英国家庭提供电能。为了进行这样的换算，英国绿色投资银行开发了一个新闻稿专用计算器，为这种转换提供数据来源和假设条件说明。英国绿色投资银行每年会对计算器的数据来源进行更新。

2. 年报

英国绿色投资银行会在其年度报告中披露所有投资组合项目的绿色投资与责任投资绩效。除了提供项目绩效的描述性信息，英国绿色投资银行还会披露以下三个方面的项目绩效量化信息：环境影响声明、重大环境与社会（包括健康和安全）事件、赤道原则报告。

3. 责任投资原则

作为联合国责任投资原则签署机构（分类：资产所有者），英国绿色投资银行需要根据责任投资原则相关报告框架要求，每年递交一份报告。

第二节 英国绿色投资银行尽职调查指南

尽职调查指南是英国绿色投资银行方法论的关键组成部分，在该行《绿色投资政策》中有详细的描述。该指南旨在保证按照一致、均衡、完整、透明、精确和审慎的原则完成尽职调查。为达到这一点，该行需要依照《绿色投资手册》指引，根据《绿色投资政策》和《责任投资政策》进行项目评估与合规审查，并在"尽职调查清单"中记录下来。

该指南体现了尽职调查方法背后的原则，详述了尽职调查的流程，明确了尽职调查清单的结构以及向英国绿色投资银行的其他同事和外部审计师展示政策合规性的方式。如图 11 - 1 所示，清单是由绿色团队中具体负责尽职调查的员工撰写，并由绿色团队其他成员审阅，最后由可持续金融部门主管审查批准，形成终稿提交给业务团队，签署该项目的相关协议。

此方法具有灵活性，适用于所有行业。

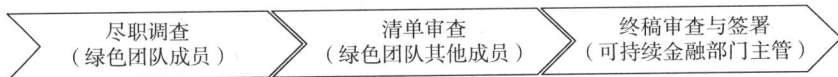

图 11 -1　英国绿色投资银行尽职调查流程

一、清单摘要

一份详细的尽职调查清单对于审查和审计的重要性不言而喻，因而英国绿色投资银行开发使用的清单所包含的细节内容比该行高管要求看到的要多很多。该行的每个清单都由摘要开篇，用以概括主要结论、绿色风险、绿色评级，以及审查人的意见。该摘要还要包含主要作者、审查人、日期、确认定稿的主管签名等信息。

表 11 – 1 为一份尽职调查清单的摘要页。

表 11 – 1　　　　　　　　　　　　尽职调查清单摘要页

项目	［项目名称］	行业	［行业］
主要作者	［姓名］	版本	［版本与日期］
作者确认	我确认该尽职调查报告中的内容切实反映了我对该项目交易的理解。	签名	［插入作者电子签名］
审查确认	我确认我已阅读该尽职调查报告内容并认同对该项目交易的评估，如有分歧，已在相关投资委员会报告中指出。	签名	［插入审查者电子签名］
审查意见	［高级控制审查确认同意（或不同意）以上内容］ 项目实质性预期与保障措施/减少负面影响的措施		
摘要	［符合英国绿色投资银行的《绿色投资政策》与《责任投资政策》］ ［项目实质性预期与保障措施/减少负面影响的措施］ ［绿色风险］ ［绿色评级］		

二、尽职调查指南

过程的一致性是尽职调查的关键原则之一。绿色团队已开发内部指南，用以审查尽职调查中的重要文件，确保团队每个成员的审查标准一致。相关重要文件与审查指南如下。

（一）环保声明

环保声明提供了有效的项目背景信息，这些信息通常涵盖项目的噪音污染情况以及对空气质量、水文、生物多样性以及其他方面的影响。评估时应增加一个非技术性的总结审查，避免遗漏其他重大环境影响。一旦发现其他重大环境影响，评估者应参照环保声明的其他内容来解读这些重大影响，并提出减缓措施。

（二）规划与环境许可

从规划和环保许可中可以了解到可能影响项目绿色绩效的一些限制条件，这些信息非常关键。比如，这些许可有时限吗？哪些许可已到期？该项目是否因为环境原因增加了特定的限制或义务？这些限制比一般的法律规定更为严格吗？

（三）政策与管理计划

环境、健康与安全（EHS）管理的要点之一就是项目对 EHS 相关政策及管理计划的制定与实施。尽职调查将确认这些政策与计划的制定进度，并查看它们是否参照良好行业操作实践来设计。

（四）EHS 绩效记录

英国绿色投资银行要求必须在项目运营当地进行 EHS 绩效调查。调查不仅需要包括所有投资项目都必须开展的标准的外部影响因素评估，还需要尤其关注项目自身与项目管理团队的表现，确保相关流程与程序得到严格遵守。同时，还要评估管理者是否有能力发现并控制 EHS 相关问题。

（五）技术顾问报告

技术顾问报告可能会包括上文所述的 EHS 尽职调查的部分内容（这取决于与英国绿色投资银行约定的工作范围）。报告需写明用来计算项目绿色影响的关键假设，如项目的设计寿命、关键投入与产出、相应许可及其他法律法规的合规情况等。

（六）EHS 专业报告

对于大多数项目而言，英国绿色投资银行都会要求其客户或项目发起人任命一名有资质的 EHS 顾问进行上述尽职调查的审查工作。

（七）法律、保险、原料供应等其他报告

英国绿色投资银行会同时审查其他方面的尽职调查报告，以识别其他与 EHS 相关或范围更广的责任投资相关的重大风险与问题。

三、尽职调查工具

作为上述外部顾问工作的补充，英国绿色投资银行内部团队也会开展项目尽职调查，包括外部影响因素审查与绿色项目风险指南（见表11-2）。

表11-2　　　　　英国绿色投资银行尽职调查工具

检测	参考资料
所有行业	
责任投资——外部因素审查	添加小结（超链接/参考文献）
项目风险评估	添加小结（超链接/参考文献）
海上风电	
温室气体核算	添加小结（超链接/参考文献）
绿色影响说明	添加小结（超链接/参考文献）
废弃物管理	
剩余废弃物可利用性——敏感性	添加小结（超链接/参考文献）
能效	
能效核算（非强制）	添加小结（超链接/参考文献）
生物质能	
温室气体减排计算	添加小结（超链接/参考文献）
陆上风电和水电	
温室气体减排计算	添加小结（超链接/参考文献）

四、赤道原则

作为赤道原则金融机构，在应用赤道原则之前，英国绿色投资银行会先评估该原则对每笔投资的适用性。评估需遵循英国绿色投资银行的合规性指导文件与合规性清单。表11-3为赤道原则适用性评估清单。

表11-3　　　　　赤道原则适用性评估清单

项目名称			
赤道原则考核项目范围			
赤道原则适用标准 该项目是否符合以下标准？		是/否	英国绿色投资银行判断依据
1. 项目融资：项目资本金总成本达到或超过1000万美元。			

赤道原则适用标准 该项目是否符合以下标准?	是/否	英国绿色投资银行判断依据
2. 与项目相关的公司贷款，需同时满足以下四个标准： i. 大部分贷款与单一项目相关，且客户对该项目有（直接或间接的）实际运营控制权。 ii. 贷款总额至少为 1 亿美元。 iii. 英国绿色投资银行的单独贷款承诺（银团贷款或顺销之前）至少为 5000 万美元。 iv. 贷款期限至少为两年。		
3. 过桥贷款：贷款期限少于两年且计划通过项目融资或项目相关的公司贷款进行再融资。再融资同样应符合上述相关标准。		
对于已有设施仅限于以下情况：赤道原则不溯及以往，但如果扩建项目的规模或范围发生变化，可能造成重大环境社会风险与影响，或显著改变原有项目的既有影响的性质或程度，则英国绿色投资银行会在扩建项目中应用赤道原则。		说明
总结		
如不符合以上所有要求（项目不适用于赤道原则）		
如符合以上任意一项要求（完整填写赤道原则合规清单）		[明确赤道原则项目类别：A，B，C]

五、《绿色投资政策》合规情况

本部分针对英国绿色投资银行《绿色投资政策》的各方面要求列出了一个详细清单，明确了在项目评估时需考虑的政策和其他的实质性议题。参考此清单，绿色团队可以与投资委员会、风险合规审计部，以及外部审计人员在政策合规审查上保持一致。

表 11-4 为清单示例，每一份表格都设有一栏供审查人员依要求补充评论。

表 11 – 4　　　　　　　　　《绿色投资政策》审查清单示例

《绿色投资政策》要求			
第 4.1 节 强制性法律法规要求	评论	法律/合同文本参考	状态
该投资满足所有环境和规划方面的法律、法规及许可的实质性要求。	法律合规性是融资文件的要求之一。	[如有需要，请插入评注][参考条款]	☐
符合相关法规提出的所有可持续发展要求，规定了所提交项目财务基础案例的经济动因（例如在英国《可再生能源义务法令》中的陈述），且这些规定必须适用于相应项目。	法律合规性是融资文件的要求之一。	[如有需要，请插入评注][参考条款]	☐
第 4.2 节 绿色影响量化			
项目绿色影响计算的参考资料需符合英国绿色投资银行最新采用的《绿色影响报告标准》。	这是融资文件的要求之一。 [如有需要，插入评注][变化记录——交叉参考《交易数据报告模板》]	[如有需要，请插入评注][参考条款]	☐
作者意见	[请在此处插入评语]		
审查意见	[高级控制审查确认同意（或不同意）以上内容] [项目实质性预期与保障措施/减少负面影响的措施]		

六、《责任投资政策》合规情况

与《绿色投资政策》类似，绿色团队还需要评估项目是否符合《责任投资政策》的各方面要求。表 11 – 5 是评估表格示例。

表 11 – 5　　　　　　　　　《责任投资政策》审查清单示例

《责任投资政策》要求	说明	法律/合同文本参考	状态
1.1 符合赤道原则	[该项目符合赤道原则要求。详细信息请参照赤道原则清单]	[如有需要，请插入评注][参考条款]	☐

续表

《责任投资政策》要求	说明	法律/合同文本参考	状态
1.2 投资分析和尽职调查：尽职调查中包括了对环境、社会和公司治理（ESG）问题的考察	［请插入说明和对应政策］［参考条款］	［如有需要，请插入评注］［参考条款］	□
1.3 信息披露：投资对象对ESG问题的适当披露	［请插入说明和对应政策］	［如有需要，请插入评注］［参考条款］	□
作者意见	［请在此处插入评语］		
审查意见	［高级控制审查确认同意（或不同意）以上内容］		

七、尽职调查清单示例——废弃物管理项目

表 11-6　　　　　　　　尽职调查清单示例——废弃物管理项目

第4.4节　根据废弃物管理标准展开评估：		
在考量该行业贷款或投资是否有利于实现以下绿色目标时，英国绿色投资银行会评估（并且在切实可行的情况下进行量化）相关项目可能产生的积极绿色影响。		
注：英国绿色投资银行会评估一个项目是否有助于或可能有助于英国实现以下五个绿色目标中的一个或多个，即一个项目并不需要达到所有标准。		
减少温室气体排放		
根据最新采用的《绿色影响报告标准》，预计该项目会对温室气体减排起到积极作用。	基于目前尽职调查的情况，预计该项目温室气体减排量为［●］t CO_2e，年均减排［●］t CO_2e（预设项目生命周期为［●］年）。	□
提高自然资源利用率		
通过改善以下各方面，为促进循环经济作出贡献： （1）产品再利用； （2）材料收集、整理、再加工，以实现回收利用。		□

续表

提高自然资源利用率		
有助于转废为能及相关可再生能源发电，包括： （1）R1①能源转化效率 （2）或者，符合行业操作实践的高水平效率		□
现在应用或将来有可能应用热电联产技术，进一步提高能量转换效率。		□
保护或改善自然环境		
结合适当方案，通过对可生物降解和不可生物降解的废弃物的转化，最大限度地减少废弃物填埋。		□
能改善自然环境，或能超出法律最低要求，避免或较好地缓解项目对自然环境的不利影响，包括但不限于： （1）受监控的大气污染物污染水平（包括是否符合法律法规所设定的大气污染物排放限值要求）；		□
（2）在工厂运行或在废弃物运输过程中引起的噪音、粉尘或臭气，或造成的其他环境损失；		□
（3）对土壤、地表水和地下水的污染水平；		□
（4）项目用水量，尤其是来自当地地下水和地表水资源的水消耗量。		□
保护或提高生物多样性		
能提高生物多样性，或能超出法律最低要求，避免或较好地缓解项目对生物多样性的不利影响，包括但不限于： 　工厂及相关设施的建设或运行对生物多样性的影响；		□
该项目产生的其他可以明显减少生物多样性净损失、提高净收益的影响。		□

---

　　① 注：根据欧盟垃圾管理框架指令（Waste Framework Directive），R1 是废转能效率指标，用以判断一个项目能否被视为废弃物再利用（废转能）项目。

续表

促进环境可持续发展		
承诺通过遵循良好行业操作实践进行持续改进。		☐
其他可能有助于绿色经济转型的收益，包括延长绿色基础设施生命周期的潜力。		☐
审查意见		

第三节　英国国家医疗服务体系（NHS）能效项目

一、项目概要

英国国家医疗服务体系（NHS）是英国耗能最大的机构之一。NHS 每年的能源费用超过 7.5 亿英镑。据预计，该组织的能源费用增长率将超过通货膨胀率，因此 NHS 在预算中需要增加能源费用的比例。

据英国绿色投资银行估算，如果 NHS 采用相应的能效改造措施，就可以将其能源费用削减 20%，即每年节省 1.5 亿英镑。据英国绿色投资银行估算，NHS 地产投资需求达 15 亿英镑，投资回收期为 10 年，带来的维护成本也很高昂。通过能效投资，可以帮助 NHS 建立更加稳定可靠的能源系统，从而降低相关设施的成本及运营风险。

NHS 的目标是到 2015 年时将其温室气体排放量降低 10%。而引进能效改造措施后，NHS 可以很快地将其温室气体排放量降低 25%。

相关技术已经成熟可靠且被证明有效，现在正是引进能效改造措施的最佳时机。能效改造内容包括热电联供系统、LED 照明、供热、通风与控制系统及生物质燃料锅炉。英国绿色投资银行的前期投资已到位，NHS 可利用节省的成本偿还本息。

英国绿色投资银行根据 NHS 的实际需求，为其量身打造了英国绿色投资银行健康产业能效改造计划。该类贷款的利率非常具有竞争力，为长期贷款（长达 25 年）且具有高度灵活性。通过与融资伙伴合作及直接贷款的方式，英国绿色投资银行已经为 NHS 能效改造项目提供了上亿英镑的资金支持。

此外，英国绿色投资银行还为位于剑桥的能源创新中心（该中心为艾登布鲁克斯医院与罗西医院服务）能效改造提供了资金支持。英国绿色投资银行及英杰华集团投资人与该中心签订了一份 25 年的合同，为该中心提供总额 3600 万英镑的资金支持。该中心采用了热电联供系统、生物质燃料锅炉、双燃料锅炉及医疗垃圾焚烧热能回收措施，其在偿还本金与利息之前，每年可以节省 600 万英镑的能源成本。

二、项目实施

（一）英国绿色投资银行健康产业能效融资计划

NHS 拥有各种设施，各部门的需求也不同，再加上 NHS 管理制度上的特点，要想为 NHS 的能效改造项目提供"万能"的融资方案是不可能的。英国绿色投资银行为此特地制订了一个英国绿色投资银行环境产业能效改造融资计划，为 NHS 各部门提供特定的解决方案，以满足它们各自不同的需求。

下列融资选项都遵循相同的原则：

1. 为省钱而花钱：贷款还款额低于成本节省额，且可使用成本节省额偿还贷款，也就是说 NHS 前期不需要支出任何费用；

2. 利率低：英国绿色投资银行的贷款利率非常具有竞争力；

3. 长期：贷款时间可长达 25 年；

4. 灵活性：我们可根据项目要求灵活提供多种贷款模式：

- 可使用资产负债表上或表外的资产贷款；

● 根据项目成本节省预期额制订还款计划。

英国绿色投资银行产品与融资伙伴包括:

1. 英国绿色投资银行直接贷款;

2. 英杰华能源中心基金;

3. 法国兴业银行设备融资联盟;

4. 英国绿色投资银行能效基金:基金管理公司为可持续发展融资有限公司(SDCL)和 Equitix。

图 11 -2 描述了 NHS 典型能效改造项目的实施步骤。在大多数案例中,采购框架咨询师会根据客户的能效改造措施向客户推荐最佳的融资方案。在多数情况下,支持资金都是由英国绿色投资银行的合作伙伴提供。

有些项目已经采取了有效的能效改造措施。在这种情况下,如果 NHS 组织或承包商在能够保证节能效益的情况下希望独立研究各种融资选项,英国绿色投资银行会将其推荐给英国绿色投资银行的融资伙伴。

通过与融资伙伴合作及直接贷款的方式,英国绿色投资银行已经为 NHS 能效改造项目进行了上亿英镑的专项拨款。这些长期贷款利率较低,且具有高度灵活性。NHS 可用实际节省的成本额偿还贷款,前期无需支出任何费用。

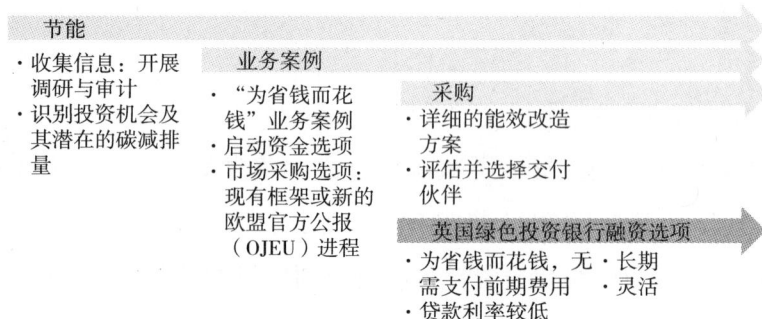

节能
· 收集信息:开展调研与审计
· 识别投资机会及其潜在的碳减排量

业务案例
· "为省钱而花钱"业务案例
· 启动资金选项
· 市场采购选项:现有框架或新的欧盟官方公报(OJEU)进程

采购
· 详细的能效改造方案
· 评估并选择交付伙伴

英国绿色投资银行融资选项
· 为省钱而花钱,无需支付前期费用
· 贷款利率较低
· 长期
· 灵活

图 11 -2　NHS 能效改造开展过程

（二）举例说明

英国绿色投资银行携手其合作伙伴英杰华集团，与剑桥大学医院 NHS 基金会为英国最大的 NHS 能效改造项目提供资金支持。这也是英杰华能源中心基金成立以后的第一笔交易。英杰华能源中心基金是英国绿色投资银行成立的第三家能效基金，其余两个基金分别是 2013 年初成立的 SDCL 和 Equitix。

英杰华能源中心基金并非是英国绿色投资银行为 NHS 能效改造工程提供的唯一的融资方案。英国绿色投资银行与融资伙伴携手合作，共同制定融资协议，从而满足 NHS 各组织的不同需求。下文将通过三个例子进一步阐述。

1. 资产融资——英国绿色投资银行合作伙伴

法国兴业银行资产融资公司与拉赫兰顿融资租赁公司为 NHS 提供了积极的资产融资服务。兰普敦医院最近宣布要进行能效改造，法国兴业银行资产融资公司为该项目提供资金支持。此外，法国兴业银行资产融资公司还宣布与英国绿色投资银行合作，共同为 NHS 及其他公私产业的能效改造项目提供 5000 万英镑的资产融资服务。NHS 将利用所述资金新建一个热电联产系统、多个生物质燃料锅炉和双燃料锅炉及一个废水处理系统，并对其自身的多个控制系统进行升级。

2. 私人融资计划的变种及英国绿色投资银行基金

英国绿色投资银行最近通过其能效基金管理公司 SDCL 宣布，SDCL 携手美国通用电气公司、克拉克能源、英国国家卫生服务联盟，共同为圣巴塞洛缪医院提供一个低碳的冷热电联产项目方案。此次融资项目是该类私人融资计划的首个变种。英国绿色投资银行还将通过这种方式为瑞典斯堪雅建筑集团的低碳冷热电联产项目提供资金支持。

3. 权力下放

英国绿色投资银行正与苏格兰政府及苏格兰未来信托基金紧密合作，

探讨如何让 NHS 苏格兰分部通过卫生理事会处获得资金支持，并确保大型急诊监护设施和小型初级护理设施都会开展能效改造，从而使这些区域内的 NHS 用户都能获益。英国绿色投资银行在如何将权力下放给 NHS 参与方方面还处在初步沟通阶段。

（三）融资案例

1. 艾登布鲁克斯医院的能源中心案例

2013 年，英国绿色投资银行为英国当时最大的医院能效改造项目提供了贷款。剑桥大学医院 NHS 基金会花费了 1800 万英镑，同时英杰华也提供了 3600 万英镑的资金支持。通过改造，该中心在偿还贷款本金和利息前每年将节省 600 万英镑成本（60%）。

该项投资用于艾登布鲁克斯医院及罗西医院的供暖与供电。涉及的技术包括热电联产发动机、生物质燃料锅炉、高效的双燃料锅炉及医疗垃圾焚烧热能回收。此外该项目还包括能降低能源需求的措施，例如采用新的照明设备以及改善供热及照明控制系统等。

项目资金用于更新升级相关系统与设备，从而与新的能源中心相匹配。升级的设备包括一台热电联产发动机、一个烧柴的生物质燃料锅炉及两个备用的柴油/双燃料锅炉（仅在用电高峰期使用）。另外英国绿色投资银行还准备为医院的其他项目提供总额为 300 万英镑的资金支持，包括为理疗池安装热力泵，以及采用 LED 照明。

综合考虑能源中心的服务成本及融资成本后，公司每年都可回账 100 万英镑（见图 11-3）。

该医院在开发新的能效改造项目时，其能源安全能得到长期保障。因此与旧项目相比，新项目能削减维护费用。

此外，能源中心正打算进一步扩建，从而为周围的建筑提供集中统一的服务。这样一来，NHS 每年就可能省更多的钱。

项目目标是：

（1）二氧化碳排放量每年减少约 25000 吨。

（2）帮助客户完成 2020 年的碳减排目标。

（3）在项目运营的 25 年时间内，帮助客户总共削减 2000 万英镑的电费。

（4）通过生物质提供的可再生能源，在碳减排承诺体制下，减少客户的到期应付款项。

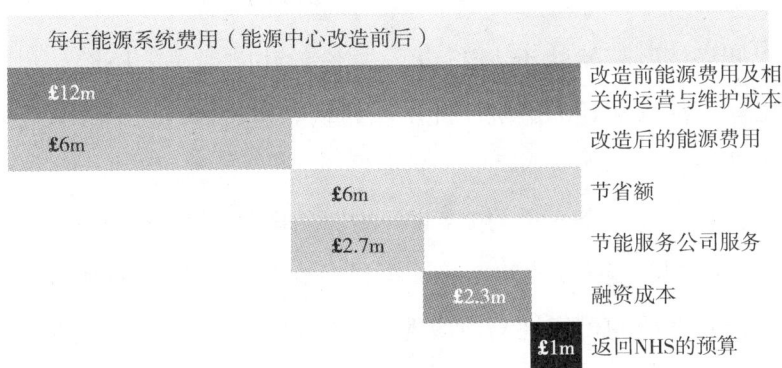

每年能源系统费用（能源中心改造前后）

£12m　改造前能源费用及相关的运营与维护成本

£6m　改造后的能源费用

£6m　节省额

£2.7m　节能服务公司服务

£2.3m　融资成本

£1m　返回 NHS 的预算

图 11-3　艾登布鲁克斯医院能源中心每年能源系统费用

2. 诺丁汉郡 NHS—兰普敦医院案例

英国绿色投资银行联合法国兴业银行设备融资公司为多个能效改造项目提供了 5000 万英镑的资金支持。二者允许公私组织采取措施，在无需前期投入的情况下，降低公司的成本并减少排放量。实际成本节省额要高于还款额，因此这些组织从第一天开始就能省钱。

第一个从英国绿色投资银行和法国兴业银行设备融资公司获得资金支持的项目是诺丁汉郡 NHS 下属的兰普敦医院。该医院将利用 500 万英镑的资金支持安装一个热电联产系统、一个生物质燃料锅炉、多个双燃料锅炉以及一个废水处理系统。能源服务公司科菲利（Cofely）将负责该项目的建设与运营工作。

3. 圣巴塞洛缪医院案例

能效基金管理公司 SDCL 为瑞典斯堪雅建筑集团提供资金支持，以帮助其在圣巴塞洛缪医院开展低碳冷/热电联产项目。

英国能效投资基金将投资 250 万英镑。

这是 SDCL 第一次携手美国通用电气公司、克拉克能源、英国国家卫生服务联盟，共同为 NHS 旗下圣巴塞洛缪医院的热电联产项目提供资金支持。

圣巴塞洛缪医院始建于 1123 年，是伦敦建院最早的医院，也是全英国建院最早且从未搬迁的医院。此次项目资金通过修改已有私人融资计划合同获得并交付。

该项目将安装一个容量为 1.4MW 的通用电气颜巴赫冷热电联产系统，该系统的吸收制冷能力为 250W。该项目旨在最大化地节省成本、提高运营效率并改善系统的可靠性与适应性。冷热电联产项目将与圣巴塞洛缪医院的新能源中心建设项目一起交付。

INTERNATIONAL CASE STUDIES
OF GREEN FINANCE DEVELOPMENT

第三篇
绿色股权与基金篇

第十二章　绿色股权投资案例[①]

第一节　绿色股权投资概览

绿色股权投资是指企业或个人购买绿色企业的股票或以货币资金、无形资产或其他实物直接投资绿色企业。其中绿色企业是指以可持续发展为己任，将环境利益和对环境的管理纳入企业经营管理全过程，并取得成效的企业。与传统的股权投资不同，绿色股权投资的最终目的除了获得较大的经济利益外，更注重的是追求可持续发展的社会利益、生态利益。

目前，国际绿色股权投资者多为机构投资者，其主要通过绿色股票指数型基金进行投资。绿色股票指数通常由专业研究机构研发，借助特定的绿色评选标准和数据分析模型，对上市公司空气等自然资本的损耗从低到高进行排位，以排位较前的上市公司为样本，根据其股票价格所设计并计算出来的股票价格指数，用以衡量绿色股票市场的价格波动情形。绿色股票指数提供了一个对上市公司自然资本损耗进行评估和对比的定量指标标准，其表现反映了过去能源结构在当前市场环境中所面临的挑战。国际绿色股权投资者通过以特定的绿色股票指数为标的指数，并以该指数的成分股为投资对象，通过购买该指数的全部或部分成分股构成投资组合，以追

---

① 本章执笔：马险峰，中国证监会中证金融研究院副院长、中国金融学会绿色金融专业委员会副主任；王骏娴，中证金融研究院助理研究员；秦二娃，中证金融研究院高级研究助理；邱牧远，中国工商银行城市金融研究所博士后。

踪标的绿色指数表现的基金产品。

投资绿色股票指数型基金最重要的基础是上市公司环境、社会及公司治理（Environment, Social and Governance, ESG）的信息披露。信息披露制度又被称为信息公开制度，是指证券发行者将公司财务经营等信息全面、及时、准确地予以公开，供市场理性地判断证券投资价值，以维护股东或债权人的合法权益的法律制度。信息披露制度包含强制性信息披露制度和自愿性信息披露制度。

强制 ESG 信息披露的目的是满足企业的多重利益相关方（multi-stakeholder approach）的相关信息需求。

综上所述，国际绿色股票指数及强制 ESG 信息披露制度是国际绿色股权投资中非常重要的两个部分。由此，本章将围绕这两个方面对国际绿色股权投资的发展及趋势展开分析。

第二节 国际绿色股票指数发展概况

一、发展绿色股票指数的意义

（一）绿色股票指数的定义与特点

绿色股票指数是指根据特定标准对绿色股票进行评选，选取综合评分较高的上市公司为样本，根据其股票价格所设计并计算出来的股票价格指数，用以衡量绿色股票市场的价格波动情形。绿色股票指数的表现反映了过去能源结构在当前市场环境中所面临的挑战，是绿色金融体系的重要部分。

绿色股票指数具有如下特点：（1）广泛性。绿色股票指数涵盖水、碳、核能、清洁能源、可替代能源、再生能源、可持续发展、社会责任等众多主题板块。（2）风险分散。指数通常是一组上市公司的组合，有利于避免投资者对单个环保类项目投资的风险。（3）大众参与。绿色股票指数是具有互联网精神的绿色金融方式，可以帮助投资者选择绿色企业，并通过指数投资产品，引导更多市场资本投资绿色产业。

（二）发展绿色股票指数的意义

1. 通过提供具体可对比的标准，以市场化方式督促上市公司进行环境信息披露。绿色股票指数通常由专业研究机构研发，借助特定的绿色评选标准和数据分析模型，对上市公司空气等自然资本的损耗从低到高进行排位，以排位较前的上市公司为样本编制而成。即使在上市公司自然资本损耗数据缺失的情况下，也可借助模型，根据上市公司特定的业务结构、盈利等信息对其自然资本损耗进行模拟。因此，一定程度上绿色股票指数提供了一个对上市公司自然资本损耗进行评估和对比的定量指标标准。而上市公司对指数中较高排位的追求，使得有足够市场影响力的指数逐渐成为信息披露的通用标准，如英国富时指数 FTSE、道琼斯可持续发展指数 DJSI，以此可实现以市场化方式，督促上市公司增强环保、社会责任等方面的信息披露。

2. 有利于引导社会资本进入绿色产业，服务绿色经济发展。与传统股票指数相比，绿色股票指数将自然资本因素整合到上市公司的财务信息披露中，不仅可测量自然资本风险的物理数值，还可评估具体企业和行业受环境监管影响所产生的监管成本，为其金融风险提供一个全面度量，有助于投资者将气候变化带来的不确定性整合到其投资决策中。因此，绿色股票指数可被看作投资者在不牺牲市场回报的情况下，用于筛选绿色投资组合的金融工具，有利于引导社会资本更多向环境保护公司配置，降低绿色行业的融资成本，进而吸引更多倾向绿色主题的社会资本，实现良性循环，促进绿色经济发展。

3. 有利于增强市场抗风险能力，稳定资本市场运行。美国明晟公司 MSCI 有关绿色行业指数投资的研究表明：与传统股票指数相比，绿色股票指数选取的企业在社会责任方面表现良好，更加关注长期成功，有着较低的管理成本和投资风险，可产生更稳定、更高的投资回报。即便是在经历了金融风险后，绿色股票指数投资也有较强的抗风险能力和稳定收益能力，在为高排放行业预测未来环境污染排放量的同时，可有效避免一些系统性的生态风险，有利于资本市场的长期稳定发展。

二、国际绿色股票指数发展情况

（一）主要类别

国际绿色股票指数现可被分为三类：（1）ESG 指数，包括环境、社会及公司治理类指数。（2）环境生态指数，包括低碳、水资源、非矿物燃料类指数。（3）环保产业指数，包括资源管理、污染管理、清洁技术类指数。国际代表性绿色股票指数及指数系列见表 12 – 1。

ESG 指数可被进一步细分为可持续发展指数和社会责任指数。可持续发展指数是从环境、社会及公司治理方面对公司的长期全面评估，以公司治理、生态效益、企业社会责任等为标准。社会责任指数是一种更全面考察企业的主题指数，除了关注企业的财务表现，同时关注企业社会责任的履行，在传统的选股模式上增加了企业环境保护、社会道德以及公共利益等方面的考量。

表 12 – 1　　　　　　　国际代表性绿色股票指数及指数系列

类别		代表性指数及指数系列
ESG	可持续发展	S&P Dow Jones 欧洲/中东/北非/日本指数系列
		MSCI 全球/美国 ESG 指数系列
		FTSE 4Good ESG 指数系列
		STOXX ESG Leaders 指数系列
		恒生可持续发展企业指数系列
	社会责任	FTSE 4Good 指数系列
		MSCI 全球社会责任指数系列、MSCI KLD 400 社会责任指数

续表

类别	代表性指数及指数系列
环境生态	S&P Dow Jones Green Investing（water \ ECO \ Carbon efficient）、S&P 生态指数、S&P 清洁能源指数
	MSCI Environmental 指数系列
	FTSE ex Fossil Fuels 指数系列
环保产业	S&P 生态指数、S&P 清洁能源指数、S&P 核能指数、S&P 替代能源指数、S&P 水资源指数、S&P 清洁技术指数
	MSCI 替代能指数、MSCI 清洁科技指数、MSCI 可持续水资源指数、MSCI 绿色建筑指数、MSCI 污染防治指数
	FTSE 环境市场指数系列、FTSE 环境机遇指数系列、FTSE 环保科技指数系列、FTSE 生态指数

（二）发展特点

1. **以环保产业指数为主，ESG 指数和低碳类指数受到普遍关注。**原因在于：一是环保产业指数发展较早，且主题明确。二是国际主流指数公司，如道琼斯公司、富时集团等，拟借助其不断研发的 ESG 相关指数系列，推动其 ESG 信息披露标准发展为国际统一标准。三是随着全球气候变暖情况日益严重，越来越多关心温室气体影响的投资者开始关注碳效率、碳风险等低碳类指数。

2. **绿色股票指数及其投资产品丰富，受到金融机构的普遍关注。**具体表现为：一是欧美资本市场中具有代表性的绿色股票指数，包括英国富时社会责任指数系列、标准普尔全球清洁能源指数，及 MSCI ESG 系列指数，其背后都有相当大规模的跟踪该指数的投资基金。二是特色指数及其投资基金的开发，包括德意志银行 x－trackers、标准美国碳减排基金及巴克莱银行的"全球碳指数基金"。三是纽约泛欧交易所、美国美林银行、瑞士联合银行集团、英国维珍金融公司等国际金融机构现已开始参与降低环境风险的投资产品的开发工作。

3. **以具体真实的环境信息为基础**。原因在于：有着强制信息披露制度及对虚假信息严格的惩罚机制。国际上有 28 家交易所，包括英国、法国、加拿大、南非、巴西、澳大利亚、新加坡、印度等地的交易所，都制定了强制环境信息披露制度，要求其上市公司必须按一定标准披露环境、社会及公司治理方面的相关信息。美国《证券法》规定上市公司要披露财务和非财务的重要信息，包括环境负债、遵循环境和其他法规导致的成本等内容。美国证券交易委员会颁布的《92 财务告示》要求上市公司及时准确地披露现存或潜在环境责任，对于不按照要求披露或者披露信息严重虚假的公司将处以 50 万美元以上的罚款并通过新闻媒体对其违法行为进行曝光。

4. **有成熟的第三方自然资本数据提供和分析机构做支撑**。绿色股票指数研发的一个重要基础是筛选股票的模型。目前，国际上已经有多家成熟的第三方相关机构为指数公司提供具体、可靠的上市公司自然资本数据及分析服务。如英国 Trucost 公司从事环境研究、数据规范和审核逾 15 年之久，拥有世界上最综合的企业环境数据库和先进的全球环境扩展输入产出模型，每年研究超过 5000 家上市公司及其它们的供应链，已对资产总额为 20 万亿美元的基金进行环境足迹分析。

5. **绿色投资者已初具规模，机构投资者不断涌入**。所谓绿色投资者指的是在不牺牲市场回报的前提下，愿意支持绿色上市公司的投资者。国际绿色投资者现已初具规模，其中欧洲绿色投资者现已占其投资者总数的20%，其原因在于：一是国际投资者以机构投资者居多。随着不断增长的自然资源压力和更严格的环境监管环境，国际机构投资者更偏向投资收益稳定、绿色环保的金融产品，如英国电信集团养老基金、英国环境署养老基金、美国第二大养老金加州教师退休金和挪威石油基金等机构投资者都已将自然资本指标融入其投资决策中。其中，英国电信集团养老基金已对富时全股指数投资 1 亿英镑。英国环境署的养老基金承诺未来 5 年将其90%、近 29 亿英镑投资非石化能源产品。二是国际投资者具有较强的环保意识。欧洲各国广泛的环保意识和美国舆论界对环保事件的零容忍度使得投资者在关注上市公司投资回报的同时，更加愿意支持有利于环境保护的上市公司。

目前，绿色可持续发展行业已经成为一项重要的金融投资产业。根据欧洲可持续投资论坛（Europe – based National Sustainable Investment Forums，SIF）的统计，截至 2014 年欧洲可持续、社会责任道德等各类主题相关的绿色投资资产达 6.7 万亿欧元。国际约有 35% 的专业管理投资资产价值明确了"社会责任投资"（Social Responsible Investment，SRI）的战略。多家养老基金、资产管理公司等机构投资者均确立了可持续、担当社会责任的投资使命，并制定一系列战略以应对能源、环境、气候变化对长期投资经济价值的风险。2012～2014 年，国际社会责任投资资产从 13.3 万亿美元增至 21.4 万亿美元。

三、代表性绿色股票指数

（一）MSCI 绿色指数

1990 年，MSCI（Morgan – Stanley Capital International）推出了美国第一只以社会和环境主题为筛选标准的指数——多米尼 400 社会指数（KLD's Domini 400 Social Index），旨在为社会责任型投资者提供一个比较基准，并帮助投资者了解社会责任评选准则对公司财务绩效的影响。2010 年 9 月 1 日，该指数更名为 MSCI KLD 400 社会指数（MSCI KLD 400 Social Index）。同时，MSCI KLD 400 社会指数拥有非常低的流动率，一年大约是 6%～8% 的水平，与标准普尔 500 指数的流动程度相似。造成此现象的一个主要因素是因为持有使用该指数的投资者主要是在中长期持有社会责任绩效良好公司股票的投资策略人。

1997～2012 年，MSCI KLD 400 社会指数整体跑赢 MSCI USA，并且在 2000 年 2 月和 2007 年 8 月创下新高。从其经历金融危机的情况来看，MS-CI KLD 400 社会指数的抗风险能力比较强。此外，该指数 3 年、5 年、10 年的年化标准差都要小于 MSCI USA。因此，MSCI KLD 400 社会指数在给予较高的回报的同时也有着较小的风险。

除了基于美国市场的 MSCI KLD 400 社会指数外，在社会责任主题类别下，MSCI 还有基于全球市场的 MSCI World SRI 系列和基于美国市场的 MS-CI KLD 400 社会指数。市场上跟踪这些指数比较知名的产品有 iShares MSCI KLD 400 Social Index Fund（DSI，目前净资产约 1.71 亿美元）和 iShares MS-CI USA ESG Select Social Index Fund（KLD，目前净资产约 1.73 亿美元）。

目前，MSCI 已经发展出了一整套的绿色指数体系。按大类来看，可以分为股票类和固定收益类两部分。股票类的指数产品主要包括了全球可持续发展指数、全球社会责任指数、全球争议武器指数、全球环境指数等，固定收益类指数为巴克莱 - 明晟 ESG 固定收益指数。另外，MSCI 还可以根据客户需求研发相应的定制类指数产品。所有的指数产品的构建依托于 MSCI 对于各行业上市公司的绿色评级（见表 12 - 2）。

表 12 - 2　　　　　　　　　　MSCI 绿色指数产品

股票类	全球可持续发展指数 （Global Sustainability Index）	MSCI ACWI Index
		MSCI World ESG Index
		MSCI EM ESG Index
	全球社会责任投资指数 （Global SRI Index）	MSCI ACWI SRI Index
		MSCI World SRI Index
		MSCI EMSRI Index
		MSCI KLD 400 Social Index
	全球争议武器指数 （Global ex Controversial Weapons Index）	MSCI ACWI ex Controversial Weapons Index
		MSCI World ex Controversial Weapons Index
		MSCI EM ex Controversial Weapons Index
	全球环境指数 （Global Environmental Index）	MSCI Low Carbon Index
		MSCI Global Fossil Fuels Exclusion Index
		MSCI Thematic Index

续表

		Low Carbon Index
固收类	巴克莱－明晟 ESG 固收指数 （Barclays－MSCI ESG Fixed Income Index）	Fossil Fuels Exclusion Index
		Thematic Index
定制类	定制 ESG 指数 （Custom ESG Index）	Barclays MSCI Green Bond Index
		Social Responsible Index
		Sustainability Index
		ESG Weighted Index

（二）可持续发展指数

埃什贝尔（Ethibel）是比利时的一家独立的研究和咨询机构，1992年，首次开始发布了包含环境绩效较好的200家企业在内的 Ethibel 指数，包括环境绩效较好的200家企业。

1999年9月8日，道琼斯可持续集团（Dow Jones Sustainable Group）开始发布了包含道琼斯全球指数环境绩效分类排名前10%的企业在内的道琼斯可持续全球指数（DJSG），数据来自道琼斯全球指数环境绩效分类排名前10%的企业。该指数被由 RobecoSAM 投资公司的可持续评审会用于评审公司基于在长期的经济、环境以及社会等方面的长期表现，以挑选出全球可持续发展公司的领袖。标普 BMI 指数从全球最大的2500家企业中挑选前10%的企业作为其指数的成分股。该指数算法综合了如气候变化战略、能耗、人力资源开发、知识管理、利益相关者的关系和公司治理企业等各方面基于一般和特定行业可持续发展趋势的指标。该指数2014年的投资回报率为7.5%，2015年3月31日的市盈率为19.16。

（三）S&P 碳效率指数系列

目前，国际上碳效率代表性指数是由指数公司 S&P 和专业碳排放计算机构 Trucost Plc 合作开发的 S&P 碳效率指数系列。该指数系列由 S&P 利用 Trucost Plc 计算的碳足迹（Carbon Footprint），选取碳足迹低的公司为样本，包括 S&P 美国碳效率指数、S&P/IFCI 碳效率指数、S&P TOPIX

效率指数。目前，主要的指数产品有 DB X – Tracker S&P US 碳效率 ETF、EasyETF 低碳 100 欧洲 ETF、ETFS 碳 ETC、Barclays iPath 全球碳 ETN。

（四）FTSE 碳策略指数

目前，国际上碳风险代表性指数是由 FTSE、CDP 和 Ends Carbon 合作开发的 FTSE 碳策略指数。其中，FTSE 是一家指数公司，负责指数计算。CDP 是一个可提供近 3700 家公司的温室气体排放、气候变化风险和机遇评估的独立的非营利组织，负责提供碳排放数据。Ends Carbon 是一家进行碳业绩基准、评级、风险分析的专业提供商，负责提供碳风险模型。FTSE 碳策略指数通过碳风险模型计算样本的碳风险敞口，在保持行业权重不变的情况下选取超配碳风险低的公司、减配碳风险高的公司为样本。

（五）标准普尔全球 1200 无化石燃料指数

标准普尔全球 1200 无化石燃料指数系列旨在衡量全球 1200 指数中不拥有化石燃料储备的公司的表现，排除规则是基于任何使用化石燃料，包括第三方和内部发电。对于煤炭，排除只涉及动力煤，不包括那些专门从事冶金或焦煤的开采公司。RobecoSAM 进行了研究化石燃料储备的所有权。

（六）富时全股碳优化指数

从国际市场来看，低碳指数已经在全球有了较好的应用，例如富时指数推出的全股碳优化指数（FTSE ALL – SHARE Index）。该指数的低碳版在追踪英国主要指数——富时全股指数的金融表现的同时，将潜在的碳风险降低了 20%。欧洲最大的养老基金之一——BT 养老基金已对该指数投资了 1 亿英镑。另外，标准普尔也创立了美国和新兴市场的碳效率系列指数。过去 6 年间，该系列指数都实现了基准收益，并为投资者将碳排放的潜在风险降低了 50% 左右。

此外，还有一些专注于清洁能源和清洁技术的环保产业代表性指数，如 WilderHill 清洁能源指数（ECO），纳斯达克清洁绿色能源指数、标准普尔全球清洁能源指数以及美国清洁科技指数（CTIUS）等。

第三节 国际上市公司强制 ESG 信息披露制度

一、强制 ESG 信息披露制度概述

ESG 信息披露制度是规范、引导企业关注并履行社会责任的一项重要基础制度，也是绿色金融发展基础，越来越受到国际金融市场的重视。

（一）强制 ESG 信息披露的定义

信息披露制度是指证券发行者将公司财务经营等信息全面、及时、准确地予以公开，供市场理性地判断证券投资价值，以维护股东或债权人的合法权益的法律制度。信息披露制度包含强制性信息披露制度和自愿性信息披露制度。

（二）强制 ESG 信息披露的目标

强制 ESG 信息披露的目的是满足企业的多重利益相关方（multi-stakeholder approach）的相关信息需求。当前企业经营需要兼顾的利益群体已经由传统的股东扩展至其他重要的利益相关方，包括监管机构、投资者、社会公众、消费者等。通过 ESG 信息披露，企业的利益相关方能够清楚地了解企业在 ESG 管理方面的情况，同时企业也能够在反馈中得知如何改善 ESG 管理并满足利益相关方的要求。

国际成熟资本市场推行强制信息披露的主要目的是加强企业的社会责任和综合竞争力，同时认识到对资源的有效利用、环境风险管理和绿色金融创新对国家长期竞争战略的重要性。

强制 ESG 信息披露有三个常规性目标：

1. **提高公众知情权。**这些信息披露主要关注于一些有限种类的数据，以使公众在做风险决策、公益诉讼和参与式规划过程时能够获得有效的信

息。这些规则一般由环保部门或其他部门来制定，例如美国有毒物质排放清单①。

2. 改善资本市场决策过程。这些信息披露使投资者更加完整地理解公司年报中的经营风险和未来可能的收益。政府经常运用强制 ESG 信息披露的规则来监管企业的财务报告。

3. 增强行业竞争。这些信息披露通常由政府监管部门通过修改公司法来管理，其目的是激励公司承担企业社会责任。这些规则强调优先权、经营策略、公司制度及相关支持数据的信息披露，这其中包含着投资者关心的信息，但是这些披露要求在传统的财务重要性原则指引的框架下并不明确。

经验表明，强制上市公司 ESG 信息披露不一定仅限于投资者需求，它还可以在更广泛的国家发展及竞争力议程下成为一个影响公司行为的工具。

（三）国际 ESG 信息披露的方法

国际上，政府主要通过修订法律条款与第三方标准相结合的方式来制定 ESG 信息披露规则。主要有以下三种方法：

1. 将强制信息披露要求纳入法律法规。各国政府制定明确的法律、法规及管理办法要求企业 ESG 信息披露。披露报告形式包括非公开和公开报告（如企业的废弃废物排放量）。

2. 企业信息披露标准和框架。由非政府组织制定并不断完善信息披露标准，例如全球报告倡议组织（GRI）、碳披露标准委员会（CDSB）、国际综合报告委员会（IIRC）制定的信息披露标准。这些标准大量提供了比政府法律法规要求更加详尽的信息披露规则，包括企业信息披露报告所需要的披露形式、主题，以及详细的绩效指标。

---

① 详细见境外上市公司强制 ESG 信息披露制度基本情况中美国资本市场制度介绍。

3. 投资指数和投资工具。 ESG 股票指数也影响着信息披露规则，它们由研究机构或资产管理人提供。这些指数根据专用的公式和分析数据编制，需要大量的数据信息。企业追求指数里较高的排位，这使得有足够市场影响力的指数在一定程度上成为市场披露标准。英国富时指数 FTSE 和道琼斯可持续发展指数 DJSI 都是成功的范例。

大多数国家信息披露制度依赖于前两种方法。这些方法旨在激励企业信息披露，使投资者获取更多企业信息，信息内容包括：（1）公司对环境、社会所产生的具体影响；（2）公司如何改变目标、战略，改进经营程序、采取其他具体措施来改善对环境、社会的影响；（3）通过特定的、可比较的定量指标研究公司的实际业绩表现。这些指标至少在行业内是可比较的。

虽然每个国家具体的信息披露框架细节不同，但它们都覆盖了常规的领域，例如 GRI 框架、ISO26000 和其他信息披露框架在主要信息披露规则上是一致的。

（四）国际 ESG 信息披露制度的影响

ESG 信息披露制度的影响可以从两方面来评估，一是引发的企业信息披露行为，如披露 ESG 信息的公司数目、投资者对 ESG 信息的反应；二是 ESG 信息披露制度对企业及市场的影响，如公司业绩的改善、对绿色投资需求的增加。

1. 披露 ESG 信息的公司数量及质量。 国际 ESG 信息监管影响的研究表明，披露要求能成功地增加报告公司的数量，但并不能保证质量。通过研究法国监管法律发现，法定披露要求促进了报告公司数量的上升。而自愿披露指引的影响则相对较弱，例如美国证券交易委员会 2010 发布的"气候风险指引"。总而言之，在强制披露和自愿披露的压力下，全球公司每年发布的 ESG、CSR 及可持续发展报告数目已增加到了一万份以上。

尽管该制度成功增加了发布报告公司的数量，但研究发现 ESG 信息披露要求在目标选择、质量分析及数据完整性方面存在缺陷。例如法国企业经常会避开某些相对困难的披露要求，以致法国决定采纳环境协商会议Grenelle II 下更为细化的信息披露要求。加拿大 2010 年进行了内部核查和征询意见，从中发现了 2004 年指引的缺陷，后引入了更明确的环境报告指引。KPMG 的研究显示，25% 的报告在重述前几年的数据，这与信息数据收集的控制和过程不够严谨有关。

2. 投资者对 ESG 信息的运用。投资者在其投资过程中越来越多地开始运用 ESG 数据，但是在整合信息方面还存在着普遍的争议。ESG 集合基金管理下的资产量增长较快，信息披露的增加无疑是促进投资者对 ESG 相关投资的一个关键因素，但是信息本身的可得性不足以激励投资者去利用它们。信息披露规则要想有效，政府还必须至少考虑影响投资者的另外三个因素：第一，投资者必须认识到 ESG 信息与投资决策相关且适合应用。美国环境保护署的法律研究结果认为受托人有责任考虑企业 ESG 信息的重要性。第二，ESG 信息必须显示出对投资者投资期限的影响。环境和社会因素趋向于对中长期投资有影响，例如气候变化的问题对许多行业的长期发展无疑都非常重要。第三，投资者必须有能力理解并解释公司披露的信息。目前很多投资者反馈这些 ESG 信息很难理解并评估其与公司经营预期的特定联系。上述问题促成了将信息进行整合的要求，即更好地整合 ESG 信息及其他财务信息，从而更全面地介绍公司情况。

二、国际上市公司强制 ESG 信息披露制度概况

近年来，全球各地要求上市公司披露 ESG 信息的政策及法规明显增加。大部分国家采取法律法规、交易所上市规则、"不遵守即解释"原则，以及自愿披露指引等进行 ESG 信息披露，这其中强制信息披露的趋势越来越明显，以下列举国际主要资本市场的典型案例作为借鉴。

（一）欧盟

欧盟已形成一套较为完善的上市公司环境信息披露制度，其发布的生

态环境管理审核规则（EMAS）和环境管理体系 ISO14001，代表当今国际最全面、科学的环境报告水平。欧盟各国上市公司环境信息披露多采用强制披露为主，自愿披露为辅，强制披露与自愿披露相结合的模式。

欧盟企业环境信息强制披露制度以污染物排放和转移登记为主，其法律依据是《奥胡斯公约》、《污染物排放和转移等级制度议定书》。在污染物排放和转移登记制度下，强制披露环境信息的主体是超过排放量限制标准或行业要求的企业，即环境污染企业，该制度并非只针对上市公司。污染物排放与转移登记制度（PRTR）规定了上市公司必须公开的环境信息，并对有些环境信息进行编码，促使上市公司信息披露的内容趋向标准化，利于投资者识别、对比和分析；同时欧盟对各种产生污染物的行为进行细分，并针对所有的污染方式设定了不同的污染物指标。

欧盟委员会和欧洲环境署（EEA）2009 年 11 月 9 日对外公布，于当日起开始实施新的欧洲污染物排放和转移登记系统制度（E - PRTR），该体系将记录欧洲地区工业设施的污染物排放信息。同时还将提供欧洲各个国家内部和外部工业设施向废弃物处理设施转移的污染物数量和种类的信息。

2003 年施行的《欧盟现代化指令》（2003/51/EC），要求申请上市的公司披露与资产相关的风险，财务主管机构应依据欧洲委员会第 453 号建议书评估这些风险。如因环境因素导致资产价值发生变化，公司需要对此进行披露。欧盟成员国需要对大公司的排放数据予以记录，同时向欧洲委员会汇报，普通公众可以获得这些公司披露的工业气体排放数据。目前，欧盟上市公司环境信息披露的载体主要是环境报告和财务报表。

2014 年 12 月，欧盟修改了审计指导原则，要求员工人数多于 500 人的公众企业在审计报告中披露 ESG 信息。报告指引用"影响显著性"而不是"财务重要性"来界定信息是否需要披露。这是因为许多环境和社会影响都具有经济外部性，它们给整个社会和经济带来的影响及成本远大于对该公司产生的直接、短期的财务影响及成本。报告指引赋予了公司选择披露哪些环境问题（如气候变化、用水、废弃物）的权利，但需要遵循"不遵守就解释"的原则；对于那些选择不披露的环境问题，公司需要解释其不需要披露的原因。在实施层面，公司管理者是公司遵守指引的直接法律责任人。公司审计人应当核实公司发布的环境信息披露报告，但不要求他们保证报告内容的准确性。之所以不要求审计保证报告的准确性，是因为现阶段欧盟希望能平衡报告质量与披露成本之间的矛盾。这项条款可能会在 2018 年 12 月进行修订。

（二）美国

美国是最早制定专门针对上市公司环境信息披露制度的国家。1934年通过的《证券法》的 S－K 监管规制第 101 条、第 103 条、第 303 条规定上市公司要披露重要信息，不管是财务还是非财务信息，其中包括环境负债、遵循环境和其他法规导致的成本等内容。

在美国国会、美国环境保护署、美国财务会计准则委员会和美国证监会的共同努力下，环境信息披露基本形成了完整的制度规范。美国目前正在实行的涉及公司环境信息披露的法律有：《清洁水源法》、《固体废弃物处理法》、《资源保护和恢复法》、《污染防范法》、《有害物质控制法》、《超级基金法》等。这些法律从不同的方面对公司的环境信息披露做出了严格的法律要求，违反相应法律规定的公司可能面临民事和刑事上的双重惩罚。

美国国会于 1984 年的印度博帕尔美国联合碳化工厂重大化学品污染事故之后实施了《紧急计划和社区知情权法案》（EPCRA）和《有毒物质排放清单》（TRI），规定了相关行业应登记并定期报告 650 多种化学品的具体排放地点和排放数量等情况。之后颁布的《超级基金修订和补充法案》（SARA，1986）要求有关公司必须向美国环境保护署（EPA）递交有毒化学物品排放的年度数据，EPA 就排放的有毒化学物品建立一个数据库，并将该数据保留在《有毒物质排放清单》（TRI）的类别中，公众可通过互联网查询相关信息。

1993年美国证券交易委员会颁布了《92财务告示》，要求上市公司及时准确地披露现存或潜在环境责任，对于不按照要求披露或者披露信息严重虚假的公司将处以50万美元以上的罚款并且通过新闻媒体对其违法行为进行曝光。此外，还要求上市公司在财务报告中说明环境问题对公司财务状况和竞争地位的影响。同时，美国证券交易委员会与美国环保署合作，及时交换信息，对存在环境问题的上市公司进行相应的制裁。

美国国家环保总局编写了一本关于指导上市公司环境信息披露的工具书——《环境会计导论》，该书明确在环境成本计算、环境会计信息、环境成本分配等方面对环境会计进行不同角度的分析研究，为上市公司的环境信息披露提供指南。

在美国交易所上市的公司必须向证券交易委员会（SEC）呈交载有多项环境事宜数据的年度报告（10－K表格），例如环境监控的开支及有待裁决的环境诉讼。2010年2月，美国证券交易委员会就气候变化披露刊发诠释指引，要求公司在10－K表格中披露与气候变化有关的业务风险信息。[①] 2014年美国上市公司中有近百家公司提交了110份股东会对于应对企业可持续发展挑战的决议，包括气候变化、供应链问题和水资源相关风险。

（三）南非

2002年，约翰内斯堡证券交易所（Johannesburg Stock Exchange，JSE）开始要求上市公司提交稳健性报告。JSE要求公司在"不遵守就解释"原

---

① 例如埃克森美孚2014年财务报表的环境部分显示，其采取新措施以减少运营对空气、水等环境的破坏。这其中就包括在制造清洁燃料的基础设施和技术上的大量投资，以及用于显著降低氮氧化物、硫氧化物和温室气体排放的项目和相关资产弃置的支出及损失等。根据美国石油学会制定的指引要求，埃克森美孚2014年用于全球环境预防和补救措施的资金为62亿美元。

则的基础上披露其履行《国家企业管治报告守则》（*King Report on Corporate Governance Code*）的合规情况。南非的 King III 公司治理准则中规定了信息披露的具体细则，所有在 JSE 上市的公司都要求遵守这些法规，否则需要解释没有遵守的原因。King III 公司治理准则强调环境和社会问题是保证公司长期盈利能力的必要条件，并提出了"综合报告"的概念。上市公司必须在一份综合报告内全面阐述企业的财务、社会及环境情况。这个准则假设公司既是"存续性企业"又是"有责任的企业公民"，且要求公司必须把自己当作一个社会成员；要求董事会必须将多种利益相关者的利益和期望纳入考虑范围；要求董事会为所有利益相关者的长期利益和正面影响进行企业管理，不能以短期股权持有者的利益为先。这种方法将公司的"成功"重新定义为对所有利益相关者产生的持续积极影响。

King III 准则建立了综合报告的披露要求但没有提供实用的披露细节指导。为此南非注册会计师学会成立了一个综合报告委员会，以寻求规范综合报告的最佳做法。在具体实施环节，首先，JSE 可以对任何不遵守该准则的公司采取惩罚措施，且将其作为企业上市的必备条件；其次，公司董事会必须做好综合报告的制定工作且为其真实性负法律责任；最后，鼓励公司寻求第三方机构为其报告出具独立担保。

（四）法国

2010 年 7 月 12 日，法国国民议会通过了新《环保法》（Grenelle II），并于 2012 年 1 月 1 日正式实施。其中第 225 条款包含强制企业社会责任（CSR）信息披露的内容，要求公司在年报中披露其环境及社会业绩方面的信息。之后出台的法规细则列出了 40 个业绩指标，总体来说可以分为三类：社会（就业、劳资关系、健康与安全等）、环境（污染与废弃物管理、能源消耗等）和可持续发展（社会影响、利益相关方关系及人权等），其中一些指标对于上市公司来说是强制性的。公司也可以选择使用一个国际标准的报告框架来遵守这项法案，但是必须标明框架的来源和查询方式。

Grenelle II 法案适用于所有 500 人以上或 1 亿欧元交易额以上的国有或私有公司，要求报告必须覆盖该公司的所有子公司。如果公司认为某些信息是不相关的，可以选择在报告中删除它们，但必须解释不披露的原因。在具体实施层面，公司的报告必须由独立的第三方机构进行核实，这个第三方机构必须获得法国授权委员会（Cofrac）的授权，或者欧盟合作组织设立的具有多边认证协议的授权机构的授权。这个第三方机构必须出具报告来核实公司报告的质量，对报告信息的准确性以及公司对于不披露信息的原因提供一个合理解释。

此外，法国政府还通过了针对能源转换的修订法案，要求上市公司在年报中披露与气候变化影响相关的财务风险，公司为了降低这些风险在其每项经营活动中采取的方法（如低碳策略）以及公司活动（包括使用其产品和服务）对气候变化造成的影响等信息。

另外法国还要求机构投资者在其年报中披露它们的投资决策过程是怎样将社会、环境和治理标准纳入其战略考虑的，以及采取了何种方式来促进生态保护及能源转换。机构投资者在考虑到其自身投资活动的性质后设立与国家低碳策略一致的参照目标，如果企业对抑制气候变化、生态及能源转换等环保问题的贡献没有达到这一目标，则要求说明原因。

（五）加拿大

加拿大有大量的与自然资源相关的公司，环境和社会问题更受到关注。加拿大监管当局选择通过在 ESG 信息披露规则中强调环保的方式来加强信息披露要求，而不是引入一个新的通用标准或支持性实施指引。

加拿大环境信息披露的主要工具是国家信息披露方法（NI 51 - 102）和管理层讨论与分析 MD&A（Form 51 - 102F1）。其中，MD&A 在已有的要求上加入了一些特定的环境指引，例如：运营中的环境问题，环保要求对财务和经营的影响，与经营相关的社会和环境政策、环境风险等。有矿产项目的公司还被明确要求披露每个项目的环境负债、环境问题对矿产资源及其储备估计的影响程度、开发性能和产品性能相对应的环境条件等。除此之外，MD&A 还要求讨论可能影响环境的趋势和不确定因素。

加拿大监管当局对环境信息披露采取了最简洁的措施，在财务报告的框架下强调环境信息披露的重要性。加拿大与欧盟的披露要求在思路上虽然相似，但在决定某条信息是否应该在报告中披露的标准却截然不同。加拿大的准则更关注于这些信息是否会影响投资者决策或者是否重要。相反，欧盟则关注于公司对外部影响的显著性。

（六）中国香港

香港交易及结算所有限公司（以下简称联交所）于 2011 年 12 月及 2012 年 8 月先后刊发《有关环境、社会及管治报告指引的咨询文件》（2011 年咨询文件）及咨询总结后，《环境、社会及管治报告指引》（以下简称《指引》）于 2013 年生效。《指引》是推行环境、社会及公司治理信息披露的第一步，更长远的目标是上市公司出具完善、全面的报告。

现行的《指引》属于自愿信息披露，分为四个有关环境、社会及管治的主要范畴，每个主要范畴涵盖多个层面。在每个相关层面下，上市公司可选取定性的信息披露和定量的关键绩效指标披露。上市公司需要识别并汇报具有重要环境及社会影响的相关环境、社会及管治的主要范畴、层面及关键绩效指标，包括企业业务对环境及社会有重要影响的情况（反之亦然）。发行人可自行阐释计算关键绩效指标的方法，并载列诠释关键绩效指标所需的数据。《指引》提供了一个有利于环境、社会及管治披露的基本框架，令投资者及权益人了解发行人的环境、社会及管治表现，从而做出回应。

2014 年，香港在环境、社会及治理披露方面有了很大的提高。2014 年 3 月生效的新《公司条例》要求所有在香港注册成立的公司（如无豁免）在年度董事报告的业务审视部分加入以下内容：披露公司的环境政策及表现；披露公司遵守对该公司有重大影响的有关法律及规例的情况；披露公司对其雇员、顾客及供货商等其他人士①的重要关系。新《公司条例》的上述披露规定已纳入《主板规则》附录十六，适用于所有港交所上市发行人。根据 2015 年 4 月港交所进行的调查，约 46.4% 的抽样上市公司曾于 2013 年财政年度中汇报其环境、社会及管治表现。

2016 年 1 月 1 日起，港交所开始推行以"不遵守就解释"为原则的强制性信息披露制度，包括提高年度审查的披露水平、关注内部审计的重要性等，其要求接近国际标准，这对我国的上市公司 ESG 信息披露制度具有重要的影响。

（七）英国

英国也是实施上市公司环境信息披露较早的国家之一，英国在 1985 年的《公司法》里规定了企业进行社会责任信息披露的内容，主要在于鼓励有条件的企业能自愿披露在公益事业和社区活动中关于环境会计的有关信息。英国的环境报告一直是作为上市公司社会责任报告的组成部分对外披露的，而社会责任报告是英国上市公司对外提供会计信息的重要组成部分。1990 年的《环境保护法案》要求有污染的企业必须在报告中披露其在环境保护方面所做的努力。

伦敦证券交易所推出《主要市场和目标公司的企业治理》，利用企业治理指引鼓励企业在广义范围内考虑企业治理，包括报告要求和可持续性。除须披露环境事宜、雇员以及社会与小区事宜数据的规定外，英国所有指定公司于 2013 年 10 月 1 日起，亦须披露有关温室气体排放、人权多元化的资料。上述事宜的披露规定给予以下若干灵活性：（1）若公司不披露有关环境事宜、雇员及/或社会、小区及人权事宜的资料，其必须在

① 该人对该公司有重大影响，而该公司的兴盛与此人有关联。

年度策略报告中列明缺少了哪些资料；（2）若公司披露温室气体排放时在搜集数据方面遭遇实际困难，其必须在董事报告中列明遗漏了哪些资料并解释原因。

英国政府亦先后于 2006 年及 2009 年发出《自愿性环境报告指引》及《碳排放报告指引》。2015 年，英国政府刊发了新环境报告指引，配合英国实施强制性温室气体排放披露规定。此外，英国上市管理局的有关规定要求发行人在年度管理层报告中按非财务关键绩效指标分析业务（包括有关环境及雇员事宜的资料），深入程度须足以令公众人士了解发行人业务的进展、表现和状况。

（八）巴西、澳大利亚、新加坡

巴西证券期货交易所自 2012 年起在上市公司的评估表中列出企业是否定期发布可持续发展报告，或者解释没有这样做的原因，其要求将环境、社会等问题作为公司长期表现的考虑。

澳大利亚证券交易所要求公司在"不遵守就解释"原则基础上，披露任何重大经济、环境及社会可持续发展的风险；以及如此类等风险，公司应如何加以管理。另一项基于"不遵守就解释"原则的规定是公司须为董事、高级行政人员及雇员制定操守守则（或其摘要），并就此进行披露。操守守则应处理环境、社会及公司治理事宜，包括尊重雇员的人权、创建安全及不存在歧视的工作环境、管理供应链、生产行为须对环境负责以及遵守道德及负责任的业务规范。此外，若澳大利亚公司达到排放量、能源生产及耗量上限，也必须每年报告有关资料。

新加坡交易所于 2011 年 6 月刊发自愿性可持续发展报告指引，于 2014 年 10 月宣布其将强制规定上市公司出具可持续发展报告，该交易所已开展为期一年的研究，以确定此等报告应采纳哪些指引。此外，新加坡法规规定特别耗用能源的公司须报告其温室气体排放量以及能源耗用、能源管理战略及节能计划。

三、国际第三方机构的 ESG 评级

（一）ESG 第三方评级概况

各国和地区政府、交易所对 ESG 信息的强制披露措施仅仅是发展绿色证券的前提条件。同财务信息一样，要让投资者充分掌握企业的绿色表现，从而准确评估企业的环境社会贡献，需要具有公允力的 ESG 评级产品作为支撑。

在目前国际市场上，以公益组织和商业评级公司为主的第三方评级机构是 ESG 评级产品的主要提供方。随着市场的逐步扩大，其产品已经具备了较高的商业价值。在这其中，最有影响力的公司包括明晟（MSCI）、彭博（Bloomberg）、ECPI 和 Turcost 等。它们收集公司层面绿色表现的信息和数据，通过构建模型和指标体系的方式对公司的绿色表现进行评级和报告，并以此当作产品在市场上进行销售。

从总体来看，各评级公司评价指标体系的基础多以赤道原则和国际金融公司等制定的相关体系为基础，呈现模块化的构建趋势。除环境因素之外，几乎所有评级公司的绿色评级产品都包含了公司在社会责任和治理可持续性方面的情况，每个方面则又会包含不同的次级指标集。例如明晟公司的环境项下，包含了气候变化、自然资本、污染和排放、环境机会四个子项目，而富时指数公司的绿色评级的环境项下则为气候变化、水的使用、生物多样性、污染和资源四项。从评级的形式来看，由于目前依然缺乏统一的行业标准，各公司评级之间并不具有可比性。例如明晟公司所采用的为 AAA - CCC 的评价体系，而诸如富时指数公司和彭博则采用的是 0 - 1 指标体系；从数据来源看，除发达国家的市场一些企业会主动披露自身碳排放的相关指标以供外界使用之外[1]，第三方评级的数据多依赖于

---

[1]　英国政府从 2013 年起宣布所有在伦敦股票交易所挂牌的 1100 多家企业必须强制披露其温室气体的排放信息。

企业的公开信息以及各个机构的调研数据和利用自有模型的测算。

表 12 – 3　　　　　　　部分第三方评级机构的 ESG 评级体系

	一级指标	二级指标
MSCI	环境	气候变化、碳排放、能耗效率、产品碳足迹、财务环境影响、对于环境变化的脆弱性、自然资本、废物强度、生态多样性、原材料采购、污染和排放、有害物质排放、电子垃圾、环境机会、清洁技术机会、绿色建筑机会、再生能源机会
	社会	人力资本、劳动力管理、健康和安全、人力资本发展、供应链动力标准、产品可靠性、产品安全和质量、化学安全、金融产品安全、保密性和数据安全、负责人投资、保险健康和人口风险、利益相关者的反对、有争议的采购、社会机会、沟通可得性、融资可得性、医疗可得性、营养和健康可得性
	治理	公司治理、董事会、薪酬、所有制、财务、公司行为、商业伦理、垄断行为、商业贿赂与稳健性、财务系统稳健性
ECPI	环境	环境政策和策略、环境管理、产品、生产过程
	社会	雇员和人力资本、社区关系
	治理	市场、公司治理和股权人
FTSE	环境	气候变化、水的使用、生物多样性、污染和资源
	社会	消费者责任、人权和社区、雇员状况、健康和安全
	治理	反腐、税务透明、风险管理、公司治理

（二）典型的 ESG 评级体系

1. 明晟（MSCI）绿色评级体系

从绿色评级的内容来看，明晟公司（针对上市公司）的绿色评级指标体系主要参考了《赤道原则》与国际金融公司的《环境和社会可持续性的绩效标准》，将绿色评级体系分为环境、社会和公司治理三大板块（一级指标）。从其前期发来的资料来看，环境因素在绿色评级中占主要权重（82%），社会因素次之（11%），而公司治理因素所占权重相对较小（7%）。

在一级指标下，环境因素中主要考虑气候变化（Climate Change）、自然资本（Natural Capital）、污染治理（Pollution&Waste）以及环境机会（Environmental Opportunity）等因素；社会因素主要考虑人力资本、产品责任、利益相关者意见（Stakeholder Opposition）和社会机会；治理方面则包括了公司治理和公司行为。在上述二级指标下，每个因素又细分为若干子项（三级指标）。对于三级指标下的具体指标，MSCI 并未进行详细说明，但可以从其发来的 ESG 评级报告（ESG Rating）中获得部分内容。

从产品的角度来看，明晟（MSCI）公司依托其数据支持，发展了很多产品，主要包括：

（1）ESG 评级报告。依托各种指标，针对工行客户的绿色表现进行评价，并提供了相应的行业比较。

（2）公司治理评价报告（Governance Metrics）。针对对象公司治理表现进行评价。

（3）ESG 相关数据和碳排放报告（ESG Data & Carbon Metrics）。

（4）（环境）影响跟踪报告（Impact Monitor）。主要收集和列举对象公司在 ESG 方面的关键事件并进行评估。

（5）会计治理风险报告（Accounting Governance Risk）。收集并评价对象公司的主要财务会计指标和公司董事会的具体情况（董事薪酬、年龄、学历等）。

（6）行业报告（Industry Report）。对行业领先企业的 ESG 指标进行报告，针对各行业的绿色评级总体情况进行分析。

（7）行业风险强度评分（Industry Risk Intensity Scores）。将各行业的绿色评级表现进行加总形成指数。

2. 彭博（Bloomberg）绿色评级

彭博（Bloomberg）是全球较为知名的数据提供商，其数据服务平台中不但收集了与（上市）企业环境、社会和治理方面的相关数据，还专门建立了相应的 ESG 评级体系，对相关公司的环境社会和公司治理表现进行评分（见表 12-4）。

从彭博的绿色评级指标体系的数据来源看，上市公司的财务报表和企业责任报告是其主要的来源。从评分的体系来看，彭博的 ESG 绿色评级会在综合所有数据后得到一个介于 0 和 100 之间的分值，分值越高表明企业的环境、社会和责任表现越好。从评级的效果来看，由于受到企业数据可得性的限制，其 ESG 评级所覆盖的企业范围还有待提高。

表 12-4 彭博公司 ESG 指标体系

分类	指标名称	解释
环境	每单位销售额能源强度	能源强度计算为公司报告货币每百万营业收入能耗得百万瓦时数。如需比较全球公司，该比率应当转换为一个共同货币。比率计算基于公司申报文件披露的数据项目。计算为 = 能耗/营业收入其中：能耗为 ES014，ENERGY_ CONSUMPTION，营业收入为 IS010，SALES_ TURN
	每单位销售额水强度	水强度计算为公司报告货币每百万营业收入耗水的立方米数。如需比较全球公司，该比率应当转换为一个共同货币
	环境治理审核	公司的环境、社会与企业治理（ESG）数据的审核员
	能源效率政策	表明公司是否采取了任何措施使其能源利用更有效率。"N"表示公司没有在最近的年度或公司责任报告中明确披露任何此类举措
	生产每千桶油当量的能源密度	工业与公用事业油气开采与生产公司的能源密度，以生产每千桶油当量（MBOE）消耗能源的兆瓦小时计算。比率计算基于公司申报文件中披露的项目。计算方法：能源消耗/桶油当量生产，其中：能源消耗为 ES014，ENERGY_ CONSUMPTION，桶油当量生产为 RR739，TOTAL_ PRODUCTION_ MMBOE_ YR
	每千桶油当量水密度	工业：油气开采与生产公司的水强度，以生产每千桶油当量（MBOE）消耗水的立方米计算。比率计算基于公司申报文件中披露的数据项目。计算方法：总用水量/生产百万油桶当量其中：总用水量是 ES016，TOTAL_ WATER_ USE，生产百万油桶当量为 RR739，TOTAL_ PRODUCTION_ MMBOE

续表

分类	指标名称	解释
环境	发电使用	公司使用的总电量。单位为兆瓦时（MWh）
	有害物质泄漏数（千吨）	公司在报告期内排放的有害物质的数量。单位为千公吨
	减排量计划	表明公司是否采取了任何措施来减少其环境排放。"N"表示公司没有在最近的年度或公司责任报告中明确披露任何此类举措
	获证网点	公司经过 ISO14001 环境管理标准认证的工作占工作总数的百分比
	气候变化政策	表明公司是否已勾勒出其通过持续运营及/或产品和服务的使用来帮助减少造成气候变化的全球温室气体排放的意向。可能的例子包括以下措施：减少温室气体（GHG）排放、改善能源效率、从清洁燃料来源中获取能源、投资于产品开发以降低公司产品使用中产生的排放或消耗的能源。"N"表示公司没有在最近的年度或公司责任报告中明确披露任何此类举措
社会	人权政策	表明公司是否采取了任何行动以确保所有员工的人权得到保护。"N"表示公司没有在最近的年度或公司责任报告中明确披露任何此类举措
	卫生与安全政策	表明公司是否意识到其卫生与安全风险和责任，并正努力改善员工的健康及/或安全管理。"N"表示公司没有在最近的年度或公司责任报告中明确披露任何此类举措
	商业道德政策	表示公司是否为员工制定了开展公司业务时的职业道德指导方针。"N"表示公司没有在最近的年度或公司责任报告中明确披露此政策
	机会平等政策	表明公司是否主动承诺确保不歧视任何人口群体。可体现为公司定义的机会均等政策
	公平薪酬政策	表明公司是否在整个组织范围内承诺确保向所有员工支付公平（可定义为最低、生活或其他条件）工资，即使在某些没有法定最低工资的国家。此栏目属于环境、社会与治理（ESG）栏目小组
	职工企业社会责任培训	表明公司是否对员工进行了关于企业社会责任（CSR）的培训。此栏目属于环境、社会与企业治理（ESG）栏目组。日本：数据由 CanPan 提供

分类	指标名称	解释
社会	对室工政策	表明公司是否已采取了任何措施以确保防止在其所有业务部门使用室工。"N"表示公司没有在最近的年度或公司责任报告中明确披露任何此类举措。此栏目为环境、社会与治理（ESG）栏目小组的组成部分
	社区建设开支占息税折摊前利润百分比	社区建设开支占利息、税项、折旧和摊销前利润（EBITDA）的百分比。比率计算基于公司申报文件中披露的数据项目。EBITDA为亏损时不返回值。计算方法为：（社区建设开支/息税折摊前利润）×100 其中："社区建设开支"为ES055，COMMUNITY_ SPENDING，"息税折摊前利润"为RR009，EBITDA
治理	全球报告倡议组织（GRI）标准遵循	表示公司是否遵循全球报告倡议组织（GRI）的标准
	第三方认证	表示公司的治理政策是否在申报期内接受过独立评估
	截至财年末首席执行官任期	栏目代表截至财年（FY）末首席执行官（CEO）与同级人员的任期。栏目以天数表示
	雇用审计师年数	表明审计师被雇用的年数
	职工平均年龄	公司员工年龄
	董事会非执行董事百分比	公司董事会中非执行董事所占百分比，截至适用的财年结束，否则截至最近申报日期。包括那些在适用市场中的外部董事。如果公司设有双重董事会，此栏目是指监督董事会的股东代表。此栏目为环境、社会与治理（ESG）栏目小组的成员
	高管/公司管理人员数量	管理委员会/董事会或执行委员会/董事会或相当于管理/行政体系中的人员数目，截至适用的财年结束，否则截至最近申报日期。如果公司设有双重董事会，此栏目是指管理董事会或相当体系中的人员数目
	经营网点数	公司在报告期期末拥有并经营的网点数
	董事会酬薪与ESG挂钩	表明董事会酬薪是否与环境、社会及治理（ESG）目标挂钩
	高管人员酬薪与ESG关联	表示高管人员酬薪是否与环境、社会及治理（ESG）目标挂钩。此栏目属于环境、社会与治理（ESG）栏目组

续表

分类	指标名称	解释
治理	含 ESG 领域的支持供应商准则是否公开披露	表明供应商的指导方针是否公开披露，其中应包括所有环境、社会与治理（ESG）领域
	女性董事%	公司申报的董事会女成员百分比。欧洲：如果公司有监督董事会和管理董事会，这一数字指监督董事会中的女董事百分比
	董事平均年龄	董事会成员的平均年龄
	事故损失工时比例	每工作 200000 小时因事故停工的总时数
	员工培训成本	报告期内公司花费在员工培训上的资金
	CEO 兼任	表明公司的首席执行官是否也是董事长，由公司申报。"N"表示两职由不同的人担任
	联合国全球影响协议签署者	指明公司是否为"联合国全球契约"的签字人

3. CDP 项目

除了诸如彭博和 MSCI 等商业机构之外，目前国际上的绿色评级还包括一些非营利的第三方机构，它们会定期通过问卷和调查的形式了解相关企业在环境保护方面的信息。其中"碳披露项目"（Carbon Disclosure Project，CDP）便是最为典型的一个。CDP 成立于 2000 年，总部设立于英国。其主要工作是通过问卷的形式向国际知名的大企业了解其在环境方面的表现，以便帮助企业更好地设计环境和气候政策。收到 CDP 项目邀请的企业可以选择回答问卷并允许答案公开，也可以拒绝。CDP 发送的问卷主要分为三类：气候变化报告、水资源报告和森林风险报告。其中气候变化报告的知名度最高，国内一些相关报道中所提到的也大多为此。从问卷的内容来看，其内容相较于一般的企业社会责任更为详细。不但涉及企业自身的碳排放信息，而且将企业供应链上下游公司的环境表现也考虑在内。

自 2008 年起，CDP 项目开始向中国企业发送问卷，尽管最初的回复率不高，但近年来呈现逐年增加的趋势。2008 年在受邀的 100 家中国企业中，仅有 5 家进行了回复，但这一数字在 2016 年增长到近 500 家。

四、国际 ESG 评级发展的经验借鉴

绿色评级作为国际和国内一项初步启动的工作，目前发展仍具有很大的空间。从趋势来看，一是随着绿色经济本身内涵的不断丰富，ESG 评级的外延也在不断扩大，评测企业运营的范围也不断增加；二是随着投资人和监管层对企业 ESG 信息的关注程度越来越高，ESG 评级的市场潜力在逐渐增加；三是随着在指数、债券等领域的广泛应用，ESG 评级与其他绿色金融产品之间的融合和支持程度越来越高，这进一步提高了 ESG 评级的市场价值。学习并借鉴国际经验能促使我国绿色证券的快速发展，逐步与国际市场接轨，也为绿色金融市场的对外开放奠定好基础。

第十三章　绿色债券市场的发展及案例[①]

绿色债券是指募集资金最终投向符合规定条件的绿色项目的债权债务凭证。绿色债券区别于其他债券的核心特征，是其募集资金集中体现于推动和实现绿色效益。全球范围内环境资源问题带来的投资风险凸显，责任投资理念的影响日渐广泛，国际投资者对气候变化和环境问题持续关注，是绿色债券在国际市场上兴起的背景。

绿色债券可以为项目和投资者提供的价值是显而易见的，它能够为项目和金融机构提供信贷和股权融资之外的绿色融资来源，在长期贷款供应有限的情况下提供更多的长期项目融资来源，这一点在绿色基础设施需求巨大的国家和地区尤其具有积极意义。绿色债券对发行人的绿色美誉度有很大的良性作用，承诺进行"绿色"披露的过程也会大大优化发行人的环境风险管理水平。绿色债券为投资人，特别是为负责任的投资者提供了优质的绿色资产。

第一节　国际绿色债券市场概况

（一）绿色债券市场的发展

在 2007 年到 2012 年的 6 年间，全球绿色债券累计发行量仅为约 100

---

① 本章执笔人：王遥，中央财经大学绿色金融国际研究院院长、中国金融学会绿色金融专业委员会副秘书长；徐楠，中央财经大学绿色金融国际研究院特邀高级政策分析师；张顺荣，国际资本市场协会亚太区董事；曹畅，中央财经大学金融学院硕士研究生。作者感谢国际资本市场协会、渣打银行提供相关资料。

亿美元，发行人也局限于欧洲投资银行（EIB）、世界银行（World Bank）、国际金融公司（IFC）等国际多边金融组织和政策性金融机构。而自2013年以来，绿色债券走出了步伐缓慢、动力不足的初始阶段，开始进入迅速发展期。绿色债券市场在2014年增长非常迅速，包括国家和政府开发银行以及能源、公用事业和企业在内的发行人新发行了大约310亿美元的绿色债券。尤其是企业和政府开发银行，他们的参与占据了绿色债券总发行量的大部分，超过2013年发行量的两倍。截至2014年底，全球绿色债券市场累计未偿还余额已高达532亿美元，发行数超过300只。2014年全球绿色债券发行量达到365.93亿美元，2015年为422亿美元，2016年达到860亿美元①。在市场迅速扩大的同时，绿色债券标准体系、操作规范等基本共识，正在形成、发展和完善之中。

在全球绿色债券市场的发展过程中，以责任投资者群体为首的投资者，对于募集资金流向绿色领域的债券产品，产生了越来越清晰和自觉的意识，对于相关资金流向和绿色效益信息披露的需求更加强烈。这意味着通过更为清晰、详实、透明的信息披露和第三方认证，对具有绿色效益的债券产品做出更明确的标识。

图13-1为近五年来全球绿色债券市场的发行主体分类及其规模情况，从中可以看出：商业银行和公司的发行规模显著增长，开发性金融机构的发行力度基本持平，绿色市政债和绿色资产支持证券正在兴起。

图13-2为2016年绿色债券发行规模位列前十的国家，可以看出：中国已经一跃成为全球首位的绿色债券发行市场，发行规模占比为36%。图13-3进一步说明了中国市场启动在全球绿色债券市场中的作用——亚洲的发行规模在中国启动绿色债券市场的一年中，呈现了积极的陡峭上扬。

---

① 数据来源：气候债券倡议组织基于彭博数据统计，界定依据为气候债券标准及中国绿色债券支持项目目录，860亿美元为二者的合集数据。

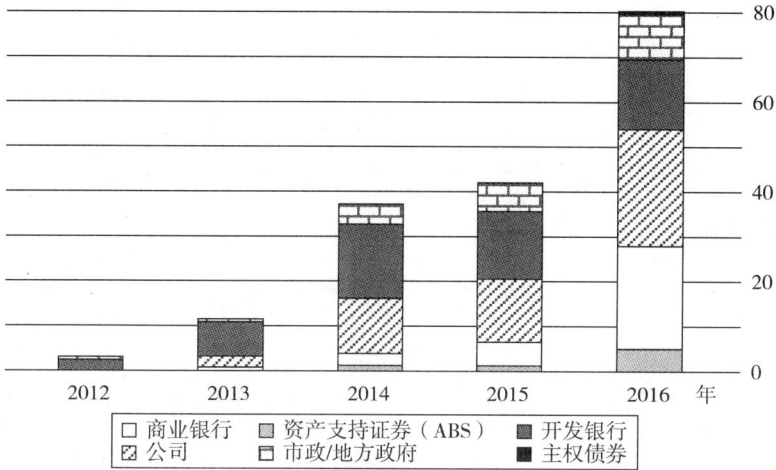

注：债券规模统计以气候债券标准为据。

资料来源：CBI。

图 13 - 1 近五年绿色债券市场的发行主体分类及其规模

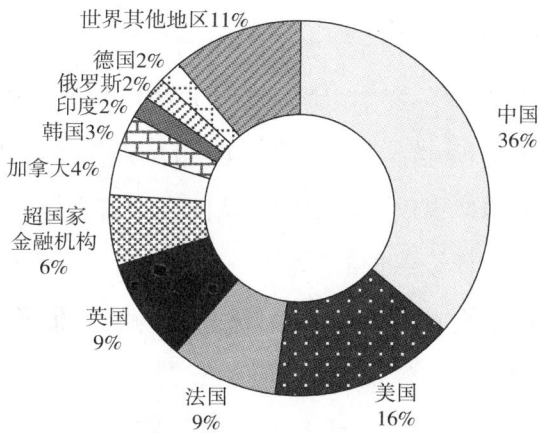

注：债券规模统计以气候债券标准为据。

资料来源：CBI。

图 13 - 2 2016 年绿色债券发行规模位列前十的国家

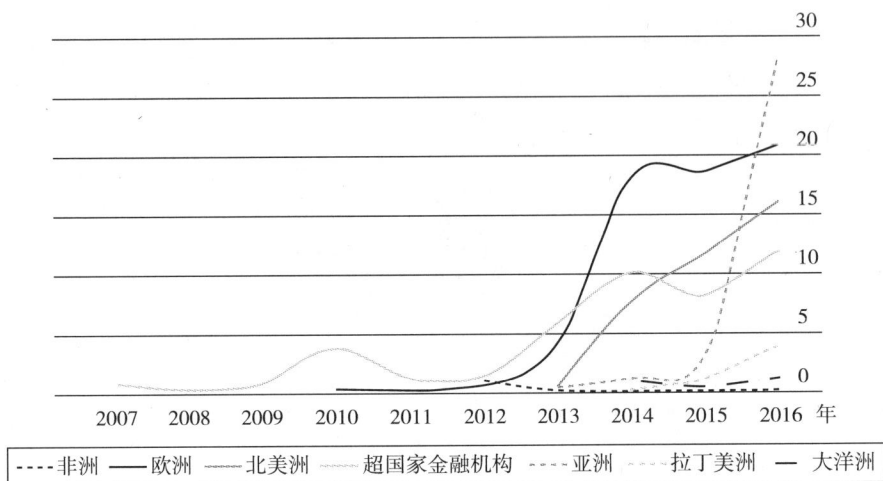

图 13 - 3　近年来世界各区域绿色债券发行规模的变化走势

（二）绿色债券原则和标准

绿色债券原则（The Green Bond Principles，GBP）是由绿色债券发行人、投资机构和承销商组成的绿色债券原则执行委员会（GBP Initial Executive Committee）与国际资本市场协会（ICMA）合作推出的为了增强绿色债券信息披露的透明度、促进绿色债券市场健康发展的自愿性指导方针。其目的在于为市场提供信息基础，从而在没有当局监管的情况下促进资本配置流向有益于环境保护的项目。

国际资本市场协会在 2014 年 4 月被任命为绿色债券原则秘书处，负责为监管和其他问题提出建议和进行行政支持。

2016 年 6 月，最新版绿色债券原则修订完成，凝结了迄今为止国际市场对绿色债券的核心共识。

在绿色债券市场，一个生态系统已经逐步建立，包括 GBP、标准提供者（如气候债券倡议组织——CBI），认证和担保提供者（包括会计师事务所、ESG 分析师和学术机构）。GBP 处于提供基本原则的中心位置。

　　CBI 气候债券标准旨在提供确认募集资金的使用方式符合低碳经济要求的保证。CBI 的目的是开发与 GBP 互补的标准，给出具体的实施指导方针，包括在行业层面定义什么是绿色。CBI 在标准制定过程中还与作为认证机构的保证提供者合作，进行认证程序监督。

　　更广泛的是，有一些组织提供与有关 GBP 一致性、绿色债券支持项目的环境合规性的保证和评价意见。它们包括：挪威国际气候和环境研究中心（CICERO），DNV GL，安永（Ernst & Young），毕马威（KMPG），Oekom，Sustainalytics，Veritas 和 Vigeo。Oekom 是一家 ESG 评级机构，CICERO 是一家学术机构，它们还开发了绿色债券评级/分级的框架。

图 13 - 4　绿色债券生态系统

（三）绿色债券的类别

　　绿色债券为新的和现有的符合条件的、具有环境效益的项目筹集资金。目前主要有四大类别：

　　1. 特定收益用途绿色债券（Green Use of Proceeds Bond）

　　投资者对发行人有完全追索权，因此绿色债券与发行人发行的其他债券有相同的信用评级。发行人将债券募集资金用于支持绿色项目的子资产组合，并自行规定使用范围，设置内部机制进行跟踪和报告。大部分国际金融组织发行的绿色债券采用这种结构。

2. 特定收益用途绿色收益担保债券（Green Use of Proceeds Revenue-Bond）

投资者对发行人没有债务追索权，发行人以项目运行获得的收费、税收等收益作为债券担保。由发行人对债券募集资金的使用进行跟踪和报告。大部分市政债券采用这种结构。

3. 绿色项目债券（Green Project Bond）

投资人仅限向具体项目的资产进行债务追索。即投资人直接暴露于项目风险下。

4. 绿色资产支持债券（Green Securitized Bond）

投资人可向一个或者多个组合在一起的特定项目进行债务追索，具体包括资产担保债券，资产支持证券（ABS）和其他结构型产品。一般以资产产生的现金流作为还款支持。

到目前为止，绝大多数绿色债券是特定资金用途债券，为发行人提供直接追索权。它们与主流债券一起进行相似的上市交易，只在募集资金使用上存在一些限制性差异。作为上市证券，它们受到金融市场和资本市场监管。这些绿色债券的定价和交易都以同一发行人发行的主流债券作为参考。在国际市场上，绿色债券发行人的环保担当仍然是自愿的。

第二节　国际绿色债券案例

（一）多边金融机构发行的绿色债券

国际金融公司（IFC）发行的全球第一只人民币绿色债券案例

2014 年 6 月 14 日，国际金融公司（IFC）发行了全球第一只人民币绿色债券，并在伦敦证券交易所上市。

1. 基本情况

发行主体	国际金融公司（IFC）
发行额	5 亿元人民币
发行日	2014 年 6 月 14 日
期限	3 年
信用评级	AAA
票面利率	固定利率 2%
独家主承销商	汇丰 HSBC
交易市场	伦敦证券交易所
绿色认证机构	国际气候和环境研究中心（CICERO）
募集资金投向	该债券募集资金用于资助发展中经济体的可再生能源和能效项目，为减缓温室气体排放项目提供资金支持，包括太阳能、风能等可再生能源电厂建设、能效提高技术研发

2. 案例启示

国际金融公司（IFC）发行的这只人民币绿色债券是首只在境外发行上市、以人民币计价的绿色债券，开创了多边机构在离岸市场发行绿色债券的先河。这对支持中国资本市场的发展，解决私营企业特别是中小企业绿色融资具有深远意义。这只绿色债券得到了亚洲投资者的热烈订购。

（二）气候意识债券案例（CAB）

1. 基本情况

发行主体	欧洲投资银行（EIB）
发行额	6 亿欧元（后来增加到 10 亿欧元）
定价日	2015 年 8 月 20 日
到期日	2023 年 11 月 15 日
ISIN 国际债券识别码	XS1280834992
期限	8 年
信用评级	AAA／Aaa／AAA
票面利率	固定利率 0.5%
重发行利差	Mid–Swaps–24bp（中期—掉期—24 个基点）

续表

簿记承销	Bank of America Merrill Lynch（美林） Barclays（巴克莱银行） BNP Paribas（法国巴黎银行） Crédit Agricole（法国农业信贷银行） HSBC（汇丰银行）
绿色认证机构	Oekom 获得 Oekom 可持续性评级体系的"b +"评定，是该机构目前为止授予的最高评级
募集资金投向	符合条件的可再生能源和能效项目，尤其是其中的风能，水电，太阳能和地热发电等可再生能源项目以及小区供热，热电联产，建筑保温，节能减排和配电设备更换等能源效率项目
认购情况	来自法国、比荷卢经济联盟、英国、德国和北欧等欧洲国家的银行、资产管理公司、中央银行/官方机构及保险公司

2. 案例启示

欧洲投资银行（EIB）是欧盟的长期融资机构，其每年将至少25%的贷款额付诸气候行动。2014年，EIB 的气候行动贷款超过190亿欧元。自2007年以来，EIB 以11种货币发行绿色债券，筹集了相当于110亿美元的资金。

在募集资金管理方面，债券发行所得款项净额将会投向可再生能源和能源效率项目。子组合中待分配的资金将会投资于货币市场工具。

在项目的评估与选择方面，综合金融、经济、技术、环境和社会进行评估，然后由董事会（欧洲委员会，成员国和外部专家）进行贷款审批，再分配气候意识债券额度并在信息系统中登记，最后进行签字和支出。

欧洲投资银行通过气候意识债券简报（2015年至今每半年一期）和年度可持续发展报告对债券募集资金用于的项目进行详尽报告。

（三）绿色企业债券案例——阿本戈（Abengoa）Greenfield 高收益企业债券

1. 基本情况

发行主体	阿本戈（Abengoa）Greenfield, S. A.
发行额	2.65 亿欧元和 3 亿美元
面值	10 万欧元和 20 万美元
信用评级	B2 / B / B +
债权性质	高级无担保债务（清算时优先偿还）
发行日	2014 - 09 - 30
到期日	2019 - 10 - 01
发行价	100%
赎回率	100%
票面利率	欧元部分：固定年利率 5.5%，半年付息一次 美元部分：固定年利率 6.5%，半年付息一次
付息日期	4 月 1 日和 10 月 1 日
承销商	桑坦德银行（Banco Santander） 美银美林（Bank of America Merrill Lynch） 法国农业信贷银行（Credit Agricole SA） 汇丰银行（HSBC） 法国外贸银行（Natixis） 兴业银行（Societe Generale）
结算方式	欧元部分：欧洲票据交换所（Eurclear）/明讯银（Clearstream）美元部分：美国存管信托公司（DTC）
代码	欧元部分：Common Code：144A：111302456/ Reg S：111302103，ISIN：144A：XS1113024563 / Reg S：XS1113021031 美元部分：Cusip：144A：00289W AA9/ Reg S：E00020 AA0 ISIN：144A：US00289WAA99 / Reg S：USE00020AA01
上市场所	卢森堡（Luxembourg）
绿色认证机构	Vigeo

2. 绿色效益及积极成效

阿本戈（Abengoa）是一家从事可再生能源（太阳能和生物燃料），电力输送，能源 IT 系统开发，海水淡化和废水处理的高新技术股份有限公司。Abengoa Greenfield 是阿本戈（Abengoa）公司的子公司。2014 年 9 月，Abengoa Greenfield 发行了欧洲首只高收益绿色企业债券。

发行所得款项净额将纳入阿本戈财务部的流动性资产组合中进行统一管理，并以现金或其他流动性工具，将资金分配给符合条件的绿色项目。若该绿色项目发生撤资，发行人将使用所得款项净额资助其他符合条件的绿色项目。具体的绿色项目如下：开发可再生能源；能源的运输和分配；能源效率改进；水资源的运输和分配；水资源管理；生物质能源开发；垃圾发电。

而在 2014 年的年报中，阿本戈公司公布，绿色债券融资中有 2.38 亿欧元拨付给了一个墨西哥水利项目，1.59 亿欧元拨付给了一个智利太阳能电站项目，1.84 亿欧元拨付给了墨西哥的一个热电厂项目，另外还有一些拨付给了其他的太阳能项目、海水淡化项目或者生物质能源发电项目。

3. 案例启示

欧洲首只高收益率绿色企业债券。Abengoa Greenfield 在 2014 年 9 月发行的这两只绿色债券是欧洲首次发行高收益率绿色企业债券。相较于世界银行等多边金融机构的 AAA 评级以及其他大型企业的高评级，这两只债券的评级仅为 B2 ／ B ／ B ＋。而低评级债券的出现意味着绿色债券市场开始成熟。虽然有更高的信用风险，但是对投资者来说也意味着更高的收益率，因此阿本戈（Abengoa）吸引了更多风险偏好的投资者。

国际大型银行联合承销。该债券承销由 6 家大型国际银行：桑坦德银行（Banco Santander），美银美林（Bank of America Merrill Lynch），法国农业信贷银行（Credit Agricole SA），汇丰银行（HSBC），法国外贸银行

（Natixis）和兴业银行（Societe Generale）同时进行，既增加了分销能力，可以有效覆盖更多的投资者，而且可以提高整体的执行能力，整合各家银行的优势，从而给予投资者更多信息。

信息透明度有待提高。值得注意的是，在债券刚发行时，Abengoa的信息披露只包括募集资金的用途，而缺乏对详细项目或资产水平的介绍，并没有给投资者充分的评估债券的绿色认证的信息。例如，生物能源是一个有争议的区域，例如高碳排放的玉米乙醇工厂已经被排除在外。这会对债券的信息透明度和投资者的信心造成一定影响。

（四）绿色市政债案例

1. 基本情况

发行主体	加拿大安大略省
发行额	5亿加元
信用评级	标普：AA－；穆迪：Aa2
发行日	2014年10月2日
到期日	2018年10月2日
票面利率	1.75%
承销商	美银美林，加拿大帝国商业银行，汇丰银行，加拿大皇家银行
发行市场	卢森堡证券交易所欧元MTF
绿色认证机构	国际气候和环境研究中心（CICERO）
募集资金投向	债券收益将用于生态建筑项目的建设和维护，拥有可持续发展目标的公共交通设施建设，可再生能源和能效发展，保护生物多样性，用于弱势群体和老年人的专用住房建设，以及用于社会性住房建设，经济发展以及社会包容性发展
认购情况	获得4倍超额认购。超过85%的参与交易额度来自绿色投资授权，或联合国PRI签约机构。认购机构中的83%来自加拿大，8%来自美国，4%来自亚太，5%来自欧洲、中东和非洲

2. 案例启示

建立绿色债券框架，用以辅助实施绿色债券的发行和合格项目的筛选。安大略省绿色债券用于全省环境友好项目融资（主要是基础设施建设项目）以减少和适应气候变化影响，符合条件的项目要求满足安大略省的环境和气候变化政策要求。

合格项目分类

基本类别	合格项目类别
减缓	清洁运输（如公共交通项目的资金）
	节能环保（如部门建筑效率改进）
	清洁能源和技术（如智能电网基础设施，能源储存）
	林业，农业和土地管理（如可持续森林管理）
适应	气候适应性和应变能力（如洪水保护，暴雨管理）

该框架是在挪威国际气候与环境研究中心（CICERO）的咨询下建立的。

由绿色债券顾问团参与完成合格项目的挑选。项目挑选决策过程，由代表安大略省的安大略融资机构基于绿色债券顾问团的建议所完成，绿色债券顾问团由不同的政府部门和机构组成，包括安大略融资机构的环境和气候变化部门，绿色债券顾问团进行项目的审核评估。

每一项绿色债券发行的净募集资金将被记录在该省指定的财务账户，该账户用于跟踪合格项目的资金的使用和分配。只要该账户有正收益余额就可以从中扣除部分资金分配给已获批准的合格项目。

安大略省在其网站上披露年度事项，包括业绩指标、发行的绿色债券与合格项目以及从指定账户中扣除的资金数量、项目更新以及合格项目情况报告，以及全省的绿色债券发展总结，包括已有的和未来的项目。

（五）新兴经济体发行绿色债券案例

印度 YesBank 发行的绿色债券

1. 基本情况

发行主体	Yes Bank
发行额	315 亿印度卢比（大约 4920 万美元）
信用评级	AA +
评级机构	ICRA（印度评级机构）
发行日	2015 年 8 日 15 日
期限	5 年
票面利率	6.45%
发行市场	伦敦证券交易所
绿色认证机构	无
募集资金投向	可再生能源和能效领域
投资者情况	私募交易，国际金融公司是唯一投资者，投资本项债券是其绿色基础设施债券的募集资金用途之一

Yes Bank 是创立于 2004 年的印度第五大私有区域银行，过去的 20 年中唯一一家被印度储备银行授予绿色领域银行资质的金融机构。2015 年 2 月，Yes Bank 在印度国内市场发行了其第一只绿色债券。

2. 案例启示

该债券是新兴市场国家商业银行通过发行绿色债券面向国际投资者融资的范例。该绿色债券为 Yes Bank 在绿色债券标准下第一次面向国际投资人发行，从而使它的资金来源超出本地银行的范围而更加多样化，并且进入规模正在不断增大的绿色债券资本市场，刺激了国内资本市场并为气候变化投资打开大门。该债券为印度和新兴市场的绿色债券市场标准提供了实践参考。Yes Bank 宣称该债券致力于为 5GW 可再生能源项目实现融资，以支持印度政府在 2022 年前建成 175GW 可再生能源装机容量的目标。

国际金融公司（IFC）投资并助力于新兴市场的绿色债券。该绿色私募债券完全由国际金融公司认购，这是国际金融公司第一次在印度投资本地货币的债券，这一投资本身是 IFC 绿色基础设施债券募集资金用途的一部分。作为投资者，IFC 为那些进入新兴市场寻求多样性的潜在投资人释放了一个强有力的信号。通过分享其在绿色债券市场中的经验和专长来支持债券的发行，它提供了环境影响报告的工具，以及培训发行人为未来的投资者提供环境效益数据。该债券没有采纳第三方机构提供"第二意见"，但 IFC 的认购在实际上成为了本项债券的间接佐证，因为 IFC 自身的绿色债券募集资金用途均须符合其经 CICERO 评估的标准。

这提供了一个多边金融机构与新兴市场国家金融机构联动的范例，多边金融机构利用自身的 AAA 评级从主流机构投资者筹集到成本较低的资金，否则新兴市场国家的发行人将不得不支付更高的成本。IFC 在实际上分担了 Yes Bank 绿色债券的风险，这会有效地为新兴经济体市场吸引更多的绿色投资。

3. 中国银行绿色资产担保债券

（1）基本情况

发行主体	中国银行伦敦分行
发行额	5 亿美元
信用评级	穆迪：Aa3
发行日	2016 年 11 月 3 日
票面利率	1.875%
承销商	中国银行、花旗银行、汇丰银行
发行市场	伦敦证券交易所
绿色认证机构	安永
募集资金投向	中国银行伦敦分行在伦敦证交所发行。发行人声明募集资金将用于支持中国银行的绿色信贷项目，具体为可再生能源（风能）和污染预防和控制（污水处理）。

（2）案例启示

这是中资金融机构以境内资产担保在离岸市场发行的一只绿色债券，以中国银行伦敦分行为主体，在普通高级债券的基础上增加了资产担保结构，即以其总行在境内持有的绿色债券作为担保资产池，为境外发债融资提供担保。中央结算公司在该期债券发行中履行担保品管理人和执行代理人义务。

该债券也是全球首只兼具"双重绿色属性"的绿色资产担保债券。所谓"双重绿色属性"，其一是项目筛选、资金使用和管理、信息披露遵循国际市场通行的《绿色债券原则（2016）》。其二是在担保资产层面，入选担保资产池的债券均为"中债—中国气候相关债券指数"的样本券，资金用途、行业类别等方面同时满足国内外绿色债券相关准则。

第三节　绿色债券的第三方认证、绿色评级及绿债指数

一、绿色债券第三方认证

1. 第三方认证的含义

相比于普通债券，除了主体信用评级和债券信用评级外，绿色债券发行人还必须使自己的"绿色"特征对于投资者来说具有可信度和说服力。而国际上对此的通用做法是请独立的专业认证机构出具对募集资金使用方向的绿色认证，即"第二意见"（Second Opinion）。第二意见中对绿色债券募集资金的投向有详细说明，从而可以增强绿色债券信息披露的透明性，吸引更多投资者。

2. 国际市场现存主要标准对第三方认证的要求

（1）GBP 原则。

国际市场最早被市场主体普遍接受的绿色债券自愿性指引，是 2014 年国际资本市场协会（ICMA）联合多家金融机构共同推出的"绿色债券原则"（GBP），该原则于 2015 年 3 月被修订。截至 2015 年底，超过 103 个绿色债券发行人、承销商和投资者成为 GBP 会员，以及超过 54 个观察

员机构为 GBP 遵守者。GBP 建议发行人使用外部认证，以确保发行人发行的债券符合绿色债券定义和要求。GBP 具体列举的认证类型和层次包括：第一，出具"第二意见"。发行人可以从顾问机构取得环境可持续性方面的专业能力辅助，以审查或帮助建立项目评估和选择体系，包括鉴别和筛选符合绿色债券要求的项目类别。国际市场大约 65％ 的绿色债券在发行时基于 GBP 提供了"第二意见"。第二，审计。鼓励发行人进行独立审计或审计其绿色债券过程中的某些方面，例如内部跟踪流程和资金分配。第三，第三方认证。由第三方机构依据第二方标准进行的独立审核，GBP 支持此类标准的开发和使用。

（2）CBI 标准。

在 GBP 基础上，著名的 NGO 组织气候债券倡议（CBI）开发了第三方认证，使得投资者和中介机构能够评估那些声称具有减缓和适应气候变化效应的债券的环境效应。CBI 的认证过程分三步：一是发行前认证。这是债券发行人的内部评估和认证，包括其项目和资产的选择过程，内部募集资金追踪和资金分配体系。发行前认证是首次发行的合理保证。二是发行后认证。在资金已经分配之后，对债券进行评估认证，包括发行人和债券是否符合 CBI 所要求的评估条件。三是定期认证。根据 CBI 标准的要求，每年定期对债券进行认证和评估。定期认证并不强制，但是发行人持续遵守 CBI 准则的表现。

3. 国际标准下独立认证机构的特点

GBP 并不指定认证机构，任何相关机构只要是 GBP 的遵守者，均可以使用 CBP 原则提供认证。目前，依据 CBP 原则进行认证的机构主要有几大类：一是学术机构，例如挪威国际气候和环境研究中心（CICERO），CICE-RO 的认证业务额占整个国际市场绿色债券发行认证的 55％ 左右。二是传统认证机构，例如船级社（DNV.GL）。三是审计机构，例如安永（EY）、毕马威（KPMG）。四是评级机构，例如 Oekom research。五是传统环境社会风险管理（ESG）咨询机构，例如 Vigeo，Sustainalytics，SUST4IN 等。

与 GBP 不同的是，希望遵循 CBI 标准进行第三方认证的机构需获得 CBI 委员会批准，截至目前，CBI 委员会基于其资格标准认定了 18 家认证机构，包括五大类：一是传统认证机构，例如船级社（DNV.GL），TUV NORD，必维国际检验集团（BV），EPIC Sustainability；二是审计机构，例如安永（EY）、毕马威（KPMG）；三是评级机构，例如 Oekom re-search；四是传统 ESG 或 CSR 咨询机构，例如 Vigeo，Sustainalytics，Ethi-finance，中国首家获 CBI 认证资格的商道融绿公司也属于此类机构；五是其他环境咨询机构，例如 Trucost，atelier ten，First Environment 等。CBI 的认证机构在进行认证时，必须遵循 CBI 发行前、发行后以及定期认证的具体要求。

2016 年，安永在中国绿色债券市场的迅猛发展中积极拓展了认证市场，并推出了绿色债券发行认证方法，此外德勤也推出了绿色金融第三方风险评估方法。

4. 中国本土第三方认证机构的发展

随着中国绿色债券市场的快速发展，中国本土的第三方认证机构也成长迅速。国企背景的中节能咨询有限公司、咨询公司背景的商道融绿咨询有限公司、学术研究机构背景的中财绿融咨询有限公司、环境影响评价机构背景的联合赤道环境评价公司，是最具代表性的本土机构。其中商道融绿咨询有限公司、中财绿融咨询有限公司、联合赤道环境评价公司取得了气候债券倡议组织（CBI）的 Verifier 认证资质。中国绿色债券市场启动以来，它们也获得了部分市场份额。

二、绿色债券评级

1. 国际评级机构

2016 年 3 月底，作为穆迪的投资者服务产品，国际评级机构穆迪发布了一个绿色债券评估框架（Green Bond Assessment，GBA）。穆迪特别声明这不是一个评级产品，而是提供特定债券在与"绿色债券"相关特性方面的加权综合评价意见。GBA通过一套加权指标体系，围绕五个关键要素对特定绿色债券进行评估，最终形成一个综合评估结论。基于发行人后续报告不断提供的信息，发行人的GBA排序结果可以定期刷新。GBA可以适用于各类不同主体发行的绿色债券，也可用于对项目融资以及结构融资交易的评估。

其分级标准及评价目标如下所示：

核心评价目标：绿色债券发行人已经采取的管理、协调、分配募集资金，并报告募集资金所投向环境项目的方法，以及实现既定环境效益目标的前景预测。

评价结论的分级标识及其对应的含义：

GB1——卓越

GB2——优秀

GB3——良好

GB4——一般

GB5——较差

要素	权重	具体界定条件的描述
组织管理	15%	有效的环境治理和组织结构体系
		政策和程序能够确保严格的审核和决策流程
		有资质的/有经验的专业人员，或者依托符合资质要求的第三方机构
		明确的和全面综合的投资决策标准，包括可测量的影响效果
		符合项目特性的针对相关决策的外部评估
募集资金使用情况	40%	得分1，对应于≥95%～100%的募集资金被投向该债项限定性要求的合规项目类别
		得分2，对应于90%～<95%的募集资金被投向该债项限定性要求的合规项目类别
		得分3，对应于80%～<90%的募集资金被投向该债项限定性要求的合规项目类别
		得分4，对应于50%～<80%的募集资金被投向该债项限定性要求的合规项目类别
		得分5，对应于<50%的募集资金被投向该债项限定性要求的合规项目类别

续表

要素	权重	具体界定条件的描述
对募集资金使用的披露	10%	对实际已发生的和预期中的绿色项目及投资组合的描述
		用以完成项目的充足资金或完整策略
		对项目预期达成环境效益目标的定性或定量描述
		测算预期环境绩效的定性或定量方法和标准
		发行人采纳外部鉴证，形成第二意见、审计或第三方认证
募集资金管理	15%	以独立账户管理债券募集资金，或某种确保资金专向投放的方法
		以环境类目和项目类别为据，追溯募集资金的应用
		调和计划投资与实际资金配置的稳健程序
		针对资金投向和现金平衡的清晰规则
		由外部组织或独立的内部审计单元完成审计
持续的报告与信息披露	20%	通过发行后的报告披露有关项目的细节和状态更新
		贯穿债券存续期的年度报告
		对投放详情和预期环境效益的披露
		报告或即将报告披露截至目前已实现环境效益的定量或定性评估
		报告包含或将包含环境影响如何实现的定量或定性预期，基于与债券发行时的比较

　　穆迪从 2015 年起在其评级中包括了 ESG（环境、社会、治理）风险的分析，并加强了与投资人的相关沟通。GBA 是穆迪对于蓬勃发展的绿色债券市场做出的回应，在国际评级机构中，已表现得较为积极，但 GBA 更多地体现了对绿色债券募集资金管理、投向、环境效益的披露和报告等方面的综合评价，其核心是特定债项作为绿色债券在其关键要素方面的绩效，其评价结果和评价过程对于特定债项的违约概率和偿债风险，均不构成直接关联。这在一定程度上证明了绿色金融对原有评级方法论的挑战和难度。

　　推出绿色债券评估框架（GBA）后，穆迪将其应用于该公司的绿色债券评级和评估实践。以穆迪为代表的国际评级机构，对绿色债券的综合评估进行了研究，但距离完整成熟的绿色评级方法体系，或将环境风险要素置入原有评级方法论的成熟应用，还需要更多的研究和实践。

2. 国内评级机构

截至 2016 年 11 月底，中国国内的七家评级机构参与了中国金融学会绿色金融专业委员会召集的绿色评级研究小组，共计完成 71 项绿色债券的评级（部分债券尚未发行）。这些机构也陆续发布了绿色债券评估框架或绿色债券的项目评价标准等。

2016 年 8 月 2 日，中诚信国际信用评级有限责任公司发布中国评级行业第一个《绿色债券评估方法》，它不适用于评估发行人或债项的资金偿付能力，其评估结果与债券信用评级结果相互独立。该评估体系主要涵盖四个维度：募集资金投向评估、募集资金使用评估、环境效益实现可能性评估与信息披露评估。该评估采用独立的符号与定义，通过 G－1 至 G－5 依次代表 5 个等级，并通过打分卡模式对绿色债券进行综合评估以确认最后等级。

2016 年 12 月 13 日，中债资信评估责任有限公司发布《中债资信绿色债券评估认证方法体系》，并首家构建绿债支持项目目录评估标准，包括总体认证方法和涵盖绿金委主要目录类别的细分领域认证评估标准，对募投项目环境效益做出了深绿、绿、较绿、浅绿以及非绿的绿色程度划分。中债资信还将治理与制度、产业政策设定纳入评估指标。较之前述评级机构发布的评估方法，该方法体系在项目自身环境效益之外，加入了"行业目录绿色等级上限"这一信息维度，由此形成债项的绿色等级，从而使评估结果与信用评级在有限程度上建立联系。

2016 年 9 月 6 日，由东方金诚国际信用评估有限公司和 TruCost 公司联合发布的《自然环境信用分析框架暨绿色债券信用评级方法》（征求意见稿），是信用评级机构首次将环境外部性因素纳入信用评级模型，建立环境外部性内部化现金流对发行人偿债能力及绿色债券受保障程度影响的分析框架。从这个意义上来说，这一成果是全球范围内信用评级业界在绿色评级方面的有益探索。

该方法的基本脉络是：针对环境效益型、环境成本型、同时产生环境效益和环境成本的不同类型受评主体，进行环境效益或成本内部化的现金流分析，再根据不同的测算结果实施压力测试，从而进一步明确受评主体信用质量受环境因素的影响情况，由此构建了环境因素与信用评级之间的关联框架。

图 13 - 5 呈现了该方法就环境因素对项目现金流影响的分析要素。

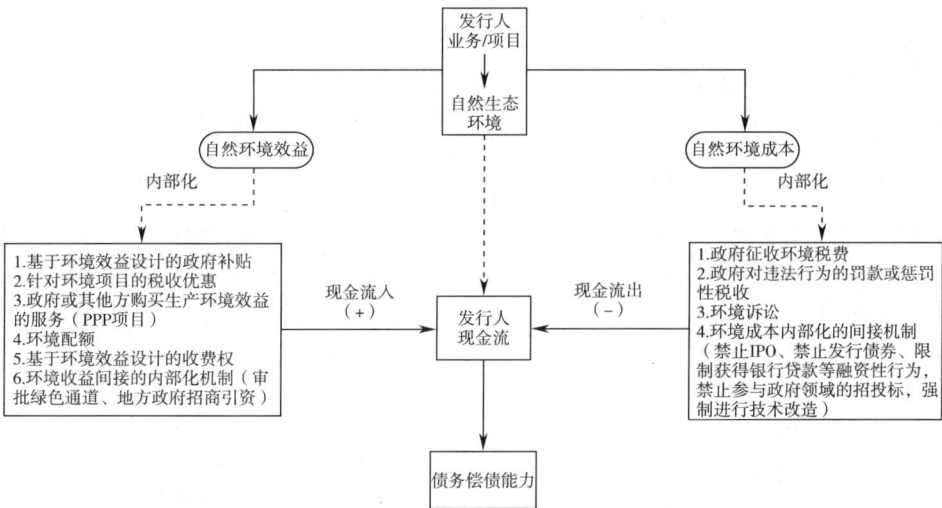

图 13 - 5　自然环境信用分析框架

此外，联合赤道环境评价公司完成企业主体绿色评级方法的研究，金电联行建立了绿色债券企业信用认证测评系统和绿色企业信用信息数据库，它们分别做出了有益的探索。

总的来说，国际和国内的评级机构目前围绕绿色评级的成果，大部分是对绿色债券关键要素的评估，对绿色债券及其发行主体的信用评级成熟方法尚在发展之中。此外，清洁技术和绿色发展领域日新月异，投资者有意寻求优质绿色资产，而评级机构在绿色领域的专业性方面尚不具有突出优势。作为为乙方提供服务的评级机构，其角色可能会影响评估分析的独立性。这些都是绿色评级未来发展中的挑战。

三、绿色债券指数

1. 国际绿色债券指数

绿色债券指数是确保主力的被动型基金有效投资绿色债券的重要机制。这有利于绿色债券市场的良性扩展。绿色债券指数的另一个重要作用，是绿色债券财务绩效表现的历史记录。

指数编制者	最小规模	是否仅为投资级	债券类型	绿色标准
Solactive 公司	1 亿美元	混合	公司债、金融债、发展性金融机构发行债券	符合气候债券标准
S&P 道琼斯	无	混合	公司债、金融债、发展性金融机构发行债券、市政债	符合气候债券标准 非贴标的气候项目债券指数单列
巴克莱&MSCI	2.5 亿美元	是	公司债、金融债、发展性金融机构发行债券、市政债、ABS	符合气候债券标准、MSCI 环境评估体系（包含符合相关标准的未贴标债券）
美银美林	2.5 亿美元	是	公司债、金融债、发展性金融机构发行债券、市政债	符合彭博绿色债券定义

资料来源：CBI。

2. 国内绿色债券指数

截至目前，中国已有 4 只绿色债券指数，如下表所示。

指数名称	发布时间	基期	编制者	样本券选取方法	发布时的样本券数量
中债—中国绿色债券指数	2016 年 4 月 15 日	2009 年 12 月 31 日	中央结算公司、中节能咨询有限公司	依据中国人民银行、国家发改委发布的两项国内绿色债券标准以及国际资本市场协会、气候债券组织发布的两项国际标准，体现了标准的合集口径。凡满足上述四项绿色债券标准之一的，即纳入样本券。对于已经获得第三方绿色认证或经主管部门核准发行或经自律组织注册发行的绿色债券，直接纳入样本券	759
中债—中国绿色债券精选指数	2016 年 4 月 15 日	2009 年 12 月 31 日	中央结算公司、中节能咨询有限公司	依据中国人民银行、国家发改委发布的两项国内绿色债券标准以及国际资本市场协会、气候债券组织发布的两项国际标准，体现了标准的交集口径。同时满足四项标准的，即纳入样本券。对于已经获得第三方绿色认证或经主管部门核准发行或经自律组织注册发行的绿色债券，直接纳入样本券	413
中债—中国气候相关债券指数	2016 年 9 月 2 日	2009 年 12 月 31 日	中央结算公司、中节能咨询有限公司、气候债券倡议组织（CBI）	在中债—中国绿色债券指数样本券的基础上，经 CBI 与中节能逐一评估符合气候债券分类方案（Climate Bonds Taxonomy）及《绿色债券支持项目目录（2015 年版)》后纳入指数	210

续表

指数名称	发布时间	基期	编制者	样本券选取方法	发布时的样本券数量
中债—兴业绿色债券指数	2017年1月6日	2012年12月31日	中央结算公司、兴业银行股份有限公司	依据中国人民银行、国家发改委发布的两项国内绿色债券标准以及国际资本市场协会、气候债券组织发布的两项国际标准，体现了标准的合集口径。凡满足上述四项绿色债券标准之一的，即纳入样本券。对于已经获得第三方绿色认证或经主管部门核准发行或经自律组织注册发行的绿色债券，直接纳入样本券。 并由兴业银行认定符合《兴业银行绿色金融业务属性认定标准（2016年版）》	78

第四节　G20绿色金融研究小组的建议

中国在2016年担任G20主席国期间倡议设立了绿色金融研究小组。该小组的主要任务是"识别绿色金融发展所面临的体制和市场障碍，并在总结各国经验的基础上，提出可提升金融体系动员私人部门绿色投资能力的可选措施"。研究小组的工作主要涉及五个领域，包括银行业、债券市场、机构投资者这三个专门领域，以及风险分析和指标体系这两个跨领域问题。

发展绿色债券市场是G20绿色金融相关工作中的重要议题。G20绿色金融研究小组在总报告中提出几条与绿色债券相关的建议，具体包括：

1. 支持本币绿色债券市场发展：对有兴趣发展本币绿色债券市场

的国家，国际组织、开发银行和专业市场机构可在数据收集、知识共享与能力建设等方面给予支持。这些支持可包括与私人部门共同制定绿色债券指引和信息披露要求，以及培育绿色债券认证的能力。开发银行也可考虑通过担任基础投资者和进行示范发行来支持本币绿色债券市场的发展。

2. 开展国际合作，推动跨境绿色债券投资： 政府和市场主体可推动绿色债券跨境投资，包括在不同市场间开展双边合作。在合作中，市场参与方可研究设计共同认可的绿色债券投资协议模板。

在 G20 绿色金融研究小组的框架下，以 OECD、CBI、国际资本市场协会（ICMA）和中国金融学会绿色金融专业委员会为主，撰写了题为《绿色债券：国别经验、障碍与可选措施》的背景报告，认为绿色债券市场发展的障碍和挑战主要包括：

（1）债券市场发展的基本条件缺失（如收益率曲线、流动性等问题）；

（2）对于绿色债券的好处和现有国际准则及标准，一些国家和市场主体存在认知障碍；

（3）缺乏绿色债券的本地定义、标准和披露要求等监管机制，无法有效地推动本币绿色债券的积极发行；

（4）为使绿色债券满足相关定义和披露标准，需要支付额外的成本；

（5）缺少绿色债券的评级、指数等工具；

（6）主动"贴标"的绿色债券供应还比较少；

（7）国际投资者对一些国家或区域的本地市场进行投资还较为困难；

（8）一些市场缺少本土的责任投资者；

基于上述判断，该报告提出的可选措施包括：

（1）提升对绿色债券益处的认知度；

（2）为发展本币绿色债券市场提供技术援助；

（3）降低绿色债券鉴证和披露的成本；

（4）发展绿色债券指数、评级和交易所上市；

（5）积极培育本地的绿色投资者；

（6）为了推动绿色资本的跨境流动；

（7）积极发挥开发性银行及公共部门在推动绿色债券市场中的作用（如示范发行）。

第十四章　绿色基金的国际经验①

　　全球可持续发展已经进入了以绿色经济为主驱动力的新阶段。2016年9月，G20峰会正式将七项发展绿色金融的倡议写入公报。会议对政府通过绿色金融带动民间资本进入绿色投资领域已达成共识，政府与社会资本合作的绿色发展基金将成为重要路径。

　　中国政府"坚持绿色发展，着力改善生态环境"，明确提出加快推进绿色城市、智慧城市、人文城市建设，加快财税体制和投融资机制的改革，创新金融服务。"发展绿色金融，设立绿色发展基金"已经被列入"十三五"规划，成为中国可持续发展的新引擎。在2016年8月人民银行等七部委联合发布的《关于构建绿色金融体系的指导意见》中，提出了设立国家级绿色发展基金、支持地方政府设立绿色发展基金，鼓励民间和国外资金设立各类绿色投资基金。

　　绿色项目首先需要股权融资，在有一定资本金之后，才能通过向银行借款或到债券市场发展债券等方式获得债券融资。而各类绿色基金的设立，将为绿色项目提供重要的股权融资渠道。本章主要探讨绿色基金发展的国际经验，以期为中国绿色基金的发展提供借鉴。

---

　　① 本章执笔：安国俊，中国社科院金融研究所副研究员、中国金融学会绿色金融专业委员会副秘书长、对外经贸大学绿色金融与可持续发展研究中心执行主任；刘嘉龙，中国金融学会绿色金融专业委员会研究人员；王晓东，世界银行高级能源专家；李晓真，中节能咨询有限公司低碳发展研究中心副主任；郭沛源，商道融绿董事长、商道纵横共同创办人兼总经理、中国金融学会绿色金融专业委员会理事；曹超，中国人民大学财政金融学院博士研究生；王钦方，中国社会科学院上海研究院硕士研究生；赵志争、李娜，绿色金融与可持续发展研究中心研究助理；作者感谢马骏、马险峰、殷红、Dilip Limaye、霍中和、刘昆、孙蕊、胡敏、杨爱伦等专家的帮助。

第一节　绿色基金的定义

本章所讨论的绿色基金是指针对节能减排、改善环境、促进低碳发展而建立的各类直接投资基金，包括但不限于绿色产业基金、绿色发展基金、绿色担保基金、碳基金、气候基金等。在国际上，这些基金被业界称为绿色PE基金。政府可以是基金的出资方之一，出资方当然也可以是纯民间的。本章讨论的绿色基金不包括专门投资于上市的绿色企业和绿色债券的基金（如跟踪绿色股票和绿色债券指数的基金）。

第二节　国际绿色基金的发展及案例

在20世纪60~70年代环保运动的影响下，世界上第一只将环境指标纳入考核标准的绿色投资基金——Calvert Balanced Portfolio A于1982年在美国面世。该基金虽然从字面上来看并没有体现"绿色"，但其投资策略是积极筛选对环境保护较好的企业进行投资，实质上是一只绿色基金，到2012年该基金总额已超过8.69亿美元。此后，英国于1988年推出了第一只绿色投资基金——Merlin Ecology Fund。[①] 虽然在20世纪80年代绿色投资基金的概念就已出现，但是直到20世纪末期，绿色投资基金的数量增长缓慢。

在美国、欧洲、日本等发达国家，绿色基金在近年得到了较大发展。尤其在1996年美国成立了社会投资论坛之后，绿色基金开始步入高速发展的轨道。由于金融市场的发展程度不同，绿色基金在不同市场上有不同表现。在发达地区，如美国和西欧，绿色投资基金的发行主体主要为机构

---

① 蒋华雄、谢双玉：《国外绿色投资基金的发展现状及其对中国的启示》，载《兰州商学院学报》，2012（5）。

投资者和其他私人部门投资者；在日本，则以企业为主；在欠发达地区，由于资本市场发育程度较低，绿色投资基金在社会上受到的关注度不高，发展较为缓慢。此外，国际金融组织，如世界银行支持保加利亚、罗马尼亚、亚美尼亚等欠发达国家成立绿色基金。

1. 美国绿色投资基金

美国是企业社会责任投资（Social Responsible Investment，SRI）的发源地，同时也是世界上 SRI 发展最完善的市场，目前大约有十分之一的美国专业投资资金在其决策中采用了社会责任投资的方法。美国现代意义上的 SRI 起源于 20 世纪 20 年代宗教信仰者的"伦理投资"。最初美国没有专门设立绿色投资基金，只在 SRI 基金内纳入生态投资。1971 年，第一只社会责任基金——美国帕斯世界平衡基金（Pax World Fund）诞生，此后，美国相继出现投资者责任研究中心、南岸银行、环境责任经济联盟等与社会责任投资有关的组织[1]，与此同时，绿色世纪权益基金（Green Century Equity Fund，GCEF）、Parnassus Fund 等更多绿色投资基金在市场也相继推出，为美国社会带来了良好经济生态效益，同时也促使更多 SRI 将生态环境纳入筛选范围，并通过股东对话的形式增加对企业环境议案的讨论次数，这也成为了美国初期的绿色投资基金的主要构成形式。[2]

美国社会责任投资基金在规模和数量发展变化如图 14-1 所示。

1996 年社会投资论坛（U. S. SIF）在美国成立，它为生态投资提供了广阔的交流平台，同时也标志着美国包括绿色投资基金在内的 SRI 进入高速发展阶段。1997 年美国绿色投资基金资金总额为 195.73 亿美元，仅占 SRI 市场总额的 1.5%；1999 年总额为 1182.63 亿美元，是 1997 年的六倍多；之后虽有波动，但在美国绿色投资基金总体呈上升趋势。随着 SRI 在美国的不断普及和发展，截至 2010 年，美国对包括环境在内的社会和

---

① 刘忠华：《国际社会责任投资发展趋势及启示》，吉林建筑工程学院学报，第 29 卷第 1 期。
② 夏丹：《我国社会责任投资基金的发展研究》，武汉理工大学硕士论文，2013 年 11 月。

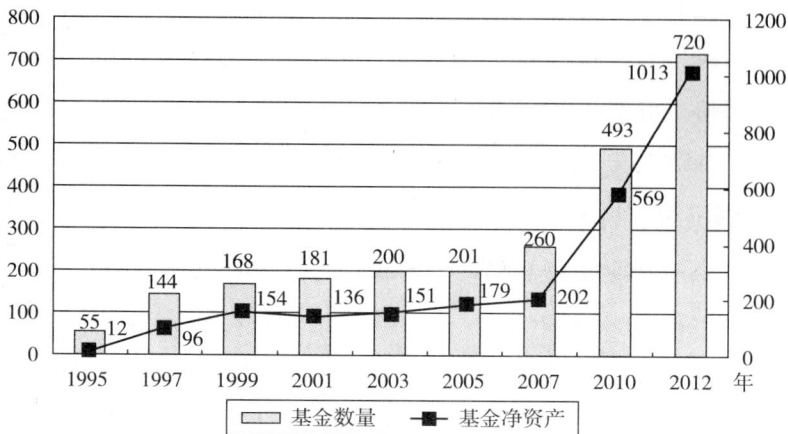

注：基金净资产单位为"十亿美元"，数量单位为"只"。

资料来源：根据 2012 年美国社会责任投资论坛报告整理。

图 14 - 1　1995 ~ 2012 年美国 SRI 基金的数量管理的资产

治理投资（即 Environment Social Governance，ESG）总额高达 2.51 万亿美元，ESG 基金数量由 1995 年的 55 只上升到目前的 493 只，增长了 14 倍。由此可见，绿色投资基金在美国的发展已进入相对成熟阶段。[①]

2. 英国绿色投资银行

从绿色金融体系的国际经验来看，英国绿色投资银行是世界上第一家专门致力于绿色经济的投资银行，它的作用是解决基础设施融资中市场缺失的问题，通过调动私人资本来加快向绿色金融的转型。需要说明的是，英国绿色投资银行虽然名为银行，但由于其不吸储、不发债，事实上是传统意义上的"投资基金"。为了鼓励更多的社会资本投资于存在市场失效的绿色环保项目领域，英国政府于 2012 年 10 月投资成立了这家全球首家"绿色投资银行"（GIB）。GIB 目前由英国政府全资控股，政府初期划拨

---

① 蒋华雄、谢双玉：《国外绿色投资基金的发展现状及其对中国的启示》，载《兰州商学院学报》，2012（5）。

38 亿英镑供其在 2016 年 3 月前投资绿色项目。作为绿色投资市场的"催化剂"和补充者，GIB 的宗旨是引进和鼓励更多的私有资本投入到绿色经济领域，从而促进英国的绿色经济转型。

GIB 成立两年来，发展迅速，在全英国超过 200 个地方投资 41 个绿色项目和 6 个项目基金，通过 18 亿英镑的直接投资撬动了总共 60 亿英镑的私人资金投入到绿色经济领域，杠杆比率接近 1∶4。绿色投资风险（Green Risk）是 GIB 最主要的风险之一，主要衡量其投资的绿色环保指标，是否符合可持续性的绿色发展原则。GIB"自上而下"的管理方式，及压力测试、控制测试、合规管理和内部审计的风险管理工具，都非常细致和详尽。

GIB 遵循赤道原则，投资项目衡量的绿色目标包括：减少温室气体排放；促进自然资源的有效利用；有利于自然环境的保护；有利于维护生物多样性；促进环境可持续性发展。

3. 欧洲等其他地区的绿色投资基金

欧洲是目前世界上最大的 SRI 市场，而且采用不同 SRI 投资策略的资产增速普遍大于市场资产的平均增速。2009 年，欧洲与 ESG 相关的资产总额高达 7.15 万亿美元，而到 2011 年则进一步增长到 8.76 万亿美元。不过，SRI 资产的平均增长率、投资策略、投资者结构、资产的配置情况，在欧洲不同的国家之间有较大差异。甚至对于 SRI 的定义，欧洲不同的国家也有不同的解释。

目前，发展社会责任投资基金得到了欧洲大多数国家的重视。在西欧地区，绿色投资基金是社会责任投资的第三代金融产品。与前两代相比，第三代金融产品重点专注于环境等某个具体的领域（例如环境），绿色投资基金就是在此背景下获得快速发展的。绿色投资基金的发展在西欧具有明显的地域差异。早期英国绿色投资基金发展一枝独秀，但后来被法国、瑞士等赶上。2010 年法国、英国、瑞士和比利时四国的绿色、社会、道德基金资产总额就占到整个西欧 SRI 资产总额的 76%，而在德国、西班牙等国家绿色投资基金发展相对缓慢。欧洲的 SRI 市场是一个机构投资者占主导地位的市场，主要的机构投资者包括养老基金、储备基金、保险公司以及高校。

为实现环境可持续发展，将欧洲投资基金（EIF）的管理经验在应对气候变化方面得到充分运用，欧盟委员会于 2008 年创办全球能效和可再生能源基金。基金采取 PPP 组织架构形式，由公共部门出资，促进私营部门投向子基金和项目，包括新兴市场中的可再生能源和能效项目、绿色基础设施项目，从而有效发挥母基金的投资杠杆效应。

4. 其他国际案例

（1）国家层面绿色基金

目前，全球、区域和国家层面均设立有战略投资基金，是由一国政府、多国政府或全球性/区域性机构发起和/或提供全部或部分运营资本，以股权投资为主，亦可进行准股权或债权投资部分。全球层面：全球能效和可再生能源基金（GEEREF，2.5 亿欧元）；区域层面：欧洲战略投资基金（EFSI，210 亿欧元）；国家层面：爱尔兰战略投资基金（ISIF，80 亿欧元）、菲律宾基础设施投资联盟（PINAI，6.25 亿美元）、塞内加尔战略投资基金（FONSIS，已投入 8.8 亿美元）。许多战略投资基金均以实现公共资本与私人投资者资本之间的高乘数效应为主要目标。[①]

国外一些国家已经为资助绿色能源项目建立了国家基金。其中有些基金包含赠款，以确保可持续发展。这些绿色基金是由政府和国际组织为资助绿色能源项目而建立的特殊目的基金。这类基金中，一些基金由国际组织建立，如世界银行；一些基金由国家政府设立，如泰国。在美国，电力监管机构通过采用公共利益收费（PBC）机制，建立了公共利益基金。在

---

① 资料来源：世界银行报告。

一个由公共资金和国际金融组织贷款创建的典型基金下，给能源用户（项目业主）或能源服务公司提供融资以支付绿色能源项目的初始投资成本，然后由此产生的部分节能效益用来向基金还款，直到初始投资加上利息和服务费被收回。然后可用来再资助其他项目，从而实现资金循环使用并创建一个可持续的融资机制。

这类基金可提供比一般商业贷款更优惠的融资条件（如宽限期、更长的还款期和较宽松的抵押要求）。因为绿色能源项目具有较好的财务回报率，通过获得节能效益并偿还贷款，可再用于新的投资项目，比传统的通过预算或补助金的方式使用公共财政方法更加有效，并具有商业可行性和可持续性。以下列举国外一些典型的绿色能源基金：

保加利亚能效基金（BEEF）——由世界银行、全球环境基金和奥地利及保加利亚政府于 2005 年在保加利亚建立，是最成功的绿色能源基金之一。其项目涉及公共建筑、工业生产过程、街道照明和热分布系统的能效改进以及离网可再生能源。保加利亚能效基金还成功地支持了许多能源服务公司项目。

亚美尼亚可再生能源和能效基金（R2E2）——最初由世界银行于2006 年成立，于 2012 年增加了合同能源管理融资机制，已在公共部门完成了许多项目，主要涉及热计量和热调节、公共及民用建筑群的能效提升等。

罗马尼亚能源效率基金——由世界银行和全球环境基金于 2003 年成立，目的是帮助能源用户采用先进的能效技术，进行设备更换和能效提升（如锅炉、电机等）、工业流程设备改造及路灯照明。

英国 Salix 融资机构——由英国能源与气候变化部（DECC）成立，是一个独立的、政府资助的公司，向公共机构提供无息贷款资金支持，其项目涉及绝缘材料、LED 照明、建筑能源管理系统、热电联产以及热回收系统。

印度可再生能源开发署（IREDA）——印度政府于 1987 年成立，目的是促进、发展和扩大对可再生能源和能效资金支持。通过提供项目融资、设备融资和节能设备制造商融资，支持能效锅炉、控制系统和照明、吸收式制冷机、变速驱动器、热电联产和工业过程能效提升等方面的项目。

韩国能源管理公司（KEMCO）——作为准政府机构，负责能源效率、新能源和可再生能源以及气候变化减缓政策及措施。由韩国商务、工业及能源部于 1980 年根据"能源合理利用法"建立，管理韩国能源合理利用基金，该基金提供长期低息贷款并为能效和节能投资提供税收优惠。KEMCO 还为高效节能产品提供返点及激励计划。

美国公益基金——美国许多州已经使用公益收费（电力销售附加税收取）为能效和可再生能源终端用户提供资金支持。这些基金由公共事业单位、州立机构或独立第三方管理，已实施一系列绿色能源计划。

（2）公共风险投资基金

A. 印度能源效率风险投资基金

印度能源效率风险投资基金（VCFEE）由印度能源效率局（BEE）建立，是在能源效率国家计划（NMEEE）框架下，促进节能经济发展的金融工具之一。VCFEE 基金向新技术、商品和服务的绿色能源投资提供风险投资资金支持。

鉴于小型绿色能源项目投资回报少、交易成本高，阻止了私人投资。通过 VCFEE 基金获得资金支持，将帮助私营机构投资能效领域。此外，节能服务公司和计划使用合同能源管理模式开展绿色能源项目的公司是 VCFEE 的主要潜在受益者。

印度能源效率局选择一个公共金融机构来管理 VCFEE 基金。该管理机构将主要代表 VCFEE 进行投资。管理机构还将向受托管理委员会提交季度进度报告。VCFEE 基金将在第一阶段为政府大楼和各市的能效项目提供股权融资。VCFEE 基金的主要特点如下：

- 以股权形式进行投资；
- 单次投资额不超过 30 万美元；
- 提供"最后一英里股权投资"，支持具体能效项目，不超过项目总投资的 15%；
- 基金期限 10 年。

B. 泰国合同能源管理基金

泰国于 2008 年建立了合同能源管理（ESCO）基金，为小型能效及可再生能源项目的开发者以及能源服务公司提供融资支持和技术服务，该基金由政府任命的非营利性机构——泰国节能基金会和环境能源基金会管理。合同能源管理基金提供如下金融产品：

- 股权投资——基金可在为期 5～7 年投入项目总投资的 10%～15%，上限 160 万美元。退出渠道包括向创业者回售股份、寻找新的战略合作伙伴或上市。
- 合同能源管理风险资本——基金可投入高达注册资本30%的资金，最多不超过 160 万美元。投资期限为 5～7 年。
- 设备租赁——为合格企业提供金额上限为 100% 设备成本的设备租赁或每个项目最多 30 万美元设备租赁，投资回收期小于 5 年。年利率为 4%。
- 碳信用交易——基金支持项目业主制定清洁发展机制文件和打捆开发小型项目，进入碳信用市场。
- 技术援助——为每个项目提供上限为 3250 美元的技术援助。
- 信用担保机制——与其他金融机构共同融资，向项目业主提供上限 300 万美元且不超过 5 年的商业银行贷款担保，业主按每年担保金额的 1.75% 支付费用。

该基金主要受益者包括中小企业（能源密集型服务业和工业部门）、

节能服务公司、项目开发者或技术合作伙伴以及能效和可再生能源部门的国内外投资者。

第一阶段（2010 年）结束时，该基金年已投资总计 3.3 亿泰铢（1080 万美元），实现项目总投资 33.34 亿泰铢（1.09 亿美元）。大多数投资为股权投资（76%），其次是设备租赁（24%）和创业投资（0.2%）。第二阶段结束时（2012 年），能效和可再生能源项目预计每年实现节能量 2.397 万 toe，每年节省资金 9.323 亿泰铢（2900 万美元）。项目领域涵盖生物质发电、太阳能发电、能效、沼气工程和太阳能热水器等项目。

泰国合同能源管理（ESCO）基金已被证明在提供风险资本，促进能效和可再生能源项目实施方面是一个成功的机制[①]。该基金旨在降低与项目有关的信贷风险和项目风险，对项目回报率要求不高。该基金通过制定执行严格的资格审核标准和审批程序，项目违约率极低。

C. 加州清洁能源基金（CalCEF）

加州清洁能源基金[②]是一个专门从事直接投资和母基金投资的股权投资和风险投资公司。基金成立于 2004 年，目的是促进加州节能及可再生能源产品的示范和推广投资，投资领域包括生物柴油、交通、可再生能源和其他技术，投资对象是早期及种子/初创公司。

该基金寻求向专注于清洁能源及变革性清洁技术私营公司投资，具体投资领域包括低碳交通、绿色建筑、清洁化石燃料、太阳能、能源效率、绿色照明、储能、产品及服务含软件（包括可再生能源发电、电力及通信传输线路、配电、需求侧管理等）。倾向于上限为 50 万美元的股权投资。

CalCEF 基金作为非营利性组织而建立，它投资于"营利性"企业并

---

① 清洁空气政策中心：《案例研究：泰国的节能基金》，2012 年 10 月。
② https://calcef.org/.

且利用所获得利润对其他值得资助的公司进行再投资。早期和晚期阶段的项目都有资格获得投资。CalCEF 基金聘请私人股权公司作为投资管理机构，有两大投资工具：

- CalCEF 基金——对公司进行投资，所获得利润进行再投资；
- CalCEF 清洁能源天使基金——支持从事太阳能、能源效率和交通及照明部门业务的种子或初创公司。

该基金的初始资金来自太平洋天然气和电力（PG&E）公司的公共事业破产清算。CalCEF 基金在五年期间（2004～2008 年）获得 3000 万美元的资金。CalCEF 基金所获利润进行再投资。

（3）全球能源效率和可再生能源基金（GEEREF）

全球能源效率和可再生能源基金（GEEREF）是由欧盟委员会、德国和挪威于 2008 年成立的一种公私合营模式的基金，其目的是最大限度地发挥公共资金的杠杆作用。GEEREF 具有母基金的结构，它向中小型项目开发者和企业提供股权投资。

GEEREF 基金专门投资于欧盟以外的新兴市场，集中服务于 79 个非洲、加勒比和太平洋地区发展中国家的需求，同时也投资于拉丁美洲、亚洲和欧盟的邻国，并对制定了有关能源效率和可再生能源政策及监管框架的国家进行优先考虑投资。

GEEREF 基金的投资重点包括：①可再生能源，包括但不限于小水电、太阳能、风能、生物质和地热；②能源效率，包括但不限于余热利用、建筑节能管理、热电联产、储能和智能电网。

GEEREF 不直接向可再生能源和能效项目或企业提供资金，而是投资于专门向中小项目开发者和中小企业提供股权融资的股权投资基金。这些股权投资基金必须拥有环境及经济可持续的项目团队，且必须符合严格的投资标准，从而有资格获得 GEEREF 资金。已获得 GEEREF 资助的部分基金和相关的金额如图 14－2 所示。

非洲可再生能源基金（1960万美元）

Armstrong 东南亚清洁能源基金（1000万欧元）

Caucasus 清洁能源基金（1300万美元）

前沿市场能源和碳基金（1000万欧元）

全球能效与可
再生能源基金

新兴能源拉丁美洲基金（1250万美元）

发展—基金（1000万欧元）

MGM 可持续能源基金（1000万欧元）

可再生能源亚洲基金 I 和 II（2840万美元）

SolarArise 印度基金（1200万欧元）

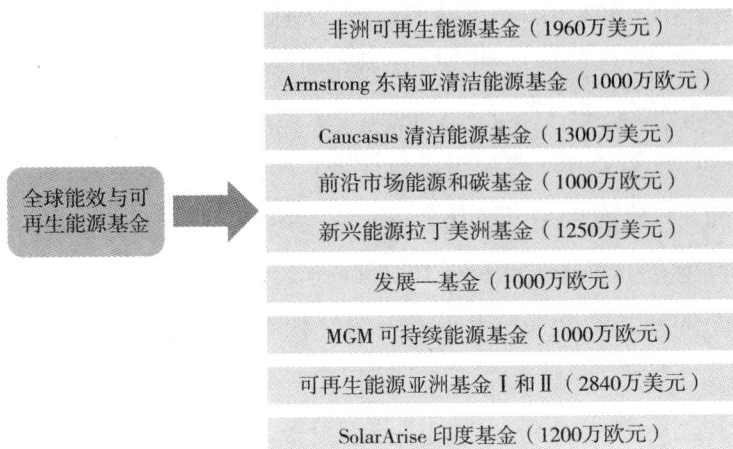

图 14 - 2　GEEREF 的基金投资组合[①]

全球能源效率和可再生能源基金是欧盟通过财政拨款 8000 万欧元利用字母基金方式（FOF）撬动私人资本进入绿色产业，推动经济绿色转型的重要案例。

（4）中外企业合资绿色投资基金

近年来，我国环保市场发展迅猛。国内外企业通过合作控股模式将高效的投资管理模式与绿色环保市场应用完美结合，发展了合资的绿色投资基金。因为此类基金的管理模式主要以国际投资运营模式为主，为此归类在国际绿色产业基金部门。

华能景顺罗斯投资公司（Huaneng Invesco WLR）是由中国和全球装机规模最大的电力公司中国华能集团与国际知名投资资产管理公司景顺集团共同出资发起的绿色产业基金。目前，公司管理在岸人民币光伏建设融资基金和离案美元清洁技术基金，资产超过 7 亿美元，是少数在早期投资中国和海外可再生能源市场的投资者之一。[②]

---

① http：//geeref. com/portfolio/.
② 参考华能景顺罗斯投资公司介绍，2017 年 2 月。

　　该公司是由华能集团旗下控股子公司华能资本服务有限公司与纽交所上市的景顺集团旗下控股子公司景顺罗斯公司各出资 50% 的资本联合组建。

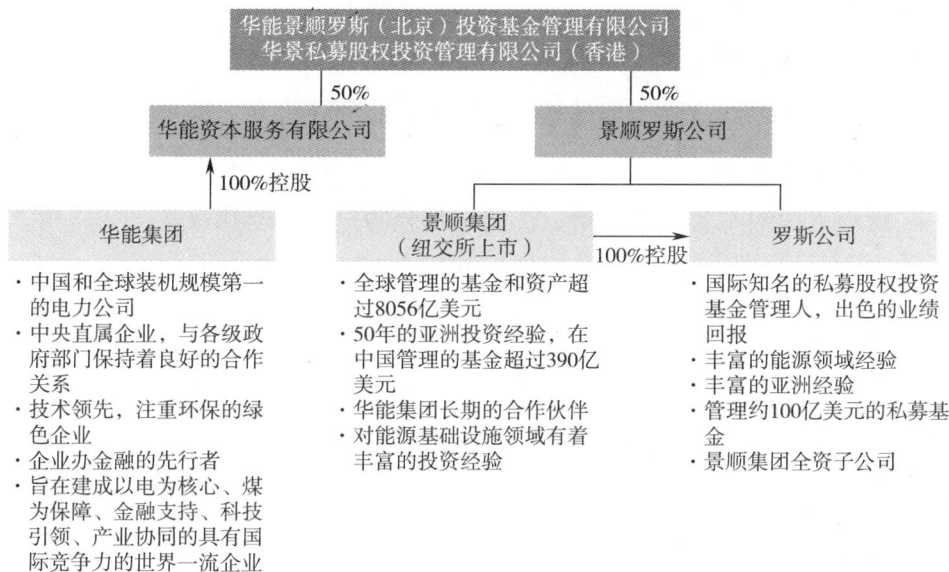

资料来源：华能集团和景顺集团，数据截至 2016 年 11 月 30 日。

图 14 - 3　华能景顺罗斯投资公司的构成情况

　　截至 2017 年 2 月底，华能景顺罗斯投资公司已经在很多绿色领域进行，以新能源和资产与关键技术为主，投资规模达到 7 亿美元。其中，技术类投资以半导体制冷技术（美国）、电动汽车充电技术和云服务平台（美国）、污水处理技术（美国/匈牙利）、发电厂排放控制技术（美国）、煤化工行业基建承包商（中国）、纯电动客车制造（美国）等领域为主；资产类投资为总规模 60 亿元人民币的光伏基金、光伏制造技术及电站开发商、煤层气开采公司、钾肥矿项目，以及总规模为 20 亿元人民币的新能源开发基金。

第三节　国际绿色基金的管理经验及对我国的启示

1. 绿色基金的管理

基金管理包括监管、选择基金管理人、监测评价等关键要素。

（1）监管安排

管理机构的主要职能包括：①制定基金的投资策略和政策；②聘用基金管理团队；③建立项目筛选总体标准；④批准管理团队制定的年度经营计划和预算；⑤编制年度财务报告并提交给政府；⑥确保基金运作符合国家能效战略和计划。

表 14 – 1　　　　国外部分绿色基金监管安排

基金	监管机构	监管机构的组成
保加利亚能效基金	管理委员会	由政府任命 9 名成员（其中 4 名来自公共部门，5 名来自私营机构）
亚美尼亚可再生能源和能效基金	受托人委员会	由政府任命，成员来自政府、私营机构、非政府组织和学术界
罗马尼亚能源效率基金	管理委员会	由政府任命 7 名成员（其中 2 名来自公共部门，5 名来自私营机构）
摩尔多瓦能效基金	管理委员会	由政府任命 9 名成员（其中 4 名来自公共部门，5 名来自私营机构）
英国 Salix 基金	董事会	由政府任命（1 名成员来自公共部门，2 名来自私营机构）
约旦可再生能源和能效基金	管理委员会	由政府任命 7 名成员（主席由能源部长担任；其他 6 名成员有 3 名来自公共部门，3 名来自私营机构）

续表

基金	监管机构	监管机构的组成
泰国节能基金	能源部替代能源发展与能效司管理部门	能源部替代能源发展与能效司现有管理部门
印度喀拉拉邦节能基金	执行委员会	由政府任命（7 名成员来自公共部门，5 名来自私营机构）
美国公益基金	公共事业管理部门	公共事业内需求侧管理（DSM）部门现有管理人员

（2）选择基金管理人

国际绿色基金的经验表明，基金管理团队需要具备若干领域的专业知识能力，包括能效技术和方案、市场评估和项目开发、信用评估、财务分析和项目评估以及对能效和能源服务市场的了解。

基金管理人的选择有多种方案。美国许多州已设立相关基金，通常采用以下三种基金管理模式：①由公共事业公司管理，如加利福尼亚州；②由现有政府机构管理，如纽约州；③由独立的第三方机构管理，如佛蒙特州和特拉华州。其他基金管理方案包括开发银行、市政服务或建筑物管理相关的专门委员会。另外，也可成立新的组织机构来管理基金，例如独立机构、新的法定机构、公共公司或公私合作伙伴关系。这些类型的组织机构也可聘请专业的基金管理人或基金管理团队。表 14 - 2 举例说明了不同的基金管理方案。

表 14 - 2　　　　　　　　　　基金管理举例

基金	管理实体类型	地点	举例
美国各州公益基金	公共事业公司	加利福尼亚州	公共事业公司（太平洋煤气电力公司、南加州爱迪生公司和圣地亚哥煤气电力公司）
	现有州机构	纽约州	纽约州能源研究和开发署
	独立的第三方	佛蒙特州 特拉华州	佛蒙特州能源署 特拉华州可持续能源署

续表

基金	管理实体类型	地点	举例
印度喀拉拉邦节能基金	现有邦机构	喀拉拉邦	喀拉拉邦能源管理中心
国家绿色基金	新的法定机构	爱尔兰 斯里兰卡	可持续能源署 可持续能源署
	新的国有企业	韩国	韩国能源管理公司（现为韩国能效局）
	新的基金管理团队	保加利亚	通过竞争选择的由三家公司组成的联合体
	常设工作人员和顾问	罗马尼亚	管理委员会任命的工作人员和一名基金管理顾问
	常设工作人员	亚美尼亚	政府任命的执行董事和高级职员
	现有政府机构	泰国	能源部替代能源发展与能效司（DEDE）

（3）监测评价

监测是定期收集绿色基金实施情况的过程，衡量基金实施过程和程序的质量和效果。基金出资方（政府和/或国际援助机构）可规定具体的基金业绩指标和报告周期，基金管理委员会和管理团队按要求提供有关基金业绩的定期报告。因此，基金管理团队需要建立一个监测系统，收集所需数据信息。

2. 绿色基金的运作步骤

• **建立基金法律框架**。法律框架可基于既有的法律，如没有，可根据需要制定新的法律法规。决策的关键在于针对是利用现有的实体或建立一个新实体达成一致意见。可选择在政府部门、能源机构或开发银行成立基金，组建新的法律实体（独立的法人公司、非政府组织或新的法定机构），或建立公私合作伙伴关系。重要的是，治理结构能激励良好的基金管理表现，并为目标市场提供所需服务。

• **建立可靠的和可持续的资金来源**。绿色基金通过政府、国际援助机构和/或其他来源提供充足的资金，启动运作并资助一些项目，这一点很重要。一旦初始资金促成基金能够长期持续运作，政府还需确保有更多的资金来源。

- **确定基金目标和目标市场**。绿色基金无法服务于所有能源行业。政府需把重点放在少数目标市场。公共部门（特别是学校和医院）是此类基金初始投资的一个很好的目标市场，因为这些市场具有较高的能效潜力，缺乏内部资金来源和获得商业融资的渠道，实施能效项目的能力也非常有限。此外，中小企业和能源服务公司的商业融资来源不足，也是绿色基金的一个很好的目标市场。

- **建立基金治理结构**。基金管理机构通常为政府任命的董事会或管理委员会。首选方法是在董事会或管理委员会中纳入政府和非政府代表，因为私营机构代表可提供相关知识和经验，并免受过度的政治影响，这有助于制定明确的基金策略。

- **选择和招募基金管理团队**。管理委员会将决定基金管理方案。首选方案是通过竞标程序聘请专业的基金管理团队（"基金管理人"），因为这样的团队可以：①带来财务经验，这些经验可能很难从政府官员那里获得；②通过基于业绩的合同聘用，奖惩分明；③提供业绩奖励作为动力；④如果业绩大大低于预期将被终止聘用，并被替换掉。但私营机构基金管理人可能会产生较高的费用。

- **雇用工作人员**。基金管理人将招募合格的管理团队工作人员。重要的是工作人员要拥有相关领域的工作经验，如绿色能源项目融资、能源服务、投资管理、信用和风险评估、贷款发放和回收等领域。因此，需要从私营机构招募一些工作人员。但管理层和工作人员还必须顺应公共部门的需求和观点，以及基金的公益要求。例如，在选择能效项目实施时，管理团队应避免只挑选最具经济吸引力的项目，需迎合广大符合条件的借款人的需求，保护公众利益。

- **确定主要金融产品**。基金重点将放在债权融资（贷款）上。但为满足不同类型借款人的需求，基金应当考虑提供其他融资产品（能源服务协议、风险分担、股权融资等)。

- **制定运作程序**。基金需要制定详细的运作程序。例如,基金管理团队需要规定不同融资窗口的申请程序,并根据资格要求和主要程序编制相关表格。此外还需要编制操作手册,记录管理基金业务的原则和实施细则。操作手册为基金管理、项目实施和成果监测的所有主要参与者提供指导,从而使所有利益相关方对基金操作原则和实施达成共识。

- **提供技术援助**。另一个非常重要的内容是技术援助,对于确保高质量交易流程和强大的投资组合往往起到关键作用。例如,基金可制定标准合同条款和采购程序,集中采购设备和服务,以获得更好的设备和服务价格,降低管理和交易成本。

- **制定资格标准**。如上所述,基金应当制定提供各种融资窗口和金融产品的资格标准。

- **规定申请程序**。应当根据资格要求,编制相应的申请程序和表格。基金还应当有操作手册,规定管理基金业务的原则和实施细则。操作手册为基金管理、项目实施和成果监测的所有主要参与者提供指导,从而使所有利益相关者对所有操作原则和实践达成共识。

- **制定市场营销策略和方法**。针对各个目标市场制定营销策略和方法,包括收集能耗数据,评估具体机构的资信和借贷能力,开展初步审计等。

- **建立项目库**。利用市场营销策略和方法识别具体项目,并建立项目库。

- **节能服务公司的参与及能力提升**。基金管理人应当制定单纯基于业绩的商业模式,让节能服务公司参与实施过程。模式可包括设备租赁、供应商信贷、一年期能源服务公司合同等[①]。基金应当制订计划,让节能

---

① 能源服务提供商模式的描述见《能源服务市场开发指导性说明》(世界银行2014c)。

服务提供商参与能源服务协议的实施过程。在此工作过程中，基金应尽量制定标准化的审计模板、协议、合同、测量与验证程序，还应引入基于业绩的能源服务合同。节能服务公司通过参与项目实施，有助于培养自身节能服务项目的承接能力，促进节能服务产业的发展。

- **制定监测、报告、评价程序和方法。** 如前所述，基金管理团队需建立监测体系，明确数据来源和数据管理，并规定评价程序。

3. 国际绿色基金经验总结及对我国的启示

（1）经验总结

第一，必要的市场条件。

成功运作绿色基金需要必要的市场条件包括：①政府承诺实施绿色能源项目；②实施绿色能源的潜在机会；③绿色能源项目融资需求；④目标市场领域缺乏足够资金；⑤建立节能收益偿还机制。

第二，基金的组织与治理。

绿色基金最好作为独立组织设立；基金治理通常由政府任命的管理委员会进行，管理委员会由代表公共和私营部门的主要利益相关方组成；管理委员会和管理团队需要平衡公共利益与私营部门关于项目财务收益、风险和市场开发的偏好。

第三，可持续性。

为了实现基金的可持续发展，需要确保可靠的资金来源。一旦基金开始运作，资金回收期一般为 5～7 年或以上。因此，基金需要有可靠的资金来源渠道，使基金能够持续运作，为后续项目提供融资。

第四，基金管理人的选择。

- 基金管理机构有很多选择，包括独立的、新成立的机构；现有的非独立公共机构；国家开发银行、公共事业公司或其他企业。
- 如基金管理人为公职人员（如在罗马尼亚），很可能基金将顺应公共利益的需要，但在风险承担和创新激励方面有限。世界银行对罗马尼亚能效基金的评估指出,基金管理人应当更倾向于业绩考核而非预付费合同。①

● 如基金管理人为私营机构或私人财团（如在保加利亚），管理团队的成本可能会更高,但也更具创新性且顺应市场需求。

● 基金管理人可通过竞争选择专业机构、个人财务顾问、相关公共部门专业人员。选择专业机构或个人,采用基于业绩的激励薪酬,会有助于基金业绩表现。

（2）对我国的启示

本章通过梳理总结国际上相关绿色基金实践经验后发现,专业团队以及专业化投资将有助于克服上述目标市场和客户的融资障碍,并且能够产生较高的政府资金杠杆效应。同时,开展有针对性的技术援助和市场开拓、明确融资条件及设计相应的金融产品在基金设立之初非常重要。

另外,在基金架构上,可根据资金来源和具体的战略定位选择设立全国范围单一基金、省级单一基金及地区范围母子基金,在影响带动力、社会资本参与及基金管理等方面各有利弊。

此外,在绿色基金产品设计上,需充分考虑不同借款人的情况及需求,考虑包括股权融资、类优先股、夹层投资、委托贷款、风险担保、技术援助、绿色债券、资产证券化等金融产品。特别是建议与世行、亚行等国际金融组织合作,发挥其"智力银行"的优势,争取国际组织赠款支持,用来设立担保产品及基金管理团队能力建设等技术援助支持服务。

---

① 世界银行,2009。

INTERNATIONAL CASE STUDIES
OF GREEN FINANCE DEVELOPMENT

第四篇
绿色保险篇

第十五章　欧美环境责任保险的发展综述[①]

　　广义而言，绿色保险通常是指与环境风险管理有关的各种保险计划，其实质是将保险作为一种可持续发展的工具，以应对与环境有关的一些问题，包括气候变化和环境污染等[②]。环境污染责任保险是绿色保险中的一个重要险种，即是以企业发生污染事故对第三者造成的损害依法应承担的赔偿责任为标的的保险。环境污染责任保险是保险业参与环境治理的重要产品。从欧美国家的经验来看，作为一种有效的风险管理手段，环境污染责任保险不仅分担了环境污染和治理的赔偿责任，更有助于加强环境风险管理，防患于未然。本章将重点介绍环境污染责任保险在欧美市场的发展状况和特点。

　　20世纪70~80年代，英国出现了首单基于环境损害责任的环境污染责任保险保单[③]；在美国，首家专业环境保险公司于1988年成立，并于同年开出了第一张环境责任保险保单。由于欧美国家工业化起步较早，各国在工业化发展中造成的环境污染问题日益严峻，随着民众环保意识的逐步增强，欧美各国相继立法，加强环境风险管理，并在此后的数十年，不断完善各项法律法规，企业面临的环境责任不断上升。在持续增加的需求推动下，作为一种能够加强环境风险管理、有效降低环境污染造成的公共影响的金融工具，环境责任保险在欧美各国陆续推出，并在此后的几十年间

---

　　① 本章执笔：邢鹏，瑞士再保险股份有限公司北京分公司；戴鑫，瑞士再保险股份有限公司北京分公司。

　　② 田辉：《中国绿色保险的现状、问题与未来的发展》，国务院发展研究中心金融研究所"中国绿色金融发展研究"课题组。

　　③ 环境污染责任保险在下文中简称为环境责任保险。

逐步发展成熟起来。

第一节　欧美环境责任保险的演变和发展

严格的环境立法是环境责任保险发展的前提和基础。环境责任保险在美国和欧洲的发展存在共性，主要是法律对环境责任的严格规范和操作细则以及严厉的惩罚机制，使企业面临难以独立承担的环境责任风险，而相关法律法规的不断完善、环境责任范畴的扩大推升了企业对环境责任保险的需求，从而促进了环境责任保险的发展。

然而，环境责任保险在美国和欧洲的演变和发展仍存在一些显著差异：如美国的《超级基金法》要求可能导致环境污染的企业具有承担环境责任风险的财务能力，即法律对相关企业环境责任的偿付能力具有强制性要求；而《欧盟环境责任指令（ELD）》对于欧盟各国来说更类似于纲领性指引，各国可以根据本国的实际情况，决定是否采取强制性方式保障环境风险。从影响来看，在具有强制性保险机制的国家，环境责任保险市场发展更为领先。

1. 美国：全球最大的环境责任保险市场

自 20 世纪 70 年代至今，美国国会通过了旨在防止环境问题、治理环境污染的一系列立法。其中，最重要的法律包括，1976 年颁布的《资源保护与赔偿法（RCRA）》[1] 和 1980 年的《综合环境治理、赔偿和责任法（CERCLA）》（又称《超级基金法》）。《资源保护与赔偿法（RCRA）》赋予美国环保署[2]对有毒废弃物的生产、运输、处理、存贮和处置的权限，并提出了非危险固体废物的管理框架。联邦环保署负责制定管制标准，包括必要或可估算的财务责任。据此，联邦环保署对企业环境责任风险的偿

---

[1]　RCRA：Resource Conservation and Recovery Act.
[2]　美国环保署：US Environmental Protection Agency（EPA）。

付能力提出了明确的财务要求①，明确了涉及铅污染、石棉污染、二噁英污染、辐射污染以及人体可接触到的土壤污染②的企业或运营商须证明其有足够的财务资源，能够在设施终止时有序地关闭工厂，或在发生意外污染事件时能够提供相应的响应措施。财务保证机制要求相关运营企业证明其财务资源在需要时可用，使运营企业而非纳税人承担设备关闭费用及关闭后所产生的其他费用。以满足法律规定的财务要求，相关企业或运营商可以选择金融工具中的一种或几种，包括信托基金、保证金、信用证、保险、金融测试或企业担保。

超级基金法遵循简单直接的"污染者付费"原则，建立了完备的环境损害责任体制。其主要目的是及时清理危险废物场所，以及环境污染事故、泄漏事故及其他紧急的环境污染状况，联邦权力可以直接对排放或可能危害公众健康或环境的有害物质做出制裁。同时，对于截至 1980 年 11 月停止使用的场地所产生的污染清理和治理费用，追究环境责任，并向污染责任方征收全部清理费用。美国环保署有权在美国 50 个州施行这一法案。《超级基金法》与 RCRA 及其他法案对营业中场地的规定多有重合。对于那些无法追踪到责任方的场地，为了使美国环保署具备执行能力，这一法案创建了一项响应基金，即超级基金。在初始阶段，通过对石油和化工企业征收环境所得税和消费税，超级基金规模升至 15 亿美元左右。鉴于有些特定场地的企业无法在其项目进行时采取任何措施，该法律具有无限期的追溯权力，可以追溯其无过错责任（严格责任）、连带责任（无关过错程度的赔偿责任）以及不限赔付金额的复原责任（无限责任）。

上述法律对污染场地具有环境责任的企业提出了极高的财务要求，要

---

①　美国环保署对危险废物处理、贮存和处置的财务保证要求（https：//www. epa. gov/hwpermit-ting/financial – assurance – requirements – hazardous – waste – treatment – storage – and – disposal）。

②　资料来源：美国环保署关于超级基金所涉及的污染范围（https：//www. epa. gov/superfund/contaminants – superfund – sites）。

求企业采取规定的污染防范措施，并且对过去造成的环境污染具有治理责任，企业面临着由此产生的巨额支出。因此，保险成为企业寻求环境责任风险保障的途径之一。根据 RCRA 所制定的环境管理标准及相关财务责任，保险公司在公共责任保险的基础上，开发了环境责任保险保单。为了应对《超级基金法》所要求的更为宽泛的环境责任，保险业进一步发展出商业综合责任保险和甲方特殊风险责任保险保单，以负担环境治理费用；以及（环境）整治费用控管保险，以管理环境治理中可能发生的风险。

在初期，环境损害责任是公共责任保险的保障范围。美国的保险公司曾试图为企业提供与法律责任等同的风险保障。1966 年以前，环境风险并不突出，发生案件较少，且多属突发性、意外事故，这一时期的环境责任赔偿由公众责任保险保单直接承保。1966～1973 年，尽管环境纠纷增多，美国的公众责任保险仍未将环境风险列入免责范围，持续或渐进的污染所引起的环境责任也被纳入公众责任保险的承保范围，导致企业并不重视自身的环境污染管理，工业企业的肆意排放致使环境污染索赔飙升。

在《超级基金法》赋予了监管机构追溯企业环境责任的权力后，企业面临的环境责任风险显著加剧，保险公司的赔偿压力不断攀升，因此不得不缩减业务，甚至退出环境责任保险市场。1983 年，美国共有 12 家保险公司承保环境责任保险，保费收入 3500 万美元，但需偿付的理赔损失约为 9000 万美元；到了 1985 年，市场上仍在经营的保险公司仅剩 2 家，市场供给大幅萎缩①。此后，各保险公司相继重置环境责任保险保单条款，把因故意造成的环境污染，及渐进性的污染所引起的环境责任排除于一般环境责任保险保障范围之外，仅承保突然发生和意外的污染事件。环境责任保险的商业保险属性得以明确，环境责任保险快速发展起来。期

---

① 赵昊东：《从国际对比看中国环境污染责任险》，载《中国保险报》，2015 - 03 - 18。

间，随着市场竞争的加剧，一些美国保险公司开始探索差异化环境责任风险，市场开始出现专业环境责任保险公司，可以为企业提供定制性保单。经过十几年经验的积累，20 世纪 90 年代中后期，美国环境责任保险市场规模稳步扩大，承保环境责任保险的保险公司数量不断增加。Axco① 数据显示，截至 2015 年，市场中活跃的保险公司数量为 15 家②；市场承保能力稳步提升，环境责任保险保障责任边界不断扩大。

从保障责任划分，美国的环境责任保险主要包括环境损害责任保险③（含自有场地治理责任保险④）、修复费用止损保险、承包商污染责任保险和基于商业活动的责任保险等。此外，美国的专业环境责任保险公司可以向全球客户提供定制性环境责任保险产品⑤。环境责任保险保障了历史污染损失以及在营业务产生的环境污染损失。修复费用止损保险保障了被保险人在环境治理过程中，因成本超支而产生的额外费用。承包商污染责任保险保障了因承包商运营或项目工程原因导致第三方场地受到污染所产生的损失。基于商业活动的责任保险保障了被保险人因经营活动产生的环境责任。美国的保险公司一般只对非主观故意的、突发性环境污染事故（如自然灾害、意外事故）所造成的人身、财产损害承担保险责任，但对企业非主观故意且预期外的污染事件，其中包括持续发生的累积污染所致的环境损害也可予以特别承保。

与普通的人身保险和财产保险相比，保险公司在环境责任保险合约中使用"日落条款"⑥。所谓日落条款，是指保险合同双方约定自保险单失

---

① Axco 是全球保险市场信息界主要的独立供应商（http：//axcoinfo.com）。

② Axco 报告显示，目前活跃的可承保环境责任保险的保险公司包括安达保险，Allied World，AIG，Arch，Aspen，Chubb，Great American，Ironshore，Liberty Mututal，Navigators，Philadelphia Consolidated Holdings，St Paul Surplus Lines，Starr，XL and Zurich。

③ 环境损害责任保险：Environmental impairment liability insurance。

④ 自有场地治理责任保险：Own site clean - up insurance。

⑤ 定制保险市场：Niche market。

⑥ 日落条款：Sunset clause。

效之日起，30 年为被保险企业向保险公司申请理赔的最长期限。换言之，在此期限内，保险公司对被保险人提供环境损害风险保障，在此期限外，保险公司不再承担环境损害责任。

尽管环境责任保险没有官方的统计数据，Axco 数据显示，2008 ~ 2012 年，美国环境责任保险年均净保费收入稳定在约 6.6 亿美元，年均净理赔损失约为 4.2 亿美元，体现出环境责任保险的盈利能力基本稳定[①]。据测算，2013 年，美国和加拿大的环境责任保险占全球市场份额高达 81%，欧洲市场占比约为 16%，亚太市场、拉丁美洲市场依次占比约 2% 和 1%[②]。美国是全球最大的环境责任保险市场。

2. 欧洲：环境责任保险市场发展方式各具特色

欧洲的环境责任立法遵循实践经验，从事后治理和赔偿、逐步发展为目前的源头防治。20 世纪 70 ~ 80 年代，一系列与环境相关的工业事故引发欧洲建立相关民事法律条例，以保护遭受损失的个人财产。这一阶段的环境责任法律主要基于严格责任的判定，在相关法律对损失责任的经济价值得以量化的前提下，保护受损失的财产得到相应的经济赔偿。在第二阶段，法律制定者基于民法财产权，通过增加土壤保护条款和清理受污染环境的规定，以处理历史污染问题。目的是使工业设施和土地经营者负责清理其设施方面的污染。2002 年 1 月，欧盟委员会提交了一个针对环境责任的法律框架草案[③]，经过反复讨论，形成《欧盟环境责任指令》[④]，并于 2004 年 4 月 21 日正式生效，成为欧盟环境责任制度的基本法制框架。

---

① 数据来源：AXCO。

② 信息来源：Munich Re, Insights into environmental liability insurance in an international context（洞悉全球范围内的环境责任保险），June 2014。

③ 即：Proposal for a Directive of the European Parliament and of the Council on environmental liability with regard to the prevention and remedying of environmental damage（《欧洲议会和理事会关于环境赔偿责任中有关环境损害预防和补救的提议》）。

④ 《欧盟环境责任指令》：The Directive on the Prevention and Remedying of Environmental Damage（EC Environmental Liability Directive）。

基于公共责任制度，《欧盟环境责任指令》是用以预防和补偿环境损害①，由公共管理者而非受害者对污染方提出责任索赔的法制框架。该指令主要以污染者付费及防患于未然为根本原则，对环境损害的预防和治理制定了最低标准，在既有民事责任的基础上，扩大环境污染的责任范畴，要求危险设施的经营者采取合理的防范措施，承担相应支出，以防控意外污染产生的费用。造成环境损害的运营方责任不是向他人支付损失补偿，而是"修复"受损环境。这有别于针对"传统损害"（即：财产损失、经济损失、人身损伤）制定的民事责任制度，也成为环境责任保险的有效补充。

直至 2010 年，欧盟成员国相继以此为标准修订了各国的环境保护法②，成为各国发展环境责任保险制度的法律基础。自《欧盟环境责任指令》生效后，欧盟成员国自行决定是否采取强制的方式执行。此后，欧盟委员会分别在 2010 年和 2016 年发布了两份《环境责任指令（ELD）执行报告》③④。在 2010 年的报告中，欧盟委员会指出，鉴于《欧盟环境责任指令》在各欧盟成员国的执行细则各不相同，欧盟委员会认为在欧盟层面推行强制性环境责任保险为时尚早。在 2014 年的报告中，欧盟委员会认为由于欧盟各国在环境治理标准方面存在差异，《欧盟环境责任指令》在各国执行的有效性亦不相同。对此，欧盟委员会将进一步探讨采用非立法手段加以管理的可行性。

由于《欧盟环境责任指令》对企业提出了更高的环境保护和防范要

---

① 《欧盟环境责任指令》将"环境损害"定义为受保护物种和自然生态环境所受到的损害，以及对水和土壤造成的损害。

② 《欧盟环境责任指令》要求各欧盟成员国在 2007 年 4 月前完成基于这一指令的中央立法，但一些国家在 2007 年后才逐渐完成。

③ 2014 年《欧盟环境责任指令执行报告》（"2014 Commission repor", issued on 14 - 04 - 2016, http：//eur - lex. europa. eu/legal - content/EN/TXT/PDF/? uri = CELEX：52016DC0204&from = EN）。

④ 2010 年《欧盟环境责任指令执行报告》（"2010 Commission report", issued on 12 - 10 - 2010, http：//eur - lex. europa. eu/legal - content/EN/TXT/PDF/? uri = CELEX：52010DC0581&from = EN）。

求，企业对环境责任保险的需求推动了这一险种的发展。尽管目前多数欧盟国家采取自愿投保的方式，然而涉及部分特定工业的经营者需要购买环境责任保险从而获得经营许可，如德国[①]。而在英国和法国，除法律明确规定的某些环境污染类型外，其他企业可自主决定是否购买环境责任保险。因此，在英国，相关法规的出台对环境责任保险的发展起到了重要的推动作用；而市场机制衍生出的共保方式则促进了法国环境责任保险市场的发展[②]。截至目前，在欧洲采取强制性财务保障的国家有保加利亚、捷克、希腊、匈牙利、葡萄牙、罗马尼亚、斯洛伐克和西班牙。

本章选取了欧洲前三大非寿险市场[③]，即德国、英国和法国，作为欧洲具有代表性的国家进行相应介绍。

（1）德国：保险协会对环境责任保险保单的严格规范是其发展的坚实基础

德国是全球环境保护意识最强的国家之一，也是欧洲首个完全执行《欧盟环境责任指令》的国家。德国的环境责任制度遵循三个基本原则。

①预防原则：目的是从源头上避免或尽量减少发生环境污染事故的可能性。即使尚未发生环境污染事件，政府仍可以对企业行为进行干预，或采取防范措施。

②污染者付费原则：是指造成环境损害的企业或个人也是承担清理费用的责任方。

③合作原则：是指公共组织与商业企业合作，共同制定相关环境政策。

德国联邦政府负责监管德国的环境法律法规；而法律的管理和执行则

---

① Wills International, Global Environmental Liability Management: Worldwide Environmental Insurance Solutions（全球环境责任管理：全球环境责任保险解决方案），June 2008。

② 这种机制也存在于西班牙和意大利。

③ 根据 Sigma 数据，以 2014 年非寿险保费收入计算，欧洲前三大非寿险市场分别为德国、英国和法国。

由其 16 个州进行管理。德国重要的联邦机构包括国家级的联邦环境部和州级的联邦环境局。联邦环境部负责制定政策纲领，联邦环境局负责环境研究、规划和管理。各州应确保环境污染企业具有采取环境治理的财务能力。此外，德国法庭将保障公共安全的责任也纳入到环境责任的范畴，任何可能造成环境危害的企业或个人有责任采取预防措施，从而避免危害到他人。在此背景下，德国环境责任保险的保单条款极为严格。

20 世纪 20 年代，德国一般责任险基于《责任保险一般条款（AHB）》，包含了环境损害责任，对于"渐进性污染引起的损失"不予承保。1957 年，德国颁布了《水资源管理法》，其中规定了危险责任。在此基础上，德国保险协会①与保险监管部门之间开始了漫长的谈判，而作为成员的保险公司为德国保险协会下属的各委员会提供了丰富的专业知识及实践经验，最终在 1965 年确定了保障水污染的保险标准合同。从 1965 年起，保险公司依据《水资源法》开始承保累积的水污染损失赔偿责任。1978 年后，保险公司扩大其承保范围至大气、土地和水污染造成的财产损失赔偿责任，但如果责任事故发生在被保险企业地域之外，可预见的经常排放物引起的损失仍列为责任免除。

1991 年，德国《环境责任法》正式生效，此后德国责任保险公司协会②和德国联邦工业协会与德国保险协会③之间针对环境责任保险合同经过反复的谈判，最终达成了一致意见，规范了污染损害条款、承保设备、保险保障范围、事前事后环境责任等细节，针对运营中的损害也予以了限制承保。这些基本条款一直沿用至今。根据《欧盟环境责任指令》要求，德国制定了《避免和修复环境损害法》（以下简称《环境损害法》④），作

---

① 德国保险协会：German Insurance Association GDV。
② 即：HUK - Verband，代表德国的保险公司。
③ 资料来源：白江（复旦大学法学院副教授）：《论德国环境责任保险制度：传统、创新与发展》。
④ 避免和修复环境损害法：The Environmental Damage Law（Umweltschadengesetz - UmwSchaG）。

为既有环境法律条例的补充，自 2007 年 11 月起生效。在《欧盟环境责任指令》的基础上，德国环境损害法规定，只有运营商满足所需条件后才可获得经营许可，国家对于是否给予运营商经营许可证具有自由裁量权。政府曾建议强制性保险作为常规审批程序的替代方案，但至今并未执行。由于保险公司希望免于过多监管，同时也担心因此被卷入相关的政治话题，德国目前对于新的设施采用责任险与独立的专家审批相结合的方式[①]。此外，即使尚未受到影响，非政府组织也有权要求应采取环境补救措施。除了包括累积污染风险的传统的环境责任保险，德国保险公司自2007 年 10 月开始销售仅保障突然或意外事故的环境责任保险保单。由于这种保单定价较低，有些保单甚至不设免责条款，企业需求旺盛。

自 1991 年以来，德国所有的大型工业企业、大部分中型企业，以及部分小型企业已经投保了环境责任保险，单次事故的赔偿责任赔偿规模从250 万欧元（约 300 万美元）到数百万欧元不等。然而一些规模较小的投保企业仍享有包括第三者责任、产品责任和污染责任在内的配套保障。在德国，很多年以来都没有发生过大额的环境责任保险索赔事件[②]。

德国保险协会提供了目前德国的环境责任保险方面的所有标准化合同，在《环境责任保险合同一般条款》、《环境损害责任保险一般条款》等环境责任保险制度的发展中发挥了积极作用。由于环境责任保险合同比一般责任险合同更加复杂，行业内历史经验数据较少，保险业协会和工业协会等行业协会构建具体环境责任保险合同更具有专业性优势和成本优势。由此可见，德国监管机构和保险协会在环境责任保险保障条款方面的严格约束为环境责任保险的发展奠定了规范化基础；而企业需要满足环保

---

① 资料来源：Benjamin J. Richardson, Mandating Environmental Libaility Insurance（强制环境责任保险）。

② 安达集团，Strategic risk guide to environmental liability in Europe（欧洲环境责任战略风险概览），2011。

要求才可获得经营许可的机制，是避免保险公司承担巨额保险理赔的有效途径。

根据德国保险协会制定的示范条款，德国市场最常见的保险解决方案是基于第三方责任的一般责任险。这类保险产品保障了因突发、意外污染事故，以及不可预期的累积污染事件所造成的环境损失，和由此造成的人身伤害和财产损失的民事赔偿责任。新兴保险产品的责任范畴还包括突发或意外污染事件造成的环境损害法定补救责任。

（2）英国：适用性法规的出台是推动环境责任保险市场发展的催化剂

20世纪70~80年代，英国出现了首单基于环境损害责任的环境保险单。这类保单最初旨在保护被保险人因意外污染事故，或在保期间发生在指定场地所产生的环境损失。在环境保险市场的发展进程中，相关法规的出台起到了重要的推动作用。主要包括：

①1991年，英国保险协会[①]推出了公众责任保单中环境责任的排除标准，限制保险保障为"突然、非故意和意外"的污染事件造成的第三方损失。因此，如渐进性污染造成的损失等更宽泛的环境责任，需要由专业环境保险公司提供。

②根据1990年环境保护法2A部分，土地污染制度新增了被污染土地的追诉责任，自2000年开始生效。因此，土地所有者以及潜在的土地所有者将保险视为防范这些法定责任的一种主要方式。

近年来的主要影响事件包括，自2009年3月1日，基于《欧盟环境责任指令》的环境立法在英国正式生效，代表了环境法法规的重大发展，使英国企业面临更多新的风险和责任。此外，无论是作为法律要求的结果，或是来自投资者的压力，越来越多关于企业环境责任的报道促进了企

[①] 英国保险协会：The Association of British Insurers。

业环境风险意识和保障意识的提升。

因此，在英国，环境污染法定责任主要基于三大支柱：英美法系、1991年水资源法、1990年和1995年的环境保护法。2004年生效的《欧盟环境责任指令》引入了无过错责任的"污染者付费"原则。尽管从理论上讲，新的环境法规有助于推升环境责任保险需求，但受影响最大的企业正是保险意识最弱的企业，因此其实际影响尚不明确。

英国市场典型的环境保险产品是一般责任险，用以保障突然的、可识别的、意外和不可预期的事故所导致的污染责任，以及由此造成的人身伤害和财产损失的民事赔偿责任；且全部污染需发生在某一特定的时间和地点。财险保单不包括清理杂物的成本以及由污染或保单条款外的费用，即不包括第三方清理费用。然而，企业可以采取保险批单[①]的方式保障突发或意外污染事故导致的法定补救责任。

2016年6月底，英国在对其是否留在欧盟举行全民公投后，决定脱欧。然而，英国是否会调整目前的环境责任保险相关立法和监管政策，很大程度上取决于未来英国与欧盟的关系，以及英国新首相与欧盟委员会的协商结果。我们将对此持续关注。

（3）法国：共保方式是促进环境责任保险发展的推动力

在《欧盟环境责任指令》出台之前，法国环境法由来已久，并在2008年根据欧盟要求进行了修订。自2011年起，新《环保法》[②]规定所有员工规模大于500人的企业必须在年报中披露其业务对环境影响的信息。强制性信息披露内容包括财务信息和非财务信息，是指企业行为对环

---

① 即：Endorsement Bartoline' endorsement。Endorsement 是保险批单的总称，'Bartoline' endorsement 是包括恢复植物群和动物群条款的保险批单，也是欧洲环境损害预防和修复条例的重要关注方面。Bartoline 是一家公司名，含恢复植物群和动物群条款的保险批单以涉及这家公司的赔付事件（2003年）命名。

② 第二格勒纳勒法：Second Grenelle Act；法国在2008年颁布了第一格纳勒勒法（Grenelle 1 Act）。

境的影响，以及公司对环境保护、治理以及限制可能对环境产生负面影响的行为方面采取的措施。此外，垃圾填埋场、采石场、风力涡轮机和大型危险设备的场地经营者须提供财务担保。2012 年法国环境部指令要求经营者根据指令细则进行自我评测，监管机构[1]根据评测结果决定该企业是否需要提供财务担保[2]。财务担保方式由此前银行或保险公司提供的财务担保也更加多样化，包括：

①由银行或保险公司提供的财务保障；

②存入法国公共代理账户的现金存款；

③母公司的担保（针对某一具体污染类型）；

④公共受托人出具的财务保证函（针对垃圾填埋场的经营者）；

⑤私人受托人出具的财务保证函（如：由行业部门设立的专有基金）。

除了对上述特殊场地经营者的强制财务要求外，环境责任保险需求完全取决于企业意愿，企业没有法定义务来采取保障措施以防范环境污染风险。因此，法国工业企业的环境保险保障程度仍然很低，尤其是中小型企业通常拒绝购买专业的环境责任保单。

法国环境责任保险的发展主要得益于保险公司积极探索合作模式，增强承保能力，不断扩大环境责任风险的保障范围。20 世纪 60 年代，法国没有专业的环境责任保险，就企业可能发生的突发性水污染事故或大气污染事故，以传统的一般责任保险加以承保。1977 年，由英国保险公司和法国保险公司组成污染再保险联盟（GARPOL），制定了污染特别保险保单，承保范围由偶然性、突发性的环境损害事故，扩展到因单独、反复性或继续性事故所引起的环境损害。1989 年，法国保险业组建了环境责任

---

[1]　监管机构：Préfet。

[2]　企业提供自我评测报告的截止日期为 2014 年 7 月 1 日或 2019 年 7 月 1 日，取决于企业经营规模。

再保险共保体（ASSURPOL），由 50 家保险公司和 15 家再保险公司组成，承保能力高达 3270 万美元，在抑制污染和保护环境方面发挥了重要作用。法国保险业普遍采取联合承保的方式，以扩大环境责任保险的承保能力，推进环境相关保险产品的发展。

法国市场最常见的保险解决方案是一般责任保险，以承保突发和意外污染事故涉及的人身伤害和财产损失的民事赔偿责任。环境责任再保险共保体是承保环境责任的另一种主要方式。该共保体保障了因突发和意外污染事故，以及不可预期的累积污染事件，所造成的环境污染损失，以及由此造成的人身伤害和财产损失的民事赔偿责任。此外，共保体还对保险企业提供技术支持、技术工具、再保险承保能力以及赔付方面的支持作用。当前保费规模约为 2200 万欧元。

截至 2013 年，法国的环境责任保险保单数目在 10000 件左右[1]。鉴于在法国经营的工业企业约两万家，环境责任保险普及率仍然很低。越来越多的企业意识到在《欧盟环境责任指令》的约束下，环境污染的清理成本比此前的环境法提高了近 40 倍，据此测算，市场普遍预计法国的环境保险保费规模将以年均 15% ~ 25% 的速度增长[2]。

在欧洲市场，企业还可以根据自身需要，选择定制性环境责任保险。定制性产品往往可以根据客户的自身需求，在保障范围和免责条款方面进行相应调整。这种保险一般由少数美国专业保险公司的欧洲分公司提供，保障了被保险人的人身伤害、财产损失的民事赔偿责任，环境损害的法定补救责任。对企业非主观故意且预期外的污染事件，其中包括持续发生的累积污染所致的环境损害也可予以特别承保。

---

① 数据来源：安达集团。

② 数据来源：安达集团，Strategic risk guide to environmental liability in Europe（欧洲环境责任战略风险概览），2011。

第二节　欧美环境责任保险产品的主要种类

从环境责任保险产品的类型来看，欧洲国家普遍采取以一般责任保险（第三方责任险）①为主，以环境责任保险为辅，其他保险解决方案作为补充的环境责任保险体系。相比之下，美国市场则以环境责任保险为主，以定制型保险产品和其他保险解决方案作为补充的环境责任保险体系。

1. 一般责任保险（GTPL②）

一般责任保险是欧洲市场最为普遍的风险转移解决方案，主要针对"突发性意外"污染事件。环境责任保险应用广泛，但无论是作为一般责任保险的附加条款，或作为一个独立的保单，其保险普及程度仍取决于企业对这一险种的认知和理解程度。一般责任保险保障了被保险人因经营活动或财产所有权产生的民事赔偿责任，用于赔偿第三方的人身伤害或个人财产损害，以及在某些情况下造成环境损害的部分经济损失。保险保障集中于在时间上可识别的、意外的，如火灾、爆炸或碰撞等直接导致环境损害的突发性事件，即"突发性意外"污染事件。环境责任保险是最重要的业务之一，保障了因环境污染导致的民事赔偿责任中的人身伤害和个人财产损失风险。欧盟法规在发展到《欧盟环境责任指令》后，行政或法定要求使得越来越多的保险公司对预防和治理环境污染的责任提供附加保障条款。

2. 环境责任保险（EIL③）

环境责任保险是一种全面的风险转移解决方案，是美国市场最常见的保险类型，在一些欧盟国家由少数美国专业保险公司提供，如英国；而在

---

① GTPL：General (third party) liability insurance.
② GTPL：General (third party) liability insurance.
③ EIL：Environmental (impairment) liability insurance.

法国、西班牙和意大利等国则是由环境责任再保险共保体提供。而在另一些欧盟成员国，保险协会已经制定了全面的环境责任保险解决方案，且多数保险公司可提供相关保险保障。如德国保险协会[①]为"一般责任险"和"环境责任保险"开发的参考模型。

除了传统保险理赔的保障外（如人身伤害的第三者责任、个人财产损失及财务损失），环境责任保险条款包括不可预期和非主观行为的事件，成为了一般责任保险的有效补充。依据相关条款，环境污染的法律责任将对突发性意外事件和/或逐步扩散的污染情况作出响应。在美国，自有场地治理责任保险就是环境责任保险的险种之一。参照《欧盟环境责任指令》，公司也可以购买保险批单，以承担法定清理其财产责任（第一方清理）或第三方财产（第三方清理）的费用，以及采取预防和补救措施的费用，如英国。

3. 其他保险解决方案

除了上述风险转移方案外，欧美保险市场还提供其他形式的保险产品，用以保障环境损害相关的法定责任。例如：保障因产品缺陷造成的环境责任的产品责任保险；保障因专业人士的过失造成的环境责任理赔（如建筑师、工程师和环境顾问）的职业责任保险；涵盖与车辆和（危险）货物运输相关的环境责任的机动车责任险或水险；或保障了被保险人损失费用的财产保险。

第三节　欧美环境责任保险的积极作用和发展趋势

环境责任保险通常涵盖对第三方人身伤害或财产损失的赔偿、保险事故发生后为防止进一步污染所采取措施而发生的费用，如果有法律诉讼发

---

① 德国保险协会：German Insurance Association GDV。

生，该保险还涵盖由此产生的法律费用。环境责任保险在欧美的发展经验体现出，在提供保险保障的基础上，环境责任保险产品还有助于强化企业抗风险能力、提升企业风险管理能力，为政府提供更为全面的环境风险相关数据，有助于宏观的风险监测。

1. 欧美环境责任保险的积极作用

运用环境责任保险有助于降低环境纠纷的交易成本。环境责任保险作为一种有效的风险转移机制，不仅分担了相关的赔偿责任，还承担企业清理污染而产生的合理费用及相关法律费用（若有），有效维护了公众的环境权益。从欧美环境责任保险的发展历程来看，在一些严重的环境事故中，环境责任往往难以明确界定，环境纠纷侵权人对环境事故的经济赔偿责任及相关诉讼费用的偿付能力不足，导致诉讼过程旷日持久，受害人难以在第一时间得到赔偿。因此企业投保环境责任保险可以由保险公司承担被保险人的经济赔偿责任，有效降低环境纠纷的交易成本，及时补偿受害人的经济损失，有效保障公众的环境权益。

英国邦斯菲尔德火灾事故是近年来欧洲发生的最为严重的环境污染事故之一，环境责任保险在事后赔偿方面发挥了重要作用。2005 年 12 月 11 日，在英格兰赫特福德郡赫默尔亨普斯特德[①]，邦斯菲尔德一个靠近高速公路的油品储藏仓库里发生火灾，其经营者是赫特福德岸油品存储公司[②]。由于当时控制装油的标尺卡住，使得本该在油罐溢出时关闭输油的独立开关失灵，导致一个油罐装油溢出。溢出的石油导致了蒸汽云的形成，最终引起了 20 个大型油罐的爆炸，1000 余名消防人员参与灭火，但火灾仍持续了 5 天之久。油罐爆炸的规模相当于里氏 2.4 级地震，共造成 43 人受伤，2000 多名当地居民撤离家园。有 20 家小型商家被全部摧毁；60 家中型商家受到严重损毁。另外还有一些当地居民的房屋被完全摧毁，

---

① 赫特福德郡赫默尔亨普斯特德：Hemel Hempstead in Hertfordshire。
② 赫特福德岸油品存储公司：Hertfordshore Oil Storage Ltd (HOSL)。

上百家当地房屋受到严重损毁。超过 1 公顷土地的地下水受到了污染。本次事件的损失超过 8.94 亿英镑（约合 11.13 亿欧元），保险理赔损失 6.25 亿英镑，弥补了全部经济损失的 70% 以上。

环境责任保险有助于提高企业的综合管理能力。由于环境污染事故产生的赔偿责任使企业面临预期之外的现金流出，而相关的赔偿责任往往数额巨大，即使对于行业龙头企业来说，这一赔偿责任也会成为其沉重的财务负担，对其偿付能力构成威胁，甚至面临破产的风险。因此，环境责任保险能够保障企业面临的环境污染事故风险，有助于平抑企业财务状况的大幅波动，提升企业抗风险能力。同时，在核保和承保的过程中，保险公司通常要求企业制定良好的风险管理措施，如消防设施、运营监控、应急方案和环境管理制度等，并确保实施。作为专业的风险承担者，保险公司通常具备丰富的风险管理知识。通过观察了解企业的实际风险状况，保险公司可以为企业提供建议，帮助它们识别和评估风险，介绍减灾方法，报告可能导致重大损失的不安全因素，从而有助于减少事故数量，减轻甚至避免经济损失。保险费率的厘定也可用来激励企业采取成熟的风险管理措施，提高企业的环境风险管理能力。

2. 欧美环境责任保险的发展趋势

其一，识别和评估环境污染损失及其影响愈发具有挑战性。由于环境损失的确定需在损失事件发生前对承保的资源状况进行评估。事前基准状况包括自然资源的类型和质量，以及潜在的经济生态功能。保险公司在承保前需掌握可识别的、量化的基准条件，与损失程度的评估；但这方面的信息往往非常欠缺或根本不存在。为了评估某一事故造成的损失，对自然资源和生态功能的影响需具有可识别、可量化的特征。此外，对损害严重程度的评估是建立环境资源损害责任的先决条件。以下几个条件可以作为衡量损失严重程度的标准：

（1）损害程度、持续时间、影响范围；

（2）被影响资源的敏感度和稀有程度；

（3）可接受和不可接受的限制及定性和定量的环境标准。

其二，环境责任保险保单中的很多条款和定义非常宽泛，而相关法律也存在灰色地带，使得环境污染损失发生后，保险公司与监管机构在责任认定上存在法律争议。然而，这个问题也是因环境变化所导致的。全球化使得诸如气候变化和自然物种的递减等生态损失不具备复原的可能，对环境责任保险形成重大挑战。

其三，由于环境责任保险具有长尾特征，因某种经营活动对环境造成的影响可能会潜伏很久，在多年后可能才识别出额外的损失。环境污染事故的影响涉及人身安全、财产损失等方方面面，且越来越多涉及事后发现的新兴风险，然而保险公司缺乏这类风险的损失经验数据，因此对环境责任保险产品难以合理定价。

第四节　欧美环境责任保险市场发展的启示

一、严格的法律规范为环境责任保险的发展奠定了基础。从发达国家环境责任保险的发展历程可以看出，美国不断趋严的法律要求是企业面临的环境责任风险不断上升，企业难以独自承担环境事故导致的赔偿责任，寻求风险分散的需求推动了环境责任保险的发展。相似的是，《欧盟环境责任指令》成为欧洲各国环境责任保险市场发展的重要基石，在欧盟各国依此立法后，环境责任保险步入快速发展阶段。以法国为例，基于《欧盟环境责任指令》的本国立法使企业面临的赔偿责任显著增加近 40 倍，大大刺激了企业的投保需求，从而推进了环境责任保险的发展。

二、强制性或具有强制性特征的保险机制对环境责任保险的发展具有极为重要的作用。美国在法律中要求特定行业的企业须采取金融保障方式，以满足保护环境、自然资源和生态所需的资金需求，环境责任保险成为企业的重要选择，环境责任保险得以快速发展起来。尽管德国企业普遍采取自愿的形式投保环境责任保险，但根源防治的原则要求企业只有满足了监管对其环境治理能力的评估后，才可取得经营许可。这一机制使得企业往往通过投保环境责任保险的方式以增强其抗风险能力，间接地推动了德国环境责任保险的发展。

三、除了监管机构外，保险协会或相关机构在环境责任保险发展的行业标准等方面发挥了更为积极的作用。 德国保险协会和德国工业联合会对推动保险业的发展起到了重要作用，是最具有代表性的发达市场。德国保险协会代表德国保险业的利益，为成员公司提供服务和消费者信息，同时向联邦金融监管局（BaFin）反映行业的观点和需求，立足保险业风险管理优势，使保险公司得以最大化发挥风险保障的作用。在法律规范的背景下，经过了长期反复的谈判和讨论，德国责任保险公司协会和德国联邦工业协会与德国保险保护协会就环境责任保险的污染损害条款、承保设备、保险保障范围、事前事后环境责任等细节达成一致，针对运营中的损害也予以了限制承保，成为了德国沿用至今的环境责任保险基本条款。德国保险协会提供了目前德国的环境责任保险方面的所有标准化合同，为环境责任保险制度的发展发挥了积极作用。由于环境责任保险合同比一般责任险合同更加复杂，行业内历史经验数据较少，保险业协会和工业协会等行业协会加强合作，对于构建具体环境责任保险合同更具有专业性优势和成本优势。

第十六章　绿色保险及资金运用案例①

保险公司参与绿色金融的实践，一般来说，通常从两方面出发：一是从负债端来看，保险公司通过向企业提供保险产品和服务，帮助企业加强生产经营过程中的环境风险管理；二是从资产端来看，作为长期资金机构投资者，积极参与绿色投资，支持经济向绿色化转型，支持绿色产业发展。本章从保险产品和绿色投资两个方面，介绍了安达集团绿色保险产品及服务概况，以及安联保险绿色投资案例。

第一节　安达保险绿色保险产品及服务概况②

一、安达集团绿色保险业务概述

安达（Chubb）是全世界最大的上市财产保险公司，凭借遍布全球54个国家和地区的运营网络，向各类客户提供企业和个人财产保险、个人意外和补充健康保险、再保险及寿险。安达在中国设有一家拥有全牌照的财产保险公司，向中国本地企业和在中国有风险敞口的跨国企业提供丰富的商业财产险和团体个人意外险保障。

安达是全球最大、最先进的环境责任与污染风险承保商之一，在北美洲、欧洲、亚洲、拉丁美洲设有环境风险部门。公司致力于通过开发保险

---

① 本章执笔：胡婷婷，美国北美洲保险公司北京代表处（隶属安达集团）；邓靖芳，安联保险集团北京代表处。
② 摘自《安达集团2015年环境报告》，胡婷婷编译。

产品和风险管理服务，为各类环境和气候相关问题提供市场化的解决方案。有关产品和服务主要分为三大类：环污责任险、可再生能源险和多项"绿色"计划，几乎覆盖全球环境风险保障的所有方面。具体产品包括：

碳捕获与封存保险，减排项目保险，环境职业责任险，各类环境风险产品，全球天气保险，绿色物业保险，政治风险和贸易信用，可再生能源建设保险。

安达的环境风险业务部门不断推出各种产品，满足全球各地的需求。为了应对这种日益增长的需求，2014年公司将该险种的经营区域扩展至墨西哥、巴西、荷比卢和澳大利亚。此外，公司还针对某些保单向被保险人提供绿色咨询服务，取得了良好的成效，继而将此类服务扩展至其产品组合的其他保障和产品。本章中主要介绍在美国提供的相关产品和服务。

二、主要绿色保险产品

（一）能源和海运保险

在许多情形下，利用能源和海运保险产品和服务有助于直接或间接减少温室气体排放。例如，安达的可再生能源建设险、能源和海运保险等计划将公司多个行业部门的管理专长结合起来，推动了清洁、有效的可替代能源的发展。

（二）环境责任保险

随着环境法规的发展和人们意识的提升，对于环境责任保障的需求也在不断增加，这不仅限于诸如能源、化工等传统"污染性"行业，拥有土地以及具有潜在责任的其他组织机构也是如此。这包括政府、房地产业主和开发商、制造商、农业实体和全球消费品牌。安达密切关注3400余项全球立法机构和监管机构推出或实施的法律法规，所有这些法律法规都有可能改变企业客户开展业务的方式。这既包括新倡议，也包括现行法律法规的强化执行。

为了满足这种强劲且日益增长的需求，安达加强了其环境核保人团队建设，同时推出了许多具有创新意义的产品。安达在全球超过 35 个国家签发环境保险保单。

安达公司的产品创新范例包括全球场所污染责任险（PPL）和承包商污染责任险（CPL），面向在美国本土和海外开展业务的美国跨国企业。CPL 和 PPL 项目将保障与技术支持相结合，旨在帮助承包商减少其环境风险敞口。此外，安达的有害物料/废弃物运输产品线为有害物料和有害废弃物运输商提供保障和理赔服务。CPL 和有害物料运输保险曾摘得《风险与保险》（*Risk & Insurance*）杂志的"风险创新大奖"。

另一项创新产品是安达环境风险部的 Chubb ALERT 项目，该计划能够促进事故响应服务商在第一时间赶到现场，以及对清理费用进行实时监控。实践表明，此项计划既能减少环境损害，又能将理赔成本降低多达 20% ~ 25%。安达环境风险部凭借 Chubb ALERT 项目，在商业保险创新评选中获得奖项。

安达的产品线还包括巨灾治理保障。该保障针对的是环境巨灾发生后，维护和恢复公众信心的服务成本。在美国境外，公司的核心环境类产品继续通过劳合社在伦敦的安达全球市场销售，而在许多其他地区，人们对该险种的兴趣也日渐深厚。2014 年，安达公司在英国和澳大利亚推出了针对储罐的环境责任保险产品。

安达面向环境风险被保险人提供广泛的捆绑和非捆绑式环境工程和风险最小化服务，其中包括：

- 对现有废弃物管理规程/处置点选取进行评估；
- 对现有霉菌、石棉和铅管理计划进行评估；
- 对现有地下储罐管理计划进行评估；
- 对溢溅预防、控制和对策（SPCC）计划进行评估；
- 点源污染物排入地表水、空气污染物和固废污染的模拟监管审计

（旨在符合美国国家污染排放控制系统（NPDES）以及资源保护和恢复法（RCRA））；

- 培训（霉菌意识、地下储罐计划管理、针对有害废弃物操作的 24 HAZWOPER 等）；

- 储罐操作者培训。

安达保险的领先地位还体现在以其他多种方式保障环境风险。公司就气候变化风险和企业有关政策，向美国全国保险监督官协会和各州保险监管机构提供咨询。此外，2015 年，安达撰写和赞助了多份白皮书，就各种新兴风险，以及如何应对这些风险避免将来出现环境风险敞口，向企业提供信息。题目包括：《广泛的医疗改革迫使人们重新认识建设工程中的环境风险》、《场所污染责任保障：运营风险的重要保护》、《认识国际建设项目中的各种环境风险挑战》，以及《灾害响应：治理环境风险》。

（三）可再生能源项目

可再生能源领域是安达的另一个主要产品领域，特别契合国际社会各方对气候变化关注度的提升。人们对于清洁、高效的可替代能源的渴求，使各种可再生能源项目在世界各地不断涌现。

这些项目形式多样：生物质/生物燃料、沼气、转废为能、燃料电池，以及太阳能、风能和水力。安达保险力求应对一项典型可再生能源项目两个主要阶段—— 项目建设和运营——所涉及的风险。建设风险包括开工延误直至公众或雇主责任险，而运营风险则包括业务中断、场所污染，等等。

（四）绿色项目

安达保险开发各种风险转移和风险管理服务，以创新方式应对与实施绿色项目有关的额外风险。安达的单独险种绿色物业保险，在现有建筑物发生损失的情况下，为希望按照"更加绿色"的标准重新建设的工商企业提供保障。这包括：节能电器、电子设备、供暖和冷却系统、内部排水系统和照明设施；低挥发性有机化合物（VOC）油漆、底漆、溶剂、面漆和粘结剂；低排放地毯、地板；以及获得森林管理委员会（FSC）认证的木材。另外，购买了"预防性措施"保障的客户还能获得某些折扣。如果保单持有人采取了某些减灾手段，他们将能获得一定金额的补贴。所有这些保险产品都会鼓励安达客户采取行动，帮助减少温室气体的排放。

（五）咨询服务

安达客户还能够获得全面的传统环境风险咨询服务，包括工业卫生评估、受管制和有害物料管理及施救监督、对房地产和金融市场开展环境方面的尽职调查，以及绿色建筑认证体系"能源与环境设计先锋"（LEED）和监管合规咨询。此外，公司还为客户定制美国职业安全与健康管理局（OSHA）合规培训课程及服务，课程涉及石棉、含铅漆和微生物治理，以及水侵入预防。

安达可视具体情况派遣经过认证的合规人员前往客户场所，加强客户的环境与安全团队建设，以满足其健康、安全与环境（HSE）目标。

（六）其他保障

诸如财产巨灾险、农作物险和业务中断险等保障在安达业务中占较大比重。公司继续投资于这些业务，以及开发各种解决方案，旨在帮助客户治理气候变化所构成的自然风险。如今，安达是美国领先的农作物险保险商，通过子公司雨雹保险（Rain and Hail Insurance Service）开展业务。安达的农商企业部门服务于农产品的制造、加工和经销企业。此外，公司的全球天气险产品帮助客户保障无法预测的天气情况和气候变化，保护其在世界各地的资产不会因不利天气状况而遭受损害或损失。

第二节 安联集团绿色投资案例

安联集团于 1890 年成立，总部位于德国慕尼黑，至今已有 126 年的历史。安联集团是目前欧洲乃至全球最大的保险金融集团及资产管理人之一，2015 年其管理的总资产规模达 1.8 万亿欧元。

对安联来说，可持续发展意味着创造长期的经济价值以及富有远见的公司治理方法，是公司业务发展与环境治理、社会责任的有机结合。

一、安联集团可持续发展投资策略及案例

安联集团旗下负责管理自有保费投资的两大资产管理机构为：安联资本合伙人公司（Allianz Capital Partner）和安联不动产（Allianz Real Estate），负责第三方资产管理的两大机构为：安联全球投资者（Allianz Global Investors）和太平洋投资管理公司（PIMCO）。

作为机构投资者，安联一直致力于推动全球范围内的低碳经济和节能减排，主要表现为大量投资于"绿色项目"，包括节能环保的不动产、基础设施、可再生能源及碳减排项目等。这些项目不仅对减少温室气体排放及环境污染，提高能源效率作出了贡献，也有助于形成更广泛、更多样化的投资组合，分散投资风险，并提供健康稳定的、不受金融市场波动影响的长期收益。

1. 可再生能源投资

截至 2015 年，安联集团运用自有保费在可再生能源领域的总投资规模已超过 25 亿欧元，其中大部分为风能、太阳能等清洁能源项目。目前安联已在美国、奥地利、法国、德国、意大利、瑞典、芬兰等国家投资了 60 个风能发电站和 7 个太阳能发电站。这些发电站可生产约 1400 兆瓦的电能，供应超过 80 万个家庭，堪比一个巴塞罗那大小的城市。

以下是安联近年来运用自有保费投资可再生能源的几个典型案例：

（1）美国新墨西哥州风能发电站：2016 年 2 月，安联宣布和美国美林银行联合投资位于美国新墨西哥州的两个风能发电站。该笔投资标志着安联将可再生能源投资从欧洲地区进一步扩展到更多国家，且在风能、太

阳能领域的股权投资总额达到 29 亿欧元。新投资的这两个相邻的风能发电站 Roosevelt（250 兆瓦）和 Milo（49.65 兆瓦）位于美国新墨西哥州罗斯福县，总计 150 个风能涡轮机可为超过 170000 个新墨西哥州的家庭供电。

（2）芬兰风能发电站：安联在 2016 年 1 月完成首个芬兰风力发电站项目的投资。该发电站选址位于 Jouttikallio，距离芬兰西海岸的瓦萨市 80 公里。目前发电站已获得所有建设许可，于 2016 年底建成并交付安联，能满足 12600 户家庭的电力需求。安联认为芬兰是一个非常有前景的风电市场，成功进入芬兰市场有助于进一步增加多样化可再生能源投资组合。

（3）奥地利风能发电站：2015 年，安联出资 1.56 亿欧元收购并投入建设奥地利四个风能发电项目（分别是 Scharndorf III，Zistersdorf Ost，Ladendorf 和 Großkrut – Hauskirchen – Wilfersdorf）。该项目运营周期为 27.5 年，预期回报率为 5.6%。同时，安联还收购了奥地利最大的风力发电站运营商 ImWind 的设备，设备产能约为 320 兆瓦。

（4）意大利太阳能发电站：2010 年，安联从 BP Solar 集团处收购了总量达 6 兆瓦的 6 座太阳能发电站。这几处太阳能发电厂区分别位于意大利普利亚大区（Pugliaregion）的布林迪西市（Brindisi）和梅萨涅市（Mesagne），早在 2009 年底就已投产运营，并全部安装了 BP Solar 集团研发的固定单晶和多晶太阳能面板。

除了安联集团自有保费投资项目，安联旗下负责第三方资产管理的两大机构（AGI 和 PIMCO）还为第三方客户开发了新型的"可持续及负责任投资类"（Sustainable and Responsible Investment products and services，"SRI"）基金，其中相当一部分基金用于可再生能源项目投资。在帮助客户获取稳定财务收益的同时，此类投资项目也促进了环境及社会的可持续发展。截至 2015 年，这两大第三方资产管理公司管理的 SRI 类资产达到 1030 亿欧元，约占其管理的资产总额的 6%。例如，2012 年底，AGI 推出了首个面向机构投资者的封闭式基金——"安联可再生能源基金"（Allianz Renewable Energy Fund，AREF）。资本市场对该基金反响热烈，仅仅数月内机构投资者认购总额已达 1.5 亿欧元。此后的 12 个月内，该基金已全部投资于欧洲多个国家的风能和太阳能发电站项目，总发电量相当于80 万个家庭一整年的用电量。

2. 碳减排项目投资

2014 年，安联的投资项目总计产生 322529 个碳信用额，相当于减少了 322529 吨的碳排放。

（1）对 Wildlife Works Carbon 有限责任公司（世界领先的 REDD[①] 项目开发者，简写为"WWC"）的投资：2011 年，安联收购了 WWC 10% 的股份，用于支持发展中国家以及新兴国家的森林保护事业。REDD 项目既彰显了企业的社会及环境保护责任，又提供了富有竞争力的投资回报率。安联的第一个投资项目是肯尼亚东南部 20.8 万公顷的森林保护。预计该项目在未来 30 年将减少近 3600 万吨二氧化碳的排放，并为安联提供同等数量的碳信用额度[②]。

（2）对 Rimba Raya（可译为"永恒的森林"）的投资：2013 年，安联在印度尼西亚婆罗洲投资名为 Rimba Raya 的 REDD 项目。保护了 6.4 万公顷热带雨林免遭砍伐，由此可避免 30 年近 9000 万吨二氧化碳的排放。这是安联在新兴市场的第三个碳减排投资项目，产生了足够的碳排放信用额，来抵消安联未来几年的碳排放量。

3. 不动产投资

安联不动产投资公司（ARE）在过去五年间在不动产投资项目上采取的可持续发展相关措施包括：

---

① Reducing Emissions from Deforestation and Degradation 的缩写，是指发展中国家通过减少砍伐森林和减缓森林退化而降低温室气体的排放。
② 数据来自 2011 年安联集团年度报告。

（1）将所投资物业的能源消耗、环保指标等数据列入日常报告体系；

（2）加强安联不动产与物业租户之间关于改善能源消耗及其他可持续发展措施的沟通；

（3）将每一物业的可持续发展举措纳入到资产管理计划中，例如绿色租赁和环保认证等；

（4）收集和反馈物业楼宇的相关信息，通过各种建议措施提升和完善物业的可持续发展表现。

安联不动产公司同时也采用绿色评级体系，持续衡量和提升所投资物业楼宇的环保节能水平。这一绿色评级体系是由欧洲绿色评级联盟（一个由不动产所有者、投资者和其他利益相关方组成的组织）建立，评估范围涵盖能源消耗、碳排放、用水、交通、垃圾处理等方面。

二、安联绿色投资的未来展望

根据国际能源组织预计，可再生能源项目年度的资金需求将从目前的3800亿美元增长至2035年的7800亿美元。而目前经济合作与发展组织国家（OECD）的养老金和保险资金（总规模达92万亿美元）只有不到1%投资于可再生能源。因此，安联有巨大的空间和潜力加大在这一领域的投资。在未来数年内，安联计划将可再生能源类投资的规模翻倍，即从25亿欧元扩大至50亿欧元。2015年，安联与欧洲领先的应用科研机构Fraunhofer ISE及VDE Institute合作，进一步完善了太阳能发电站投资领域的风险评估及质量认证标准，并与金融同业分享此项成果。

目前，安联正在与中国风能、太阳能等清洁能源行业的相关企业进行接洽，希望未来共同投资于中国的清洁能源领域，为中国节能环保贡献一份力量。

INTERNATIONAL CASE STUDIES
OF GREEN FINANCE DEVELOPMENT

第五篇
碳金融市场篇

第十七章　碳市场的起源与发展[①]

碳排放权交易是为了解决全球气候变化带来的环境挑战而创设的一种市场化工具。在《京都议定书》确立的国际排放交易（IET）、联合履行（JI）和清洁发展机制（CDM）三种市场机制基础上，陆续发展起来了多样化的国际碳市场体系。本章重点介绍了催生碳交易机制的物理（气候变化）、经济（市场机制）及法律（京都议定书）背景，同时概述了全球主要碳市场的发展现状。

第一节　碳交易与碳市场

一、温室气体与全球变暖

大气中有这样一类气体，它们可以吸收地表向外放出的长波热辐射，使地表与低层大气温度增高，因为这类气体对地球的作用与温室大棚对农作物的作用类似，这类气体被称为温室气体（GHG）。人类活动所排放的温室气体主要有二氧化碳（CO_2）、甲烷（CH_4）、氧化亚氮（N_2O）、氢氟碳化物（HFCs）、全氟化碳（PFCs）、六氟化硫（SF_6）6 种，其中二氧化碳对全球人为温室效应的贡献率达到81%，其次是甲烷（10%）。[②]

人类社会长期过度开发使用自然资源对环境所造成的危害已经逐渐显现。统计资料显示，工业革命以来的二百年时间里燃烧化石燃料排放温室

---

① 本章执笔：李建涛，北京环境交易所战略合作部高级经理。
② IPCC 国家温室气体清单特别工作组，《1996 年 IPCC 国家温室气体清单指南》，1996 年。

气体的总量，已超过了过去三千年人类活动排放温室气体的总和。由于化石燃料燃烧等人为活动带来的气候系统变暖是毋庸置疑的，目前从全球平均温度和海洋温度升高、大范围积雪和冰融化、全球平均海平面上升等长期观测数据中可以看出气候系统变暖是明显的。

温室气体是造成气候变暖主要原因的观点目前已经得到全球科学家的广泛认可。联合国政府间气候变化专门委员会（IPCC）[①]2014年发布的第五次评估报告中指出，目前，有95％的把握确认人类是当前全球变暖的主要原因。第五次评估报告指出：全球陆地和海洋综合平均表面温度的线性趋势计算结果表明，1880～2012年（存在多套独立制作的数据集）温度升高了0.85℃。在1901～2010年，全球平均海平面上升了0.19米，全球平均海平面上升的平均速率在1901～2010年为每年1.7毫米，在1993～2010年为每年3.2毫米。[②]

二、人类减缓气候变化的行动

气候变暖导致的冰山融化、海平面升高、海岛淹没、动物灭绝等，不仅给多国带来损失，也已经对人类的生活及生存造成威胁。为了保证经济的可持续发展，实现人与自然的和谐相处，人们开始从理论和实践等多个角度尝试解决环境问题。1974年，联合国第六次大会要求世界气象组织研究气候变化问题，国际社会开始重视气候变化问题，到1992年《联合国气候变化框架公约》（UNFCCC）和1997年的《京都议定书》法律框架的约束，再到2015年气候变化巴黎大会通过《巴黎协议》，人类不断在为减缓气候变化做着努力。

国际社会几十年不懈探索的经验，从理论和实践两方面表明采用

[①] 政府间气候变化专门委员会（IPCC，Intergovernmental Panel on Climate Change），是由世界气象组织和联合国环境规划署1988年联合设立的。

[②] IPCC，《气候变化2014综合报告》，2015年。

"政府协调和市场机制相结合"是控制和削减温室气体排放的最佳方式。政府管控排放总量，通过引入市场机制，可不以牺牲经济增长为代价，低成本、高效率地实现温室气体减排目标。欧美等发达国家正是在这种原则的指导下，通过建立碳市场，开展碳交易切实实现了经济向"高收入、低排放"的方向发展。在《京都议定书》[①]生效前，世界各国已进行了加拿大 GERT 计划、美国 CVEAA 计划、丹麦电力行业试点、壳牌集团 STEPS 计划、澳大利亚新南威尔士州温室气体减排体系（NSW/ACT）等诸多努力，尝试着通过将温室气体排放权与市场机制相结合的方式，以减少和降低温室气体的排放，并取得了一定的成效。

三、碳交易

碳交易，即温室气体排放权交易，是为了促进全球温室气体减排，减少全球二氧化碳排放所采用的市场机制。在 6 种主要的温室气体中，二氧化碳含量最大，所以称为"碳交易"，计量单位为吨二氧化碳当量（tCO_2e）。《京都议定书》把市场机制作为解决二氧化碳为代表的温室气体减排问题的新路径，即把二氧化碳排放权作为一种商品，从而形成了二氧化碳排放权的交易。

（一）京都机制

《京都议定书》的三种市场机制。2005 年 2 月 16 日，《京都议定书》正式生效。这是人类历史上首次以法规的形式限制温室气体排放。《京都议定书》明确了世界各国在温室气体减排方面"共同但有区别的责任"原则，规定附件一国家（发达国家）有强制减排责任，要在 2008~2012

---

① 《京都议定书》（Kyoto Protocol），全称为《联合国气候变化框架公约的京都议定书》，是《联合国气候变化框架公约》（UNFCCC）的补充条款，于 1997 年 12 月在日本京都由联合国气候变化框架公约缔约国第三次会议制定，目标是"将大气中的温室气体含量稳定在一个适当的水平，进而防止剧烈的气候改变对人类造成伤害"。

年将其温室气体排放量在1990年的水平削减5.2%，同时鼓励非附件一国家（发展中国家，包括中国）进行自愿减排。

为了促进各国完成温室气体减排目标，《京都议定书》允许采取以下四种减排方式：（1）两个发达国家之间可以进行排放额度买卖的"排放权交易"，即难以完成削减任务的国家，可以花钱从超额完成任务的国家买进超出的额度。（2）以"净排放量"计算温室气体排放量，即从本国实际排放量中扣除森林所吸收的二氧化碳的数量。（3）可以采用清洁发展机制，促使发达国家和发展中国家共同减排温室气体。（4）可以采用"集团方式"，即欧盟内部的许多国家可视为一个整体，采取有的国家削减、有的国家增加的方法，在总体上完成减排任务。

根据以上规定，《京都议定书》引入了三种碳交易机制，分别是国际排放交易（IET）、联合履约（JI）和清洁发展机制（CDM）。其中，IET和JI针对发达国家，只有CDM是唯一涉及发展中国家的"灵活机制"。

国际排放交易机制（IET）。国际排放交易机制指的是发达国家间的合作，使温室气体排放遵循"成本－效益"原则，通过将减排的温室气体量转化为一种商品量（碳当量）在各控排组织之间进行交易，以最低的成本满足其减排义务。欧盟建立了京都机制下的全球第一个强制排放交易机制，由第三方独立机构进行温室气体排放量核证是保证该机制运行的核心要素。

联合履约机制（JI）。联合履约机制是附件一国家之间的合作机制，允许附件一国家从其在其他工业化国家的投资项目产生的减排量中获取减排信用，以共同减少温室气体的排放。JI项目产生的减排量称为减排单位（ERUs），交易的实际结果相当于工业化国家之间转让了同等量的ERUs。《联合国气候变化框架公约》下的蒙特利尔高层会议于2005年成立了JI监督局，对JI项目活动进行监控。

清洁发展机制（CDM）。清洁发展机制来源于《京都议定书》第十二条的规定，是发达国家缔约方为实现其部分温室气体减排义务与发展中国家缔约方进行项目合作的机制，目的是协助发展中国家缔约方实现可持续发展和促进《联合国气候变化框架公约》最终目标的实现，并协助发达国家缔约方实现其量化限制和减少温室气体排放的承诺。CDM 机制的核心是一种双赢安排：一方面，发展中国家通过合作可以获得有利于可持续发展的先进技术和急需的资金；另一方面，发达国家可以大幅度降低其在国内实现减排所需的高昂费用，加快减缓全球气候变化的行动步伐。CDM项目交易的标的物是核证减排量（CERs），CDM 项目需要在联合国 CDM执行理事会（EB）注册，获得 EB 认可后的"核证减排量"就可以参与交易，发达国家的控排主体可以用其抵消国内的超额排放。CDM 交易市场分为一级市场和二级市场：一级市场是发达国家从发展中国家买入碳减排量的交易市场；二级市场是从 CDM 一级市场买入的碳减排量在欧盟内部交易形成的市场。根据 UNFCCC 网站公布的数据，截至 2015 年 7 月 31日，全球共有 7655 个 CDM 项目成功在 EB 注册。83.9% 的项目在亚太区域，其中中国、印度、巴西是全球 CDM 项目注册数目最多的 3 个国家，占全球 CDM 项目总数的 74.19%。从项目的年均减排量来看，中国每年可以产生 5.96 亿吨碳当量，占全球总额的 60.08%。

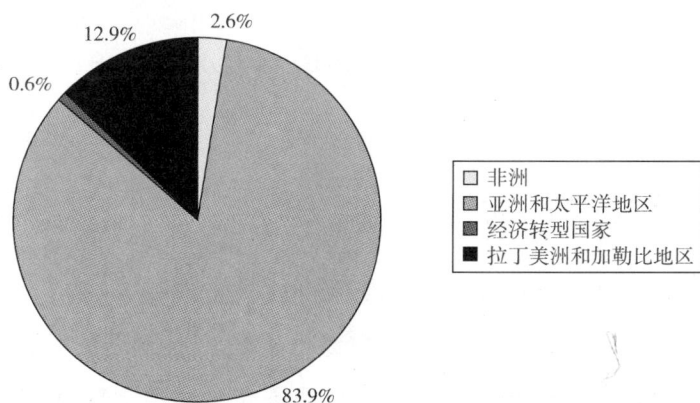

数据来源：世界银行网站。

图 17 - 1　EB 注册 CDM 项目全球分布（截至 2015 年 7 月）

表 17 – 1　　　　2005 ～ 2015 年在 EB 注册 CDM 项目数及占比

国家	数量	2004 年	2005 年	2006 年	2007 年	2008 年	2009 年	2010 年	2011 年	2012 年	2013 年	2014 年	2015 年	占比%
中国	3763		3	33	114	222	353	504	634	1819	61	19	1	49. 16
印度	1578			17	124	161	82	94	134	189	569	115	71	22	20. 61
巴西	338	1	4	83	25	35	18	20	14	100	23	12	3	4. 42
越南	254			2			18	27	58	138	8	2	1	3. 32
墨西哥	191		3	69	28	10	10	5	11	44	10		1	2. 50

数据来源：世界银行网站。

（二）自愿机制

自愿机制主要是未加入京都机制的国家和地区自愿开展的碳交易，包括区域性自愿减排协议碳市场和社会责任驱动的认证减排碳市场，前者主要有北美的美国和加拿大两国一些州省之间自下而上的减排市场，包括美国东北部的区域温室气体减排行动（RGGI）和美国及加拿大西部若干省州的西部气候倡议（WCI），其中加州碳排放交易体系是 WCI 的核心部分。后者指各国企业及个人为了履行社会责任自愿参与形成的碳市场，以项目交易为主，比如熊猫标准、黄金标准（GS）以及自愿减排标准（VCS）等。

第二节　全球碳市场发展现状

一、全球碳市场概述

2002 年英国推出了世界上第一个碳排放交易体系（UK ETS），《京都议定书》的生效，把国际碳排放权交易推进到高速发展的阶段。迄今为止，先后出现了澳大利亚新南威尔士州减排交易体系（NSW GGAS）、美国区域温室气体减排行动（RGGI）、欧盟排放交易体系（EU ETS）、美国和加拿大的西部气候倡议（WCI）、新西兰碳排放交易体系（NZ ETS）、印度履行实现和交易机制（IND PAT）、美国加州碳排放交易体系（CAL ETS）和澳大利亚碳排放交易体系（AU ETS）等碳排放权交易体系。

当前，国际上的代表性碳市场主要有欧盟碳排放权交易市场（EU ETS）、加州碳排放权交易市场（CAL ETS）、日本碳排放权交易市场、新西兰碳排放权交易市场（NZ ETS）、韩国碳排放权交易市场、中国七省市碳排放权交易试点市场等。其中，EU ETS 是建立时间最早、覆盖地区最广、交易规模最大的跨国强制性的"总量与交易"（Cap and Trade）体系；CAL ETS 是减排强度最高的碳排放交易体系，RGGI 是迄今为止配额拍卖力度最大的交易体系；NZ ETS 是世界碳排放交易体系中唯一对土地利用行业设定减排义务的体系。此外，印度 PAT 减排机制虽然规模较小，但作为发展中国家的第一个减排交易体系具有一定的特点和借鉴意义。

二、主要碳市场发展情况

欧盟碳排放交易体系（EU ETS）。欧盟于 2015 年 1 月 1 日建立了全球第一个跨国碳排放权交易机制，目前已成为世界最大的碳交易体系。过去 10 年多，EU ETS 覆盖国家、管控行业和管控温室气体种类逐步增加，碳交易制度逐步完善，交易额连续保持增长[1]。随着欧盟碳市场层次结构清晰以及服务功能完善，交易产品和市场参与主体也得到进一步丰富。目前，EU ETS 已经具备了完善的法律基础、灵活的交易机制以及成熟的市场交易层次。对于各国碳排放交易体系的建立，都有很强的借鉴意义。

加州碳排放交易体系（CAL ETS）。CAL ETS 于 2012 年正式启动，覆盖了加州所有主要行业，包括炼油、发电、工业设施和运输燃料等年排放量至少 25000 吨二氧化碳当量的企业[2]。CAL ETS 综合了美国和欧盟碳交

---

[1] 叶斌：《EU–ETS 三阶段配额分配机制演进机理》，载《开放导报》，2013。
[2] 王慧、张宁宁：《美国加州碳排放交易机制及其启示》，载《环境与可持续发展》，2015（6）。

易机制的最佳做法。加州在制定 CAL ETS 配额分配方法时，改进了 EU ETS 在前两个承诺期中以免费分配为主的分配方式，积极推进配额拍卖并建立配额价格控制储备，避免配额供求关系失衡，以保持市场价格的稳定。2014 年 1 月 1 日，加州碳排放交易体系与魁北克碳排放交易体系的链接，是第一个不同国家地区在同一个倡议下的结合（西部气候倡议），交易体系都基于同样的规则设计的。与加州碳排放交易体系的链接为两个体系带来了特别的机遇也带来了挑战，尤其配额的联合拍卖。例如，随着时间的推移，设置统一的价格（包括配额限价和储备配额触发价格）在美元和加元之间，是两个交易系统链接成功的重要方面。

日本碳排放交易体系。日本碳市场的特点是种类较多。在地方层面，该国最大的亚国家管理机构东京都 2010 年 4 月建立了一个有强制性减排目标的碳交易体系，东京都 ETS，被视为日本地区级总量限制交易体系的先行者，覆盖近 1400 个设施以及 1% 的国内排放[①]。在国家层面，建立了日本自愿碳排放交易体系（JVETS），从 2005 年起经过 7 年的运行，取得了一定的减排成效，为建立全国性交易体系积攒了经验。但是建立一个全国性、强制性的总量与交易体系依旧处于停滞状态。福岛核电站危机之后，公众对核电的强烈反对迫使日本政府调整计划以满足其 2020 年气候目标，可能导致的结果是政府将被迫大幅增加其购买其他国家的减排额度。

新西兰碳排放交易体系（NZ ETS）。它是唯一从开始就包含了林业部门的碳交易体系。NZ ETS 于 2008 年开始实施，覆盖了林业、固定式能源、工业生产和液化燃料等领域，约占新西兰总排放量的 50%[②]。由于不设排放上限，NZ ETS 不是一个总量控制下的交易体系。在过去的几年里，

---

① 林健：《碳市场发展》，上海：上海交通大学出版社，2013。
② 张益纲、朴英爱：《世界主要碳排放交易体系的配额分配机制研究》，载《环境保护》，2015。

新西兰碳交易市场相对平稳，交易主要集中在一级市场，二级市场交易量很小，只有少量的补偿项目[1]。

韩国碳排放权交易市场。韩国是继哈萨克斯坦之后第二个建立全国范围碳交易体系的亚洲国家。通过计量包括储存配额的额度稳定市场价格的能力是韩国碳排放交易体系所特有的。韩国碳排放交易体系于2015年1月启动，涵盖超过400个设施，95%的配额会分配在第一阶段（2015~2017年），以减轻市场压力。2015年底，韩国碳配额KAU的价格已逼近欧盟EUA的价格[2]。

中国七地区碳交易试点。作为世界最大的发展中国家，随着经济发展规模的扩大，中国碳市场的规模潜力是无可比拟的。中国的京津沪渝粤鄂深七个地区的碳交易试点比较有特点，世界上没有任何其他碳排放交易体系开始时使用省级和城市规模的试点体系。碳强度减排目标非常具体，在保持经济持续增长的同时，降低能源消耗和排放量增长。迄今试点碳市场已顺利完成3年履约。随着市场机制的成功建立并运转，各个试点市场交投日趋活跃，参与主体日趋多元，碳金融创新层出不穷，为建立全国碳市场积累了宝贵经验。

[1] 林健：《碳市场发展》，上海：上海交通大学出版社，2013。
[2] 美财社，韩国碳交易市场，2015年第16期。

第十八章 欧盟碳市场[①]

为落实《京都议定书》规定的减排义务，欧盟于 2002 年启动了欧盟碳排放权交易体系（EU ETS），目前已发展成为全球规模最大、运行最规范成熟的碳市场。本章主要从发展历程、机制设计和定价机制建设等方面对 EU ETS 进行了系统介绍，同时就欧盟碳市场发展至今的经验教训进行了讨论。

第一节 发展历程

EU ETS 是欧盟为了履行《京都议定书》规定的减排义务推出的核心手段，目前已经发展成为全球最大的碳市场。EU ETS 正式启动于 2005 年 1 月 1 日，现已覆盖 27 个国家的 1.1 万个发电站和能源密集型企业，约占欧盟总排放量的 45%。[②] 2005～2007 年是第一阶段，企业免费获得配额。2008～2012 年是第二阶段，碳排放上限下调并开始拍卖配额。目前已进入第三阶段（2013～2020 年），碳排放的上限进一步调整，以符合欧盟 2020 年碳排放目标。

第一阶段。试验性阶段，目的在于"在行动中学习"。减排目标是完成《京都议定书》所承诺目标的 45%。参加交易的部门主要集中于重要行业的大型排放源，大约涵盖欧盟温室气体排放量的 46%，限排行业主

---

① 本章执笔：李建涛，北京环境交易所战略合作部高级经理。

② "The EU Emissions Trading System EU ETS)," European Commission, 2013, accessed at http：// ec. europa. eu/clima/publications/docs/factsheet_ ets_ en. pdf.

要是能源供应部门（包括电力、供暖和蒸汽生产）、石油提炼部门、钢铁部门、建筑材料部门（水泥、石灰、玻璃等）、纸浆和造纸部门。

第二阶段。尽量缩短减排时间，充分考虑市场竞争力，引入储备制度，涵盖范围不断扩大，并首次考虑将航空业纳入减排管制体系。

第三阶段。开始采用欧盟范围统一的排放总量限制，采用拍卖方式分配配额的比例大大提高，对 EU ETS 外部的减排信用抵消的使用限制更加严格，开始将一些新的工业领域和其他温室气体纳入减排体系，例如化工业、制氨业、铝业等。

第二节　机制设计

一、总量设定

控排总量目标。碳排放总量的设定依据有两个：一是根据《京都议定书》，二是排放量预测。欧盟碳排放交易体系设立时，覆盖的碳排放总量约为欧盟温室气体排放总量的 46%。为什么是 46% 而不是更多或更少？这与欧盟在《京都议定书》承诺的减排目标有关，欧盟承诺 2020 年在 1990 年排放量基础上下降 20%，2050 年前要下降 40%~50%，也就是说，如果将 45% 左右的排放量纳入碳排放政策管制体系，且碳排放政策体系是针对减排目标设计的，那么只要政策得到有效执行，则可以保证整个经济体的减排目标得到实现。EU ETS 前期准备时间不足，各国普遍缺乏建立完善的预测模型所需的数据，很多成员国出于保守考虑，基本设定了等于或高于一切照旧（BAU，Business as Usual）情景下的配额总量，导致了第一阶段配额供给过量，后来严重影响到了配额价格。

EU ETS 的碳预算计划。各种情景研究认为，为了实现将全球平均温度上升限制在 2 摄氏度的目标，这意味着与 2010 年相比，到 21 世纪中叶要将全球温室气体减少40%～70%，到21世纪末减至近零，这是各国制定碳预算目标的共同前提。欧洲排放的历史高点（碳排放峰值）在1990年左右，而欧盟承诺绝对减排的历史基准年也是1990年。欧盟在2007年提出2020年在1990年基础上减排20%的目标，2014年又首次明确了2030年前实现减排40%的目标。

表18－1　　　　　　　　欧盟委员会的2030年气候和能源政策

项目	2030年目标	2020年目标
GHG减排	40%	18%（2012）
可再生能源普及率	不低于27%（电力占45%）	12.7%（2012） 电力占21%（当前）
节能	日后研究	节能率：5.2%（2011/2005）
可再生能源燃料		4.7%（2010）
EU－ETS改革	实施市场稳定储备机制 削减率：2.20%/年	排放权冗余 削减率：1.74%/年
投资与效果	年均投资380亿欧元 与节约的燃料费持平；创造就业	能源成本增加

二、控排范围

行业范围。欧盟选择了在欧洲经济共同体区域建立一个统一的排放交易体系，行业范围上欧盟选择从一个相对较小的行业范围开始。第一阶段参加交易的部门主要集中于重要行业的大型排放源，大约涵盖欧盟温室气体排放量的46%，限排行业主要是能源供应部门（包括电力、供暖和蒸汽生产）、石油提炼部门、钢铁部门、建筑材料部门（水泥、石灰、玻璃等）、纸浆和造纸部门。第二阶段试图将航空业纳入减排管制体系，第三阶段则进一步扩大覆盖范围，将制氨业、铝业等纳入。行业范围的选择尽量符合法律中性原则，也就是碳排放管制对产业的影响是中性的，纳入管制体系行业的利益理论上不会受损，碳排放管制成本能够转移到下游环节。同时行业选择还受到行业力量的影响，比如石油开采行业，由于行业集中度高、行业政治话语权高、谈判周期长，初期很难纳入管制体系。

直接排放和间接排放。EU ETS 主要覆盖直接排放源，因此覆盖范围选择上游排放源，间接排放源主要针对建筑等领域的终端使用者，在英国则是碳减排承诺计划（CRC）关注的范围。上游侧重能效提高，下游侧重行为改变。上游排放总量降低时，下游的行为方式会受到抑制，比如电力部门的排放总量收紧，则电力部门生产成本提高，对应电价提高，下游的建筑等电力消耗部门就会减少电力消耗，增加节电投资或替代能源投资，从而降低整个经济系统的碳排放。

控排对象。在理想情况下，纳入较多的控排对象，一是为了在各企业间发现显著的成本差异，二是更多的企业参与可以降低市场垄断的风险。但基于管理体系的成本负担和管制效果[①]，EU ETS 初始阶段还是选择了大型排放设施，设置一定的产能/产量门槛，在第三阶段逐步加入相对小型的排放设施。不过也有观点认为，应对大型排放设施实施碳交易制度，从而降低数据收集和数据核查的成本，对众多小型机构实施碳税制度等。

三、配额分配

配额分配并没有完美的办法，因为每个成员单位都会提出不同的抱怨，这些抱怨也各有其理由，但让不同机构与总目标保持一致则是很重要的原则。

无偿分配。EU ETS 在启动之初采取了无偿分配为主的方法，至少95%的配额被免费分派。然而在之后的发展过程中，拍卖的比例逐渐加大，避免一些部门因免费分配配额而获取意外之财。无偿分配的方法中，

---

① 按照科斯理论，控排对象达到一定数量以后，碳交易的交易成本可能高于实施碳税等其他措施的成本，因而实施碳交易制度不具备经济效益。

最常用的是基于管制对象历史排放水平来分配配额的祖父式分配：设定过去三年为历史基准期，根据各设施在历史基准期的排放数据来决定它们各自分配到的配额数量。

拍卖机制。EU ETS 早期对大部分配额免费发放，后期逐渐变为以拍卖为主。第一阶段，将近100%的碳排放权被免费分配给控排企业。第二阶段，免费分配的比例下降到90%，德国和英国尝试拍卖，市场份额大约占据4%。从第三阶段开始，拍卖成为配额分配的主流方式，初期配额拍卖比例超过40%，预计到2020年拍卖比例将提高至75%。

四、监测、报告与核证机制

碳排放权交易的对象是一种人为设定的合规权益，如何保证减排量的真实可信就成了整个体系持续稳定运行的核心前提，这也是监测、报告与核证（MRV）机制的主要任务。MRV 作为碳交易的支撑环节，可以增强政府及参与者的信心以及它们相互之间的信任。

EU ETS 关于 MRV 的要求。欧盟要求各成员国根据具有法律效力的指导方针确保管制对象和航空业运营者监测和报告其温室气体排放情况。欧盟委员会于2007年采纳了新的监测报告指导方针（MRG2007）用于 MRV，数据的核证必须委托外部机构来审计核查，每个国家要对其认证核证机构负责。

MRV 的基本原则。要给予参与者公平的环境，核证对象、标准及机制等必须界定清楚，数据收集等运行方面的标准也要界定好。比如，CDM、ISO 14064/2、EU ETS 和 TCR 等都有各自不同的规范，CDM 强调的是保守性统计，EU ETS 看重的是连贯性测量，而这两个市场之间又是相互联系的，这种不同的区分及测量又是很耗时间的。此外还有认证种类的界定，包括涵盖的范围、需要的数据类型及要求，报告方面的误差范围及应用何种报告标准，这些都需要考虑清楚，同时确保大家清楚确知上述内容。对于认证问题，美国强调的是自律，欧盟强调的是认证机构，联合国 CDM 看重的是抽样调查。

如何保证数据质量？基准数据与实际数据是有区别的，因此需要设定出现错误时如何解决问题的规章，以减少数据的不准确性。为此，需要谨守两个原则：一是透明，即要看数据的来源，使之可追溯与核实；二是公正，即要保证数据的一贯性和一致性，可以与业内进行广泛的对话。保持数据统计口径的一致性至关重要，只能选定一种方式并连贯性地采用这种方式，即使有不准确之处也会因为这种方法上的一致性而抵消掉。

五、惩罚措施

欧盟规定在对每年 4 月 30 日之前没有提交足够的配额的企业名单公布，并处以超额排放的罚款，第一阶段为 40 欧元/吨，第二阶段为 100 欧元/吨。当碳配额的价格超过惩罚标准时，基于企业利益考量，企业会选择违约进行套利，从而降低履约成本。

六、柔性机制

抵消机制及应用限制。欧盟规定各成员国可以通过《京都议定书》的灵活机制以成本效率的方式完成减排目标，但对外部进口的减排指标设定了上限，从 0% ~ 20% 不等。在第三阶段对外部使用的限制将更加严格，目前的趋势是不再对中国的大型新能源项目感兴趣，而转向非洲等特级贫困地区的清洁能源项目；并设置了一些项目限定条件，例如来自土地使用、林业项目的减排指标不能进入，装机容量超过 20MW 的水电项目必须满足具体的可持续发展目标。

关于林业碳汇。EU ETS 为什么没有将林业碳汇项目纳入抵消范围？当时 EU ETS 设计抵消机制时，主要是考虑到缓冲价格波动，同时带动其他领域与市场的科技进步，而林业碳汇因为卖家多买家少，同时有很多数据需要录入，而且固碳效果也不好说，这种复杂性是设计 ETS 的大忌，为了设计工作的简单化，最后没有将林业碳汇纳入抵消机制。

七、注册平台

注册系统不仅承担着排放配额的在线储备功能，还负责配额的持有、交易、排放及履约提交情况。欧盟的注册平台分为欧盟及成员国两个层面。

欧盟注册平台。在欧盟层面有一个独立的集中注册平台，即位于布鲁塞尔的欧盟独立交易日志（Community Independent Transaction，CITL），它是一个电子记账系统，将所有成员国的国家注册平台链接，并追踪记录这些平台所有的发售、交易、取消等信息，成员国还需向该注册平台报告管制对象的配额和核实排放量数据。

成员国注册平台。欧盟要求所有成员国都设立一个全国性的注册平台，并各自与联合国国际交易日志（ITL）连接，公司和个人都可以在欧盟任何一个成员国的注册平台上开设账户。交易品种若是京都单位，则交易在欧盟独立交易日志（CITL）确认之前都需要由各国登记簿先向 ITL 发出查询指令并得到确认。英国登记簿软件的名称叫 Greta，目前使用 Greta 系统的欧盟国家共有 10 个（含英国），法国的 Seringas 系统有四个成员国使用，奥地利、德国等都有自己开发的登记簿系统。Greta 为原英国能源与气候变化部（DECC）所有，但其开发、运行和支持维护都由英国环境署（EA）负责，EA 代表英国政府管理英国登记簿。具体来说，负责登记簿账户的开设与变更、登记簿相关疑惑解答、履约周期的管理、与欧盟其他成员国就登记簿管理的协调、确保登记簿安全、数字证书的签发和更新、代表 DECC 管理 Greta、负责现有登记簿数据向欧盟统一登记簿的数据转移等。

欧盟统一登记簿。考虑到之前出现的因登记簿漏洞导致的碳市场风险等种种弊端，欧盟正在推进建立统一的登记簿系统（Union Registry），直接与 ITL 连接。各成员国还继续保留本国管理登记簿事宜的机构，如英国还继续由环境署负责，每个成员国将有各自的国家账户用来履约和开展交易。

八、交易平台及交易产品

主要交易平台。 欧盟碳市场启动初期，主要的交易所曾有欧洲气候交易所（ECX）、绿色交易所、北欧电力交易所（Nord Pool）、欧洲能源交易所（EEX）、Bluenext 交易所等。发展至今，市场格局已经发生了很大变化，在位于巴黎的 Bluenext 交易所关闭后，EEX 成为最大的碳现货交易市场，而整个 EU ETS 绝大部分的交易量则集中到了位于伦敦的 ECX 和绿色交易所手中。

洲际交易所集团（ICE）旗下的欧洲气候交易所（ECX）作为全球最大的碳交易所，其发展历程长、市场占有率高、交易系统发达。2011 年市场份额达到 91.24%，交易量达到 75 亿吨，这与该交易所发达的交易系统和完善的服务和清算体系密切相关。该交易所已经于 2012 年 2 月上线了欧盟航空配额（EUAA）指标的期货交易。

绿色交易所是芝加哥商品交易所（CME）2010 年收购的全资子公司，是全球第二大碳交易所，2011 年交易量达 2.5 亿吨。主要交易品种是欧盟碳配额（EUA）与核证减排量（CER），其中 98% 是期货与期权，现货只占 2%。2011 年绿色交易所的交易量比 2009 年增长了 330%（全球碳市场全年增速为 30%），2012 年第一季度的交易量则与 2010 年全年相当。

主要交易产品。 欧盟碳市场上，包括 EUA 期货、CER 期货、EUA 期权以及 CER 期权是最主要的交易品种。同时，考虑到欧盟对减排企业使用国际碳指标的数量限制，市场还创新推出了 CER 与 EUA、CER 与 ERU 之间的掉期；CER 和 EUA 的价差期权等创新产品。具体到交易所层面，欧洲气候交易所（ECX）的主要交易品种有 EUA 期货合约、EUA 期权交易、CER 的期货和期权等；北欧电力交易所主要提供现货合约，也有期货衍生品交易；欧洲能源交易所（EEX），交易产品有电力、EUA、CER、煤炭、天然气等的现货和期货合同。

表 18-2　　　　　　　欧盟碳市场的主要交易所与交易产品

	交易所	简称	成立时间	碳现货产品	碳衍生产品
欧盟	欧洲能源交易所	EEX	2002 年	EUA，EUAA	EUA 期货，CER 期货，ERU 期货
	欧洲气候交易所	ECX	2005 年	EUAA，ERU	EUA 期货，EUA 期权，CER 期货，CER 期权
	北欧电力交易所	Nordpool	2002 年	无	EUA 远期；CER 远期
	BlueNext 环境交易所	BlueNext	2007 年	EUA，CER	EUA 期货，CER 期货
	Climex 交易所	Climex	2005 年	EUA，CER；EUA、CER 以及 VER 的拍卖	无

资料来源：各交易所官网，北京环境交易所整理，2016 年。

九、交易参与方[①]

碳交易的模式主要有封闭系统和开放系统两种选择，前者完全是碳管制参与者之间的交易，后者则是提供一个门户，使所有的利益相关方均可参与交易。EU ETS 就是一个容纳了各类利益相关方的开放系统。

排放企业。企业参与 EU ETS 交易的理由，主要有以下几点：（1）对冲，电力公司可以根据碳交易作出发电生产方面的安排；（2）合规，每家公司每年都有合规方面的内部和外部监管要求，而合规与对冲对公司的长期投资安排很重要；（3）短期投机，这可以调节短期的现金流，当然对短期投机一直争议较大，有人认为这是市场行为，也有人认为这造成了

---

① 綦久竑：《伦敦碳市场考察报告》，北京环境交易所，2012 年。

短期波动，混淆了价格信号。行业内的小公司如何参与 ETS，一直是个难题。英国化工行业的解决方案有两点：一是采用整合方式集中小公司的配额，但其总体成本仍然较高；二是让大公司参与 EU ETS，小公司则参与国内范围的交易。关于交易场所选择，大公司都会在交易所交易，因为它们同时还有能源等大宗商品买卖；小公司则更倾向于场外及通过经纪人交易，它们也不愿冒很大风险，因此碳基金等服务提供商对于小公司参与碳交易作用尤其大。

碳基金。国际碳基金一般会秉持以下原则进行投资：（1）决策者信号的可信度，尤其是决策高层发出的信号是可信的；（2）可预测性，即时间和政策调整方面要让人可预测和可理解；（3）可见度，即资本配置的长短设置要合理；（4）透明度，即信息披露要及时，这会避免价格大幅波动，当然信息披露也要规范，否则也会造成较大波动；（5）一致性，价格信号要与相关政策领域协调一致，且是持续的。

金融机构。金融机构可以在碳市场中发挥什么作用，这是一个被国内各方高度关注但迄今一直未有定论的问题。金融机构可以在两方面起推动作用：从交易角度看，金融机构给市场提供了流动性，帮助建立一个功能更强范围更广更积极的交易市场；从风险管理角度看，金融机构可以帮助规模较小的公司理解执行 ETS 的要求，作为风险代理人把场外交易（OTC）双方撮合到一起。总的来看，金融机构对碳市场的作用主要有四方面：首先，增强了碳产品的流动性。其次，提高了碳价格的稳定性。再次，有利于企业风险管理。最后，有利于企业降低减排成本。

第三节　定价机制

ETS 的核心是建立为碳定价的市场机制。但如何才能形成一个有效的碳定价机制，则需要长期持续的努力。

一、碳市场的价格驱动因素

碳市场的价格因素分成两类：长期价格驱动因素主要在供给方面，包括许可权目标、未来修改、市场机制设计等；短期价格驱动因素主要在需求方面，包括能源价格、气候、临时市场管制措施等。

碳市场的价格驱动因素主要有以下四个：（1）与燃料价格直接相关，因为欧洲电力公司大多是用煤炭和天然气发电；（2）政策导向，比如欧盟第三阶段的配额如何分配就会直接影响碳价；（3）市场事件与宏观信息，比如日本地震等重大事件，以及评级公司调整政府评级，经济放缓导致公司之间信贷收缩等，都会影响碳价；（4）惜售，EU ETS 早期阶段，有些电力公司为了减少合规风险，不愿将剩余的配额用于交易，这往往会推高碳价。

二、长期、短期与临时价格控制机制

碳价格的三大关键要素，包括管理时间长度、数量上的限制、价格上的控制机制，这在政策控制水平方面也形成了三大挑战。要寻找正确的定价水平，政府必须着眼于建立长期与短期的定价机制，不应过多关注短期的定价问题。

短期价格会经常波动，而企业对此也更为关注，但不必过于担心，因为只要有良好的预支储存系统以及衍生工具，就可以使波动变得可控。中期来说，过高或过低的价格均不可取，价格过低不利于技术投资和创新，价格过高企业则难以适应，因此政府应制定防止价格过高或过低的机制。长期来看，如果价格偏离了可以期待的水平，就应该引起政府的重视。因为 EU ETS 价格信号较弱，因此英国政府就采取了别的价格措施以矫正其长期偏离。

还有一些临时机制，比如停发或暂停排放许可，它不会削弱长期目标，但作为一种短期措施，相当于临时调低 CAP，这对于价格也会产生影响。主要的挑战在于如何确定配额拍卖价格（RPA，Reserve Price Auction）的最低价格水准，第三期（2013~2020 年）将更多使用拍卖手段，如果确定了 RPA 的最低价格，它也可以起到停发或暂停许可的价格控制的作用。

三、合理价格水平

理论上讲，ETS 是以市场机制为主的价格系统，通过市场交易来定价。但实际上的价格发现问题往往更复杂，比如交易和拍卖的初始价格如何形成？什么才是合理的价格水平？欧盟管理者之所以喜欢分配机制，主要因为可以一次性解决问题，为了回避拍卖价格如何确定才合理这个棘手问题，他们选择了免费发放。第三阶段为何要竞拍，因为发电行业没有免费配额，处于竞争劣势的企业要求补偿。

EU ETS 并没有一个理想的价格水平。因为时间跨度不够长，同时由于并没有一个明确的很高的减排目标的约束，加之许可数量过多供过于求，导致市场预期成了主要驱动力，因此碳价一直在不断波动。EU ETS 第三阶段引入拍卖后或许效率会更高，这样会有利于碳价的稳定。EU ETS 迄今已有十多年历史，对于价格发现有了一定的经验，这对拍卖更有利，因为有价格基准。

第四节　经验教训

碳交易市场与宏观政经环境是相互影响的。碳价会影响投资，而碳价又受宏观政治经济环境的影响。当前 EU ETS 交投很不活跃，碳价一直处于下行通道，部分由于经济萧条导致生产部门对电力等能源的需求减少，部分由于此前配额过度分配的问题比较严重，还有部分原因是能源公司提高了效率，都对碳市场产生消极影响。所以 EU ETS 的设计、运行和评价与宏观经济背景密切相关。

一、主要成就

促进减排与增长。目前，由于违规企业每超额排放一吨二氧化碳将被处以每吨 100 欧元的罚金，欧盟成员国绝大部分企业都能完成减排义务。[1] EU ETS 实施后对于欧盟的整体减排效果很明显，到 2012 年为止欧盟人均排放减少了半吨。据欧盟估计，到 2020 年，项目参与国的二氧化碳排放量将比 2005 年下降 21%。[2] 碳交易不但有利于减排，也是比税收更好地促进增长的方式，同时对 ETS 覆盖下的行业的就业也有好处。英国儿童投资基金会（CIFF）资助的一个研究表明，通过帮助政府低碳转型和提高就业，EU ETS 每年可以带来 300 亿欧元的间接收益。

刺激创新与投资。研究显示，碳排放权交易市场能有效激发创新，如果没有这样一种灵活的监管体系，很多创新恐怕不会出现。产业创新和效率提升能提前完成减排目标，成本也低于预期。欧盟碳排放权交易体系通过多种途径激发了创新，帮助企业以较低成本实现减排。总量控制带来了多个跨行业的创新合作。[3] 总体而言，碳排放交易体系有可能加速了公用事业和相关产业对可再生能源的投资（这部分也有国家政策的支持）。数据显示碳排放权交易体系将煤电厂的改造速度提升了 50%，从而减少了二氧化碳和其他污染物的排放。[4] 不过也有批评者指出，排放权配额价格

---

[1] European Commission, "The EU Emissions Trading System (EU ETS)," 2013, accessed at: http: //ec. europa. eu/clima/publications/docs/factsheet_ ets_ en. pdf.

[2] European Commission, "The EU Emissions Trading System (EU ETS)," 2014, accessed at: http: //ec. europa. eu/clima/policies/ets/index_ en. htm.

[3] "The EU Emissions Trading System – Results and Lessons Learned," Environmental Defense Fund, 2012, accessed.

[4] Karolin S. Rogge et al. , "The innovation impact of the EU Emission Trading System – Findings of Company case studies in the German power sector," Ecological Economics 70 (2011), 16 Nov, 2010, accessed at: http: //www. sciencedirect. com/science/article/pii/S0921800910003915.

暴跌不利于电厂调度，也导致研发、工厂升级和燃料更换等方面的投资减少。

二、主要挑战

碳价信号疲弱。目前，EU ETS 面临的最大挑战是碳价节节走低，排放权配额的市场价格大大低于预期。[1] 2008 年至 2013 年，配额价格从每吨 20 欧元下跌至 2.46 欧元[2]，如今一直在每吨 3～5 欧元徘徊，而当初在设计 EU ETS 时，欧盟预测 2012 年碳价将上攀每吨 33 欧元。碳价疲弱的原因主要在于供给过剩与需求减少两相叠加导致的供求失衡：一方面，前几年的免费发放可能会出现不少的剩余配额；另一方面，经济萧条、可再生能源增加以及能效提高，则大幅减少了需求。

威胁长期投资。短期价格信号的疲弱，使投资者不愿意投资，同时对于欧盟长期减排目标的实现也是一个威胁。很多批评者对配额价格过低表示失望，他们认为目前 20 亿吨的配额就已经供过于求，更别提到 2020 年还会升至 45 亿吨。[3] 在排放已经降至上限以下而且价格低于预期的情况下，不少批评者认为低价格"仅仅向行业传递了投资低碳技术的微弱信号"[4]。尽管电力需求还在下滑，欧盟现在计划新建燃煤电厂总装机容量

[1] Arthur Nelson，"EU carbon market price expected to rise before 2020 following MEPs' vote，" Guardian，January 22，2015，accessed at http：//www. theguardian. com/environment/2015/jan/22/meps – defeat – carbon – price – reform – package – in – chaotic – vote.

[2] Alexandru Luta，"The Current State of the EU ETS，" The Sandbag Climate Campaign，July 22，2014，accessed athttp：//carbonmarketwatch. org/wp – content/uploads/2014/07/22_ 07_ 14_ al_ – Sandbag – EP – EU_ ETS. pdf.

[3] Arthur Nelson，"EU carbon market price expected to rise before 2020 following MEPs' vote，" Guardian，January 22，2015，accessed at http：//www. theguardian. com/environment/2015/jan/22/meps – defeat – carbon – price – reform – package – in – chaotic – vote.

[4] "Fate of EU carbon market hangs in the balance，" Responding to Climate Change (RTCC)，January 21，2015，accessed at http：//www. rtcc. org/2015/01/21/fate – of – eu – carbon – market – hangs – in – the – balance/.

超过 60GW，几乎相当于法国所有核电站装机容量总和。[①]

主要教训。EU ETS 可以给我们很多经验教训。第一，为了化解政界或相关行业的反对意见而做出妥协可能带来严重后果。设计者为了化解政治上的反对意见，也许会采取权宜之计，有意在项目开始时倾向于把排放上限定得过高、分配过多的配额，高估了严格的上限可能带来的负面影响，同时低估了配额过度供给的问题，这种做法就会导致排放权配额价格下滑。第二，项目启动后再降低排放上限难度极大。在西方，项目启动后，决策者就几乎无法在排放上限这样的根本问题上拥有调整空间了。[②]目前欧盟降低排放上限和削减配额供应的努力就遭遇了极大的政治阻力，因为设定最低碳排放权价格或征收碳税等较大幅度的改革需要获得 27 个成员国的一致同意。

解决思路。为了活跃 EU ETS，欧盟内部正在激烈辩论：是否应该削减配额供给？是否应该系统化改革 ETS？要解决碳价持续疲弱的问题，引入价格底限或设立上限调节机制是重要的思路。[③]较为谨慎的做法是选择上限逐步下调的单边调整机制。项目启动后，一旦在一段时间内减排超额完成，或减排成本低于预期，且能确保进一步减排，那么整个项目的排放上限就可以下调。下调机制应在项目启动之前就预先制定，对所有利益相关者公开，一旦实施起来不受政策干预。另一种做法是设置价格底限。

目前的共识是，EU ETS 需要设计一个机制来对供求关系进行调整。

---

① "RIP, ETS?" Economist, April 20, 2013, accessed at http：//www. economist. com/news/finance – and – economics/21576388 – failure – reform – europes – carbon – market – will – reverberate – round – world – ets.

② Environmental Defense Fund, "Regional Greenhouse Gas Initiative：The World's Carbon Markets：A Case Study Guide to Emissions Trading," May 2013, accessed at http：//www. edf. org/sites/default/files/ EDF_ IETA_ RGGI_ Case_ Study_ May_ 2013_ 0. pdf.

③ Brigitte Knopf, Ottmar Edenhofer, "Save the EU Emissionsergy Post，October 21, 2014, accessed at http：//www. energypost. eu/eu – emissions – trading – scheme – can – saved – price – band/.

而欧盟决策者们面临四个选项：（1）短期一次性调整，比如设定配额底限，这是监管方面最容易做到的方案，预期可使碳价回升到 10 ~ 15 欧元的水平；（2）为将来发放的配额设定底价，以提振市场信心；（3）重新调整减排总量；（4）从机制方面进行总体调整，以支持上述方案。

第十九章 国际碳抵消市场[①]

  碳抵消（Carbon Offset）指机构或个人通过购买减排项目的减排量用于抵消其碳排放的行为，是减缓气候变化、履行社会责任的重要活动。从与减排机制的关系看，广义上的碳抵消既包含了强制减排机制下的碳抵消行为（狭义上的碳抵消），也包含了自愿减排状态下的抵消活动，即碳中和。国际主要强制碳市场几乎都把碳抵消纳入到整体机制设计当中，其细节的设计对减排体系的效率和成果有十分重要的影响。自愿性质的碳中和活动虽然交易规模比较小，但却意义非凡。

  本章将分别对京都机制和非京都机制下的两种强制抵消市场，以及国际民间自愿项目市场进行介绍，同时重点讨论 CDM 市场的发展情况。为了叙述方便，我们将狭义上的碳抵消市场称为强制市场，将碳中和市场称为自愿市场。

第一节 国际碳抵消市场的形成

一、碳抵消

  何为碳抵消？ 碳抵消的逻辑是某个减排项目的碳减排量经过审核和注册等程序后，可被其他主体用于抵消其相同数量的碳排放。世界资源研究所（WRI）对碳抵消的定义是：碳抵消是指减排的、避免排放的及封存的

[①] 本章执笔：于晓琳，北京环境交易所研究发展部业务主管。

每一单位二氧化碳（或其当量的其他温室气体）用于抵消其他主体产生的排放。综合看来，碳抵消就是 A 付费、B 减排，而 B 获得的减排可用来抵消 A 的排放量，从而使 A 履行其强制减排机制下所承担的减排义务，或减少 A 由于碳排放而对环境造成的影响、改善 A 的社会形象。因此，碳抵消实质是减排主体的一种间接减排行为[①]。

碳抵消分类。碳抵消既包含强制减排机制下的碳抵消行为，也包含自愿减排状态下的碳中和活动。前者是强制减排交易体系下的灵活履约机制（抵消机制），即主管机构允许排放主体在缴纳履约配额时使用项目减排量冲抵一定比例排放的机制，比如 EU ETS 就允许控排主体使用符合规定的 CERs 抵消部分排放。后者则是指机构或个人通过自愿购买基于各类自愿减排标准开发的项目减排量，以抵消自身产生的二氧化碳排放量。

二、碳抵消市场

碳抵消市场的分类。根据国际碳排放交易体系是否具有强制性，可以将国际碳排放交易体系分为两类。一类为强制性的碳排放交易体系，即以"强制加入、强制减排"为主要特点的强制市场；另一类为自愿性的碳排放交易体系，即以"自愿加入、自愿减排"为主要特点的自愿市场。

强制市场可以根据《京都议定书》附件一国家与非附件一国家的分类，分为京都市场（比如 EU ETS 和日本东京都碳市场）和非京都市场（比如加州碳市场和中国七省市碳交易试点市场），它们都将抵消机制作为一种灵活履约的柔性机制纳入到了碳市场的机制设计之中，分别允许采用 CDM、JI 及中国核证减排（CCER）等类减排项目产生的减排量抵消其部分排放。

基于碳中和目的的自愿市场参与者，也可以自愿购买根据 VCS、黄金

---

① 公衍照、吴宗杰：《论温室气体减排中的碳补偿》，载《山东理工大学学报：社会科学版》，2012（1）。

标准和熊猫标准等自愿减排帮助开发的减排项目以及 CDM、CCER 项目的减排量抵消其全部或部分排放。

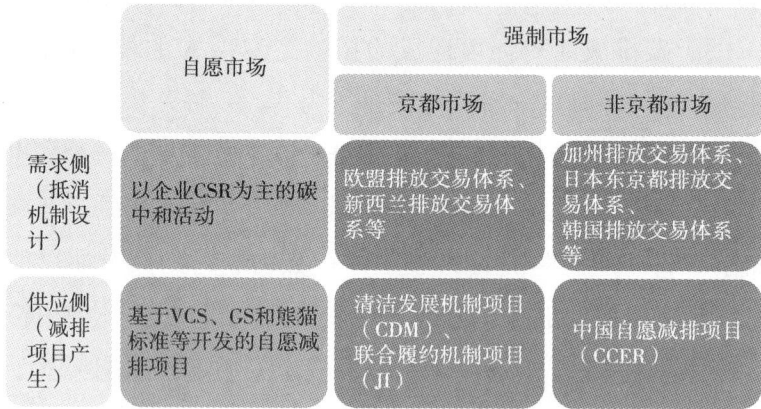

	自愿市场	强制市场	
		京都市场	非京都市场
需求侧（抵消机制设计）	以企业CSR为主的碳中和活动	欧盟排放交易体系、新西兰排放交易体系等	加州排放交易体系、日本东京都排放交易体系、韩国排放交易体系等
供应侧（减排项目产生）	基于VCS、GS和熊猫标准等开发的自愿减排项目	清洁发展机制项目（CDM）、联合履约机制项目（JI）	中国自愿减排项目（CCER）

资料来源：北京环境交易所。

图 19 - 1　碳抵消市场分类

碳抵消市场的作用。强制市场与自愿市场这两种抵消市场，受众不同，目的也各异。强制市场的主要目的，是为控排机构提供一个低成本履约的工具；自愿市场的主要目的，则是为企业及个人自愿履行社会责任提供一个便捷的途径，对于动员机构及个人参与温室气体减排意义重大。目前从需求稳定性及交易规模来看，强制市场要远大于自愿市场。但无论是强制市场还是自愿市场，都是自愿减排项目重要的市场需求来源，并为发展中国家节能减排提供减排技术和资金支持。

第二节　国际碳抵消市场概况

一、京都市场

《京都议定书》作为人类历史上首个具有法律约束力的减排文件，在

"共同但有区别的责任原则"基础上，规定了附件一国家（发达国家）在不同承诺期相应的减排目标，同时鼓励非附件一国家（发展中国家）积极进行自愿减排。为了落实减排目标，《京都议定书》推出了 IET、CDM 和 JI 三种市场化减排机制，为国际碳抵消市场尤其是强制市场的建立奠定了基础。

（一）项目供给

CDM 项目。CDM 机制本质上是《京都议定书》附件一国家和非附件一国家间的一种抵消机制[①]，其核心是指附件一国家通过提供资金和技术的方式，与非附件一国家开展的项目减排合作。CDM 是一种共赢的安排，附件一国家能够以较低的成本将在非附件一国家购买的 CER 作为本国的减排指标使用，非附件一国家在此过程中则能获得先进的节能技术与资金，与此同时全球整体排放水平及减排成本均可实现降低。CDM 项目必须根据联合国 CDM 执行理事会（EB）批准的方法学开发，同时经过严格的审定、监测、核证和注册程序，经 EB 认可和签发后的减排量才可用于交易，交易单位为"核证减排量"（CERs）。

据联合国气候变化框架公约（UNFCCC）网站数据，截至 2017 年 1 月 31 日，全球共注册 CDM 项目已达 7758 个，获得签发项目 3027 个，CERs 签发量累计约 18.11 亿吨。关于 CDM 市场的具体情况，我们将在本章第三节"CDM 市场"部分进行专门讨论。

JI 项目。与 CDM 不同，JI 机制是在《京都议定书》附件一国家[②]之间以项目为基础的一种合作安排，目的是帮助附件一国家以较低的成本实现其量化减排承诺。《京都议定书》第六条规定：为履行减排承诺，附件

---

① 国家发改委应对气候变化司：《清洁发展机制读本》，2008 年 12 月。
② 目前共有 37 个附件一国家：澳大利亚、奥地利、白俄罗斯、比利时、保加利亚、加拿大、克罗地亚、捷克共和国、丹麦、爱沙尼亚、欧盟、芬兰、法国、德国、希腊、匈牙利、爱尔兰、意大利、日本、拉脱维亚、列支敦士登、立陶宛、卢森堡、荷兰、新西兰、挪威、波兰、葡萄牙、罗马尼亚、俄罗斯联邦、斯洛伐克、斯洛文尼亚、西班牙、瑞典、瑞士、乌克兰、英国。

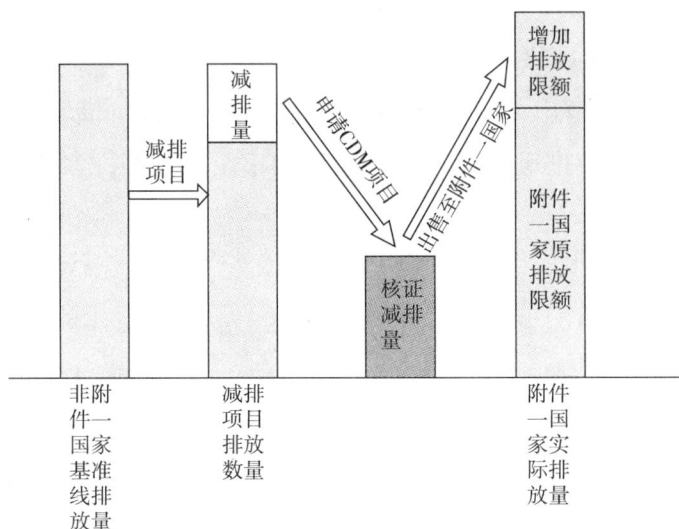

资料来源：北京环境交易所。

图 19 - 2 CDM 交易的原理

一国家可以向任何其他附件一国家转让或从它们获得减排项目所产生的减排单位（ERUs）。JI 在原理上与 CDM 类似，减排成本较高的附件一国家通过在减排成本较低的附件一国家实施温室气体减排项目，投资国可以获得项目减排量用于履行其减排承诺，东道国则可以通过项目获得资金和减排技术。JI 项目产生的减排量需要在 2008 年后签发的才能被认可交易，交易单位为"减排单位"（ERUs）①。

　　JI 主要的运营管理机制包括以下要素：联合履约监督委员会（JISC）负责监督 JI 项目活动产生的 ERUs 的核查及复审，审查修订 JI 项目《基准制定和监测标准与指南》，编写 JI 项目设计书；独立认证实体（AIE）主要负责审核 JI 项目参与方提交的项目设计书及监测报告；履约委员会主要负责向缔约方提供建议和协助以促进履约，确定并纠正缔约方不遵守

①　国家气候变化对策协调小组办公室：《京都议定书的三机制及其方法学问题》，2003 年 7 月。

承诺的后果 JI 项目的完整流程大致可以分为项目设计与注册、实施与监测、减排量核查与核证、减排量签发与交易等环节。

JI 项目分为一类项目（Track1）和二类项目（Track2）两种。一类项目可适用简化的项目开发程序，东道国可按照本国程序和规则开发项目并估算减排量，项目不受国际监督。二类项目必须在 JISC 监督下进行项目开发与核查，项目监测可以酌情使用 CDM EB 批准的基准线和监测方法学。据 UNFCCC 网站数据，截至目前，共有 597 个一类项目获得注册。减排量成交情况，欧洲气候交易所（ECX）有 ERU 期货交易品种，但 2015 年起就不再披露交易信息，根据 ECX 网站 2014 年 12 月 31 日数据，ERU 2015 年 3 月期货的当日结算价已经跌至 0.03 美元/吨。

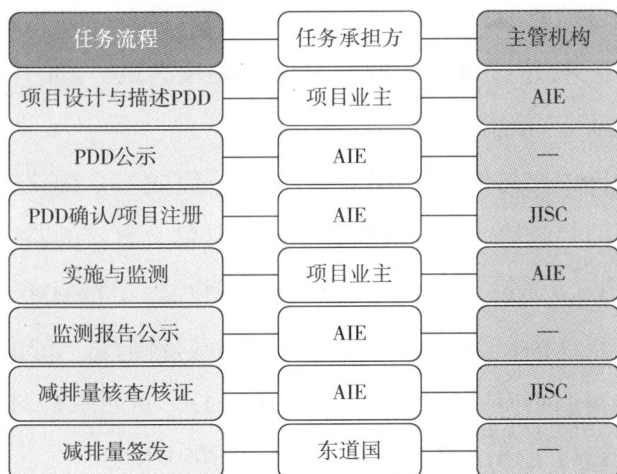

任务流程	任务承担方	主管机构
项目设计与描述PDD	项目业主	AIE
PDD公示	AIE	—
PDD确认/项目注册	AIE	JISC
实施与监测	项目业主	AIE
监测报告公示	AIE	—
减排量核查/核证	AIE	JISC
减排量签发	东道国	—

资料来源：卫荣华，浅析《京都议定书》之联合履约机制，北京环境交易所整理。

图 19 - 3　JI 项目开发流程

（二）抵消需求

欧盟碳排放权交易体系（EU ETS）。 1997 年通过的《京都议定书》意味着工业化发达国家的温室气体减排目标和责任具有了法律约束力，为了落实 1998 年 6 月欧盟成员国达成的《负担分摊协议》及欧盟委员会同月发布的《气候变化：后京都时代的欧盟战略》目标，欧盟 2005 年 1 月 1 日正式推出了 EU ETS①，并成为京都市场抵消信用的主要需求方。

尽管 EU ETS 允许从第一履约期开始使用 CER 及 ERU 用于抵消，但由第一履约期 EUA 分配过量，所以抵消机制从第二履约期才真正开始实施。EU ETS 规定第二履约期成员国使用抵消指标的上限为 20%，但从各成员国排放水平来看，抵消比例的规定仍十分宽松，不利于欧盟减排目标的完成。因此从第三履约期开始，欧盟委员会规定 2008~2012 年所有成员国共同认可的减排项目产生的碳信用可以继续使用，但新项目只允许使用来自最不发达国家的 CER，其他发展中国家需要与欧盟签订相关协议才能向欧盟出口基于能效或可再生能源项目的减排信用；同时，欧盟委员会还规定，来自核能项目、土地使用变更和林业项目的减排指标不能进入 EU ETS；装机容量超过 20MW 的水电项目必须满足一定的目标后，其减排量才能进入欧盟市场。

新西兰碳排放交易体系（NZ ETS）。 为了完成《京都议定书》规定的减排目标，新西兰政府采取了碳税、奖励、补贴、直接的监管等一系列措施。2001 年新西兰通过《2002 年应对气候变化法》，希望通过更加经济的方式完成其减排目标；2008 年 9 月对该法案进行修订，希望引入 NZ ETS 实现以较低成本控制排放的目标；2011 年 5 月，新西兰针对 2050 年排放远景目标再次修订了该法案，进一步完善了 NZ ETS。

NZ ETS 规定，本国的碳排放权配额是"新西兰排放单位"（NZUs）。新西兰控排企业之间交易的产品除了 NZUs，还可以包括《京都议定书》下确定的国际碳信用额度，例如 IET 机制下的 AAUs、CDM 项目产生的 CERs、JI 项目产生的 ERUs，以及长期土地补偿的清除单位 RMUs。NZ ETS 交易市场的价格，主要还是取决于 NZUs 的需求和供给。在过去几年

---

① 王毅刚、葛兴安、邵诗洋、李亚冬：《碳排放交易制度的中国道路》，2011 年 4 月。

里，NZUs 的市场交易主要集中在一级市场，交易稳中有升，而二级市场交易规模很小，只有少量的补偿项目交易。根据新西兰政府发布的《2015 ETS Facts and Figures》报告，2013 年，NZ ETS 的两个国际碳抵消交易品种 CERs 和 ERUs 成交量达 206.4 万吨和 4235.3 万吨，占总成交量的 95.3%；2014 年，CERs 和 ERUs 成交量分别为 645.9 万吨和 2198.2 万吨，占总成交量的比例进一步攀升到 95.5%。2015 年，对国际抵消产品的需求完全消失，两类抵消产品的成交量也暴跌归零，各类配额的成交量则大幅度上升，但 NZ ETS 的总成交量则不到 2013 年的一半。

表 19 - 1 　　　　　　　　　　　NZ ETS 成交情况 　　　　　　　　单位：吨

	2013 年	2014 年	2015 年
林业 – NZUs	128204	727787	10010889
其他 – NZUs	83141	233713	9847109
AAUs	0	772	543439
CERs	2064175	6458589	0
ERUs	42352860	21981696	0
RMUs	1975595	373486	0
固定价格减排量（25 新西兰元）	21	3	31
总计	46603996	29776046	20401468

资料来源：新西兰政府，《2015 ETS Facts and Figures》，2016 年。

二、非京都市场

加州总量与交易体系（CAL ETS）。尽管美国是唯一没有加入《京都议定书》且未承担强制减排责任的主要发达国家，但美国地方层面积极应对气候变化的努力则一直在持续，最突出的就是加州。2006 年签署生效的"加州全球变暖解决方案法案 2006"也称"AB32 法案"（Assembly Bill 32），是加州在应对气候变化领域的开创性立法，目标是以成本效益最优的方式到 2020 年将加州温室气体排放减少到 1990 年水平。为实现"AB32 法案"的减排目标，加州空气资源委员会（CARB）推出了加州的总量与交易计划。

CAL ETS 允许通过碳抵消完成减排目标的上限是 8%，并在综合考虑项目额外性、项目基准线等因素的基础上，先期批准了四种抵消项目方法学，分别为美国森林项目、禽畜粪肥项目、城市森林项目和美国臭氧消耗物质项目，2014 年又新增了矿井甲烷捕获项目和稻米种植项目两类方法学。抵消信用类型方面，CAL ETS 规定了三种抵消信用，分别为 ARB 碳抵消信用（ARBOC）、注册碳抵消信用（ROC）和早期行动碳抵消信用（EAOC）。其中 ARBOC 是由 ARB 负责签发的碳抵消信用，是唯一可以作为合规工具的碳抵消信用，ROC 和 EAOC 可以通过一定方式转化为 AR-BOC。ROC 是由碳抵消项目注册系统（OPR）签发的碳抵消信用，它可以在 OPR 的平台上登记、交易或注销，但不能在 CAL ETS 使用。EAOC 是由早期行动项目签发的抵消信用，通常指发生于 2005 年 1 月 1 日至 2014 年 12 月 31 日之间，且于 2014 年 1 月 1 日前在 ARB 注册，并使用 ARB 认可的抵消项目标准开发且通过第三方审核的项目活动。当 ROC 和 EAOC 符合 ARB 碳抵消信用的要求时，ARB 会要求注册系统取消或注销此抵消信用，然后将其转化为 ARB 签发的 ARBOC，以避免碳抵消信用的重复使用[1]。

表 19 - 2　　　　　　　AB32 抵消信用（ARBOC）签发情况　　　　　单位：吨

抵消项目类型	美国臭氧消耗物质项目标准	禽畜粪肥项目标准	美国森林项目标准	城市森林项目标准	矿井甲烷捕获项目标准	稻米种植项目标准
合规	7180087	1372392	21137143	—	960423	—
早期行动	6336710	1695029	13276494	—	2879684	—

资料来源：AB32 网站。

CAL ETS 还对抵消项目的来源进行了严格限定。CARB 要求，签发的

---

[1] 能源与交通创新中心（iCET），《AB32》法案学习手册——加州碳交易体系之碳抵消，2013 年 11 月。

抵消项目必须来自 CAL ETS 覆盖范围以外的领域，同时要求项目地点位于美国及其领地、加拿大和墨西哥等国家。在抵消项目核证方面，CAL ETS 制定了与国际标准一致、并接受 CARB 监督的具体核证规定，核证员与核证机构须得到 CARB 认可，同时遵守 CARB 关于核证服务和利益冲突的要求，以保证抵消项目的可信度，同时消除公众对抵消项目完整性的担心。

日本东京都碳交易体系（TMG）。 日本虽然是《京都议定书》附件一国家，但并没有建立国家级的强制减排交易体系，只有东京都在自己的辖区范围内建立起了强制市场，且主要着眼于控制大型公共建筑及相关设施的碳排放。东京都每年的能耗和北欧相当，东京都碳市场（TMG）于 2010 年正式启动，成为全球首个城市尺度上的碳交易市场。东京都碳交易体系有两类碳信用单位：超额信用（Excess Credits）和抵消信用（Offset Credits）。超额信用相当于履约配额，在每个履约期的最后一年，排放设施完成履约核算后，东京都政府将根据履约结果自动给排放设施发放超额信用，排放设施获得超额信用后可以用于出售。抵消信用包括四种：东京地区中小设施信用、可再生能源信用、东京外信用和埼玉信用。其中，东京外信用的使用量不能超过基准线排放的三分之一，其他三种抵消信用的使用数量则不受限制。

其中，可再生能源信用类型包括三种：（1）光电和光热、风电、地热、水电（1000kW 以下）；（2）生物质能（生物质比率 95% 以上）；（3）水电（1000 ~ 10000kW）。减排量基于当地电力排放因子（0.382kg CO_2/kWh）计算。为了鼓励发展小型可再生能源，第一类的可再生能源信用用于履约时，每吨减排量相当于 1.5 吨履约单位；第二、第三类，每吨减排量相当于 1 吨履约单位。东京外信用来自日本东京都范围以外且必须可与东京都类比的减排量，即能耗在 1500kL 原油当量以上的大型设施，且减排量超过东京都的减排标准。埼玉信用是指来自埼玉县自有减排目标机制的一种碳信用单位，包括埼玉中小设施信用和超额信用，也可以理解为是东京都排放交易体系与埼玉县排放交易机制的一种连接。

韩国碳排放交易体系（KETS）。尽管韩国不是《京都议定书》附件一国家，但为了推动韩国经济转型和可持续发展，统筹应对能源安全、资源效率和气候变化等挑战，时任总统李明博提出了"低碳绿色成长战略"，并将碳市场作为重要的政策工具。2010 年 1 月，韩国政府向联合国提交了减排目标，到 2020 年将温室气体排放在"基准情景"基础上减少 30%；4 月，韩国国会通过《低碳绿色成长基本法》；6 月，韩国政府成立温室气体清单与研究中心，负责编制覆盖超过全国总排放量60%的国家温室气体排放清单。2011 年 3 月，韩国颁布了温室气体与能源目标管理体系并由温室气体清单与研究中心管理实施；11 月 13 日，韩国国会审议通过了温室气体排放配额分配与交易实施法案。2012 年 11 月，韩国政府正式公布了韩国排放交易体系（KETS）设计草案①。2015 年 1 月 12 日，KETS 正式启动交易，并设定了第一个十年规划，共分为三个阶段：2015～2017 年为第一阶段、2018～2020 年为第二阶段、2021～2026 年为第三阶段。

KETS 的抵消机制设计主要包括以下要素：（1）抵消产品，包括韩国核证减排量（KCER）、韩国抵消信用（KOC）和国际抵消信用三类，其中 KCER 是韩国企业先期减排行动产生的本地认证的减排量，它们早在 2007 年就参照 CDM 为其建立了一整套包含方法学、PDD 模板、DOE、EB 等在内的体系②。（2）抵消比例，KETS 三个阶段的抵消上限都是 10%，其中 KCER 只能用于第一阶段且不能超过 3%，国际抵消信用只能用于第三阶段且最多不能超过 5%，KOC 则可以用于三个阶段的抵消活动。

中国七个地区碳交易试点。作为《京都议定书》非附件一国家，中

---

① 高升谨：《韩国碳排放市场交易体系的设计》，载《碳市场》，2013（7）。
② 汪军：《韩国碳交易政策解读》，http：//blog. sina. com. cn/s/blog_ 63f0dbd60102vbu3. html。

国在国际上不承担强制减排义务，但通过市场机制推进节能减排和应对气候变化，一直是我国"十二五"以来的政策基调。2011 年 10 月，国家发改委发布《关于开展碳排放权交易试点工作的通知》，选择北京、上海、天津、重庆、广东、湖北和深圳等具有代表性的七个地区开展碳排放权交易试点。2012 年 6 月 13 日，国家发改委印发《温室气体自愿减排交易管理暂行办法》，为基于项目的中国核证减排量（CCER）交易市场建立起了基本框架。2013 年 6 月开始，七个地区碳交易试点相继启动，并均依托 CCER 设计推出了各自的抵消机制。

　　北京等七个地区碳交易试点在抵消机制整体框架设计方面大致类似，总体来看，所有试点碳市场均接受 CCER 作为抵消信用，抵消比例均不超过 10%；但在抵消比例、项目地域、项目类型、项目或减排量时间等具体方面则规定了不同的限制性细节。[①] 根据中国自愿减排交易信息平台数据，截至 2016 年 12 月 30 日，CCER 共有审定项目超过 2700 个，备案项目 861 个，已签发项目 254 个。自 2015 年 3 月 CCER 项目开始交易以来，截至 2016 年 12 月 30 日，CCERs 交易量共计 4653.32 万吨，其中，线上公开交易共计 2572.57 万吨，协议转让共计 2080.74 万吨。

表 19 -3　　　　　　　　中国七地区碳交易试点抵消机制对比

试点	抵消信用类型	使用比例	地域限制	项目类型限制
深圳	CCER	不超过年度排放量的 10%	无地理限制（林业碳汇、农业减排项目）及其他有地理限制的项目	可再生能源和新能源、清洁交通、海洋固碳减排、林业碳汇、农业减排等项目，深圳市企业在全国投资开发的减排项目均可履约
上海	CCER	不超过年度分配配额量的 5%	未限定	2013 年 1 月 1 日后产生；不能使用在其自身排放边界范围内的 CCER

---

① 孟兵站：《中国碳交易试点关于履约及抵消机制的实践经验》，2015 年 6 月。

续表

试点	抵消信用类型	使用比例	地域限制	项目类型限制
北京	CCER、北京节能项目碳减排量、林业碳汇项目减排量	不高于年度配额的5%	京外项目不超过2.5%	2013年1月1日后，非HFCs、PFCs、N_2O、SF_6等工业气体与水电项目，此后签约的EMC项目或启动的节能技改项目；本市2005年2月16日后的造林和森林经营碳汇项目
广东	CCER	不超过年度排放量的10%	本地70%以上	非水电及非化石能源发电、供热和余能利用项目，非第三类项目，CO_2和CH_4减排量占所有温室气体减排量50%以上的项目
天津	CCER	不超过年度排放量的10%	未限定	2013年1月1日后，非水电项目；本市及其他碳交易试点省市纳入企业排放边界范围内的核证自愿减排量不得用于碳排放量抵消
湖北	CCER	不超过年度初始配额的10%	本地	监测期为2015年内的减排量；需来自本省，但纳入配额管理企业的除外；本省连片特困地区的农林项目
重庆	CCER	不超过审定排放量的8%	无	2010年12月31日后投运（碳汇除外）的节能、能效、清洁能源和非水可再生能源、能源活动、工业生产过程、农业废弃物处理等减排项目

资料来源：北京环境交易所整理，2016年。

三、自愿市场

包括京都市场和非京都市场在内的强制市场，交易的产品都是经过官方认可的核证减排量，比如CER和CCER；而自愿市场交易的产品，除了CER和CCER之外，主要还是根据一些专业机构所推的自愿减排标准开发的自愿减排量（VER），目前国际碳市场主要的自愿减排标准包括 VCS、黄金标准、CCX 标准及中国的熊猫标准等。

（一）项目开发主要标准

核证碳标准（VCS）。指基于 VCS 标准开发的自愿减排项目。VCS 是由国际排放交易协会（IETA）、气候组织（CG）与世界经济论坛（WEF）联合倡议提出的标准，引用 ISO 14064 – 2 条款，对温室气体减排项目进行量化、监测与报告，为有意愿的企业提供一个自愿减排平台。按照 IE-TA 的说法，VCS 旨在制定一个可靠而简单可行的标准来提供完整的自主碳市场，确保投资者、买方和其他使用者明白，所有项目基于独立认证产生的减排量都具有真实性、可量化、额外性和长期性。为了保证独立性和透明度，VCS 标准下的所有主要活动开支都由 VCS 基金资助，VCS 基金由捐赠和项目注册费自行维持。

VCS 标准的主要目的，一是促进应对气候变化的商业活动，二是简化 VER 流程以促进其交易活动。基于 VCS 标准产生的减排量单位为"自愿碳单位"（VCUs），1 个 VCU 等于 1 公吨碳减排当量。VCS 项目及其产生的 VCUs 由有资格的独立第三方认证后，在 VCS 筹划委员会进行项目注册，并由其负责 VCUs 的保管。VCU 可以向市场上任何一方比如项目开发方或协调者出售或购买，最终由参加方或最终使用者交易和使用。

黄金标准（GS）。由世界自然基金会（WWF）、南南北合作组织（South – South North Initiative）和国际太阳组织（Helio International）发起，管理者是成立于 2004 年的黄金标准秘书处。2006 年成立了黄金标准基金会，独立地履行碳市场的监管职责，资金来源包括捐助、发行费和特许费收入。黄金标准的一大特色是"黄金标识"，可用于已完成审定的项目及其产生的信用额。

在 VER 市场中的自愿黄金标准（GS – VER，GSv1 版）于 2006 年 6 月推出。GSv1 文件在当年 7 月和 2007 年 12 月分别进行了两次更新，并在

2008 年 8 月由"黄金标准要求"和"黄金标准工具包"整合的规则和程序（GSv2）所替代。黄金标准对项目的额外性有三方面的要求：（1）该项目在不存在 CDM 的情况下将由于资金、行政或其他障碍而无法实施；（2）该项目不属于"日常运作"的范围；（3）该项目使温室气体的排放较未实施的情况（基线情景）减少。黄金标准具有完全的排他性，不认可其他任何自愿标准。该标准接受的项目类型包括可再生能源及终端能效改善类项目，不包括 15MW 以上的大型水电项目，实施地点不可以是有排放限额的国家。项目规模和起始日期未作限制，但可获得的 VERs 开始时间不得早于注册时间的两年。

CCX 标准。芝加哥气候交易所（CCX）是一个关于温室气体登记、减排及交易的商业金融系统。尽管参与者是自愿的，不过一旦加入，它们承诺的减排目标即具有法律约束力。CCX 的会员需令其减排量低于所设立的基准线，未实现减排目标的需通过交易平台向其他超额完成目标的会员购买碳信用以兑现减排承诺。CCX 推出了一套成熟的碳抵消标准，通过 CCX 抵消计划产生的抵消量也可用来实现减排目标，但用于履约的抵消量不得超过要求减排量的 50%。

CCX 推出了 9 类抵消项目的原则条款和方法学，分别是：垃圾填埋气捕捉与燃烧、避免有机废弃物处理排放、农业甲烷捕捉与燃烧、煤层气捕捉与燃烧、农业最佳管理实践（持续保育耕作、草地土壤碳封存、牧场土壤碳封存）、造林与再造林、可再生能源系统、销毁消耗臭氧层物质以及选定的清洁发展机制项目。根据 CCX 标准实施的项目大多数都在美国，为避免重复计算，CCX 只接受非 EU ETS 成员国产生的项目。CCX 标准要求，减排少于 1 万吨碳当量的项目需聚合交易；在 CCX 进行的自愿碳抵消项目不得早于 1999 年 1 月 1 日，林业项目不得早于 1990 年 1 月 1 日，HFC 去除项目不得早于 2007 年 1 月 1 日。CCX 标准没有正式的基于项目的额外性评估，项目的额外性由 CCX 抵消委员会审查。

熊猫标准（PS）。中国气候变化敏感地区与贫困地区在地理分布上高度重叠，使气候变化成为新的致贫因素。为了统筹应对减排与扶贫两大挑战，探索建立工业补偿农业、城市补偿农村、高排放者补偿低排放者的生态补偿市场化模式，熊猫标准应运而生。熊猫标准是在中国财政部和亚洲开发银行等机构的支持下，由北京环境交易所、巴黎 BlueNext 交易所、中国林业产权交易所及美国温洛克国际组织共同发起的中国第一个自愿减排标准，旨在为初生的中国碳市场提供透明而可靠的碳信用额，并通过鼓励投资农村减排项目帮助实现中国政府的扶贫目标。

熊猫标准重点着眼于关键地区农林业及其他土地利用行业减排项目的开发，技术委员会相继开发了农林行业以及其他土地利用项目（AFOLU）方法学、竹子造林碳汇项目方法学，同时同意认可了 CDM 造林再造林方法学。熊猫标准协会负责标准的管理与运行，由理事会、秘书处、技术委员会和注册处组成。项目业主需要选定一家指定经营实体（DOE）进行审定项目；审定合格后将项目提交给熊猫标准秘书处进行项目注册申请；秘书处收到项目表格和审定报告后，将注册申请提交给技术委员会批准，技术委员会应在 10 个工作日内予以批准或要求解释澄清；收到核查报告后，秘书处应立即要求注册处签发熊猫标准信用额到注册处管理的项目方账户里。

（二）市场表现

早期市场表现。CCX 自愿减排体系自 2003 年开始运行，由于美国各州关于强制减排立法的各种方案均没有将 CCX 列入其中，2010 年 CCX 交易所被洲际交易所（ICE）收购后该体系宣布结束。CCX 自愿减排体系存续期间实现的减排量近 7 亿吨，其基线减排量为 6.8 亿吨，即该体系运行 8 年共实现约 2000 万吨碳减排量，其中 88% 来自工业企业减排，另有 12% 来自外部抵消项目。

目前在熊猫标准注册处成功注册的减排项目，主要包括云南西双版纳

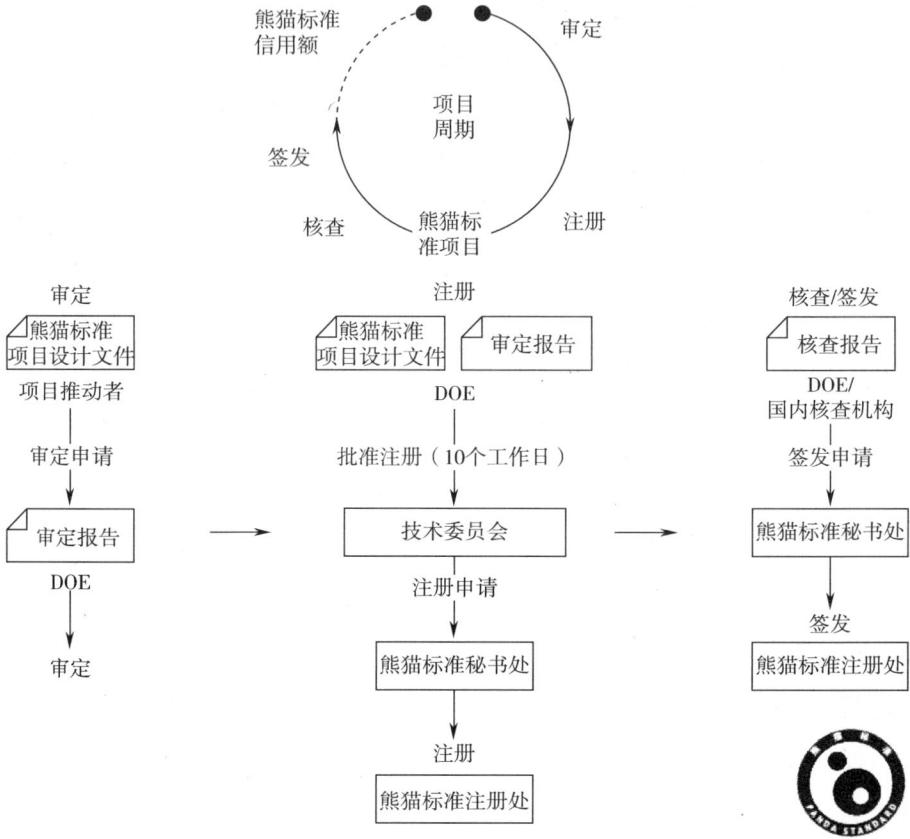

资料来源：熊猫标准官网。

图 19 −4　熊猫标准项目周期

竹林造林项目、川西南大熊猫栖息地恢复项目等。其中，云南西双版纳竹林碳汇项目作为首个熊猫标准碳减排扶贫项目，其部分减排量已经获得签发，并于 2011 年 3 月 29 日在北京环境交易所成功交易。

近年市场表现。2015 年，全球基于各类自愿减排标准签发的减排量共 4090 万吨。其中，基于 VCS 标准签发的减排量共 2040 万吨，占总签发量的 49%；基于黄金标准签发的减排量共 990 万吨，占总签发量的 24%；基于气候行动储备方案（CAR）签发的减排量共 920 万吨，占总签发量的

22%；基于美国碳注册（ACR）签发的减排量共 140 万吨，占总签发量的 3%。

2015 年，全球 VER 市场共实现交易量为 8410 余万吨，同比 2014 年增长 10%；交易额为 2.78 亿美元，同比 2014 年下降了 7%；交易均价为 3.3 美元/吨，同比 2014 年下降 14%，创下历史新低。其中，基于 VCS 标准的减排量共成交 2230 余万吨，所占市场份额约 49%，成交额 7450 万美元；基于黄金标准的减排量共成交 880 余万吨，所占市场份额约 19%，成交额 3800 万美元。值得一提的是，CDM 项目签发的 CERs 中仍有少部分用于自愿抵消，2015 年成交此类 CERs 共 84 万吨，成交额约 190 万美元，在 VER 市场中约占 2%。

表 19-4　　　　　2015 年主要自愿标准减排量交易情况

标准	2015 年交易量（百万吨）	交易均价（美元/吨）	交易额（百万美元）	市场份额	与 2014 年同比变化
VCS	22.3	3.2	74.5	49%	−29%
CAR	9.3	2.6	24.2	20%	348%
Gold Standard	8.8	4.3	38	19%	−2%
ACR	2.5	4.3	10.8	5%	31%
CDM	0.84	2.3	1.9	2%	36%

资料来源：Kelley Hamrick, Allie Goldstein, *State and Trends of Voluntary Carbon Market* 2016, Ecosystem Marketplace, 2016 (5)。

第三节　CDM 市场

在《京都议定书》CDM 机制基础上发展起来的 CDM 市场，是国际碳抵消市场最重要的组成部分。CDM 项目产生的减排量 CERs 在联合国清洁发展机制执行理事会（CDM EB）获得注册和签发后，绝大部分被用于满足附件一国家控排实体的抵消需求，还有少量 CERs 被用于自愿市场的碳中和目的。

一、项目开发

CDM 项目规则及要求。尽管《京都议定书》对 CDM 项目做出了原则性的规定，但这些规定并不能作为实施细则为项目合作提供指导。因此，从 1998 年开始，在《联合国气候变化框架公约》（UNFCCC）缔约方会议上，各国就制订详细的 CDM 项目合作规则进行了长达 4 年的艰苦谈判，最终在 2001 年第七次缔约方会议上就实施规则达成了一致。随后，CDM EB 就 CDM 实施所涉及的大量具体技术性问题做出了一系列决定。[①] CDM EB 要求，项目参与方必须是《京都议定书》缔约国，项目双方应在自愿基础上开展合作，并在本国设立相关政府管理机构。此外，CDM EB 还对项目合格性标准和项目参与机构，包括项目业主、项目所在国政府、项目经营实体等相关事项做出了详细规定。

CDM 项目开发流程。一个完整的项目流程应该包括项目识别、项目设计、参与国政府批准、项目审定、项目注册、项目实施、监测与报告、项目减排量监测与核证、项目减排量签发等过程。在 CDM 项目开发过程中，项目识别和寻找国外合作伙伴是两个最关键的步骤，项目业主在涉足 CDM 时首先都会面临两个基本问题：开发什么样的 CDM 项目以及减排量将转让给谁？[②] 对这两个问题的答案直接决定了 CDM 项目的基本框架。值得注意的是，在识别项目阶段，项目合格性、投资模式、交易成本及风险等问题需要格外注意。

CDM 项目审定与核查。在 CDM 项目开发过程中，"指定经营实体"（DOE）扮演着非常重要的角色，DOE 的主要职责是对 CDM 项目进行审定和核查。在审定过程中，DOE 需以项目设计文件（PDD）为主要依据

---

① 中国气候变化信息网：《京都议定书的三机制及其方法学问题》，2003 年 7 月。
② 国家发改委应对气候变化司：《清洁发展机制读本》，2008 年 12 月。

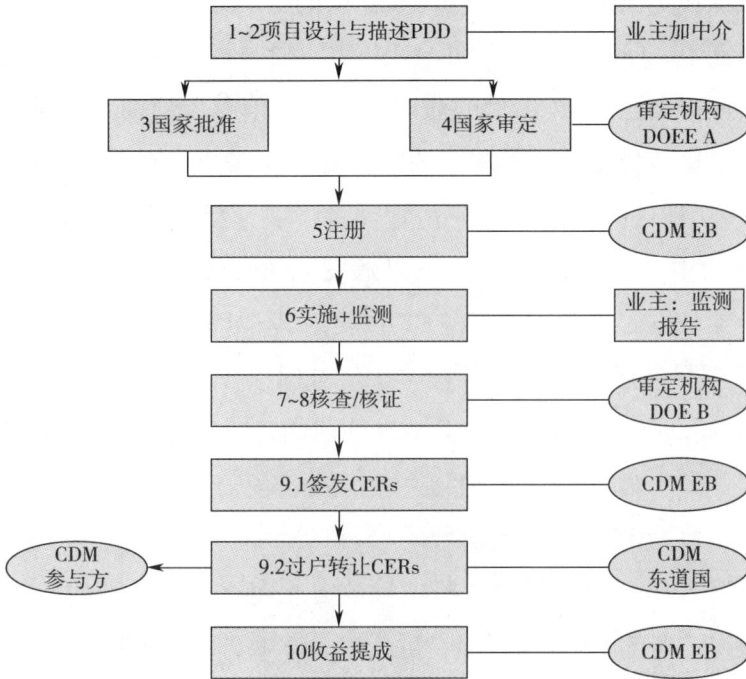

资料来源：国家发改委应对气候变化司：《清洁发展机制读本》，2008 年 12 月。

图 19 – 5　CDM 项目开发流程示意图

对项目进行审定并出具审定报告，提交 CDM EB 并申请对 CDM 项目注册；在核查过程中，DOE 需以项目监测计划等为依据对项目的实际减排量进行核查并出具核证报告，提交 CDM EB 并申请项目签发 CERs。为了保证公正性，一个 CDM 项目的审定环节和核查环节必须由不同的 DOE 来完成。

二、项目注册、签发及交易

注册及签发程序。CDM 项目注册是指 CDM EB 正式接受一个经审定合格的项目为 CDM 项目，注册是项目核查、认证及签发 CERs 的先决条件。CDM EB 收到注册申请之日 8 个星期后视为自动注册成功，在收到注册申请之日 8 个星期内，若参与项目活动的缔约方或 CDM EB 三名及以上成员提请复审，CDM EB 将针对设计与审定要求相关的问题进行复审。注册成功后，有关该 CDM 项目的注册号、基本信息、预期减排量、计入期和买卖方信息，将在项目参与方的国家登记簿账户中登记在案。CERs 签发是指 CDM EB 指示 CDM 登记簿管理者将项目指定数量的 CERs 颁发给 CDM 登记簿中 EB 的暂存账户，一旦颁发 CERs，CDM 登记簿管理者宜应有关项目参与方的要求，迅速将 CERs 转入其 CDM 登记簿账户。

CDM 项目注册情况。根据 UNFCCC 的 CDM 官方网站数据，截至 2017 年 1 月 31 日，已经获得 CDM EB 成功注册的各国各类 CDM 项目共有 7758 个，中国、印度两国的注册项目数占比遥遥领先于其他国家。其中，中国已注册项目数为 3763 个，占总数的 48.51%，位居世界第一，印度注册项目数占比近 22%，中印两国注册项目数占比超过全球总数的 70%。在中国成功获得注册的 CDM 项目中，近一半是 2012 年注册成功的项目，2012 年以后成功注册的项目已经急剧下降，占比仅为 2% 左右。

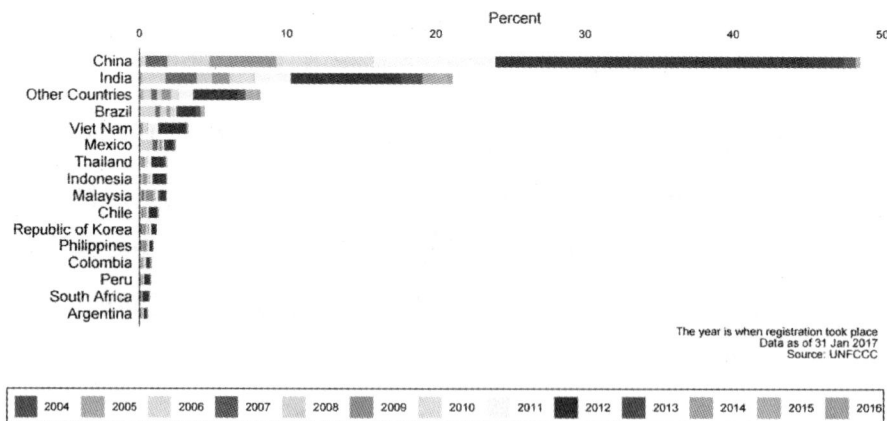

资料来源：UNFCCC 网站，2017 年。

图 19 - 6 成功注册的 CDM 项目数东道国分布情况

CERs 签发情况。截至 2017 年 1 月 31 日，已获得 CDM EB 成功签发

CERs 的 CDM 项目数共计 3027 个，全计入期预计签发 CERs 累计 46.82 亿吨；待签发的 CDM 项目共计 7948 个，全计入期预计签发 CERs 累计 88.13 亿吨。从获签发 CDM 项目情况看，根据中国清洁发展机制网的最新数据，截至 2015 年 7 月，获得签发的中国项目为 1539 个，占同期各国签发项目总数（2574 个）的 59.79%；从获签发 CERs 情况看，在《京都议定书》第一承诺期内（2012 年 12 月 31 日前）已签发出的 17.79 亿吨 CERs 中，中国、印度、韩国和巴西签发量分别位列前四，四国签发 CERs 占比超过 85%，其中中国共获得签发 CERs 为 10.28 亿吨，占比为 57.81%，位居世界第一。

表 19 - 5　　　　　　已获成功签发 CERs 的 CDM 项目情况　　　　　单位：吨

已成功签发 CERs 的 CDM 项目：（单位：个）	CERs 签发量（《京都议定书》第一承诺期）	潜在供给量			
		截至《京都议定书》第一承诺期末（2012 年 12 月 31 日）签发的 CERs	到 2017 年末签发的 CERs	到 2020 年末签发的 CERs	全计入期内签发的 CERs
3027	1779932556（1473856928）	1482351299	3692230825	4419580589	4682185957
根据往期签发率进行调整			1811499776	2168355584	2297196288

资料来源：UNFCCC 之 CDM 网站，2017 年。

表 19 - 6　　　　　　国际待签发 CERs 的 CDM 项目情况　　　　　单位：吨

CDM 项目数量（单位：个）	潜在供给量			
	到《京都议定书》第一承诺期末（2012 年末）签发的 CERs	到 2017 年末签发的 CERs	到 2020 年末签发的 CERs	全计入期内签发的 CERs
7948	1630086768	5723186724	7757423391	8813271502
其中：已注册项目：7758	1627613511	5631630713	7557792954	8488091232

续表

CDM 项目数量 （单位：个）	潜在供给量			
	到京都第一承诺 期末（2012 年末） 签发的 CERs	到 2017 年 末签发的 CERs	到 2020 年 末签发的 CERs	全计入期 内签发的 CERs
申请注册项目：5	0	388355	2577177	7154511
待公示项目：181	1386686	89255141	194968466	315761451
申请修正项目：2	1086571	1893031	2020708	2160278
强求审核项目：2	0	19483	64084	104028

资料来源：UNFCCC 之 CDM 网站，2017 年。

CERs 成交情况。目前全球主要的 CER 交易平台有两个，其中位于莱比锡的欧洲能源交易所（EEX）是最大的 CER 现货交易市场，位于伦敦的洲际交易所（ICE）的碳交易平台是最大的 CER 期货交易市场。根据 EEX 网站数据，从 2013 年 5 月至 2016 年 12 月，CER 现货成交共 2.72 亿吨，价格波动相对稳定，一直保持在 4～6 美元/吨。根据万得数据，截至 2017 年 1 月 17 日，ICE 成交的 CER 期货共 57.4 亿吨，但其结算价格波动较大，2008 年到 2011 年 6 月的 CER 期货交易结算价格一直维持在 12～15 美元/吨，2011 年下半年开始的 CER 期货交易结算价格直线下滑，至 2012 年 12 月的交易结算价格已不足 1 美元/吨。

三、中国 CDM 市场发展历程

发展概述。作为温室气体排放大国和发展中大国，中国一直致力于充分利用国际资金和技术应对气候变化。2001 年以来逐渐建立起了高效的 CDM 开发运行体制，并发展成为全球 CDM 项目及减排量的最大供应来源。回顾我国 CDM 市场发展历程，可以大致划分为四个阶段：2001～2005 年，政策法规逐步完善，市场培育初见成效；2006～2007 年，项目进入稳步发展阶段，金融机构参与程度提高；2008～2010 年，项目质量不断提升，服务机构呈现多样化；2011 年至今，国际市场不确定性因素增多，项目发展速度减慢。

第一阶段（2001～2005 年）。为加强对 CDM 项目的有效管理，保证 CDM 项目有序实施，国家发改委等主管部门自 2001 年起制定了《CDM 项目运行管理暂行办法》等一系列政策法规。同时，各级主管部门不断加大宣传和科普力度，并在国际机构的资助合作下开展大量的科研示范项目，到 2005 年，地方政府和企业对 CDM 的重视程度和参与热情空前提高，也在项目识别和选择上积累了比较丰富的经验。2005 年 6 月 26 日，我国第一个 CDM 项目内蒙古辉腾锡勒风电场项目在 CDM EB 注册成功。

第二阶段（2006～2007 年）。CDM 项目开发范围逐步扩展到全国 31 个省区市，并表现出鲜明的地域性和行业性。风电项目主要集中在沿海地区、内蒙古、新疆和东北三省；水电项目主要集中在云南、四川、湖南等地；煤层气回收利用项目主要集中在山西、河南和安徽。市场参与者也逐渐呈现出多样化、金融化等特征，多边基金、商业银行、发展银行及中间商等逐步参与进来，不仅快速扩大了市场规模，更为活跃市场作出了贡献。2006 年 7 月 3 日，南京天井洼垃圾填埋气发电项目获得了由 CDM EB 签发的第一笔 CERs。随后注册成功的中国 CDM 项目逐年增加，并迅速超过了印度、巴西等起步较早的国家。

第三阶段（2008～2010 年）。2008 年 1 月，中国第一个基于黄金标准（GS）开发的 CDM 项目福建六鳌二期 45MW 风电项目通过 CDM EB 的审核，同年 2 月在 GS 委员会注册成功，这意味着我国 CDM 项目发展逐步走向质量提升阶段。在此期间，我国 CDM 项目的增长速度仍保持全球首位。随着市场的不断成熟，新的项目开发模式开始出现，2008 年 7 月中国和丹麦联合研究课题组成功开发出了 CDM 的新模式 PCDM，并选定河南周口户用沼气项目作为试点。

第四阶段（2011 年至今）。EU ETS 长期以来都是 CERs 的主要需求方，但近年受金融危机及欧债危机等影响，欧洲经济一直欲振乏力，欧盟碳市场的交易价格持续下降，CERs 每吨价格从高点的 20 欧元左右暴跌至 1 欧元以下，且成交量持续低迷。更重要的是，欧盟基于中国经济增长近年来持续表现强劲等理由，已明确表示不再购买来自中国 2012 年后新注册 CDM 项目产生的 CERs，这意味着我国 CDM 项目市场的主要外部需求已经基本消失。

小结。CDM 在中国十多年的发展历程，不但为我国的风电、光伏等可再生能源行业的快速发展提供了重要的资金支持，也为建立中国碳市场在知识普及和人员培训等方面进行了重要的能力建设。随着中国碳市场的逐步建立，尤其是 CCER 市场的不断完善，将会为部分 CDM 项目的延续转换开辟新的市场空间。

第二十章 国际碳金融市场[①]

近几十年来，气候变化作为最大的全球性环境挑战得到了国际社会的高度重视。1997 年 12 月，为积极应对气候变化，签订了具有法律约束力的《京都议定书》，明确了发达国家到2020 年的温室气体减排责任，并推出了国际排放交易（IET）、联合履行（JI）和清洁发展机制（CDM）三种碳交易方面的市场机制，为国际碳市场的建立和规模化发展提供了坚实的法律基础。在碳排放权配额和项目减排量等碳资产现货交易的基础上，依托欧美发达的金融市场，相继推出了碳期货、碳期权、碳远期、碳掉期等碳金融衍生交易产品，以及碳基金和碳保险等碳金融工具及服务，为碳市场参与者更有效地管理碳资产提供了多样化的风险管理工具和市场增信手段，并为提高碳市场的流动性、拓宽企业融资渠道创造了条件。

欧盟碳市场（EU ETS）是全球建立时间最早、覆盖面最广、发展最成熟的碳金融市场，以其发达的传统金融体系为依托，在碳金融产品开发方面一直处于领导地位。本章以 EU ETS 为基础，概述了国际碳金融市场的发展源起及碳金融产品的谱系，将目前主要的碳金融产品划分为碳交易工具、碳融资工具和碳支持工具三类，并分别选取三类工具中的碳期货、碳基金和碳保险等代表性产品进行了深入介绍。

第一节 国际碳金融市场概况

碳金融市场即金融化的碳市场，是传统金融市场的各类工具及服务与

[①] 本章执笔：赵天予，北京环境交易所会员部业务主管。

碳市场中碳配额及项目减排量等基础碳资产相结合产生的各类金融交易活动，目的是为碳市场各类主体提供必要的价格发现、风险管理和融资工具，同时提高碳市场的流动性。

一、碳金融市场发展的源起

国际碳金融市场的发展，主要基于三个前提：市场机制、政策法规和公众意识。

市场机制。基于《京都议定书》确立的国际排放交易（IET）、联合履约（JI）和清洁发展（CDM）三种碳交易机制，形成了基于总量控制的配额交易市场和基于减排项目的项目交易市场。这两类相互关联的碳现货交易市场，构成了国际碳市场的基本框架，也为在此基础上发展碳金融衍生品交易市场创造了必要条件。

政策法规。作为一个人为创设和政策规制的市场，政策法规是国际碳金融市场得以创立和运行的前提。在市场创立方面，无论是碳排放总量的确定、碳排放配额的分配、碳排放情况的监测报告及核证，还是企业按期履行其控排相关义务，以及违约相关处罚，所有这些安排都必须有相关立法的授权；EU ETS 的发展得以走在世界前沿，系统严格的立法是主要原因。[①] 在市场运行方面，无论是交易平台、交易机构、交易产品等基础交易制度的建立，还是日常交易活动组织及交易行为的监管，也都必须在相关法规的框架下进行。

公众意识。随着气候变化问题的日益严峻，公众对各种环境危害的认识程度和紧迫感不断加深。公众意识的提高会通过多种渠道向企业及金融市场传导，为碳金融市场的发展形成越来越有利的社会环境，同时逐渐影响投资者的投资理念和投资行为。企业面临不断强化的低碳合规压力、投

---

① 易兰等：《碳金融产品开发研究：国际经验及中国实践》，载《人文杂志》，2014（10）。

资者面临市场主流偏好向低碳方向的不断迁移，都是碳金融市场持续发展的外部动力①。

二、碳金融产品的分类

（一）碳金融产品谱系

碳金融产品是碳金融市场的核心要素，它是基于碳配额和项目减排量等基础碳资产发展起来的金融化工具。

基础碳资产。它也称碳现货产品，主要包括碳排放权配额和项目减排量两类。在国际碳市场上，碳配额产品主要包括 IET 机制下的减排指标"配额排放单位"（AAU），以及 EU ETS 框架下的减排指标"欧盟排放配额"（EUA）和"欧盟航空碳配额"（EUAA）；项目减排量产品主要包括发展中国家和发达国家之间 CDM 机制下的"核证减排量"（CERs），以及发达国家和发达国家之间 JI 机制下的"减排量单位"（ERUs）。目前 EU ETS 主要交易的碳现货产品包括 EUA、CER、ERU 和 EUAA。

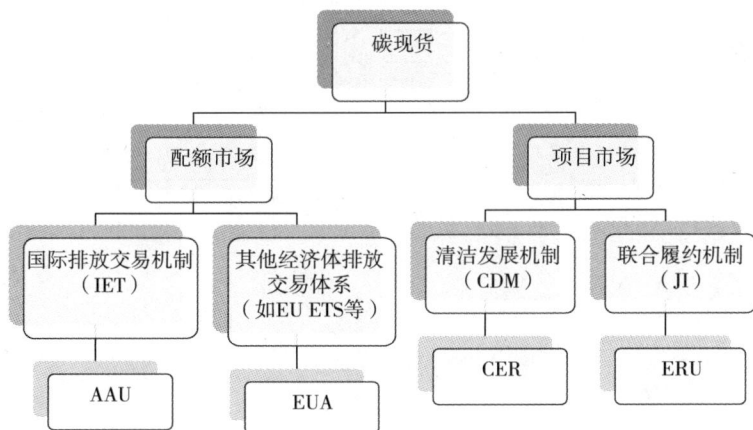

资料来源：北京环境交易所整理。

图 20 - 1　碳现货交易的基本类型

① 刘华、郭凯：《国外碳金融产品的发展趋势与特点》，载《银行家》，2010（9）。

碳金融产品。它是基础碳资产与传统金融工具及服务的组合产品。根据产品的功能特性，碳金融产品可以分为碳交易工具、碳融资工具和碳支持工具三类。碳交易工具指基于基础碳资产开发的各类标准化的交易产品，主要包括碳期货、碳期权、碳远期、碳互换（碳掉期）等，目的是为市场提供流动性和未来价格发现等功能。碳融资工具指基于基础碳资产开发的股权和债权等投融资产品，主要包括碳基金和碳债券，目的是为市场提供低碳项目及相关资产的投融资功能。碳支持工具指基于基础碳资产开发的市场量化及风险管理等产品，主要包括碳指数和碳保险等，目的是为市场提供量化、保险及增信等功能。

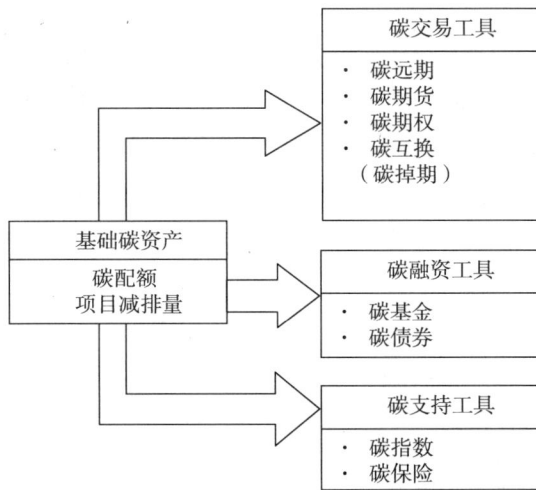

资料来源：北京环境交易所分析，2016 年。

图 20 - 2　碳金融产品的分类

（二）碳交易工具

碳期货。碳期货是一种约定日期和价格在未来交割相应碳资产的标准化合约，以规避碳资产的未来价格波动风险、实现套期保值。在欧盟碳市场，EUA 及 CER 通常采用期货形式在交易所进行交易，2011 年以来碳期货交易量占欧盟碳市场交易总量的 90% 以上，远远超过了现货交易量。

以 2011 年为例，EUA 现货交易额为 28 亿美元，仅占 EUA 交易总额的 2%，而 EUA 期货交易额则高达 1308 亿美元，占 EUA 交易总额的 88%。[①] 从市场运行的角度看，碳期货在维持碳市场流动性方面发挥的作用可谓举足轻重。

碳期权。碳期权也是一种标准化合约，是指能在未来特定的时间以特定的价格购买或出售特定数量的碳资产的权利。它是以碳期货为基础的碳金融衍生产品，其价格依赖于碳期货价格。碳期权的持有者可以实施或放弃在约定的时间内选择买入或不买入、卖出或不卖出的权利。[②] 根据履约方式不同，碳期权分为美式期权和欧式期权，洲际交易所（ICE）采取的是欧式期权，即只有在到期日才能执行该期权。

碳远期。碳远期一般是通过场外市场（OTC）进行交易的非标准化合约，约定未来特定时间以特定价格买卖特定数量的碳资产，到期时可以选择实际交割或差价结算。碳远期产品既具有未来价格发现和风险管理功能，同时也具有场外交易便捷高效等特点。2008 年国际金融危机之后，不少碳远期交易也开始转向场内清算以规避风险。国际碳市场上，CDM 项目产生的 CER 通常采用碳远期的形式进行交易，交易双方在 CDM 项目开始前后签署合同，约定在未来特定时间、以特定价格、购买特定数量的碳减排量。

碳互换（碳掉期）。碳互换也称碳掉期，包括碳资产的产品互换和期限互换两种形式。产品互换指两种不同碳资产之间的互换交易，比如 EUA 和 CER 的互换，根据欧盟 2004/101/EC 指令，EU ETS 下的排放实体可以利用 CDM 和 JI 项目获得的减排量履行减排义务，这些规定为推出 EUA 和 CER 互换产品创造了前提。[③] 期限互换也称碳掉期，指双方以固

---

① The World Bank, State and trends of the carbon market, 2012.
② 袁杜娟、朱伟国：《碳金融：法律理论与实践》，北京：法律出版社，2012。
③ 《全球主要碳金融衍生品分析》，载《期货日报》，2014 – 06 – 24。

定价格确定某笔碳资产交易，并约定未来某个时间以当时的市场价格完成与固定价交易对应的反向交易，最终只需对两次交易的差价进行现金结算。2015 年，中国推出了首批碳排放权场外掉期合约，由中信证券股份有限公司、北京京能源创碳资产管理有限公司和北京环境交易所三方签署，交易量为 1 万吨，此类合约的推出为中国碳市场参与者提供了一个对冲价格风险、开展套期保值的手段，同时也为企业管理碳资产间接创造流动性。

（三）碳融资工具

碳基金。碳基金是为投资碳资产设立的专门基金。国际市场上的碳基金通常指投向 CDM 等温室气体减排项目的碳交易专门资金，发起主体既包括政府机构和国际组织，也有商业机构。自世界银行于 2000 年创设首只碳基金以来，碳基金发展快速。目前，世界银行发行的碳基金总数达14 只，管理的资金规模约为 33 亿美元，支持超过 75 个国家的 145 个减排项目。[1]

碳债券。碳债券是绿色债券的一种，指政府或企业为筹集低碳项目资金而向投资者发行的、约定在一定期限内偿还本金和支付利息的债务凭证，是一种新型的低碳融资解决方案。[2] 碳债券主要包括两种类型：一是为开发低碳项目定向募集的债券，以最终实现一定的碳减排量，比如世界银行 2008 年开始发行的绿色债券，总额约为 3.5 亿美元，期限 6 年，票面利率 3.5%；二是基于现有低碳项目的减排收益发行的结构化债券，将项目的碳交易收益作为债券的额外收益以增强其吸引力，比如 2014 年中广核风电有限公司发行的国内首单碳债券，期限 5 年，利率 5.65%。

（四）碳支持工具

碳指数。碳指数是反映碳市场总体情况或某类碳资产价格变动及走势

---

① The World Bank, World Bank Carbon Funds and Facilities, March 19, 2014.
② 邹晶：《绿色债券：一种解决低碳融资挑战的新方式》，国家应对气候变化战略研究和国际合作中心，2014 年 9 月 26 日。

的指标，既是碳金融市场重要的观察工具，也是开发碳指数交易产品的基础。国际碳市场主要的碳指数包括巴克莱资本全球碳指数（BC GGI）、道琼斯－芝加哥气候交易所－CER/欧洲碳指数（DJ－CCX－CER/EC－I）、EEX 现货市场的 ECarbix 碳指数等。其中，EEX 在 2012 年 11 月发布的现货市场 ECarbix 二氧化碳指数，是依据一级和二级现货市场的加权交易量权重计算出来的，每日及每月底分别公布交易量和交易价格。①

碳保险。碳保险指为碳交易各方规避碳资产交付风险推出的保险产品。随着国际碳市场交易量的快速增长，碳保险也得到了较快发展，如美国国际集团、瑞士再保险公司以及苏黎世保险公司等大型保险机构均开展了碳保险业务。② 其中，苏黎世保险公司推出的 CDM 项目保险，可以同时为 CER 的买方和卖方提供保险，交易双方通过该保险产品能够将 CDM 项目过程中的相关风险转移给苏黎世保险公司。③

第二节　碳期货

碳期货是基于基础碳资产的一种标准化交易工具，是碳金融衍生品的重要形式，它的产生主要是为了规避与碳现货交易相关的风险。碳期货在国际碳市场的交易规模所占比重最大，是国际碳金融产品最重要的组成部分。

---

① EEX launches CER Spot Market and Expands Carbix Index，EZDATE WATCH，http：// www. datawatch. ze. com/environment － and － weather/eex － launches － cer － spot － market － and － expands － carbix － index/.

② 王乐祥：《浅谈低碳经济与保险》，保险职业学院学报（双月刊），2011 年 6 月第 25 卷第 3 期。

③ RNK Capital and Swiss Re Structure First Insurance Product for CDM Carbon Credit Transactions，ZURICH，http：//www. swissre. com/media/news＿ releases/rnk＿ capital＿ and＿ swiss＿ re＿ structure＿ first＿ insurance＿ product＿ for＿ cdm＿ carbon＿ credit＿ transactions. html.

一、碳期货的运行机制

交易主体。按照交易目的不同，国际碳期货交易的参与主体可分为三类。第一类是履约企业，即在 ETS 框架下有减排责任的企业，它们主要通过碳期货交易来规避风险和套期保值。第二类是投机者，主要通过买卖碳期货来赚取差价，实现套利。第三类是中介公司，作为交易所会员，可以代表别的机构进场开展碳期货交易。

交易场所。目前，EU ETS 最主要的场内交易平台包括洲际交易所（ICE）、欧洲能源交易所（EEX）和芝加哥商品交易所（CME）等。其中，ICE 是 EU ETS 最活跃的交易所，主导着 EU ETS 的碳期货交易，约占二级市场总份额的 98.37%。[①]

产品特点。国际碳市场主要的碳期货产品有两种，包括碳排放指标期货、核证减排量期货，这些产品主要具有以下特点：（1）价格规律。据统计，碳期货价格与碳现货价格的波动周期一致。（2）碳期货与碳期权的关系。碳期货作为碳期权合约的基础资产，其价格对期权本身价格及合约交割价格有重要影响。（3）交易资费。碳期货交易一般要收取手续费，包括交易费、管理费和清算费。[②]

市场前景。2014 年，EU ETS 年成交额为 454 亿美元，占全球碳市场成交额的 92%，而碳期货和碳期权的成交量占 EU ETS 总成交量的 90% 以上，其中碳期货更是举足轻重。自 2005 年启动以来，欧盟碳市场上碳期货价格划过了一条过山车式的曲线，2008 年 7 月 1 日达到 34.1 欧元/吨的峰值，[③] 2009 年欧债危机带来的经济疲软和排放量下跌，加之早期过松的配额分配，导致市场供需严重失衡，碳期货价格随之震荡下跌，2013 年 1

---

① ICE, The Emission Market, ICE Futures Europe, Nov 2014.
② 蓝虹：《碳金融与业务创新》，北京：中国金融出版社，2012。
③ ICE, Report Center: ICE EUA FUTURES, 2008.

月 31 日跌至历史最低价 3.54 欧元/吨。[①] 为了提振持续低迷的碳价，2014 年 3 月欧盟通过推迟拍卖措施暂时减少 9 亿吨配额拍卖数量，减少供应量以缓解市场压力，受此影响 EUA 期货价格止跌回升，2014 年 12 月 EUA 期货价格收于 6.74 欧元/吨。为了进一步增强市场参与者的信心，2015 年 7 月，欧洲议会批准了建立市场稳定储备（MSR）机制的立法提案，同时欧洲委员会公布了 2020 年后修正 EU ETS 的立法提案，从 2021 年开始排放总量将每年降低 2.2%，到 2030 年排放量比 1990 年降低 40%。这些措施都希望向市场释放出促进低碳投资强有力的长期信号，为包括碳期货等碳金融衍生品交易带来稳定的预期。

二、洲际交易所的碳期货

欧盟拥有目前全球最发达的碳金融市场。2002 年推出的英国排放交易体系（UK ETS）是全球第一个碳排放权交易体系，UK ETS 运行不久后就推出了碳排放权期货产品，为后来 EU ETS 的设计和实施积累了宝贵的经验。2005 年 4 月，EU ETS 在启动时与碳现货同步推出了碳期货、碳期权等衍生品，欧盟碳金融市场应运而生。在 UK ETS 和 EU ETS 两个阶段，位于伦敦的欧洲气候交易所（ECX）都是主要的碳期货交易平台，2010 年 ECX 被美国洲际交易所（ICE）集团收购并成为其主要的碳交易平台。目前，欧盟最常见、最活跃、最具流动性的产品即是 ICE 的 EUA 期货合约和 CER 期货合约。

（一）交易机制

碳期货品种。ICE 的碳期货合约目前主要包括 EUA 期货和 CER 期货两种。ICE EUA 期货是由交易所统一制定、实行集中买卖、规定在将来某一时间和地点交割一定质量和数量 EUA 的标准化合约，以公开

---

① 中创碳投：《欧盟碳市场 2013 年走势分析》，2013 年 12 月 31 日。

竞价的方式在交易所内进行交易。ICE CER 期货是为适应不断增长的 CER 市场需求推出的 CER 期货合约，以规避 CER 价格大幅波动的风险。

合约基础要素。 ICE 的碳期货合约主要由五个基础要素构成：（1）交易品种，是以 EUA 和 CER 为基础标的物的标准化期货合约；（2）交易单位，采用"1000 吨二氧化碳/手"为交易单位；（3）报价单位，在公开竞价过程中对期货合约报价时使用的单位为欧元/吨；（4）最小变动价位，控制在 0.01 欧元每吨，如果过高或过低会影响交易活跃度；（5）合约月份，按季度分为四个季度合约，即 3 月、6 月、9 月和 12 月为交割月。

表 20 – 1 　　　　　　　　　　　ICE 碳排放权期货合约设计

	ICE EUA 期货合约	ICE CER 期货合约
交易单位	1000 单位二氧化碳欧盟配额（EUA）	1000 单位核定排放量（CER）
最少交易量	1000 单位 EUA	1000 单位 CER
报价	欧元	
最小变动价位	0.01 欧元每吨	
涨跌停板幅度	无限制	
合约月份	合约以季度为周期列出 2016 年 9 月至 2020 年 12 月的合约月份按 3 月、6 月、9 月列出	合约以季度为周期列出 2015 年 12 月至 2020 年 12 月的交易月份按 3 月、6 月、9 月和 12 月列出
到期日	合约月份最后一个星期一	
交易系统	交易会在 ICE 期货电子交易平台进行，或是通过符合规格的独立软件售卖商	
交易时间	英国当地时间 7：00 至 17：00	
清算价格	在每日收市期（16：50 至 16：59）交易加权平均	
增值税及其他税项	英国退税局已确认会员与 ICE 清算所之间的 CER 期货合约交易已得到中期批准，按照终端市场指令，为零增值税	

续表

	ICE EUA 期货合约	ICE CER 期货合约
交割	该合约可被实物交割，EUA 从联盟注册处的卖方账户转移至买方账户。所有转移须经过清算会员的账户和 ICE 欧洲清算所。交割发生在最后交易日的后三天。	该合约可被实物交割，CER 从注册处的卖方清算会员个人持有账户转移至 ICE 清算所的个人持有账户，再从该账户转移至买方清算会员在注册处的个人持有账户。交割是在交割期清算会员与 ICE 欧洲清算所之间的交割。卖方清算会员的交割期是由最后交易日 17：00 开始到最后交易日后的第二个营业日 15：00 结束。ICE 清算所将于最后交易日后第三个营业日 15：00 交割至买方清算会员。
结算	ICE 欧洲清算所为所有交易充当中心交易对手	
合约保证	ICE 欧洲清算所以惯常做法索取初始保证金及变动保证金	

资料来源：ICE，2016 年。

交易交割方式。场内交易，采取连续竞价的方式，价格波动基本限制在每吨二氧化碳 0.01 欧元以内，即每手 10 欧元。所有 ICE 的合约采用实物交割的方式，即在到期日买卖双方都要进行真实的碳资产的交割，而非财务上的冲销补抵。所有碳期货合约交割日为交割月份的最后一个星期一，如果最后一个星期一非交易日，则在合同交割月份的倒数第二个星期一交割，依此类推。在到期日前不能实现交割，必须等到到期日交割。

信息透明度。ICE 对碳期货市场交易信息主要采用月报的方式对外公布，每期月报涵盖了每种期货的交易量、交易金额、交易价格、价格波动等信息，最重要的是还公布了整个市场买卖双方的历史供需量。所有这些信息对市场参与者的决策具有重要参考作用。

参与主体。目前参与 ICE 碳期货交易的主体主要是 ICE 排放权交易会员，即 121 家全球性企业，另外还有数以千计的交易者通过经纪人、清算所进场交易。其中，参与交易的主要金融机构包括摩根士丹利、摩根大通、花旗银行、RBC皇家银行、汇丰银行、高盛等。

监管。ICE的期货合约受欧盟委员会及金融市场管理机构的监管。同时，欧盟不断完善金融衍生品市场相关约束法规：如《反市场违规操作指令》（MAD）、金融工具市场指令（MiFID）等。[1]其中，MAD的总体目标之一是将指令的应用范围扩展到重视金融市场的技术与监管发展，同时适用于新型交易机构和超越现有范围的金融工具。而关于MiFID，委员会的目标是改善监管和透明性，并确保以套期保值和市场定价为目的的商品衍生品市场有效运行。

（二）市场表现

交易规模。EUA期货2005年开始在ECX交易，到2009年交易量达到28亿吨；CER期货2008年开始在ECX交易，2009年的交易量为7.72亿吨。2014年欧洲碳市场成交量达到70.17亿吨，[2]其中ICE碳期货的交易量在2014年第一季度就达到创纪录的24.28亿吨。[3]对比其2015年3月到期的合约，EUA和CER期货合约日均成交量分别为25741手和140手（1手=1000吨二氧化碳）。

表20-2　　ICE ECX各类产品日均交易量（截至2015年3月）

	EUAs	CERs	ERUs JI	EUAAs
期货	25741	140	0	64
日期货	1129	140	—	—
期权	1966	0	0	—
英国拍卖	3123（拍卖份额为500吨二氧化碳）	—	—	—

资料来源：The Emissions Martket, ICE Futures Europe.

---

① European Commission, Market Oversight: Ensuring the integrity of the European carbon market, 19 Nov 2015.

② 陈志斌：《全球碳交易规模触底反弹》，中创碳投，2015年8月6日。

③ 周旋：《中国碳交易市场引入期货交易的必要性分析》，中国期货业协会，2014年9月4日。

功能和效果。碳期货是碳市场金融化发展的重要标志。与传统的期货合约类似，EUA 和 CER 期货合约具有价格发现和风险管理的功能，在碳价格波动幅度较大的市场环境下，为履约企业套期保值、规避风险提供了风险管理工具，也为金融机构创造了投机套利的机会。此外，碳期货交易还极大地提高了碳市场的流动性。

第三节　碳基金

碳基金是集合政府、金融机构或企业投资者资金投资于碳排放权或 CDM、JI 等减排项目等碳资产的专门基金，主要目的是为完成《京都议定书》的减排目标或增加碳市场流动性服务，同时获取相应的商业回报。在国际碳市场发展早期，碳基金还是 CDM 等减排项目开发的重要资金来源。

一、碳基金的运行机制

产生背景。为落实《京都议定书》规定的 CDM 和 JI 这两种灵活的市场机制，世界银行率先成立碳基金，为承担减排责任的发达国家及控排企业购买发展中国家自愿减排项目产生的减排量服务，随后一些西方国家的政府部门、金融机构及企业等实体都相继出资成立了类似的碳基金。通常来说，国家设立的碳基金，主要目的是通过投资 CDM 项目获得其减排量，以帮助本国完成《京都议定书》规定的减排目标；世界银行等国际组织参与设立和管理的碳基金，主要目的是通过投资发展中国家的自愿减排项目，以促进其可持续发展并帮助降低全球总体减排成本；商业机构设立的碳基金，主要目的则是通过投资 CDM 项目在全球碳市场进行套利交易，并为国际碳市场注入流动性。

基金分类。根据投资者不同的出资比例，碳基金可以分为不同类型：

（1）由政府全部承担所有出资的基金被称为公共基金，典型代表有芬兰碳基金、英国碳基金等；（2）由政府和企业按比例共同出资的基金被称为公私混合基金，世界银行参与建立的碳基金都采用这种方式；（3）由企业自行募集资金的基金被称为私营基金。从基金的地理分布来看，自《京都议定书》生效以来，无论从交易量还是交易额来看，超过半数的碳基金由欧盟管理；其次为国际金融机构管理的碳基金，数量约为欧盟的一半；其余的碳基金主要集中在北美、拉美、亚洲地区。[①]

管理模式。目前，由政府参与的国际碳基金较为常见的创设和管理方式有三种：（1）政府设立、政府管理模式，形成国家主权碳基金，如由芬兰政府出资、设立并管理的芬兰碳基金；（2）国际组织与政府合作创立、国际金融机构管理模式，如世界银行系列碳基金；（3）政府设立、商业化运作模式，如英国政府出资但按企业模式独立运作、政府不干预具体经营管理业务的英国碳基金。[②] 在日常运营方面，碳基金与传统的证券投资基金类似，也是由专业管理人负责日常投资，碳基金的投资管理机构通常以股份公司、有限公司、有限合伙等商业公司形式出现，碳基金的日常管理通常由基金托管人负责，主要包括融资服务、技术支持和市场推广等业务。[③]

风险控制。碳基金既面临一般投资项目管理和运营方面的常规风险，同时受全球气候变化政策、碳交易市场波动以及国际金融危机等因素的影响，在参与国际碳市场的交易过程中还经常面临 CDM 及 JI 项目所特有的风险，从项目开发、注册到正式交付减排量指标的各个不同阶段都会面临较大的不确定性。因此，碳基金在开展减排项目投资前如何建立风险分摊

---

① 胡堃：《浅谈碳金融工具中的碳基金》，载《社科纵横》，2011 年 3 月总第 26 卷。
② 王丽娟等：《基于国际借鉴视角探讨我国碳基金的发展》，中国环境科学学会学术年会论文集，2014 年。
③ 蔡博峰等：《国际碳基金对中国的政策启示》，载《环境经济》，2013 年。

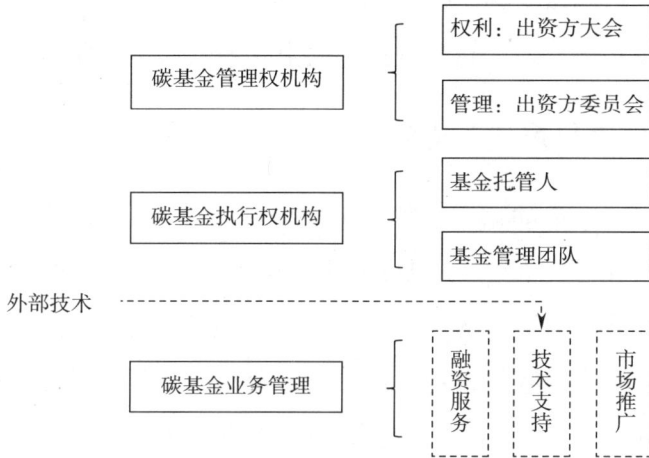

资料来源：汉能碳资产，《碳资产管理理论暨经验分享》。

图 20 – 3　碳基金运营模式

机制、有效管控风险至关重要。

发展前景。近中期内，碳基金的发展仍面临诸多问题，政策摇摆、项目成本高、风险大、回收期长，以及私人资本短缺等因素，都导致近期碳基金的设立速度和投资规模呈现缓慢下降的趋势。但从中长期角度看，碳基金发展所处的外部环境正在不断改善：通过达成《巴黎协议》，国际社会已经形成了积极应对气候变化、实现低碳发展的共识；国际碳市场正在稳步扩大，2014 年已实施或计划实施碳价机制的国家或地区占全球排放的比重超过了 22%，并且还在不断增加；投资机构低碳意识日益提高，2012 年数十家金融机构在里约签订《自然资本宣言》，承诺在信贷、企业债券和股票、大宗商品、保险等金融活动中将环境风险纳入系统性评估范畴，[①] 截至 2015 年 2 月 1 日，已有 822 个管理资产总额超过 95 万亿美元的机构投资者加入 CDP，鼓励企业披露它们对于环境和自然资源的影响，

---

① NCD，The Natural Capital Declaration and Roadmap：Financial sector leadership on natural capital，2013.

并使它们采取行动减少其产生的影响。[①] 随着公众环境意识提高和投资者理念转变，碳基金将会在这种趋势转变中发挥越来越重要的作用。

二、世界银行系列碳基金

成立背景。在推动京都机制实施过程中世界银行一直扮演着重要角色。世界银行先后成立了 14 只碳基金，由不同国家和组织出资，投资于特定区域及特定项目。世界银行碳基金的主要目的，是通过投资 CDM 和 JI 项目，为发展中国家的机构提供减排资金支持，同时帮助发达国家的控排企业获取减排量抵消其碳排放，促进全球碳市场的发展。[②]

基金类型。世界银行管理的 14 只碳基金主要分为三类：一是特别基金，包括原型碳基金、社区发展碳基金、生物碳基金、伞形碳基金 4 只；二是国别基金，包括荷兰清洁发展机制基金、荷兰欧洲碳基金、意大利碳基金、丹麦碳基金、西班牙碳基金和欧洲碳基金 6 只；三是面向 2012 年后的基金，包括林业碳伙伴基金、碳伙伴基金、市场准备伙伴基金和发展扶持基金 4 只。[③]

表 20 – 3　　　　　　世界银行系列碳基金基本信息

基金名称	成立时间	总资本	出资方	
			政府部门及相关组织	企业
原型碳基金	2000 年 4 月	2.2 亿美元	加拿大、芬兰、挪威、瑞典、荷兰、日本国际协力机构	英国 BP 石油公司、德意志银行、比利时 Electrabel 电力公司、三菱株式会社等 16 家机构

---

① CDP, http://www.cdpchina.net/index.
② 陈胜涛、张开华：《世界银行碳基金组织运作方式及启示》，载《国际金融研究》，2011 (10)。
③ The World Bank, Carbon Finance at the World Bank: list of Funds, 2015.

续表

基金名称		成立时间	总资本	出资方	
				政府部门及相关组织	企业
荷兰清洁发展机制基金		2002 年 5 月	不公开	荷兰住房、空间规划与环境部	
社区发展碳基金		2003 年 3 月	1.286 亿美元	奥地利、加拿大、丹麦、意大利、卢森堡、西班牙、荷兰、比利时	德国巴斯夫、葡萄牙电力、日本大和证券等16家机构
意大利碳基金		2004 年 3 月	1.556 亿美元	意大利环境、土地和海洋部	意大利巴伯蒂公司、意大利国家电力公司等6家机构
生物碳基金	第一期	2004 年 5 月	5380 万美元	加拿大、意大利、卢森堡、西班牙	英国 Eco – Carbone 公司、三得利株式会社等10 家机构
	第二期	2007 年 3 月	3660 万美元	爱尔兰、西班牙	西班牙零排放基金、瑞士先正达农业可持续发展基金会等 3 家机构
	第三期	2013 年 11 月	3.6 亿美元	德国、挪威、英国、美国	
荷兰欧洲碳基金		2004 年 8 月	不公开	荷兰经济部	
丹麦碳基金		2005 年 1 月	9000 万欧元	丹麦政府气候和能源部	丹麦 DONG 能源公司等4 家企业
西班牙碳基金	第一期	2005 年 3 月	2.2 亿欧元	西班牙环境农村和海洋事务部、经济和财政部	Iberdrola 电力公司等11家机构
	第二期	2008 年 4 月	7000 万欧元		
伞形碳基金	第一期	2006 年 8 月	7.991 亿欧元	世界银行5 只基金	加拿大 Canadenis 收购有限公司、德意志银行等16 家机构
	第二期	2011 年 1 月	1.05 亿欧元		

续表

基金名称		成立时间	总资本	出资方	
				政府部门及相关组织	企业
欧洲碳基金		2007 年 3 月	5000 万欧元	爱尔兰环境、遗产与地方政府部，比利时佛兰芒区政府，卢森堡政府，葡萄牙碳基金	挪威 Statkraft 公司
林业碳伙伴基金		2008 年 6 月	6.48 亿美元	欧盟委员会、澳大利亚、加拿大、法国、挪威、瑞士、英国、美国	英国 BP 石油公司等 2 家机构
碳伙伴基金	碳资产发展基金	2009 年 1 月	1100 万欧元	意大利、挪威、西班牙政府和欧盟委员会	
	碳基金	2010 年 5 月	1.325 亿欧元	西班牙、挪威政府和瑞典能源部	
市场准备伙伴基金		2010 年 12 月	1.27 亿美元	澳大利亚、丹麦、欧盟委员会、芬兰、德国、日本、荷兰、挪威、西班牙、瑞典、瑞士、英国、美国	
发展扶持基金		2011 年 12 月			

资料来源：根据世界银行官网和相关资料整理。

　　资金投向。从投资项目分布来看，世界银行碳基金所投项目在地域和类型分布两方面都相对均衡。根据世界银行研究报告，碳基金所投项目的主要地区分布如下：拉美占 26%、东亚占 21%、非洲占 21%、东欧占 18%，南亚占 13%；项目类型主要包括水电（24%）、造林和再造林（18%）、填埋气体（14%）、甲烷回收利用（8%）、其他可再生能源

（6%）和能源分配（5%）。①

功能成效。世界银行系列碳基金运作至今，基本实现了各自的主要目标。特别基金主要为了扶持京都机制下碳金融市场的发展，原型碳基金作为第一只碳基金，就引导了基于项目的碳交易市场的启动。国别基金主要是为了帮助工业化国家履行减排目标并降低减排成本，意大利碳基金则从中国、印度等地的 CDM 项目购买了大量碳信用。面向 2012 年后的碳基金主要是为后《京都议定书》时代的碳金融进行示范和探索，市场准备伙伴基金近年来已成为联合发达国家和发展中国家在减排市场机制创新和发展方面的一个重要推动力量。

三、气候变化资本集团的碳基金

基本概况。气候变化资本集团（CCC）总部位于英国伦敦，是一家旨在发掘低碳经济商机的投资银行集团。CCC 管理的碳基金是其直接募集资金建立的，用于投资能产生碳减排指标的公司或项目，管理总资产超过8.5 亿欧元，投资者包括世界最大的两个政府养老基金、一家英国主要的电力公司和一家世界领先的新兴市场商业银行。② CCC 管理的碳基金早期60% 以上投向中国市场，在中国主要以买方身份开发和收购 CDM 项目中产生的 CER。2012 年 CCC 被世界 500 强企业邦吉集团收购后业务结构进行了调整，加之 CDM 市场严重萎缩，CCC 随后暂停了与中国相关的碳业务。

投资方向。2012 年之前，CCC 碳基金将超过一半以上的资金投资于中国的 CDM 项目，这种战略选择主要基于对中国能源形势的预测。中国

---

① 鄢德春：《世界银行碳基金运作模式对发展我国政策性碳基金的启示》，载《上海金融》，2010（6）。

② CCC, Climate Change Capital Raises US＄830m To Create World's Largest Private Sector Carbon Fund, 11 Sep 2006.

工业能源消耗很大，减排潜力巨大，是全球最大的 CDM 项目及减排量的供应来源，加之政府政策环境相对稳定规范，因此吸引了 CCC 碳基金的大部分资金投入。[①] CCC 在华的主要投资方向为可再生能源、水资源利用及供应、垃圾填埋及垃圾填埋气体利用等项目，此外还有一些提高能效的项目，如水泥余热、焦炉煤气等。CCC 碳基金先后投资了华能、华电、国电等 50 多家公司的 CDM 项目。

运作思路。CCC 碳基金可以提供三种融资方式：（1）直接买入企业减排指标，采取"货到付款"的方式；（2）在企业产生减排指标之前提供资金或技术，帮助企业进行项目建设，产生减排指标后再买入，第一期的核证减排量交易会扣除前期提供的资金；（3）将前两种方式与股权融资结合，除买入碳减排指标外，还投入股本金成为股东。[②] 上述三种方式在购买价格上有区别，通常第一种方式价格最高。项目的价格一般取决于双方谈判，影响因素包括市场供求、气候变化、欧盟配额紧缺程度等，都将会引起价格的波动。由于碳交易投资管理期较长，CCC 碳基金的存续期是 12 年，采用"10 + 2"模式，前 10 年为投资管理及回报期，视情况可延续 2 年。

主要成效。作为国际碳市场上一只代表性的完全市场化募资并管理的商业化碳基金，CCC 碳基金建立时间早、资金来源稳定、规模大且运作管理得当，早期在推动节能投资、带动低碳发展、促进减排市场建立等方面都发挥了重要作用。

第四节 碳保险

碳保险是为了规避减排项目开发过程中的风险，确保项目减排量按期

---

① 艾亚：《私募碳基金老大的中国动向》，载《国际融资》，2008（5）。
② 胡婧薇：《英国气候变化资本集团：后京都时代的中国策略》，载《21 世纪经济报道》，2008 - 01 - 26。

足额缴付的保险工具。它可以降低减排项目双方的投资风险或违约风险，确保项目投资和交易行为顺利进行。碳保险已经成为碳金融市场的重要组成部分。

一、碳保险概况

（一）主要类型

碳交易信用保险。为实现节能减排目标，越来越多的组织和企业开始进入碳市场参与交易。碳交易信用保险是以碳交易过程中合约所约定的碳排放指标为标的物。如果买卖双方因故不能完成交易，从而引发信用危机，即视为发生保险事故。当发生保险事故使权利人利益受损后，根据合同约定由保险公司提供经济补偿。

减排项目保险。主要包括 CDM 项目保险和 JI 项目保险两类。在 CDM（或 JI）项目交易过程中，碳市场价格波动、项目交付期延长、难以通过监管部门认证等都会成为潜在的不确定性因素，影响项目的顺利推进和减排量按约交付，给投资人带来风险。为降低投资者因不确定性造成的潜在损失，保险机构针对项目开发及交易过程中可能面临的风险推出了减排项目保险，为 CDM（或 JI）项目最终应交付的碳减排量提供担保。

（二）发展概况

发展现状。碳保险的发展是顺应低碳经济时代而生的，随着《京都议定书》的生效，特别是在欧洲，公众环保意识高涨，政府大力支持低碳发展。随着碳金融市场的建立和不断完善，对于碳保险产品的需求不断增加，碳保险产品开始相继投放市场，在此基础上欧洲碳保险市场快速发展起来。[1] 如今，全球碳保险市场也主要集中在欧洲。

---

① 王乐祥：《浅谈低碳经济与保险》，载《保险职业学院学报（双月刊）》，2011 年 6 月第 25 卷第 3 期。

表 20 – 4 国际上主要的碳保险产品

产品	特性	发行机构	发行地区
碳减排交易保险	针对碳交易过程中的风险提供担保	瑞士再保险公司（Swiss Re）	欧洲
碳排放信用保险		美国国际集团（AIG）	欧洲
CDM 项目保险		苏黎世保险公司（Zurich）	欧洲

资料来源：根据金融机构官网及相关信息整理。

未来前景。国际碳金融市场目前还处于早期阶段，未来发展仍面临巨大的不确定性：（1）政策方面，碳市场的发展很大程度上取决于各国政府对于减排的态度，相关政策在制定和延续方面都存在很大的不确定性；（2）市场方面，国际碳交易市场目前还在形成过程之中，规模有限、流动性不高，同时各个碳定价区在市场组织、机构构成和制度规则等方面差异极大。这些方面的不确定性，对于市场参与者都是需要有效管理的风险因素，也为碳保险市场的发展提供了基础土壤。

二、苏黎世保险公司的 CDM 项目保险

基本情况。目前发行碳项目保险的机构主要为大型保险公司，比如苏黎世保险公司（Zurich）。苏黎世保险公司是一家全球领先的多险种保险供应商，在 170 多个国家提供保险产品和服务。作为一种新兴产品，碳项目保险交易金额大、风险系数高。因此碳项目保险投保要求相对较高，发行机构需要对每一份承保进行实地评估，单独确定保险费率，合同内容具有特定性。[①]

交易原理。在 CDM 项目交易过程中存在着许多风险，如政策变化、价格波动、不能通过监管部门认证、不能按时交付等，都将会给投资人或者贷款人带来巨大的损失。苏黎世保险公司的 CDM 项目保险可以同时为碳交易合同中的买方或是 CER 卖方提供保险。如果买方在合同到期时未

---

① 易兰等：《碳金融产品开发研究：国际经验及中国实践》，载《人文杂志》，2014（10）。

能获得协议规定数量的 CER，苏黎世保险公司将按照约定予以赔偿；如果 CDM 项目未能达到预期收益，苏黎世保险也将会进行赔偿。通过该保险协议，投资者或贷款人能够将项目过程中的风险成功转移给苏黎世保险，从而提升两者对于碳市场的信心。

主要成效。苏黎世保险公司曾为一家印度电力公司提供 CDM 项目保险，用来规避 CDM 项目发生重大变化导致不能按时获得 CER 的风险。有了碳保险的保障，投资者为生物发电厂的建设工程投资了 1065 万美元，加上碳减排额的收益，生物发电厂的收益率从 8% 增加到 12%，吸引了大量后续投资者，使得项目能顺利开发。[①]

---

① 蓝虹：《碳金融与业务创新》，北京，中国金融出版社，2012。

参 考 文 献

［1］ 绿色金融工作小组：《构建中国绿色金融体系》，中国金融出版社，2015。

［2］ 王遥：《气候金融》，中国经济出版社，2013。

［3］ 张承惠、谢孟哲：《中国绿色金融：经验、路径与国际借鉴》，中国发展出版社，2015。

［4］ 李晓西、夏光：《中国绿色金融报告2014》，中国金融出版社，2014。

［5］ 马骏、李治国等：《PM2.5的经济分析：减排的经济政策》，中国经济出版社，2014。

［6］ 王毅刚：《中国碳排放交易体系设计研究．》，经济管理出版社，2010。

［7］ 马骏：《绿色金融政策和在中国的运用》，中国金融四十人论坛，2014。

［8］ 中国银行业协会东方银行业高级管理人员研修院：《绿色信贷》，中国金融出版社，2014。

［9］ 北美工作组调查报告：《绿色金融产品和服务：北美市场目前趋势和未来机遇》，联合国环境规划署金融行动机构，2011。

［10］ 联合国环境规划署：《迈向绿色经济：通向可持续发展和消除贫困的各种途径》，2011。

［11］ 中国银行业协会：《2015年度中国银行业社会责任报告》，2016。

［12］前瞻产业研究院：《2015～2020 年中国清洁发展机制（CDM）产业市场前瞻与投资战略规划分析报告》，2015。

［13］西班牙电力集团智利分公司网站，佩文基金会，http：//www. endesa. cl/en/nuestrocompromiso/fundaciones/pehuen/Pages/home. aspx。

［14］英国绿色投资银行：《绿色投资手册（摘要版）》，2015。

［15］英国绿色投资银行：《绿色投资政策》（Green Investment Policy），2014。

［16］英国绿色投资银行：《责任投资政策》（Responsible Investment Policy），2014。

［17］英国绿色投资银行：《绿色投资手册》（Green Investment Handbook），2015。

［18］英国绿色投资银行：《英国国家医疗服务体系能效项目》（A healthy saving：energy efficiency and the NHS），2014。

［19］英国绿色投资银行网站（www. greeninvestmentbank. com）。

［20］高建良：《绿色金融与金融可持续发展》，载《金融理论与教学》，1998（4）。

［21］李心印：《刍议绿色金融工具创新的必要性和方式》，载《辽宁省社会主义学院学报》，2006。

［22］李小燕、王林萍、郑海荣：《绿色金融及其相关概念的比较》，载《科技和产业》，2007（7）。

［23］中国人民银行杭州中心支行办公室课题组：《绿色金融：国际经验、启示及对策》，载《浙江金融》，2011（5）。

［24］于晓东：《如何保证政策性银行的政策性取向——德国复兴信贷银行的经验及对我国的启示》，载《财经科学》，2015（9）。

［25］金明植、张雪梅：《德国复兴信贷银行的职能演变研究》，载《区域金融研究》，2013（5）。

［26］徐铮：《德国复兴信贷银行：组织架构与职能演变》，载《银行家》，2014（2）。

［27］杜明明：《赤道银行瑞穗实业银行的绿色融资实践》，载《经济视角》，2012（4）。

［28］刘茂伟：《英国绿色投资银行运作模式的借鉴及启示》，载《当代金融家》，2015（10）。

［29］曹和平：《绿色金融的两级市场和三重含义》，载《环境保护》，2015（2）。

［30］华兵、路璧瑛：《不断革新的长跑：赤道原则 III 修订始末》，载《商道智汇》，2014（1）。

［31］张红：《论绿色金融政策及其立法路径——兼论作为法理基础的"两型社会"先行先试权》，载《财经理论与实践》，2010（2）。

［32］张江雪、宋涛、王溪薇：《国外绿色指数相关研究述评》，载《经济学动态》，2010（9）。

［33］李晓西、刘一萌、宋涛：《人类绿色发展指数的测算》，载《中国社会科学》，2014（6）。

［34］巩前文、严耕：《"绿色生产"指数构建与测度：2008～2014年》，载《改革》，2015（6）。

［35］赵昊东：《从国际对比看中国环境污染责任险》，载《中国保险报》，2015－03－08。

［36］白江：《论德国环境责任保险制度：传统、创新与发展》，载《东方法学》，2015（2）。

［37］易兰等：《碳金融产品开发研究：国际经验及中国实践》，载《人文杂志》，2014（10）。

［38］刘华、郭凯：《国外碳金融产品的发展趋势与特点》，载《银行家》，2010（9）。

［39］袁杜娟、朱伟国：《碳金融：法律理论与实践》，法律出版社，2012。

［40］王乐祥：《浅谈低碳经济与保险》，载《保险职业学院学报》，2011（3）。

［41］蓝虹：《碳金融与业务创新》，中国金融出版社，2012。

［42］中创碳投：《欧盟碳市场 2013 年走势分析》，中创碳投碳讯，2013－12－31。

［43］陈志斌：《全球碳交易规模触底反弹》，中创碳投碳讯，2015－08－06。

［44］周旋：《中国碳交易市场引入期货交易的必要性分析》，中国期货业协会，2014－09－04。

［45］王周伟：《国际碳基金经营风险管理的经验与启示》，载《金融发展研究》，2015（5）。

［46］胡堃：《浅谈碳金融工具中的碳基金》，载《社科纵横》，2011年3月。

［47］蔡博峰等：《国际碳基金对中国的政策启示》，环境经济，2013年9月。

［48］陈胜涛、张开华：《世界银行碳基金组织运作方式及启示》，载《国际金融研究》，2011（10）。

［49］嫣德春：《世界银行碳基金运作模式对发展我国政策性碳基金的启示》，载《上海金融》，2010（6）。

［50］艾亚：《私募碳基金老大的中国动向》，载《国际融资》，2008（5）。

［51］胡婧薇：《英国气候变化资本集团：后京都时代的中国策略》，载《21世纪经济报道》，2008年1月26日。

［52］邓婧：《英国资本集团成"碳融资"大户》，载《民营经济

报》，2007 - 12 - 07。

[53] 邓明君、罗文兵、尹立娟：《国外碳中和理论研究与实践发展述评》，载《资源科学》，2013（5）。

[54] 公衍照、吴宗杰：《论温室气体减排中的碳补偿》，载《山东理工大学学报》，2012 年 1 月。

[55] 国家发展改革委应对气候变化司：《清洁发展机制读本》，2008 年 12 月。

[56] 国家气候变化对策协调小组办公室：《京都议定书的三机制及其方法学问题》，2003 年 7 月。

[57] 李雪玉：《美国加州碳市日成交量破千万吨 燃料供应商入场》，载《21 世纪经济报道》，2015 - 02。

[58] 张平：《绿色金融的内涵、作用机理和实践浅析》，西南财经大学论文，2013。

[59] 联合国环境规划署：绿色金融产品和服务，2007 ～ 2008。

[60] 渣打银行：《行为准则》（Code of Conduct）。

[61] 渣打银行：《2014 年可持续发展报告》（Sustainability Summary 2014），2015。

[62] 渣打银行：《环境和社会风险评估章程》（Environmental and Social Risk Assessment）。

[63] Mizuho Financial Group 网站（http：//www. mizuho - fg. co. jp/）。

[64] Mizuho Financial Group：2014 CSR Report（Highlights），2015.

[65] http：//finance. sina. com. cn/leadership/mroll/20100305。

[66] IFC 网站（www. ifc. org）。

[67] Baietti, A., Shlyakhtenko, A., & La Rocca, R. (2012). Green infrastructure finance：leading initiatives and research. World Bank Publications. http：//elibrary. worldbank. org/doi/abs/10. 1596/978 - 0 - 8213 - 9488 - 5.

［68］ Devas, H. (1994) . Green Finance. European Energy and Environmental Law Review, 3 (8), 220 - 222.

［69］ The World Bank, State and trends of the carbon market, 2012.

［70］ The World Bank, World Bank Carbon Funds and Facilities, March 19, 2014.

［71］ ICE, The Emission Market: ICE Futures Europe, Nov 2014.

［72］ ICE, Report Center: ICE EUA FUTURES, 2008.

［73］ European Commission, Market Oversight: Ensuring the integrity of the European carbon market, 19 Nov 2015.

［74］ NCD, The Natural Capital Declaration and Roadmap: Financial sector leadership on natural capital, 2013.

［75］ The World Bank, Carbon Finance at the World Bank: list of Funds, 2015.

［76］ CCC, Climate Change Capital Raises US $ 830m To Create World's Largest Private Sector Carbon Fund, 11 Sep 2006.

［77］ Swiss Re, Technical publishing, Insuring environmental damage in the European Union, 2007.

［78］ Swiss Re, The insurability of ecological damage, Casualty, 2003.

［79］ John C. Sullivan, Rick Perdian, US environmental law and its impact on the insurance industry, Oct 2014.

［80］ Juerg Busenhart, Environmental law and regulation in the European Union, Oct 2014.

［81］ Wills International, Global Environmental Liability Management: Worldwide Environmental Insurance Solutions, June 2008.

［82］ European Commission, DG ENV, Study to explore the feasibility of creating a fund to cover environmental liability and losses occurring from industrial accidents, Oct 2010.

[83] Munich Re, Insights into environmental liability insurance in an international context, June 2014.

[84] ACE Group, Strategic risk guide to environmental liability in Europe, 2011 – 2013.

[85] Benjamin J. Richardson, Mandating Environmental Libaility Insurance.

[86] Wills, France: Expansion of Mandatory Environmental Financial Guarantees, July 2013.

[87] Frédéric Bourgoin, Soil Protection in French Environmental Law, 2006.

[88] Buchner, B. , Stadelmann, M. , Wilkinson, J. , Mazza, F. Rosenberg, A. , & Abramskiehn, D. , (2014) . The Global Landscape of Climate Finance 2014. http: //climatepolicyinitiative. org/publication/global – landscape – of – climate – finance – 2014/.

[89] Christiana, F. (2011) . "From carbon finance to climate finance" – Are we getting there? . Speech at Carbon Expo 2011 Roundtable, Barcelona, 1 June 2011. https: //unfccc. int/files/press/statements/application/pdf/110601_ speech_ carbon_ barcelona. pdf.

[90] Hoehne, N. , Khosla, S. , Fekete, H. , & Gilbert, A. (2012) . Mapping of green finance delivered by IDFC members in 2011. Cologne: Ecofys. Available from: http: //www. idfc. org/Downloads/Publications/01 _ green_ finance_ mappings/IDFC_ Green_ Finance_ Mapping_ Report_ 2012_ 14 – 06 – 12. pdf.

[91] Jaworski, S. Introduction to Environmental Finance, Environmental Science. Retrieved 15th November, 2015, from http: //www. environmenta

lscience. org/environmental – finance.

[92] Lindenberg, N. (2014). Definition of Green Finance. DIE mimeo. Available at SSRN: http://ssrn. com/abstract = 2446496.

[93] Mark A. White: "Environmental Finance: Value and Risk in an Age of Ecology", Business Strategy and the Environment, 1996 (5).

[94] Pavithran, K. V. (2008). A Textbook of Environmental Economics, Chapter One: Environemntal Economics: Meaning, Definition and Importance (pp. 1 – 3). New Age International.

[95] Pricewaterhouse Coopers Consultants (PWC) (2013). Exploring Green Finance Incentives in China, PWC.

[96] Principles for Responsible Investment (PRI): http://www. unpri. org/about – pri/about – pri/.

[97] Stavins, R. N. (2007). Environmental Economics, National Bureau of Economic Research, NBER Working Paper No. 13574, November 2007, http://www. nber. org/papers/w13574.

[98] Sustainable Stock Exchanges (SSE): http://www. sseinitiative. org/about/.

[99] The World Bank Group: http://www. worldbank. org/en/topic/climatefinance/overview.

[100] United Nations Environmental Programme Financial Initiative (UNEP FI): http://www. unepfi. org/psi/vision – purpose/.

[101] United Nations Framework Convention on Climate Change (UNFCCC). Transitional Committee for the design of the Green Climate Fund. http://unfccc. int/cooperation_ and_ support/financial_ mechanism/green_ climate_ fund/items/6902. php.

[102] Wang, X. (2010). Winds of change: East Asia's sustainable en-

ergy future. World Bank Publications. http：//elibrary. worldbank. org/doi/abs/10. 1596/978 − 0 − 8213 − 8486 − 2.

[103] Zadek, S. , & Flynn, C. (2013) . South - Originating Green Finance. Geneva：UNEP：SDC：IISD, 21 October 2013.

[104] CFA Institute：Environmental, Social and Governance Issues in Investing：A Guide for Investment Professionals, 2015 October.

[105] Bovenberg, A. L. , & de Mooij, R. A. (1997) . Environmental tax reform and endogenous growth. Journal of Public Economics, 63 (2) , 207 − 237.

[106] Cambridge University Hospitals. (2012) . Hospital energy centre plans published − open day on 26 July. Retrieved from http：//www. cuh. org. uk/news/estates − and − facilities/hospital − energy − centre − plans − published − open − day − 26 − july.

[107] CEFC. (2014) . Annual Report 2013 − 2014. Retrieved from clean energy finance corp. com. au/reports.

[108] Central Bank of Nigeria. (2012) . Nigerian Sustainable Banking Principles. Abuja, Nigeria：CBN.

[109] Clean Energy Regulator Australian Government. (2014) . Fixed Price 2012 − 2015. http：//www. cleanenergyregulator. gov. au/Carbon − Pricing − Mechanism/About − the − Mechanism/Fixed − Price − 2012 − 15/Pages/default. aspx.

[110] Climate Bonds Initiative. (2015) . Bonds and climate change：The state of the market in 2015. http：//www. climatebonds. net/files/files/CBI − HSBC%20report%2010Nov%20JG. pdf.

[111] Climate Bonds Initiative. (2016) . Green bonds market 2016. https：//www. climatebonds. net/.

[112] Coase, R. H. (1960). The problem of social cost (pp. 87 – 137). Palgrave Macmillan UK. Chicago.

[113] Connecticut Green Bank. (2013). Anaerobic Digestion Projects – Pilot Program [Press release]. Retrieved from http: //www. ctcleanenergy. com/ YourBusinessorInstitution/AnaerobicDigestionProjects/tabid/623/Default. aspx.

[114] Dales, J. H. (2002). Pollution, property & prices: an essay in policy – making and economics. Edward Elgar Publishing.

[115] Ecosystem Marketplace & BSR. (2008). Offsetting Emissions: A business brief on the voluntary carbon market. Second Edition.

[116] Energize Connecticut. (2015). Programs: C – PACE. Retrieved from http: //www. energizect. com/businesses/programs/C – PACE.

[117] European Commission. (2015a). Circular Economy Strategy. http: //ec. europa. eu/environment/circular – economy/index_ en. htm.

[118] European Commission. (2015b). Cohesion Fund. http: // ec. europa. eu/regional_ policy/en/funding/cohesion – fund/.

[119] European Commission. (2015c). Communication from the Commission to the European Parliament, the Council, the European Economic and Social Committee and the Committee of the Regions. Closing the look – an EU action plan for the Circular Economy. http: //eur – lex. europa. eu/ resource. html? uri = cellar: 8a8ef5e8 – 99a0 – 11e5 – b3b7 – 01aa75ed71a1. 0012. 02/DOC_ 1&format = pdf.

[120] European Commission. (2016). Allowances and Caps. http: // ec. europa. eu/clima/policies/ets/cap/index_ en. htm.

[121] European Union. (2013). The EU Emissions Trading System. http: //ec. europa. eu/clima/publications/docs/factsheet_ ets_ en. pdf.

[122] Green Investment Bank. (2014). A healthy savings: Energy effi-

ciency and the NHS. Retrieved from http：//www. greeninvestmentbank. com/media/5242/gib – nhs – market – report – final. pdf.

［123］IPCC. (2014) . Climate Change 2014 Synthesis Report Summary for Policymakers. https：//www. ipcc. ch/pdf/assessment – report/ar5/syr/AR5_ SYR_ FINAL_ SPM. pdf.

［124］Kolwey N. (2014) . Financing options for combined heat and power systems. Retrieved from http：//swenergy. org/data/sites/1/media/documents/publications/documents/Financing _ Options _ for _ CHP _Feb _2014. pdf.

［125］KPMG. (2015) . Sustainable insight：Gearing up for reen bonds. https：//www. kpmg. com/Global/en/IssuesAndInsights/ArticlesPublications/sustainable – insight/Documents/gearing – up – for – green – bonds – v2. pdf.

［126］Mongolian Banking Association. (2014) . Mongolian Sustainable Finance Principles Guidelines. Ulanbataar, Mongolia：MBA. .

［127］Monzoni, M. , Belinky, A. , & Vendramini, A. (2014) . The Brazilian financial system and the green economy：alignment with sustainable development.

［128］OJK. (2014) . Roadmap for Sustainable Finance in Indonesia. http：//www. ifc. org/wps/wcm/connect/587a700047f4b31baa63ff299ede9589/Roadmap + Keuangan + Berkelanjutan. pdf？MOD = AJPERES.

［129］Oyegunle A. & Weber O. (2015) . Development of Sustainability and green banking regulations：Existing codes and practices. Ontario, Canada：Centre for International Governance Innovation.

［130］Palmer, K. , Walls, M. , & Gerarden, T. (2012) . Borrowing to save energy：An assessment of energy – efficiency financing programs. Resources for the Future.

［131］Speck, S. et al. (2006) . The Use of Economic Instruments in

Nordic and Baltic Environmental Policy 2001 – 2005.

［132］Stampe, J. (2014). Environmental, Social and Governance Integration for Banks: A guide for starting implementation. Gland, Switzerland: World Wildlife Fund.

［133］Sustainable Development Unit. (2016). Climate Change Act. Retrieved from http://www. sduhealth. org. uk/policy – strategy/legal – policy – framework/climate – change – act. aspx.

［134］The European Environment. (2010). Increasing environmental pollution load.

［135］UK GIB. (2014). 2014 Annual Report. Retrieved from http://www. greeninvestmentbank. com/media/25360/ar14 – web – version – v2 – final. pdf.

［136］U. S. Department of Energy. (2011). Hospitals Discover Advantages to Using CHP Systems. Retrieved from http://apps1. eere. energy. gov/buildings/publications/pdfs/alliances/hea _ chp _ fs. pdf.

［137］World Bank. (2014a). State and trends of carbon pricing 2014. World Bank Publications.

［138］World Bank. (2014b). Green bond fact sheet. http://treasury. worldbank. org/cmd/WorldBankGreenBondFactSheet. pdf.

［139］World Bank. (2015a). World Bank issues its largest USD green bond. http://treasury. worldbank. org/cmd/htm/Largest _ USD _ Green _ Bond. html.

［140］World Bank. (2015b). Green bond impact report. http://treasury. worldbank. org/cmd/pdf/WorldBankGreenBondImpactReport. pdf.

［141］World Bank. (n. d.). World Bank Green Bonds. http://treasury. worldbank. org/cmd/htm/WorldBankGreenBonds. html.

［142］ Bangladesh Bank, Environmental Risk Management （ERM） Guidelines for Banks and Financial Institutions, 2011.

［143］ Central Bank of Nigeria, Nigerian Sustainable Banking Principles, 2012.

［144］ FIRST for Sustainability website （http: //firstforsustainability. org/sustainable － banking － network/） .

［145］ Marcel Jeucken, Sustainable Finance and Banking: The Financial Sector and the Future of the Planet, London: Earthscan Publications Ltd. , 2001.

［146］ UNEP FI website （www. unepfi. org） .

［147］ Wayne Visser et al. , The A to Z of Corporate Social Responsibility, John Wiley & Sons Ltd. , 2010.

［148］ Elliot, L. Global Environmental Governance, in Hughes, S. and Wilkinson, R. Global Governance: Critical Perspectives, London: Routledge, ch. 4, p. 57, 1956.

［149］ Leach, M. , Mearns, R and Scoones, I. Challenges to community based sustainable development, in IDS Bulletin Vol 28: 4, p. 1, 1997.

［150］ Newell, P . The political economy of global environmental governance. Review of International Studies, 34, p. 508, 2008.

［151］ Pulgar Vidal, Manuel; Gobernanza Ambiental Descentralizada （Decentralized Environmental Governance）; 2005.

［152］ Suárez, David; Poats, Susan V. ; Procesos de Gobernanza Ambiental en el Manejo Participativo de Áreas Protegidas en Carchi （Environmental Governance Processes in the Participative Management of Carchi Protected Areas）; Symposium; 2008.

［153］ UNEP; International Environmental Governance and the Reform of the United Nations, XVI Meeting of the Forum of Environment Ministers of Latin America and the Caribbean; 2008.

[154] Gillan S, Hartzell J C, Koch A, et al. Firms' environmental, social and governance (ESG) choices, performance and managerial motivation [J]. Working Paper, 2010.

[155] H řebí ček, Ji ří, et al. "Integration of economic, environmental, social and corporate governance performance and reporting in enterprises." Acta Universitatis Agriculturae et Silviculturae Mendelianae Brunensis59. 7: 157 – 166, 2014.

[156] Bakker, K. An uncooperative commodity: privatizing water in England and Wales, Oxford: Oxford University Press, p. 431, 2004.

[157] Beeton, B, Buckley, K, Jones, G, Morgan, D, Reichelt, R, Trewin, D. "Inland waters: Water availability and use", Australian Government: Department of Environment, 2014.

[158] Bruyninckx, Hans . "Environmental evaluation practices and the issue of scale" . New directions for evaluation. 122: 31 – 39. doi: 10. 1002/ev. 293, 2009.

[159] Costanza, R. et al. "The value of the world's ecosystem services and natural capital", Nature 387 (6630): p. 255, 1997.

[160] European Report 25. Environment: Precautionary Principle. EEA Report Danming to Industry. Academic OneFile. Web. 17 May 2014.

[161] Folke, C. The problem of fit between ecosystems and institutions: ten years later. Ecology and Society. 12 (1): 30, 2007.

[162] Gareau, Brian J. From Precaution to Profit: Contemporary Challenges to Global Environmental Protection in the Montreal Protocol. Yale University Press, 2013.

[163] Lebel, L; Garden, L; Imamura, M. "The Politics of Scale, Position and Place in the Governance of Water Resources in the Mekong Region". Ecology and Society. 10 (2): 18, 2005.

[164] Mansfield, B. Rules of Privatization: Contradictions in Neoliberal Regulation of North Pacific Fisheries' Annals of the Association of American Geographers, 94 (3): pp. 565 – 584, 2004.

[165] McCarthy, J. Privatizing conditions of production: trade agreements as neoliberal environmental governance, Geoforum, 35 (3), p. 327, 2004.

[166] Meadowcroft, James. Politics and scale: some implications for environmental governance. Landscape and urban planning. 61 (2 – 4): 169 – 179, 2002.

后　记

　　《国际绿色金融发展与案例研究》是中国金融学会绿色金融专业委员会（以下简称绿金委）委托工商银行城市金融研究所牵头，组织绿金委成员机构通力合作、共同编写的。来自30多家机构的五十多名专家学者在紧张的工作之余，认真地进行了书稿编写工作。他们发扬严谨的治学精神，多方搜集资料和案例，研究并撰写成文，并认真对待每一次修改和校订。他（她）们不仅是绿色金融领域的精英，而且是承担社会责任的楷模。在此，我们向所有参与编写此书的专家和学者致以衷心的感谢。

　　在案例收集和编撰过程中，国家开发银行、中国人民银行、工商银行、中国银行、兴业银行、渣打银行、瑞穗银行、世界银行、英国绿色投资银行、中国证监会、中国银河证券、中国保险学会、北京环境交易所、中国社会科学院金融研究所、中国社会科学院上海研究院、中央财经大学绿色金融国际研究院、中节能环保集团、国际可持续发展研究院、美国北美洲保险公司北京代表处（隶属安达集团）、安联保险集团北京代表处、商道融绿、瑞士再保险股份有限公司北京分公司、国际资本市场协会、中国银行业协会东方银行业高级管理人员研修院、中证金融研究院、蚂蚁金服、Trucost、IFC、WRI、WWF、CFA等机构提供了许多参考资料，并提供了十分有用的意见和建议。我们对上述机构给予的大力支持和帮助一并表示诚挚的感谢。

　　还要感谢所有参加审稿的专家和领导，他（她）们包括：中央财经大学教授、绿色金融国际研究院（前身为中央财经大学气候与能源金融研究中心）院长、绿金委副秘书长王遥，中央财经大学绿色金融国际研究院特邀高级政策分析师徐楠，世界自然基金会（瑞士）北京代表处（WWF）孙轶颋，世界资源研究所（WRI）王烨，中国工商银行城市金融研究所殷红副所长、马素红处长，北京环境交易所总裁梅德文、副总裁龚俊松、研究发展部主任綦久竑、会员部主任饶淑玲，中证金融研究院高级研究助理秦二娃，国际可持续发展研究院主任余晓文，国际金融公司环境社会与公司治理局顾问周嵘，中国财产再保险有限责任公司农共体管理机构综合管理处李琼，商道融绿董事长、中国金融学会绿色金融专业委员会理事郭沛源，中国人民大学重阳金融研究院绿色金融部副主任、中国人民大学生态金融研究中心研究员曹明弟，中国社科院金融研究所副研究员、中国金融学会绿色金融专业委员会副秘书长安国俊，Trucost 亚洲业务总监、环境成本估值专家黄超妮，瑞士再保险股份有限公司北京分公司邢鹏等。

同时，绿金委和工商银行城市金融研究所共同组成的编辑团队为本书编撰作出了重要贡献。在绿金委马骏主任的悉心指导下，为高效完成绿金委的任务，工商银行城市金融研究所成立了由周月秋所长领导，殷红副所长负责的专门团队，负责书籍编撰方案、组织推动、联络协调及全书统校等工作。其中，马素红处长、杨荇、冯乾、吕振艳、邱牧远等同事，在材料搜集、提纲起草等方面做了大量准备工作。绿金委秘书处研究员刘嘉龙，工商银行马素红处长、鲁晓琳、张静文，中国人民大学重阳金融研究院、人民大学生态金融研究中心研究员曹明弟等承担了书籍编写过程中的组织、协调、沟通和校对工作。

还要感谢中国金融出版社的肖炜编辑，在一个多月时间内，加班加点，组织力量编辑出版了这本书，其专业素养和敬业精神是本书顺利出版不可或缺的保障。最后，我们还要特别感谢联合国环境规划署可持续金融体系建设与研究项目联席主任 Simon Zadek 以及中国工商银行执行董事、副行长张红力先生拨冗为本书作序，感谢他们对全球及中国绿色金融事业发展的持续关注和大力支持。

中国金融学会绿色金融专业委员会

2017 年 2 月